KB033077

논어정의 論語正義

Lun Yu Zheng Yi —The Corrected Meaning of the LUN YU—

【一】

(권1 · 권2)

논어정의論語正義【一】
Lun Yu Zheng Yi —The Corrected Meaning of the LUN YU—

—

1판 1쇄 인쇄   2023년 7월   5일
1판 1쇄 발행   2023년 7월 17일

—

저   자 ㅣ 유보남劉寶楠
역주자 ㅣ 함현찬
발행인 ㅣ 이방원
발행처 ㅣ 세창출판사
　　　　신고번호 제1990-000013호
　　　　주소 03736 서울시 서대문구 경기대로 58 경기빌딩 602호
　　　　전화 02-723-8660 팩스 02-720-4579
　　　　이메일 edit@sechangpub.co.kr 홈페이지 www.sechangpub.co.kr
　　　　블로그 blog.naver.com/scpc1992 페이스북 fb.me/Sechangofficial 인스타그램 @sechang_official

—

ISBN 979-11-6684-222-1 94140
　　　979-11-6684-221-4 (세트)

—

이 역주서는 2017년 대한민국 교육부와 한국연구재단의 지원을 받아 수행된 연구임.
(NRF-2017S1A5A7020726)

—

이 책은 한국연구재단의 지원으로 세창출판사가 출판, 유통합니다.
잘못 만들어진 책은 구입하신 서점에서 바꾸어 드립니다.

논어정의

論語正義

Lun Yu Zheng Yi —The Corrected Meaning of the LUN YU—

【一】

(권1·권2)

유 보 남劉寶楠 저

함 현 찬 역주

세창출판사

차 례

✴

논어정의
論語正義
【一】

전체 차례

논어정의
論語正義

해 제

1. 『논어정의』 번역의 가치

유학(儒學) 관련 경학 자료에는 동일한 원전 자료에 대해 오랜 기간 동안 수많은 학자들이 남긴 기록이 축적되어 있으며, 그것을 통해 이들의 형상이 어떻게 형성되는가를 살필 수 있다. 중국의 경우 『논어(論語)』 관련 주석서는 총 1,100여 종에 이르는데, 현전하는 가장 오래된 주석은 위(魏)나라 하안(何晏) 등이 쓴 『논어집해(論語集解)』이다. 이 책은 후한(後漢)의 포함(包咸)·주씨(周氏)·마융(馬融)·정현(鄭玄)과 위나라 진군(陳羣)·왕숙(王肅)·주생렬(周生烈) 등 7인의 주석과 『고논어(古論語)』의 공안국(孔安國) 주(注)를 모두 종합하여 집대성한 것이다. 이 『논어집해』는 양(梁)나라의 황간(皇侃)이 쓴 『논어의소(論語義疏)』를 통하여 후세에 전해졌다. 그런데 이 하안의 『논어집해』를 근거로 한 『논어』의 판본은 남북조시대(南北朝時代)에서 시작하여 수(隋)·당(唐)·오대(五代)를 거쳐 북송(北宋)에 이르기까지, 특히 황간의 『논어의소』본에 기대어 세상에 유행하였으나, 그 뒤에는 한동안 유행하지 않았다. 그 이유는 주희(朱熹)의 『논어집주(論語集註)』가 크게 유행함에 따라 자취를 감추게 되었기 때문인 것으로 생각된다. 다만 송(宋) 진종(眞宗) 3년(1000)에 칙명으로 형병(邢昺) 등이 하안의 『논어집해』를 다시 풀이하여 『논어주소(論語注疏)』

를 썼는데, 이것이 『십삼경주소(十三經注疏)』에 끼여 있는 논어의 전통적인 주해서(注解書)이다. 이것은 황간의 『논어의소』에서 집해(集解)를 따로 떼어 지은 것이라고 하는데, 그 내용은 원칙적으로 황간의 『논어의소』를 따랐으나 장구(章句)의 훈고(訓詁)가 더욱 상세하였으므로, 황간의 『논어의소』를 밀어내는 까닭이 되었다. 그런데 이 황간의 『논어의소』는 당대에 일본에 전해졌다가 청대(淸代)에 청나라로 다시 전해짐으로써, 남송 때 없어진 이후 5백 년 뒤에 다시 유행하게 되었다.

한편, 주희의 『논어집주』는 형병의 『논어주소』의 경문을 바탕으로 고인(古人)들의 여러 해설을 참고하여 지은 것인데, 이로부터 논어의 해설은 이 『논어집주』가 단연 권위를 지니게 되었고, 오경(五經)을 중심으로 하던 유학이 사서(四書)를 더 중시하게 되었다. 또한, 『사서집주(四書集註)』가 나온 뒤로 『논어』는 더욱 존중되고 널리 읽혔다. 『사고전서총목(四庫全書總目)』을 통해 보면 『논어집주』를 이어 송대에 나온 『논어』의 주해서가 10여 종이며, 원대(元代)에도 다시 10여 종이 나왔고 명대(明代)에는 30여 종이 넘고 있다. 청대에는 더욱 많아 백여 종이 넘는다고 알려져 있다. 이것은 주희 이후로 유가의 경전이 오경에서 사서 중심으로 옮겨 갔으며, 그중에서도 『논어』가 가장 존중되었음을 뜻하는 것이다. 따라서 주희 이후로는 유가의 경전 중에서도 『논어』가 가장 중시되어 모든 공부하는 사람의 필독서가 되었다. 원대 이후로는 과거(科擧)에 있어서도 필수과목으로 채택되어 『논어』의 권위는 더욱 높아졌다. 특히 청대에는 고증학(考證學)이 발달함에 따라 진전(陳鱣)의 『논어고훈(論語古訓)』, 반유성(潘維城)의 『논어고주집전(論語古注集箋)』, 유보남의 『논어정의(論語正義)』 등 많은 연구서가 나왔다.

한국은 고려시대 말에 들어온 성리학을 그대로 계승·발전시켰으므로 『논어』가 더욱 중시되었다. 태조 원년(1392)에 확정된 과거법 이후 계속 과거에서 시험 과목으로 중시되었으며, 성균관에서의 교육 과목에서도 사서삼경은 가장 중요한 교과 과목으로 채택되었다. 역대 임금들도 사서오경에 대해 깊은 관심을 가졌으며, 여러 기록으로 미루어 사서오경은 임금과 태자로부터 모든 지식인에 이르기까지 꼭 읽어야 할 필독서로 자리를 잡고 있었음을 알 수 있다. 이에 따라 예로부터 있어 오던 구결(口訣) 또는 토(吐)를 달아 원문을 읽는 법에서 한 걸음 나아가 경서의 언해(諺解)가 시도되었다. 언해는, 유숭조(柳崇祖)가 칙명을 받아 『칠서언해구두(七書諺解口讀)』를 지은 것이 처음이라고 하나[유희춘(柳希春)의 『미암일기(眉巖日記)』, 안종화(安種和)의 『국조인물지(國祖人物志)』] 전하지 않는다. 이황(李滉)도 선조 3년(1570) 『삼경사서석의(三經四書釋義)』를 지었으나, 이보다도 본격적으로 우리나라에서 읽힌 언해본으로는 선조의 칙명으로 이루어진 『논어언해(論語諺解)』 4권과 이이(李珥)가 지은 『논어율곡언해(論語栗谷諺解)』 4권이 있다. 이 밖에 작자 미상의 『논어정음(論語正音)』 4권도 있다. 송시열(宋時烈)의 『논맹문의통고(論孟問義通攷)』도 있는데, 이것들을 통해 볼 때, 조선시대의 학자들은 무엇보다도 경문 자체를 올바로 읽고 정확하게 해석하려는 노력을 크게 기울였음을 엿볼 수 있다. 특히 정약용(丁若鏞)의 『논어고금주(論語古今注)』 등은 경학 연구 면에서 독특한 업적이었다고 할 수 있다.

그런데 한국에서의 『논어』 관련 경학 자료는 거의가 주희의 집주에 근거한 것이 대부분이다. 이는 고려시대 말의 성리학 도입 이래, 관리 등용에 있어 과거제도를 도입하여 관리를 선출했는데, 경전학 관련 과거는 오직 주희의 집주에 근거해 치러졌기 때문이라고 할 수 있다. 따라서 중국의 경우 『논어』 관련 주석서가 총 1,100여 종에 이르지만 우리나라의 경우는 조선시대에 성리학이 국교였던 관계로 중국에 비해 양적·질적으로 부족한 실정이며, 번역 및 해석서도 주희의 집주와 관련된 자료가 대부분이다. 뿐만 아니라 지금까지의 『논어』 관련 고전 자료의 대부분이 현대적으로 가공되지 않고 집성(集成) 형식으로 단순 정리됨으로써 자료적 가치에 비해 학문적 활용도를 담보하지 못하고 있다.

이제 완역된 본 『논어정의』는 하안의 『논어집해』, 황간의 『논어의소』, 주희의 『논어집주』와 더불어 『논어』 주소(注疏)의 사거서(四巨書)로 손꼽히는 유보남의 『논어정의』를 번역한 것으로 논어학의 체계적 정립에 기여하고, 한편으로는 『논어』가 담고 있는 광범위한 영역과 주제를 총체적으로 조망할 수 있는 기회를 제시할 것이다. 또한 현대적인 문맥에서 접근 가능한 표준적인 번역 작업을 수행하는 동시에 표점과 주해를 더하여 한국 유학에 있어 『논어』에 대한 새로운 이해와 해석의 지평을 넓혀 줄 수 있을 것이다.

2. 원저자 소개

유보남은 중국 청나라 때의 고증학자이다. 자는 초정(楚楨), 호는 염루(念樓)이다. 강소성(江蘇省) 보응(寶應) 출신으로, 문안(文安) · 삼하(三河)의 지현(知縣)을 지내기도 하였다. 유보남은 처음에 모씨(毛氏)의 『시경(詩經)』과 정씨(鄭氏)의 『예(禮)』를 연구하였는데, 뒤에 유문기(劉門淇) · 매식지(梅植之) · 포신언(包愼言) · 유흥은(柳興恩) · 진립(陳立) 등과 함께 경전을 공부하면서 각각 하나의 경전을 연구하기로 약속하여, 자신은 『논어』를 맡았다.

유보남은 『논어』 관련 주석서 중 황간과 형병의 소(疏)에 오류가 많고, 청담과 현학에 관련되었다고 탄식하였으며, 거친 곳이 있는 것을 병통으로 여겼다. 이에 한나라 이래 여러 학자의 학설을 두루 모으고, 송유(宋儒)의 의리론과 청유(淸儒)의 고증(考證) · 훈석(訓釋)을 참고해서 초순(焦循)이 『맹자정의(孟子正義)』를 저술한 체재에 따라 먼저 장편을 만들고 그런 뒤에 모으고 비교와 절충을 진행하였다.

유보남은 『논어정의』를 도광(道光) 8년(1828)에 처음 쓰기 시작하였는데, 함풍(咸豊) 5년(1855)에 장차 완성되려 할 때 병으로 사망하였다. 이에 그의 아들 유공면(劉恭冕)이 저술을 계속하였으며, 동치 4년(1865)에 전서가 완성되었다. 『논어정의』의 완성은 전후 38년이 소요되었으며, 동치 5년에 간행되었다.

그런데 유보남의 『논어』 연구는 가학(家學)에 기초한 것이지만, 그의 『논어정의』는 그가 38세에 뜻을 두고 착수하여 평생을 바친 저작으로, 청대 『논어』 연구의 결정판으로 널리 알려져 있다. 그리하여 유보남의『논어정의』는 흔히 한유(漢儒)의 구주를 망라한 하안의『논어집해』, 위(魏)·양(梁) 제가(諸家)의 관점을 광범하게 수집하고 있는 황간의『논어의소』, 주희의『논어집주』와 더불어『논어』주소의 사거서로 손꼽힌다.

사실 청대의 고증학 중심의『논어』연구는 청나라 중기를 거치면서 유태공(劉台拱)의『논어병지(論語騈枝)』, 초순의『논어하씨집해보소(論語何氏集解補疏)』, 송상봉(宋翔鳳)의『논어정주(論語程注)』에 오게 되면 한위경사(漢魏經師)의『논어』연구와 구주의 분석에 이르게 된다. 이러한 연구 성과와 초순의『논어통석(論語通釋)』의 실사구시(實事求是) 제창은 경서에 대한 신주소(新注疏)가 생겨날 수 있는 토양이 되었는데, 그 위에서 성립된 것이 바로 유보남의『논어정의』였다.

유보남은『논어』를 연구함에 있어 정현의 주석을 높이 받아들였으며,『논어집해』에 대해 "버리고 취함에 어긋남이 많고 의리가 조략하다."라고 하였고,『논어의소』와『논어주소』에 대해서는 "의리를 발명(發明)하지 못하고 뜻이 천박하여 미언대의에 대해서는 알지 못하고 전장훈고와 명물상수도 빠진 것이 많다."라고 하였다. 더욱이 송유의 논어학에 깊은 이해를 가지고 있었던 유보남은 자신의 이해를 시대적인 토양과 결합시킴으로써 한송겸채(漢宋兼采)의 논어학을 완성할 수 있었는데, 이것은『논어정의』가 가지고 있는 최대의 특징이자 장점이다.

유보남의 저서로는『논어정의』이외에도『석곡(釋穀)』,『한석례(漢石例)』,『염루집(念樓集)』등이 있다.

3.『논어정의』소개

『논어』의 주석은 많으나 대표적인 것은 삼국시대 위나라의 하안이 몇 사람의 설을 편집한『논어집해』와 남송의 주희가 새로운 철학 이론으로 해석한『논어집주』

이다. 일반적으로 『논어집해』를 고주(古註), 『논어집주』를 신주(新註)라 한다. 고주를 부연·해석한 것이 송나라 형병의 소인데, 이는 『십삼경주소』에 수록되었다. 위·양 제가의 관점을 광범하게 수집하고 있는 황간의 『논어의소』는 앞에서 언급한 바와 같이 『논어』 주소의 사거서로 손꼽히기는 하지만, 본국에서 일찍 없어지고, 후한 정현의 『논어』 주석은 당나라 말기에 없어졌으나, 20세기 초 둔황[敦煌]에서 발견된 고사본(古寫本)과 1969년 투루판[吐魯蕃]에서 발견된 사본에 의해서 7편 정도가 판명되었다. 그리고 청나라의 유보남이 지은 『논어정의』는 훈고·고증이 가장 자세하다. 따라서 중국에서 『논어』의 제 주석(注釋) 가운데 가장 대표적인 것이 하안의 『논어집해』와 주희의 『논어집주』, 유보남의 『논어정의』인데, 세 가지는 각기 그 시대를 대표하는 저작으로서 각각의 특징을 최고(最古:『논어집해』), 최정(最精:『논어집주』), 최박(最博:『논어정의』)으로 정의할 수 있다.

『논어정의』는 기본적으로 『논어』를 20편으로 분류하되, 「팔일(八佾)」·「향당(鄕黨)」이 예악제도를 많이 말하였으므로 자세하게 주석하여, 「팔일」을 2권(권3, 4)으로 나누고 「향당」을 25절 3권(권11, 12, 13)으로 나누었으며, 권24에는 하안의 「논어서(論語序)」를 수록하였고, 부록으로 「정현논어서일문(鄭玄論語序逸文)」을 붙이고 유공면의 「후서(後序)」를 더하여 모두 24권으로 구성되어 있다.

유보남은 도광 8년(1828)에 처음 『논어정의』를 쓰기 시작하였으나, 만년에 벼슬을 하게 되자 그 정리를 아들 공면에게 맡겼다. 『논어정의』의 편찬이 완성된 것은 함풍 5년 겨울인데, 유보남은 그해 가을에 완성을 보지 못하고 죽고 말았다. 『논어정의』는 권1에서 권17까지는 권의 제목 아래 "보응유보남학(寶應劉寶楠學)"이라고 되어 있고, 권18에서부터 권24까지는 "공면술(恭冕述)"이라고 되어 있어, 앞의 17권은 유보남이 저술한 것이고, 그 뒤로는 아들 유공면이 완성시킨 것임을 알 수 있다. 『논어정의』는 동치 4년(1865)에 전서가 완성되었으니, 책 편찬의 시작부터 전서의 완성까지, 전후 38년이 소요되었으며, 동치 5년에 간행되었다.

『논어정의』의 편찬 종지는 아들 유공면이 "자기의 견해를 주로 하지 않고 또한 한 · 송의 문호의 견해를 나누고자 하지 않았다. 성인의 도를 발휘하고 전례를 증명하여 실사구시하기를 기약했을 뿐이다."라고 한 것을 보면, 한학과 송학의 장점을 아울러 취하여 『논어정의』를 완성한 것이라고 할 수 있다.

『논어정의』는 범례상에 있어서 경문(經文)과 주석의 글은 모두 송 형병의 소본(疏本)을 따랐고, 한과 당의 석경(石經), 『논어의소』 및 『경전석문(經傳釋文)』의 각 본의 이문(異文)을 소 가운데 열거하였다.

『논어정의』의 경문은 『십삼경주소』의 형병의 소본을 저본으로 하고, 주문(注文)은 하안의 『논어집해』를 사용하고 있다. 그리고 유보남이 경문의 문자 교감(校勘)에서 중시하고 있는 것은 당송 이래의 판본이다. 한 · 당 · 송의 석경은 물론이고, 황간의 소, 육덕명의 『경전석문』에 실려 있는 명본(名本)을 형병의 소본 문자와 비교하여 자신의 새로운 소 안에 반영하고 있지만, 명 · 청 시기에 새로 출현한 문자의 차이에 대해서는 생략하고 논하지 않는다. 이 또한 『논어정의』의 특징 중 하나이다. 유보남은 황간의 소에 실려 있는 하안의 주석이 비록 상세하기는 하지만 대부분 전적의 근거가 없는 것이라고 보고 대신 형병의 소에 실려 있는 하안의 주석을 사용한다.

청나라 때의 관료이자 학자인 장백행(張伯行, 1652~1725)의 『청사열전(淸史列傳)』에서는 『논어정의』의 장점을 다음과 같이 요약하고 있다.

"『논어정의』가 경문의 해석에서 뛰어난 것이 있는데, 예를 들면 『논어』 「학이」의 제12장인 '유자언체지용(有子言體之用)' 장을 『중용』의 설이라고 밝힌 것과, '50세에 천명을 알았다.'라는 것을 '하늘이 나에게 덕을 주셨음을 알았다.'라는 의미로 해석한 것, 자유 · 자하가 효를 물은 것에 대한 해석에서 '사(士)의 효'라고 말한 것, '뗏목을 타고 바다로 떠나겠다.'라고 한 것을 지금의 고려(한국)를 가리킨다고 해석한 것, '시에서 흥기시키며, 예에 서며, 음악에서 완성한다. 백성은 따르게 할 수는 있어도 알게 할 수는 없다.'를 공자의 교육 방법으로 본 점, '문왕이 이미 돌아가셨으니 문(文)이 이 몸에 있지 않겠는가?'를 간책(簡策)을 얻었음을 가리킨다고 한 것, '번지가 무우대에서 놀다가 덕을 높이며, 간특함을 닦으며, 의혹을 분별함에 대해 물은 것'에 대해 노나라가 기우제를 지낼 때, 번지가 기우제의 제사문을 가지고서 물었다는 것을 밝힌 것, '벗 사이에는 간절하고 자상하게 권면하며, 형제간에는 화락하여야 한다.'라는 것에 대해 벗 사이에는 책선(責善)하지만 형제간에는 책선해서는 안 된다고 해석한 것, 백어(伯魚)에게 '『주남』·『소남』을 배웠느냐?'라고 물은 것을 백어가 장가를 든 다음에 규문(閨門)의 훈계를 내린 것으로 해석한 것, '사해곤궁(四海困窮)'을 홍수의 재난으로 보아 요임금이 순임금에게 명령하자 순임금이 이를 받들어 다스린 것으로 해석한 것 등이다. 이 모두는 2천여 년 동안이나 드러나지 않았던 옛 성현의 뜻을 비로소 밝힌 것이다. 「팔일」·「향당」 두 편에서 밝힌 예제(禮制)는 상세하고도 정확하다."

이 외에도 『논어정의』의 특징을 정리해 보면, 유보남은 "옛사람들이 책을 인용할 때 원문을 검증하지 않았기 때문에 간혹 착오가 있을 수 있다."라고 보고, 이를 고려하여 한나라 이후 여러 서적이 인용하고 있는 『논어』의 어구에 대해 교감의 근거를 밝히지 않는다.

그리고 『논어정의』를 보면 문자훈고(文字訓詁)나 선진사사(先秦史事), 고대의 전적을 박람(博覽)하면서도 요령이 있다. 광범하게 인용하고 좋은 것을 골라서 따랐으며, 책 속에서 충분히 앞사람의 『논어』 연구 성과를 흡수하였다. 청인(淸人)이 집록한 정현의 남아 있는 주석을 모두 소 안에 수록하고 『논어집해』를 사용하여 한·위의 옛 모습을 간직했다. 경의 해석은 주를 근거로 하고 있으며, 또 경에 의거해 소를 보충하였고, 소에 잘못이 있으면 경의 뜻에 근거해 변론하였다. 또한 『논어정의』에서는 청대의 고증학을 드러내고 문자훈고와 사실의 고정(考訂)에 주의하였으며, 전장(典章), 명물(名物), 인명, 지명, 역사적 사건에 대해 모두 하나하나 주석하고 고증하여 자세하게 갖추었다. 그러나 책 속에 채택된 여러 사람의 학설에 구애되지 않았으므로 중류(衆流)를 절단(截斷)하였으나 대의가 남김없이 모두 개괄되었다. 또한 내용이 박흡(博洽)하고 고석(考釋)이 자세하게 갖추어져 있으며 정밀하다.

또한 『논어정의』는 가장 최후에 나온 저술답게 이전의 여러 주석서의 장점을 고루 흡수하였다. 한·위의 고주를 보존하였을 뿐 아니라, 이런 고주에 대해 상세하게 소해(疏解)하였고, 그 결과 『논어』의 주석 내용을 풍부하게 했으며, 고거(考據)와 의리를 아울러 중시하였고 간혹 송유의 학설을 채택하기도 하였다. 뿐만 아니라, 『논어정의』는 금문학파에 대한 이해도 있으며 건륭(乾隆)·가경(嘉慶) 고증학 황금시대의 다음 시대 저술로서 제가의 설을 집대성한 것이 이 책의 제일 공적이라고 할 수 있다.

이 외에도 『논어정의』의 또 다른 특징이라고 한다면 일본(日本) 오규 소라이[荻生徂徠]의 『논어징(論語徵)』에서 『논어』 「술이(述而)」의 "子釣而不網" 구절과 "子貢曰, 有美玉於斯" 구절의 2조를 인용한 점이라고 할 수 있겠으며, 당시 시대상을 반영하는 문제들, 즉 동서문화우세론(東西文化優勢論)이나 민본사상(民本思想)에 관한 내용도 함께 담고 있는 점을 그 특징으로 꼽을 수 있다.

4. 『논어정의』 번역의 필요성

한국에 『논어』가 전해진 것이 언제인지는 분명하지 않지만, 일본 『고사기(古事記)』 응신왕 대(應神王代, 270~310)의 기록에 의하면 백제의 조고왕(근초고왕)이 보낸 화이길사[和邇吉師: 왕인(王仁)]가 『논어』 10권과 『천자문(千字文)』 1권을 가지고 왔다고 한 것을 보면 늦어도 3세기 중엽 이전에 전래된 것으로 볼 수 있다. 이렇게 『논어』가 한국에 전해진 이후로 이에 대한 많은 연구가 진행되었다. 통일신라시대인 682년(신문왕 2) 국학이 체계를 갖추었을 때 『논어』를 가르쳤으며, 그 뒤 독서삼품과(讀書三品科)로 인재를 선발할 때도 『논어』는 필수과목이었다. 조선시대에는 오경보다 사서를 중요시하는 주자학이 등장하여 사서의 중심인 『논어』는 벽촌의 학동들까지 배우게 되었다. 이황의 『논어석의(論語釋義)』와 그의 문인 이덕홍(李德弘)의 『사서질의(四書質疑)』가 그 면모를 짐작하게 해 준다. 또한 정약용의 『논어고금주』는 한·당의 훈고와 송·명의 의리에 매이지 않고 문헌 비판적·해석학적 방법론에 따라 『논어』를 해석하였다.

그런데, 국내에 『논어』를 연구하고 이해할 수 있는 원전이 번역되어 있기는 하지만, 그것이 거의 성리학 중심의 원전이라는 것은 주지의 사실이다. 중국의 경우 『논어』 관련 주석서는 총 1,100여 종에 이르는데, 한국의 경우 나름의 특색과 독특한 『논어』 관련 연구 성과가 간혹 눈에 띄기는 한다지만, 조선이 성리학을 토대로 성립한 국가였던 관계로 대부분 성리학이나 정주(程朱) 계열의 학문 풍토를 벗어나지 못하고, 그에 따라 중국에 비해 『논어』와 관련된 다양한 주석서에 대한 연구가 양적·질적으로 매우 부족한 실정이다. 뿐만 아니라 『논어』나 그 밖의 연구·주석 역시 주로 주자 내지는 송유들의 전거에 의존하는 비율이 큼에 따라 한대 이후 『논어』에 대한 다양한 연구·주석서를 접할 기회가 많지 않았으며, 오늘날에는 한글 전용의 분위기에 따라 한글로 번역된 『논어집주』를 제외하면 거의 다른 주석서들에 대해서는 접근할 엄두조차 내지 못하게 되었다.

한대의 훈고학이나, 청대 고증학의 문장은 대단히 어렵다. 그들의 학문적인 깊이와 박식함에서 오는 어려움도 적지 않지만, 논리의 전개가 우리들의 허를 찌르는 부분이 많기 때문이기도 하다. 또 한국의 경학이 주자학 일변도로 걸어오면서 나름대로 형성된 주자학적 문리(文理)의 언어적인 전통이 다양한 『논어』 해석학의 글에 접근하기 힘들게 한다.

그렇지만 어렵다고 그냥 내버려 둘 수가 없는 것이 바로 유보남의 『논어정의』이다. 앞서 소개하였듯이 『논어정의』는 중국에서 『논어』의 제 주석 가운데 가장 대표적인 것으로, 고증학자의 귀납적 추리법이 고도로 발휘된 책이기 때문이다. 더욱이 송유의 논어학에 깊은 이해를 가지고 있었던 유보남은 자신의 이해를 시대적인 토양과 결합시킴으로써 한송겸채의 논어학을 완성할 수 있었는데, 이것은 『논어정의』

가 가지고 있는 최대의 특징이자 장점이라고 할 수 있다. 따라서 『논어정의』를 우리 말로 번역하고 주해한다는 것은 논어학에 대한 전체적인 계통을 확인할 수 있고, 또한 성리학적 해석과의 차별성에 대해서도 알아볼 수 있는 훌륭한 학문적 기초를 마련하는 작업이라고 할 수 있다. 아울러 『논어』와 공자, 맹자의 사상, 그리고 선진시대의 각종 제도나 사상에 대해서 이만큼 집요하게 관련 자료를 제시하고 있는 책도 많지 않다는 점에서 『논어정의』에 대한 번역 작업은 한국의 논어학 관련 연구에 있어 무엇보다 필요하다고 할 수 있다.

5. 선행 연구

유보남의 『논어정의』는 논어학 연구에 있어서 해석이 가장 뛰어나면서도 이전에 있던 여러 『논어』 주석서의 장점을 고루 흡수한 해석서임에도 불구하고, 우리나라에서는 이 책에 대해 천착하거나, 『논어정의』만을 단독으로 다룬 전문 선행 연구 성과가 거의 전무한 실정이다. 그나마 유보남의 『논어정의』가 언급된 연구 성과물로는 2010년 윤해정의 『朱熹의 '論語集注'와 劉寶楠의 '論語正義'에 나타난 '仁'의 해석학적 비교』가 있고, 또 2003년 김영호의 「중국 역대 《논어》 주석고」가 있지만, 모두 단편적으로 『논어정의』에 대해 언급하고 있을 뿐이며, 그 외에 유교 경전학 관련 연구 논문에 언급되는 내용 역시 이 책이 갖고 있는 특징 내지는 서지적 정보에 대한 언급만 있을 뿐, 이 책에 대한 전반적인 연구는 아직 이렇다 할 만한 성과가 없는 실정이다.

따라서 『논어정의』의 경전학적 가치의 입장에서 볼 때, 이 책에 대하여 현대적인 문맥에서 접근 가능한 표준적인 번역 작업을 수행하는 동시에 표점과 주해를 더하여 한국 유학에 있어 『논어』에 대한 새로운 이해와 해석의 지평을 넓히기 위한 번역 작업이 무엇보다 시급하다고 여겼다.

역자는 유교철학을 전공하여 박사학위를 받았으며 한문 전문 연수기관인 성균관 한림원에서 사서오경을 중심으로 한문을 공부하였다. 현재 성균관대학교 유학·동양학과 겸임교수로 재직하면서, 학부 및 대학원에서 강의하고 있으며, 성균관 한림원 교수로서 한문을 가르치고 있다.

그동안 역자는 기초 한문 교재를 대상으로 『(교수용 지도서) 사자소학』·『(교수용 지도서) 추구·계몽편』·『(교수용 지도서) 격몽요결』을 집필하기도 하였다. 또한 역자는 한국연구재단의 명저번역지원사업을 통해 오규 소라이의 『논어징』을 공동 번역한 연구 성과가 있으며, 또한 연구재단의 토대연구지원사업을 통해 『성리논변』·『동유학안』(전 6권)·『주자대전』(전 13권)·『주자대전차의집보』(전 4권)를 공동 번역하여 출판한 연구 성과가 있다. 이 외에도 역자는 왕부지의 『독사서대전설』을 공동 번역하여 『왕부지 대학을 논하다』·『왕부지 중용을 논하다』라는 번역서를 출판하였고, 성균관대학교출판부를 통해 『논어』·『맹자』를 공동 번역하기도 하였는데, 이 『논어』는 『교수신문』 선정 최고의 『논어』 번역본으로 선정되기도 하였다.

일러두기

* 이 책은 1958년 중화민국(中華民國) 47년 4월에 중화총서위원회(中華叢書委員會)에서 간행한 유보남(劉寶楠)의 『논어정의(論語正義)』를 저본으로 삼고, 1990년 3월 중화서국(中華書局)에서 출판한 고유수(高流水) 점교본(點校本) 『논어정의(論語正義)』를 대교본으로 삼았다.

* 이 책의 표점은 기본적으로 1990년 3월 중화서국에서 출판한 고유수 점교본 『논어정의』를 따르되, 기본 원칙은 성균관대학교 한국유경편찬센터(http://ygc.skku.edu)의 표점 기준을 따르기로 한다.

* 청(淸) 유보남(劉寶楠)의 『논어정의』 24권을 완역했다. 아울러 부록(附錄)한 「정현논어서일문(鄭玄論語序逸文)」과 유공면(劉恭冕)의 「후서(後敍)」, 그리고 「청사고유보남전부유공면전(淸史稿劉寶楠傳附劉恭冕傳)」도 함께 완역했다.

* 주석은 『논어정의』 원문에서 원전의 내용을 인용한 경우는 출전만 밝히고, 『논어정의』 원문에서 출전만 밝힌 경우는 원전의 원문과 함께 번역을 싣는다.

* 주석의 내용이 같거나 중복될 경우 각주는 되도록 한 번만 제시했다.

* 한글과 한자를 한글(한자)로 병기하였다.

* 서명과 편명이 명확한 경우에는 책은 '『』'로, 편은 '「」'로 표시하고, 명확하지 않은 경우에는 모두 '『』'로 표시했다.

* 각주의 서명과 편명과 장 제목, 인명(人名)과 지명(地名)의 한글과 한자는 권마다 처음으로 제시할 때만 한글(한자)로 병기하였다.

* 인용부호는 " ", ' ', 〞〝, 〝〞의 순서로 표시했다.

* 이해를 위해 역자가 추가로 삽입한 문장이나 낱말은 '()'로 표시했다.

* 인명과 지명에 한해서 원문에 밑줄을 표시했다.

* 유보남의 『논어정의』에는 매우 많은 인명이 등장함에 따라 주요 인물의 인명사전을 부록으로 붙였다.

범 례

恭冕述
공면이 서술함

一. 經文「注」文, 從邢「疏」本. 惟「泰伯」篇: "予有亂臣十人", 以子臣母, 有干名義, 因據『唐石經』刪"臣"字, 其他文字異同, 如漢‧唐‧宋『石經』及皇侃「疏」‧陸德明『釋文』所載各本, 咸列於「疏」. 至山井鼎『考文』所引古本, 與皇本多同. 高麗‧足利本與古本亦相出入, 語涉增加, 殊爲非類, 旣詳見於『考文』及阮氏元『論語校勘記』‧馮氏登府『論語異文疏證』, 故此「疏」所引甚少. 古本‧高麗‧足利本, 有與皇本‧『釋文』本‧『唐石經』證合者, 始備引之, 否則不引. 至「注」文訛錯處, 多從皇本及後人校改, 其皇本所載「注」文, 視邢本甚繁, 非關典要, 悉從略焉.

하나. 경문 「주」의 문장은 형병(邢昺)의 「소」본을 따른다. 다만 「태백(泰伯)」의 "나에게는 다스리는 신하 열 사람이 있다."라고 한 구절은 자식으로서 어머니를 신하로 삼아 명분과 의리를 구함이 있으니, 『당석경(唐石經)』을 근거로 해서 "신(臣)"

자를 삭제했을 뿐이고, 그 외의 글자의 다르고 같은 것들, 예를 들어 한(漢)과 당(唐)과 송(宋)의 『석경』 및 황간(皇侃)의 「소」와 육덕명(陸德明)의 『경전석문』에 실려 있는 각 판본과 같은 것은 모두 「소」에 나열해 놓았다. 야마노이 가나에[山井鼎: 야마노이 곤론[山井崑崙]]의 『칠경맹자고문(七經孟子考文)』에 인용한 고본(古本)과 같은 경우 황간본과 많은 부분이 같다. 고려본(高麗本)과 아시카가본[足利本]은 고본과는 역시 서로 차이가 있고 말이 증가된 것 같으니, 전혀 같은 종류가 아니고, 이미 자세한 것은 『칠경맹자고문』 및 완원(阮元)의 『논어교감기(論語校勘記)』와 풍등부(馮登府)의 『논어이문소증(論語異文疏證)』에 보이므로, 이 「소」에서 인용한 부분은 매우 적다. 고본과 고려본과 아시카가본에 황간본과 『경전석문』본, 그리고 『당석경』의 증거들과 일치하는 것이 있는 것들은 처음 보이는 것은 구체적으로 갖추어 인용하였고, 그렇지 않은 것은 인용하지 않았다. 「주」의 글 중 잘못되었거나 뒤섞인 것은, 대부분 황간본과 후대 사람들이 교정하고 바로잡은 것을 따랐는데, 황간본에 실려 있는 「주」의 문장은 형병본보다 매우 번거롭기 때문에 불변의 법칙[典要]과 관계된 것이 아닌 것은 생략하기로 한다.

一. 「注」用 『集解』者, 所以存魏·晉人著錄之舊, 而鄭君遺 「注」, 悉載 「疏」 內. 至引申經文, 實事求是, 不專一家, 故於 「注」 義之備者, 則據 「注」 以釋經; 略者, 則依經以補 「疏」; 其有違失未可從者, 則先疏經文, 次及 「注」 義. 若說義二三, 於義得合, 悉爲錄之, 以正向來注疏家墨守之失.

하나. 「주」에서 『논어집해』를 사용한 것은 위(魏)나라 사람들과 진(晉)나라 사람들이 저술하고 기록한 오래된 것들을 보존하기 위한 것이고, 정군[鄭君: 정현(鄭玄)]이 남긴 「주」는 모두 「소」 안에 기재했다. 경문(經文)을 인용해서 의미가 확대된 경우에는 실질에 힘써 진리를 구한 것이므로 한 학파에만 국한되지 않기 때문에 「주」에서 구체적으로 뜻이 잘 갖추어진 것은 「주」에 의거해서 경문을 해석하였고, 생략된 것은 경문에 의거해서 「소」를 보충하였으며, 어긋나거나 잘못된 부분이 있어 따를 수 없는 것은 먼저 경문을 소통시킨 다음에 「주」의 뜻에 미쳤다. 만약 말의 뜻이 두세 가지라도 의리에 부합할 수 있는 것이라면 모두 기록해서 그동안의 주석가들이 묵수하던 잘못을 바로잡았다.

一. 鄭「注」久佚, 近時惠氏棟·陳氏鱣·臧氏鏞·宋氏翔鳳成有『輯本』, 於『集解』外, 徵引頗多. 雖拾殘補闕, 聯綴之迹, 非其本眞, 而舍是則無可依據. 今悉詳載, 而原引某書某卷及字句小異, 均難備列, 閱者諒諸.

하나. 정현의 「주」가 일실된 지 오래되었으나, 근래에 혜동(惠棟)과 진전(陳鱣)과 장용(臧庸)과 송상봉(宋翔鳳)이 『집본(輯本)』을 완성했으니, 『논어집해(論語集解)』외에도 증거로 인용할 만한 것들이 자못 많아졌다. 비록 해진 것들을 주워 빠진 부분을 보충해서 잇고 꿰맨 자취가 그 본래 진면목은 아니지만 이마저 버리면 의거할 만한 것이 없게 된다. 그러므로 이제 모두 상세히 실어 놓고 인용한 어떤 책이나 어떤 권 및 자구가 조금 차이 나는 것을 근원해 보았으나, 고루 다 갖추어서 나열하기는 어려웠으니, 이 책을 열어 보는 자들이 이를 혜량(惠諒)해 주기를 바란다.

一. 古人引書, 多有增減, 蓋未檢及原文故也. 翟氏灝『四書考異』, 馮氏登府『論語異文疏證』, 於諸史及漢·唐·宋人傳注, 各經說·文集, 凡引『論語』有不同者, 悉爲列入, 博稽同異, 辨證得失, 旣有專書, 此宜從略.

하나. 옛사람들은 책을 인용함에 더하거나 뺀 것이 많은데, 이는 아마도 점검이 원문에 미치지 못했기 때문인 듯싶다. 적호(翟灝)의 『사서고이(四書考異)』와 풍등부의 『논어이문소증』은 여러 역사서 및 한나라·당나라·송나라 사람들이 전한 주석과 각각의 경설(經說)과 문집(文集)에서 『논어』를 인용한 것이 같지 않은 점이 있는 것은 모두 나열해서 삽입하고, 널리 같고 다른 점을 고찰해서 잘잘못을 변별하고 증명해서 이미 전문적으로 다룬 저작이 있으니, 여기서는 마땅히 생략하기로 한다.

一. 漢·唐以來, 引孔子說, 多爲諸賢語·諸賢說. 或爲孔子語者, 皆由以意徵引, 未檢原文, 翟氏『考異』旣詳載之, 故此「疏」不之及.

하나. 한·당 이래로 공자의 학설을 인용한 것은 대부분은 제현들이 한 말이거나 제현들의 학설이다. 혹 공자가 한 말이라고 생각되는 것은 모두 의도적으로 증거를 인용함으로 말미암아 원문을 검토하지 않았는데, 적씨(翟氏)의 『사서고이』에 이미 상세히 실었기 때문에 여기의 「소」에서는 언급하지 않는다.

一. 漢人解義, 存者無幾, 必當詳載, 至皇氏「疏」·陸氏『音義』所載魏·晉人以後各說, 精駁互見, 不敢備引. 唐·宋後著述益多, 尤宜擇取.

하나. 한나라 사람들의 해의(解義)는 보존되어 있는 것이 거의 없으니, 반드시 상세하게 기재하는 것이 마땅하고, 황씨(皇氏)의 「소」와 육씨(陸氏)의 『음의』에 실려 있는 위나라와 진나라 사람들 이후의 각각의 설들은 정밀하고 잡박한 것들이 번갈아 보여서 감히 구체적으로 갖추어서 인용하지 않았다. 당나라와 송나라 이후에는 저술들이 더욱 많아졌으므로 더더욱 가려서 취함이 마땅하다.

一. 諸儒經說, 有一義之中, 是非錯見. 但采其善而不著其名, 則嫌於掠美; 若備引其說而並加駁難, 又嫌於葛藤. 故今所輯, 舍短從長, 同於節取, 或祇撮大要, 爲某某說.

하나. 여러 유학자의 경전에 대한 설명은 한 가지 뜻 안에서도 옳고 그른 것이 뒤섞여 보인다. 다만 그 잘된 것을 채록하되 그 이름을 밝히지 않으면 좋은 점만 훔친 것에 혐의가 있게 되고, 만약 그 말을 구비해서 인용하되 잡박하고 난해한 것까지 아울러 더해 놓으면 또 갈등을 일으킴에 혐의가 있게 된다. 따라서 이제 수집한 것을 단점은 버리고 장점을 좇아 똑같이 적절하게 취하되, 더러는 단지 큰 요지만을 취해서 아무개 아무개의 말이라고 하였다.

一. 引諸儒說, 皆擧所著書之名. 若習聞其語, 未知所出何書, 則但記其姓名而已. 又先祖考國子監典簿諱履恂著『秋槎雜記』, 先叔祖丹徒縣學訓導諱台拱著『論語騈枝』‧『經傳小記』, 先伯父五河縣學訓導諱寶樹著『經義說略』, 「疏」中皆稱爵.

하나. 인용한 여러 유학자의 설은 모두 저서의 이름을 거론했으나, 그 말은 익히 들었지만 어느 책에서 나온 것인지 모르는 것과 같은 것은 단지 그 성명만 기록했을 뿐이다. 또 선조고(先祖考)이신 국자감 전부(國子監典簿) 휘(諱) 이순(履恂)이 저술한 『추사잡기(秋槎雜記)』와 선숙조(先叔祖)이신 단도현(丹徒縣) 현학(縣學)의 훈도(訓導) 휘 태공(台拱)이 저술한 『논어변지(論語騈枝)』와 『경전소기(經傳小記)』, 그리고 선백부(先伯父)이신 오하현(五河縣) 현학의 훈도 휘 보수(寶樹)가 저술한 『경의설략(經義說略)』은 「소」 안에 모두 작위를 칭하였다.

논어정의 권1

論語正義卷一

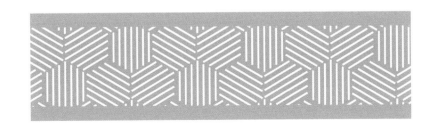

學而第一(학이 제1)

원문 正義曰: 『釋文』及皇・邢「疏」本皆有此題. 邢「疏」云: "自此至「堯曰」是『魯論語』二十篇之名及第次也. 當弟子論撰之時, 以『論語』爲此書之大名, 「學而」以下, 當爲篇之小目也. 第, 順次也, 一, 數之始也, 言此篇於次當一也."

역문 정의(正義)에서 말한다.

『경전석문(經典釋文)』[1] 및 황간(皇侃)[2]과 형병(邢昺)[3]의 「소(疏)」[4]본에는 모두 이 제목이 있다. 형병의 「소」에서 이르길, "여기부터 「요왈(堯曰)」에 이르기까지는 『노논어(魯論語)』 20편의 이름 및 차례이다. 당시 제자들이 논찬(論撰)할 때 『논어(論語)』를 가지고 이 책의 큰 제목으로 삼았고, 「학이(學而)」 이하는 해당되는 편의 작은 제목으로 삼았다. 제(第)는

---

1   중국 육조(六朝) 말기에 육덕명이 저술한 책. 여러 경전의 음의[音義: 자음(字音)・자의(字義)의 주해] 및 문자의 이동(異同)을 수집한 것으로, 모두 30권으로 되어 있다. 14종의 경전, 즉 『주역(周易)』, 『고문상서(古文尙書)』, 『모시(毛詩)』, 『주례(周禮)』, 『의례(儀禮)』, 『예기(禮記)』, 『춘추좌씨(春秋左氏)』, 『공양(公羊)』, 『곡량(穀梁)』, 『효경(孝經)』, 『논어(論語)』, 『노자(老子)』, 『장자(莊子)』, 『이아(爾雅)』의 편찬 순서에 따라 여러 책의 문자의 이동과 제자백가(諸子百家)의 음의를 집록(集錄)하였다. 『오경정의(五經正義)』 등의 주소(注疏)와 정사(正史)의 주석과 함께 현존하는 훈고학 자료의 보고(寶庫)로서, 특히 유작(劉焯)・유현(劉炫) 등 북조계(北朝系)의 해석을 기초로 한 주소에다 노장(老莊)을 더 추가한 남조식(南朝式)의 학설을 전한다. 수편(首篇)의 서록(序錄)은 한(漢)・위(魏)・육조의 학술 동향을 알 수 있는 중요한 문헌이다.
2   황간(皇侃, 488~545): 중국 양(梁)나라 학자. 『논어의소(論語義疏)』를 저술하였다.
3   형병(邢昺, 932~1010): 중국 북송(北宋)시대의 학자. 『논어정의(論語正義)』와 『논어주소(論語注疏)』를 저술하였다.
4   황간의 『논어의소』와 형병의 『논어주소』.

순차(順次)이고, 일(一)은 수(數)의 시작이니 이 편이 순서상 처음에 해당
된다는 말이다."라고 했다.

원문 案, 古人以漆書竹簡約當一篇, 即爲編列, 以韋束之. 故<u>孔子</u>讀『易』, 韋
編三絶. 當<u>孔子</u>時, 諸弟子撰記言行, 各自成篇, 不出一人之手. 故有一語
而前後篇再出也. 「毛詩序」「疏」引『說文』, "第, 次也, 從竹弔." 今本『說
文』脫. 弟字下云: "韋束之次弟也. 從古字之象." 疑"弟"指韋束之次言,
"第"則指竹簡言. 『釋名』「釋書契」云: "稱題亦有第, 因其第次也." 『後漢』
「安帝紀」<u>李賢</u>「注」, "第謂有甲・乙之次第."

역문 생각해 보니, 옛사람들은 죽간(竹簡)에 칠서(漆書)[5]를 해서 묶음이 완결
된 한 편에 해당되면 곧 차례로 배열해서 가죽끈으로 그것을 묶었다. 그
러므로 공자(孔子)가 『역(易)』을 읽을 때 가죽끈이 세 번 끊어졌던 것이
다. 공자 당시에 여러 제자가 공자의 언행을 편찬하고 기록할 때 각자
가 한 편씩 완성하였기 때문에 (『논어』는) 한 사람의 손에서 나온 것이
아니다. 그러므로 같은 말이 앞뒤 편에 거듭 나오는 경우가 있는 것이
다. 「모시서(毛詩序)」의 「소(疏)」에서는 『설문해자(說文解字)』를 인용하
여 "제(第)는 차례[次]이니, 죽(竹)과 조(弔)로 구성된 글자이다."[6]라고 했
는데, 지금 판본의 『설문해자』에는 빠져 있다. "제(弟)" 자 아래는 "가죽
끈으로 묶는 순서[次弟]라는 뜻이다. 옛 글자의 자형으로 구성되었다."[7]

---

5 칠서(漆書): 종이가 없던 옛날에 대쪽에 새겨 옻칠을 한 글자.
6 『모시주소(毛詩注疏)』「모시주소원목(毛詩注疏原目)」의 「소(疏)」에는 "『설문해자(說文解
   字)』에서 이르길, '제(第)는 차례[次]이니, 글자는 죽(竹)과 조(弔)로 구성되었다. 제1(第一)
   이라고 일컬은 것은 그 순서가 처음에 해당된다는 말이니, 선후를 분별하기 위한 것이다.'[『說
   文』云: '第, 次也, 字從竹弔. 稱第一者, 言其次第當一, 所以分別先後也.']"라고 되어 있다.
7 『설문해자』 권5: 제(弟)는 가죽끈으로 묶는 순서[次弟]라는 뜻이다. 옛 글자의 자형으로 구

라고 했는데, 아마도 '제(弟)' 자는 가죽끈으로 묶는 순서를 가리켜서 한 말이고, '제(第)' 자는 죽간을 가리켜서 한 말인 듯싶다. 『석명(釋名)』[8]의 「석서계(釋書契)」에서 이르길, "제목을 일컬음에도 또한 순서[第]가 있으니, 그 차례[第次]를 따른다."라고 했고, 『후한서(後漢書)』「안제기(安帝記)」의 이현(李賢)[9]의 주(注)에는 "제(第)란 갑(甲)·을(乙)의 차례가 있음을 이른다."라고 했다.

성되었다. 모든 제(弟)부에 속하는 한자는 한자는 다 제(弟)의 의미를 따른다. 제(主)는 제(弟)의 고문(古文)인데, 위(韋) 자의 고문의 생략형으로 구성되었으며, 별(丿)이 발음을 나타낸다. 특(特)과 계(計)의 반절음이다.[𦄼, 韋束之次弟也. 從古字之象. 凡弟之屬皆從弟. 主, 古文弟從古文韋省, 丿聲. 特計切.]

8 중국 후한(後漢) 말 유희(劉熙)가 지은 사서(辭書). 같은 음을 가진 말로 어원을 설명하였다. 내용에 의해서 석천(釋天)·석지(釋地)·석산(釋山)으로 시작하여 석질병(釋疾病)·석상제(釋喪制)에서 끝나는 27편의 분류 방법은 『이아』와 같으나, 소리가 비슷한 말은 의미에도 많은 관련이 있다는 성훈(聲訓)의 입장에서 해설을 한 점이 특색이다. 억지에 불과하다는 설도 있으나 어원을 해설한 점에서 중요한 자료이다. 또한 오늘날에는 그 실물을 알 수 없는 기물(器物)과 가구(家具)에 관해 귀중한 기록이 적지 않다. 청나라의 왕선겸(王先謙)이 지은 『석명소증보(釋名疏證補)』는 이 책의 훌륭한 연구서로 꼽힌다.

9 이현(李賢, 654~684): 자(字)는 명윤(明允)이고, 시호(諡號)는 장회태자(章懷太子)이다. 당 고종(高宗, 재위 649~683)의 여섯째 아들이며, 중국에서 여성으로 유일하게 황제(皇帝)가 되었던 측천무후(則天武后, 재위 690~705)의 둘째 아들이다. 태어난 뒤 노왕(潞王)에 봉(封)해졌다가 일곱 살에 패왕(沛王)으로 다시 봉해졌다. 18세에는 이름을 이덕(李德)으로 바꾸고 옹왕(雍王)으로 봉해졌지만, 20세부터는 다시 이현(李賢)이라는 이름을 사용했다. 『열번정론(列藩正論)』, 『춘궁요록(春宮要錄)』, 『수신요람(修身要覽)』 등을 저술하였고, 장대안(張大安), 유눌언(劉訥言), 격희원(格希元), 허숙아(許叔牙) 등의 학자들을 소집하여 범엽(範曄, 398~445)이 편찬한 『후한서(後漢書)』에 주석을 붙였다. 이현의 주석은 후대에도 널리 읽혀서, 오늘날 전해지는 『후한서』도 본기(本紀), 열전(列傳)에 이현의 주석(註釋)을 붙이고, 지(志)에는 양(梁)의 유소(劉昭)가 주석(註釋)을 붙인 북송(960~1126) 때의 판본(板本)을 기초로 한다.

○ ● ○

集解(집해)

正義曰: 陸德明『經典釋文』載『論語』舊題, 止"集解"二字, 在"學而第一"
之下, 自注, "一本作何晏『集解』", 一本必六朝時人改題, 誤以『集解』爲何
晏一人作也. 然『釋文』雖仍舊題, 而云"何晏集孔安國"云云, 其文兩見, 則
亦爲後世之誤說所惑也.

정의에서 말한다.

육덕명(陸德明)[10]의 『경전석문』에는 『논어』의 옛 제목이 실려 있고,
다만 '집해(集解)' 두 글자만 '학이 제1(學而第一)' 아래에 있는데, 스스로
주를 달아 "어떤 판본에는 하안(何晏)[11]의 『논어집해(論語集解)』로 되어
있다."[12]라고 했는데, 어떤 판본이란 분명 육조(六朝)시대 사람이 제목을

---

10 육덕명(陸德明, ?~?): 중국 당나라의 학자로, 이름은 원랑(元朗)이고 자가 덕명(德明)이다.
처음에 수(隋)나라를 섬겼으나, 당 고조의 초빙으로 대학 박사·국자 박사가 되었다. 그가
편찬한 『경전석문(經典釋文)』은 경학(經學) 원전(原典) 정리의 효시로 불린다.

11 하안(何晏, 193?~249): 중국 삼국시대 위(魏)나라의 관료이자 사상가이며, 자는 평숙(平叔)
이다. 어머니 윤(尹)씨가 후에 조조(曹操, 155~220)의 부인이 된 탓으로 위나라 궁정 안에서
자랐고, 위나라 공주를 아내로 맞았다. 조상(曹爽)이 권력을 잡자 이부상서(吏部尙書)로 승
진하였으나, 사마의(司馬懿)에 의해 조상 일족과 함께 살해되었다. 그가 왕필(王弼)과 주고
받은 청담(淸談)은 일세를 풍미하였고, 그 뒤 언제까지나 '정시(正始)의 음(音)'으로 일컬어
져 청담의 모범이 되었다. 왕필과 더불어 위진(魏晉) 현학(玄學)의 시조로 받들어지며, 『논
어』·『역경』·『노자』를 상통(相通)하게 하여, 유교의 도(道)·성인관(聖人觀)을 노장풍(老
莊風)으로 해석하였다. 『논어집해』의 대표 편집자이다. 『논어집해』는 남송 이후에 중국에
서는 소실되었다가, 청(淸)나라 때 일본에서 중국으로 다시 전해졌다고 한다. 이하 소라이
가 인용한 하안의 말 가운데 따로 주석을 달지 않은 것은 모두 『십삼경주소(十三經注疏)』본
『논어주소』 해당 장의 주석에서 인용한 것이다.

고친 것으로, 『논어집해』를 하안 한 사람의 작품으로 잘못 생각한 것이
다. 그러나 『경전석문』은 여전히 옛 제목을 사용하면서 "하안이 공안국
(孔安國)[13]의 설을 수집한 것이다."[14]라고 운운하는데, 그 문장을 두어 번
보면 역시 후세의 그릇된 설에 의해 미혹된 것이다.

○ ● ○

凡十六章(모두 16장이다)

원문 正義曰: 『釋文』舊有此題, 其所據卽『集解』本. 今皇·邢「疏」, 無凡幾
章之題者, 當由所見本已刪之也. 『漢石經』則每卷後有此題, 蓋昔章句家
所記之數. 統計『釋文』各篇四百九十二章, 趙岐『孟子篇』「敍」曰 "『論』四
百八十六章", 較『釋文』少六章. 然『釋文』「先進篇」二十三章, 依『集解』

---

12 『논어집해의소(論語集解義疏)』「제요(提要)」.

13 공안국(孔安國, ?~?): 중국 전한(前漢) 무제 때의 학자. 자는 자국(子國)이며, 산동성(山東
省) 곡부(曲阜) 출생으로 『상서(尚書)』, 고문학의 시조, 공자(孔子)의 11대손이다. 박사(博
士)·간대부(諫大夫)를 지내고, 임회태수(臨淮太守)에 이르렀다. 『시경(詩經)』은 신공(申
公)에게서 배우고, 『상서』는 복생(伏生)에게서 받았다. 노(魯)나라의 공왕(共王)이 공자의
옛집을 헐었을 때, 과두문자(蝌蚪文字)로 된 『고문상서(古文尚書)』, 『예기』, 『논어』, 『효경』
이 나왔다. 당시 아무도 이 글을 읽지 못한 것을 공안국이 금문(今文)과 대조·고증, 해독하
여 주석을 붙였다. 이것에서 고문학(古文學)이 비롯되었다고 한다.

14 『논어주소』의 「서(序)·소(疏)」에 "위의 이부상서 하안이 공안국, 포함, 주씨, 마융, 정현,
진군, 왕숙, 주생렬의 설을 수집하고, 아울러 자기의 뜻을 기록해서 『논어집해』를 만들
고, 정시중이 올림에 세상에 성행하였다.[魏吏部尚書何晏, 集孔安國·包咸·周氏·馬
融·鄭玄·陳群·王肅·周生烈之說, 幷下己意, 爲『集解』, 正始中上之, 盛行於世.]"라고
되어 있다.

宜爲二十四章.「衛靈篇」四十九章, 依『集解』實爲四十三章. 又「陽貨篇」二十四章,『漢石經』作二十六章. 凡皆所據本異, 故多寡迥殊. 今但依『釋文』以存『集解』之舊, 其有離合錯誤, 各記當篇之下. 至後世分析移倂之故, 言人人殊, 旣由臆造, 則皆略焉. 又趙岐言章次大小, 各當其事, 無所法也. 明謂『論語』章次, 依事類敍, 無所取法, 與『孟子』篇章迥殊. 而皇「疏」妄有聯貫, 翟氏灝『考異』已言其誤. 後之學者, 亦有玆失, 旣非理所可取, 則皆刪佚, 不敢更著其說焉.

역문 정의에서 말한다.

『경전석문』에는 옛날에 이 제목이 있었는데, 그 근거는 바로 『논어집해』본이다. 지금 황간과 형병의 「소」에 "모두 몇 장[凡幾章]"이라는 제목이 없는 것들은 분명 그들이 본 판본에 이미 삭제되어 있었기 때문이다. 『한석경(漢石經)』[15]에는 권마다 뒤에 이 제목이 있으니, 대체로 옛 장구가(章句家)들이 기록해 놓은 수(數)이다. 『경전석문』의 각 편을 다 계산해 보면 모두 492장인데, 조기(趙岐)[16]의 『맹자편(孟子篇)』「서(敍)」에는 "『논어』는 486장이다."라고 했으니, 『경전석문』보다 6장이 적다. 그러나 『경전석문』의 「선진편(先進篇)」은 23장인데, 『논어집해』에 의거해 보면 마땅히 24장이 되어야 한다. 「위령편(衛靈篇)」은 49장인데, 『논어집해』

---

15 한 영제(靈帝) 희평(熹平) 4년에 세워진 석경(石經). 채옹(蔡邕) 등이 당시 통행되던 예서(隷書)로 태학(太學) 문밖에 건립했는데, 이 한석경(漢石經)은 진의 분서갱유 이후의 경서의 첫 번째 표준본이 되었다. "희평석경(熹平石經)"이라 부르기도 하고, 또 경문을 예서체 하나로만 새겼기 때문에 "일자석경(一字石經)"이라 부르기도 한다.

16 조기(趙岐, 108?~201): 중국 후한 말의 학자. 본래 이름은 가(嘉)이며, 자는 대경(臺卿)이었으나, 난리를 피하여 이름은 기, 자는 빈경(邠卿)으로 바꾸었다. 사례(司隷) 경조윤(京兆尹) 장릉현(長陵縣) 사람이다. 『맹자(孟子)』를 정리하여 『맹자장구(孟子章句)』를 저술하였다. 병주자사(幷州刺史)를 역임하였으나 당고의 화[黨錮之禍]로 인해 면직되었다가 뒤에 의랑(議郎)·태상(太常)에 임명되었다. 향년 90세이다.

에 의거해 보면 실제 43장이 된다. 또「양화편(陽貨篇)」은 24장인데,『한석경』에는 26장으로 되어 있다. 이는 모두 근거로 하는 저본이 달랐기 때문에 많고 적은 것이 크게 차이가 나는 것이다. 지금은 다만『경전석문』에 의거해서『논어집해』의 오래된 것을 보존하고, 나누고 합한 것이 착오가 나는 것들은 각각 해당되는 편의 아래 기록해 두었다. 후세에 이르러서는 분석하고 옮기고 아우른 까닭에 말이 사람마다 다르니, 이미 억지로 조작한 것을 따른 것은 모두 생략하였다. 또 조기가 '장차(章次)의 크고 작음을 각각 그 일에 해당시킨 것이니 본받을 만한 것이 없다.'라고 말한 것은『논어』의 장차를 일에 의거해서 종류대로 순서를 지었으므로 본보기로 취할 만한 것이 없음을 분명히 말한 것이니,『맹자(孟子)』의 편장(篇章)과도 크게 다르다. 그런데 황간의「소」에서는 멋대로 연관시킨 것이 있는데, 적호(翟灝)[17]가『사서고이(四書考異)』에서 이미 그 잘못을 말했다. 후세의 학자들 역시 이러한 잘못이 있는데, 이미 이치상 취할 만한 것이 아니므로 모두 빼놓았으니, 감히 다시 그 설을 싣지 않는다.

1-1

子曰: "學而時習之, 不亦說乎?【注】馬曰: "子者, 男子之通稱, 謂孔子也." 王曰: "時者, 學者以時誦習之. 誦習以時, 學無廢業, 所以爲說懌."

---

17 적호(翟灝, 1736~1788): 중국 청대의 학자. 자는 대천(大川), 또 다른 자는 청강(晴江)이며, 인화(仁和) 사람이다. 저술로는『설문칭경증(說文稱經証)』,『사서고이(四書考異)』,『이아보곽(爾雅補郭)』,『통속편(通俗編)』등이 있다.

공자가 말했다. "배우고 때에 맞게 익히니, 또한 기쁘지 아니한 가? 【주】¹⁸ 마융(馬融)¹⁹이 말했다. "자(子)는 남자에 대해 두루 쓰는 호칭인데, 여기서는 공자를 이른다." 왕숙(王肅)²⁰이 말했다. "시(時)란 배우는 자들이 때에 맞게 외우고 익히는 것이다. 때에 맞게 외우고 익혀서 배우매 학업을 그만두지 않게 되니, 그 때문에 기뻐하게 된다."

원문 正義曰: "曰"者, 皇「疏」引『說文』云: "開口吐舌謂之曰." 邢「疏」引『說文』云: "曰: 䛇也. 從口, 乙聲. 亦象口氣出也." 所引『說文』各異. 段氏玉裁校定作"從口乙, 象口氣出也." 又引『孝經釋文』云: "從乙在口上. 乙象

---

18 【주】는 『논어주소』의 「주(注)」이다.

19 마융(馬融, 79~166): 중국 후한의 유학자로 부풍(扶風) 무릉(茂陵) 사람. 자는 계장(季長), 정현의 스승이기도 하다. 『춘추삼전이동설(春秋三傳異同說)』과 『논어』, 『효경』, 『시경』, 『주역』, 『상서』, 삼례, 『열녀전』, 『노자』, 『회남자』, 『이소』를 주석했다. 문집 21편이 있었지만 지금은 그 단편만 남아 있다.

20 왕숙(王肅, 195~256): 중국 삼국시대의 위나라 학자이자 정치가. 자는 자옹(子雍), 산동성 동해(東海) 출생으로 왕랑(王朗)의 아들이다. 시사(時事)와 제도에 대한 의견을 건의하여 정치 활동을 하고, 산기상시(散騎常侍)의 벼슬에 승진하였다. 그의 딸은 사마문왕(司馬文王)에게 시집을 가서 진(晉)나라 무제(武帝)를 낳았다. 아버지에게 금문학(今文學)을 배웠으나 고문학자(古文學者) 가규(賈逵)·마융의 현실주의적 해석을 이어, 정현의 참위설(讖緯說)을 혼합한 통일 해석을 반박하였다. 많은 경서를 주석하고 신비적인 색채를 실용적인 해석으로 대체하고, 정현의 예학(禮學) 체계에 반대하여 『성증론(聖證論)』을 지었다. 그의 학설은 모두 위나라의 관학(官學)으로서 공인받았다. 『위서(魏書)』에 따르면 그의 저술은 『상서』와 『논어』, 삼례, 『춘추좌씨전(春秋左氏傳)』 등을 해석한 것이 있는데, 모두 당시 학관(學官)에 세워졌다고 한다. 그 밖의 저서로 『공자가어(孔子家語)』와 『마왕역의(馬王易義)』, 『주역주(周易注)』, 『상서왕씨주(尙書王氏注)』, 『모시왕씨주(毛詩王氏注)』, 『예기왕씨주(禮記王氏注)』, 『논어왕씨주(論語王氏注)』, 『국어장구(國語章句)』, 『왕자정론(王子正論)』, 『고문상서공굉국전(古文尙書孔宏國傳)』 등이 있다.

氣, 人將發語, 口上有氣. 故曰字缺上也."

역문 정의에서 말한다.

"왈(曰)"에 대해 황간의 「소」에서는 『설문해자』를 인용하여 "입을 벌리고[開口] 혀를 내미는[吐舌] 것을 일러 왈(曰)이라고 한다."[21]라고 했고, 형병의 「소」에서는 『설문해자』를 인용해서 "왈(曰)은 말한다[詞]는 뜻이다. 구(口)로 구성되어 있고, 을(乙)이 발음을 나타낸다. 또한 입에서 기운이 나오는 것을 본뜬 것이다."[22]라고 했는데, 인용한 『설문해자』의 판본이 각각 다르다. 단옥재(段玉裁)[23]는 이것을 교정해서 "구(口)와 을(乙)로 구성되어 있고, 입에서 기운이 나오는 것을 본뜬 것이다."라고 했고, 또 『효경석문(孝經釋文)』을 인용해서 "을(乙)이 입 위에 있는 모양으로 구성되었다. 을(乙)은 기운을 형상화한 것인데, 사람이 장차 말을 하려 할 때 입가에 기운이 돈다. 그러므로 왈(曰) 자는 위가 비어 있다."[24]라고 했다.

21　『논어집해의소』 권1, 「논어학이제1(論語學而第一)」에 "허씨의 『설문해자』에서 이르길, '입을 벌리고[開口] 혀를 내미는[吐舌] 것을 왈(曰)이라고 한다.'라고 했으니, 이 이하는 공자가 입을 열어 말했다는 말이다. 그러므로 '자왈(子曰)'이라고 일컬으면서 첫머리로 삼은 것이다.[許氏『說文』云: '開口吐舌謂之爲曰', 此以下, 是孔子開口談說之語. 故稱'子曰'爲首也.]"라고 했다.

22　『논어주소』 권1, 「학이제1(學而第一)」의 「소」에 "왈(曰)은 『설문해자』에 '말한다[詞]는 뜻이다. 구(口)로 구성되어 있고, 을(乙)이 발음을 나타낸다. 또한 입에서 기운이 나오는 것을 본뜬 것이다.'라고 했으니, 그렇다면 왈(曰)은 발어사이고, 이것 이하는 공자의 말이다. 그러므로 '자왈(子曰)'로 첫머리를 삼은 것이다.[曰者, 『說文』云: '詞也. 從口乙聲, 亦象口氣出也.' 然則曰者, 發語詞也, 以此下是孔子之語. 故以'子曰'冠之.]"라고 했다.

23　단옥재(段玉裁, 1735~1815): 중국 청나라 때의 학자. 자는 약응(若膺), 호는 무당(茂堂)으로 강소성(江蘇省) 출생이다. 대동원(戴東原)의 제자로서 왕염손(王念孫)과 더불어 대씨(戴氏)의 '단왕이가(段王二家)'라고 불린다. 설문학(說文學)의 태두(泰斗)이며, 한나라의 허신(許愼)이 지은 자서(字書) 『설문해자』의 주서 30권을 저술함으로써 난해한 설문 주석에 획기적인 업적을 남겼다. 저서에 『고금상서찬이(古今尙書撰異)』(32권), 『춘추좌씨경(春秋左氏經)』(12권) 등이 있다.

원문 "學"者, 『說文』云: "斅, 覺悟也. 從教從冖. 冖, 尙朦也. 臼聲. 學, 篆文斅省." 『白虎通』「辟雝篇」, "學之爲言覺也, 以覺悟所未知也." 與『說文』訓同. 『荀子』「勸學篇」, "君子博學而日參省乎己, 則知明而行無過矣. 故不登高山, 不知天之高也, 不臨深谿, 不知地之厚也, 不聞先王之遺言, 不知學問之大也." 又云: "學惡乎始? 惡乎終? 曰: '其數則始乎誦經, 終乎讀禮, 其義則始乎爲士, 終乎爲聖人. 眞積力久則入, 學至乎沒而後止也.'"

역문 "배우고[學]"

『설문해자』에 "효(斅)는 깨달음[覺悟]이다. 교(教)로 구성되어 있고, 멱(冖)으로 구성되어 있다. 멱(冖)은 아직 몽매하다[尙朦]는 뜻이다. 구(臼)가 발음을 나타낸다.[25] 학(學)은 전서체 문자[篆文] 효(斅) 자의 생략된 자형이다."[26]라고 했다. 『백호통의(白虎通義)』「벽옹(辟雝)」에는 "학(學)이란 말은 깨닫는다[覺]는 말이니, 아직 모르는 것을 깨닫는[悟] 것이다."[27]라고 했으니, 『설문해자』의 뜻과 같다. 『순자(荀子)』「권학편(勸學篇)」에는 "군자가 널리 배우고 날마다 세 번 자기 자신을 반성하면 지혜가 밝아져 행함에

---

24 『경전석문』권23, 「효경음의(孝經音義)·개종명의장(開宗明義章)」주: 어조사이다. 을(乙)이 입 위에 있는 모양으로 구성되었다. 을(乙)은 기운을 형상화한 것인데, 사람이 장차 말을 하려 할 때 입가에 기운이 돈다. 그러므로 왈(曰) 자는 위가 비어 있다. 모든 왈(曰) 자는 다이와 같다.[語辭也. 從乙在口上, 乙象氣. 人將發語, 口上有氣. 故曰字缺上也. 凡曰皆放此.] 이것은 '曰' 자가 '凵'에서 왔기 때문에 그렇게 설명한 것이다.

25 『설문해자』권3: 효(斅)는 깨달음[覺悟]이다. 교(教)로 구성되어 있고, 멱(冖)으로 구성되어 있다. 멱(冖)은 아직 몽매하다[尙朦]는 뜻이다. 구(臼)가 발음을 나타낸다.[斅, 覺悟也. 從教從冖, 冖尙朦也. 臼聲.]

26 『설문해자』권3: 학(學)은 전서체 문자[篆文] 효(斅) 자의 생략된 자형이다. 호(胡)와 각(覺)의 반절음이다.[學, 篆文斅省. 胡覺切.]

27 『백호통의(白虎通義)』권상, 「덕론상(德論上)·벽옹」에는 "태학에 들어가 경술을 배우는데[學經術], 학(學)이란 말은 깨닫는다[覺]는 말이니, 모르는 것을 깨닫는[悟] 것이다.[入太學, 學經術, 學之爲言覺也, 悟所不知也.]"라고 되어 있다.

허물이 없게 된다. 그러므로 높은 산에 오르지 않으면 하늘의 높이를 알지 못하고, 깊은 계곡에 임하지 않으면 땅의 두터움을 알지 못하며, 선왕이 남긴 말을 듣지 않으면 학문의 크기를 알지 못한다."라고 했고, 또 이르길, "배움은 어디에서 시작하고 어디에서 마쳐야 하는가? '그 방법 [數][28]은 경전을 암송하는 데서 시작하고 마침은 『예기(禮記)』를 읽는 데서 마치는 것이다. 그 의(義)는 선비가 되는 것에서 시작하고 성인이 되는 데서 마치는 것이다. 진실로 쌓고 오랫동안 힘쓰면 들어가게 되는 것이니, 배움이란 죽음에 이른 후에야 그치는 것이다.'"라고 했다.

원문 案,「王制」言, "樂正崇四術, 立四敎, 順先王『詩』・『書』・禮・樂以造士, 春秋敎以禮・樂, 冬夏敎以『詩』・『書』. 王太子・王子・群后之大子・卿大夫・元士之適子, 國之俊選, 皆造焉." 是『詩』・『書』・禮・樂, 乃貴賤通習之學, 學已大成, 始得出仕, 所謂"先進於禮樂"者也. 春秋時, 廢選擧之務, 故學校多廢, 禮樂崩壞, 職此之由. 夫子十五志學, 及後不仕, 乃更刪定諸經. 『史記』「孔子世家」言<u>孔子當定公</u>五年已修『詩』・『書』・禮・樂, 卽謂此也. 刪定之後, 學業復存. 凡篇中所言爲學之事, 皆指夫子所刪定言之矣.

역문 살펴보니, 「왕제(王制)」에서 말하길, "악정(樂正)[29]이 네 가지 도[四術][30]를 숭상하고, 네 가지 가르침[四敎][31]을 세우며, 선왕의 『시경(詩經)』・『서경(書經)』・예(禮)・악(樂)을 따라 선비를 기르는데, 봄과 가을에는 예・

---

28 『순자(荀子)』「권학편(勸學篇)」 양경(楊倞)의 「주」에 "수(數)는 방법[述]이다.[數, 述也.]"라고 했다.

29 악정(樂正): 악관(樂官)의 우두머리[長].

30 사술(四術): 시(詩)・서(書)・예(禮)・악(樂)을 말한다.

31 사교(四敎): 성현의 네 가지 가르침으로 문(文)・행(行)・충(忠)・신(信)을 말한다.

악을 가르치고, 겨울과 여름에는 『시경』·『서경』을 가르친다. 왕의 태자와 왕자, 여러 제후들의 태자와 경(卿)·대부(大夫), 원사(元士)의 적자(嫡子)와 나라의 준사(俊士)[32]와 선사(選士)[33]들이 모두 취학한다."[34]라고 했는데, 여기서의 『시경』·『서경』·예·악은 귀한 사람이거나 천한 사람이거나 간에 공통으로 익혀야 하는 학문이고, 학문이 이미 크게 성취되고 나면 비로소 벼슬에 나아갈 수 있는 것이니, 이른바, "먼저 예악에 나아가 배운 제자"[35]이다. 춘추시대에는 인재를 선발해서 등용하는 일이 폐하여졌기 때문에 학교가 많이 폐하여졌으니, 예·악이 붕괴된 것은 단지 이것 때문이다. 공자는 열다섯 살에 학문에 뜻을 두었지만[36] 만년에 이르기까지 벼슬하지 않고 여러 경전들을 고치고 산삭(刪削)하고 정리하였다. 『사기(史記)』「공자세가(孔子世家)」에 "공자는 정공(定公) 5년을 당하여 이미 『시경』·『서경』·예·악을 닦았다."라고 한 것이 바로 이것을 이르는 것이다. (공자가 『시경』·『서경』·예·악을) 산삭하고 정리한 후에 학업이 다시 보존되었다. 모든 편 가운데에서 말하는 학문하는 일

---

32 준사(俊士): 중국 주나라 때의 학제(學制)에서 서인의 자제로 학덕이 뛰어나 향학(鄉學)에서 사도(司徒)에게 천거된 뒤에 다시 국학(國學)으로 천거되어 태학(太學) 입학을 허가받은 사람.

33 선사(選士): 중국 주나라 때 지방에서 우수한 자를 관리 후보로 중앙에 뽑아 올리던 제도로, 향(鄉)에서 수사(秀士)를 논하여 사도에게 올리는 자.

34 『예기』「왕제(王制)」.

35 『논어』「선진(先進)」에 "先進於禮樂, 野人也, 後進於禮樂, 君子也."라고 했는데, 주희(朱熹)는 이것을 "선배들이 예악(禮樂)에 대하여 한 것을 (지금 사람들이) 촌스러운 사람이라 하고, 후배들이 예악에 대하여 하는 것을 군자(君子)라고 한다."라고 하여 선진(先進)과 후진(後進)을 선배, 후배와 같다고 해석하였는데, 유보남은 여기서의 선진과 후진은 모두 제자들을 가리키는 것이라고 했다.

36 『논어』「위정(爲政)」: 공자가 말했다. "나는 열다섯 살에 학문에 뜻을 두었다."[子曰: 吾十有五而志于學.]

은 모두 공자가 산삭하고 정리한 것을 가리켜 말한 것이다.

원문 "時習"者, 『說文』, "時, 四時也." 此謂春·夏·秋·冬, 而日中晷刻亦
得名"時", 引申之義也. 皇「疏」云, 凡學有三時, 一是就人身中爲時, 「內則」
云: "六年敎之數日, 十年學書計. 十三年學樂·誦『詩』·舞「勺」, 十五成
童, 舞「象」." 竝是就身中時也. 二就年中爲時, 「王制」云: "春夏學『詩』·
樂, 冬夏學『書』·禮." 三就日中爲時, 前身中·年中二時, 而所學竝日日
修習, 不暫廢也. 今云"學而時習之"者, "時"是日中之"時".

역문 "때에 맞게 익힘[時習]"

『설문해자』에 "시(時)는 사시(四時)이다."[37]라고 했으니, 이는 봄·여
름·가을·겨울을 이르는 것인데, 하루 중의 짧은 시각 역시 이름하여
"시(時)"라고 할 수 있으니, 이는 인용하고 확대하여 새로운 뜻이 파생된
것이다. 황간의 「소」에서 이르길, "배움에는 세 때[三時]가 있으니, 첫째
는 사람의 몸에 가장 알맞은 때[時]"[38]라고 했는데, 「내칙(內則)」에는 이르
길, "여섯 살이 되면 날짜 세는 것을 가르치고,[39] 열 살이 되면 글쓰기와
계산을 배우고, 열세 살이 되면 음악을 배우고 『시경』을 암송하며, 「작
(勺)」시의 가락에 맞춰 춤을 추고, 열다섯 살 이상[成童]이 되면 「상(象)」
시의 가락에 맞춰 춤을 추게 한다."[40]라고 했으니, 이는 둘 다 몸에 가장

---

37 『설문해자』 권7: 시(時)는 사시(四時)이다. 일(日)과 사(寺)로 구성되었고, 발음은 시(市)와
  지(之)의 반절음이다.[時, 四時也. 從日寺, 聲市之切.]

38 『논어집해의소』 권1, 「논어학이제1」: 배움에는 삼시(三時)가 있으니, 첫째는 사람의 몸 가
  운데서 때[時]가 되는 것이고, 둘째는 한 해 가운데에서 때가 되는 것이며, 셋째는 하루 중에
  서 때가 되는 것이다.[凡學有三時, 一是就人身中爲時, 二就年中爲時, 三就日中爲時也.]

39 『논어정의』에는 "敎之數目"이라고 되어 있는데, 『예기』에 근거하여 "日"로 바로잡았다.

40 『예기』 「내칙(內則)」에는 "여섯 살이 되면 셈하는 것과 동서남북의 방위의 이름을 가르친

알맞은 때[時]이다. 둘째는 1년 중에 가장 알맞은 때[時]인데, 「왕제」에서 이르길, "봄과 여름에는 『시경』과 음악을 배우고, 가을과 겨울에는 『서경』과 예를 배운다."⁴¹라고 했다. 셋째는 하루 중에서 가장 알맞은 때인데, 앞의 '몸에 가장 알맞은 때'와 '1년 중에 가장 알맞은 때'에 배운 것을 아울러 날마다 닦고 익혀 잠시도 폐하지 않는 것이다. 따라서 지금 "배우고 때에 맞게 익힌다.[學而時習之.]"라고 할 때의 "때[時]"는 하루 중에서 가장 알맞은 "때[時]"이다.

원문 "之"者, 『詩』 「蓼莪」 鄭 「箋」 云: "之, 猶是也." 此常訓.

역문 "지(之)"

『시경』 「요아(蓼莪)」의 정현(鄭玄)⁴²의 「전(箋)」에서 이르길, "지(之)는

다. 일곱 살이 되면 사내아이와 계집아이는 자리를 함께하지 않으며 한자리에서 먹지 아니한다. 여덟 살이 되면 문을 들어가고 나갈 때와 자리에 나아가서 참석할 때와 음식을 먹을 때에 반드시 어른보다 뒤에 하게 하여 비로소 사양하는 일을 가르친다.[六年, 教之數與方名. 七年, 男女不同席, 不共食. 八年, 出入門戶, 及卽席飲食, 必後長者, 始教之讓. 九年, 教之數日.]"라고 했고, 또 "아홉 살이 되면 날짜 세는 것을 가르친다.[九年, 教之數日.]"라고 했다.

41 「왕제」뿐 아니라, 『예기』 전체에 걸쳐 "學詩樂"과 "學書禮"라는 표현은 찾아볼 수 없다. 다만 「왕제」에 "봄과 가을에는 예와 음악을 가르치고, 겨울과 여름에는 『시경』과 『서경』을 가르친다.[春秋, 教以禮·樂, 冬夏教以『詩』·『書』.]"라는 표현이 보인다.

42 정현(鄭玄, 127~200): 중국 후한 말기 북해(北海) 고밀(高密) 사람. 경학(經學)의 대성자이다. 자는 강성(康成)이다. 젊어서 향색부(鄉嗇夫)가 되고, 나중에 태학(太學)에서 공부했다. 제오원선(第五元先)을 스승으로 『경씨역(京氏易)』과 『공양춘추(公羊春秋)』에 정통했다. 다시 장공조(張恭祖)에게 『주례』와 『좌씨춘추』, 『고문상서』를 배웠다. 그 후 마융 등에게 사사하여, 『주역』과 『상서』, 『춘추(春秋)』 등의 고전을 배운 뒤 40세가 넘어서 귀향했다. 돌아와서 학생을 모아 강학했는데, 제자가 천 명에 이르렀다. 낙양을 떠날 때 마융이 "나의 학문이 정현과 함께 동쪽으로 떠나는구나." 하고 탄식했을 만큼 학문에 힘을 쏟았다. 환제(桓帝) 때 당화(黨禍)가 일어나자 금고(禁錮)를 당했는데, 문을 걸어 잠그고 수업에만 전념했다. 북해상(北海相) 공융(孔融)이 깊이 존경하여 고밀현에 특별히 정공향(鄭公鄉)을 세우

이것[是]과 같다."[43]라고 했는데, 이것이 일반적인 해석이다.

원문 "不亦說乎"者, 『孟子』「滕文公上」, "不亦善乎!" 趙岐「注」, "不亦者, 亦也." 『爾雅』「釋詁」, "說, 樂也." 皇本凡"說"皆作"悅". 『說文』有"說"無"悅", "悅"是俗體. 夫子自言, "發憤忘食, 樂以忘憂", 又稱顔回好學, 雖貧不改其樂, 皆是說學有然也.

역문 "또한 기쁘지 않은가[不亦說乎]"

『맹자』「등문공상(滕文公上)』의 "또한 갸륵하지 않은가?"라고 한 곳의, 조기의 주석에서 "'불역(不亦)'이란 또한 역(亦)이다."[44]라고 했다. 『이아 (爾雅)』「석고(釋詁)」에 "열(說)은 낙(樂)이다."라고 했으므로, 황간본의 모든 "열(說)" 자는 다 "열(悅)"로 되어 있다. 『설문해자』에는 "열(說)"은 있고 "열(悅)"은 없으니, "열(悅)"은 속체자(俗體字)이다. 공자는 스스로 "분발하면 먹는 것도 잊고, 도(道)를 즐겨 근심을 잊는다."[45]라고 했고, 또 안회가 배우기를 좋아하여[46] 비록 가난하더라도 그 즐거움을 바꾸지 않는

고, 문을 넓게 열고 통덕문(通德門)이라 했다. 건안(建安) 중에 대사농(大司農)에 올랐는데, 얼마 뒤 죽었다. 시종 재야의 학자로 지냈고, 제자들에게는 물론 일반인들에게서도 훈고학과 경학의 시조로 깊은 존경을 받았다. 저서 가운데 현존하는 것은 『모시전(毛詩箋)』과 『주례』, 『의례』, 『예기』에 대한 주해뿐이고, 나머지는 단편적으로 남아 있다. 고문경학(古文經學)을 위주로 하면서 금문경설(今文經說)도 채용하여 일가를 이루었는데, 이를 일러 정학(鄭學)이라 부른다.

43 『모시주소』 권20, 「소아(小雅)・곡풍지십(谷風之什)・요아(蓼莪)」의 정현의 「전」.
44 『맹자주소(孟子注疏)』 권5상, 「등문공장구상(滕文公章句上)」.
45 『논어』「술이(述而)」.
46 『논어』「옹야(雍也)」: 애공이 "제자 중에 누가 배우기를 좋아합니까?" 하고 묻자, 공자가 대답했다. "안회라는 자가 배우기를 좋아해서 노여움을 남에게 옮기지 않고, 잘못을 거듭 저지르지 않았는데, 불행히도 명이 짧아 죽었습니다. 그리하여 지금은 없으니, 배우기를 좋아하는 자가 있다는 말을 아직은 듣지 못했습니다."[哀公問, "弟子孰爲好學?" 孔子對曰: "有顔回

다[47]고 칭찬하였으니, 모두 배우기를 기뻐해서 그러함이 있는 것이다.

원문 "乎"者, 『說文』云: "乎, 語之餘也." 『廣雅』「釋詁」, "乎, 詞也." 此用爲語助.

역문 "호(乎)"

『설문해자』에 "호(乎)는 어조사[語之餘]이다."[48]라고 했고, 『광아(廣雅)』「석고(釋詁)」에는 "호(乎)는 어사[詞]이다."[49]라고 했으니, 이 글자의 쓰임은 어조사가 된다.

● 「注」"子者"至"悅懌".

● 正義曰: 『白虎通』「號篇」, "子者, 丈夫之通稱也." 與此注義同. 言尊卑皆得稱"子". 故此孔子門人稱師亦曰"子"也. 邢「疏」云: "書傳直言'子曰'者, 皆指孔子, 以其聖德著聞, 師範來世, 不須言其氏, 人盡知之故也."

○ 「주」의 "자자(子者)"부터 "열역(悅懌)"까지.[50]

○ 정의에서 말한다.

『백호통의』「호(號)」에 "자(子)란 장부(丈夫)에 대해 두루 쓰는 호칭이다."라고 했는데, 여기

者好學, 不遷怒, 不貳過, 不幸短命死矣. 今也則亡, 未聞好學者也."]

47 『논어』「옹야」: 공자가 말했다. "어질구나, 안회여! 한 작은 광주리의 밥과 한 표주박의 물로 좁다란 거처에서 사는 것을 사람들은 그 근심을 견뎌 내지 못하는데, 안회는 그 즐거움을 바꾸지 않으니, 어질구나, 안회여!"[子曰: "賢哉, 回也! 一簞食, 一瓢飮, 在陋巷, 人不堪其憂, 回也不改其樂, 賢哉, 回也!"]

48 『설문해자』 권5: 호(乎)는 어조사[語之餘]이다.[乎, 語之餘也.]

49 『광아』에는 이러한 표현을 찾아볼 수 없다.

50 "○「주」"로 표시된 것은 『논어주소』의 「주」를 의미한다. 이 부분은 『논어주소』 권1, 「학이제1」에는 "○「注」, 馬曰: '子者, 至說懌.'"이라고 되어 있다.

에 있는 주석들과 뜻이 같다. 존귀한 사람이든 비천한 사람이든 말할 때 모두 '자(子)'라고 일컬을 수 있다. 그러므로 여기에서 공자의 문인들이 선생을 일컫는 데에도 또한 "자(子)"라고 했던 것이다. 형병의 「소」에는 이르기를, "경서(經書)와 전주(傳注) 등에 단지 '자왈(子曰)'이라고 하는 것은 모두 공자를 가리키니, 그의 성스러운 덕이 세상에 널리 알려지고, 후세에 스승으로서의 모범이 되었으므로, 굳이 그의 성씨를 말하지 않더라도 사람들이 모두 알 수 있기 때문이다."[51]라고 했다.

원문 "誦習"者, 『說文』, "誦, 諷也, 諷, 誦也." 『周官』 「大司樂」 「注」, "倍文曰諷, 以聲節之曰誦." "諷"・"誦"皆是口習. 故此注言"誦習"也. 但古人爲學, 有操縵・博依・雜服・興藝諸事, 此「注」專以"誦習"言者, 亦擧一端見之也. 『說文』, "習, 鳥數飛也." 引申爲凡重習, 學習之義. 『呂覽』 「審己」 「注」, "習, 學也." 下章, "傳不習乎", 訓義亦同.

역문 "외우고 익힘[誦習]"

『설문해자』에는 "송(誦)은 왼다[諷]는 뜻이다."[52] "풍(諷)은 송(誦)이다."[53]라고 했고, 『주관(周官)』 「대사악(大司樂)」의 「주」에서는 "등을 돌리고 문장을 외우는 것을 풍(諷)이라 하고, 큰 소리로 창하며 절주를 맞추는 것을 송(誦)이라 한다."[54]라고 했으니, "풍"이나 "송"은 모두 입으로 익히는

---

51 『논어주소』 권1, 「학이제1」의 형병의 「소」.

52 『설문해자』 권3: 송(誦)은 왼다[諷]는 뜻이다. 언(言)으로 구성되었고, 용(甬)이 발음을 나타낸다. 사(似)와 용(用)의 반절음이다.[誦, 諷也. 從言甬聲, 似用切.]

53 『설문해자』 권3: 풍(諷)은 송(誦)이다. 언(言)으로 구성되었고, 풍(風)이 발음을 나타낸다. 방(方)과 봉(鳳)의 반절음이다.[諷, 誦也. 從言風聲, 芳鳳切.]

54 『주례주소(周禮注疏)』 권22, 「춘관종백하(春官宗伯下)・대사악(大司樂)」의 "음악과 가사로써 국자를 가르치는데, 선(善)한 물건으로 선한 일을 비유하고, 옛일을 말하여 지금의 일을 풍자하며, 등을 돌리고 문장을 외우고, 큰 소리로 창하며 절주를 맞추며, 화제(話題)를 꺼

것이다. 그러므로 이곳의 「주」에서 "송습(誦習)"이라고 한 것이다. 다만 옛사람들은 학문을 함에 조만(操縵)[55] · 박의(博依)[56] · 잡복(雜服)[57] · 홍예(興藝)[58] 등의 일이 있으니,[59] 이곳의 「주」에서 오로지 "송습(誦習)"만을 가지고 말한 것 역시 하나의 단서를 들어 보여 준 것이다. 『설문해자』에 "습(習)은 새가 자주 나는 것[數飛]이다."[60]라고 했는데, 이 뜻이 확대되어 모든 '거듭 익힘[重習]' · '학습'의 뜻이 되었다. 『여람(呂覽)』[61]「심기(審己)」의 「주」에는 "습(習)은 배움[學]이다."[62]라고 했는데, 아래 장의 "익히지 않은 것을 전수했는가?"[63]와 해석과 뜻이 같다.

내 말하고, 답하여 서술하게 한다.[以樂語敎國子, 興 · 道 · 諷 · 誦 · 言 · 語.]"라고 한 곳의 「주」.

55 조만(操縵): 비파나 거문고 등의 현을 조율함.

56 박의(博依): 널리 의탁한 것. 널리 사물의 뜻과 이치가 지니는 속성과 그에 따른 사물의 표현 방법.

57 잡복(雜服): 여러 가지 예복. 복잡한 복제(服制).

58 홍예(興藝): 기예를 일으킴. 조만 · 박의 · 잡복 등을 해득함.

59 『예기』「학기(學記)」: 대학의 가르침은 사시의 가르침이 반드시 정상적인 학업이 있으며, 물러 나와 쉴 적에는 반드시 연거(燕居)할 때의 배움이 있는데, 거문고와 비파의 현을 가지고 노는 것을 배우지 아니하면 능히 현에 편안할 수가 없고(손에 익숙하지를 못하고), 시(詩)의 말이 널리 의탁한 것을 배우지 아니하면 능히 시에 편안할 수가 없고, 잡다한 예복(禮服)을 배우지 아니하면 능히 예(禮)에 편안할 수가 없고, 그 예능에 흥기하지 아니하면 능히 학문을 좋아할 수가 없다. 그렇기 때문에 군자가 학문에 있어서 간직하며, 닦으며, 휴식하며, 노는 것이다.[大學之敎也, 時敎必有正業, 退息, 必有居學, 不學操縵, 不能安弦, 不學博依, 不能安詩, 不學雜服, 不能安禮, 不興其藝, 不能樂學, 故君子之於學也, 藏焉, 脩焉, 息焉, 遊焉.]

60 『설문해자』권4: 습(習)은 자주 나는 것[數飛]이다. 우(羽)로 구성되었고 백(白)으로 구성되었다. 모든 습(習)부에 속하는 글자는 모두 습(習)의 뜻을 따른다. 사(似)와 입(入)의 반절음이다.[習, 數飛也. 從羽從白. 凡習之屬皆從習. 似入切.]

61 『여씨춘추(呂氏春秋)』이다.

62 『여씨춘추』권9, 「계추기제9(季秋紀第九) · 심기(審己)」의 "물러나 익히기를 3년간 했다.[退而習之三年.]"라고 한 문장의 습(習) 자에 대한 「주」.

원문 "學不廢業者", 廢者, 棄也. 『說文』, "業, 大版也, 所以飾懸鍾鼓, 捷業如鋸齒." 簡冊亦用竹爲版, 故亦名"業". 「曲禮」云: "請業則起." 「注」, "業謂篇卷也"是也.

역문 "배움에 학업을 그만두지 않음[學不廢業]"[64]

"그만둠[廢]"이란 "버림[棄]"이다. 『설문해자』에 "업(業)은 큰 널빤지[大版]이니, 종과 북을 장식해서 걸어 놓는 것인데, 톱니처럼 깎아서 만들었다."[65]라고 했는데, 책 역시 대나무를 이용해서 널빤지를 만든 것이기 때문에 역시 "업(業)"이라고 이름한 것이다. 「곡례(曲禮)」에 "업을 청할 땐 일어난다."[66]라고 했는데, 이곳의 「주」에 "업은 편권(篇卷)을 이른다."[67]라고 했으니, 옳다.

원문 "說懌"者, 『說文新附』, "懌, 說也." 「注」重言以曉人.

역문 "열역(說懌)"

『설문신부(說文新附)』에 "역(懌)은 열(說)이다."라고 했는데, 「주」에서 거듭 말하여 사람들을 깨우친 것이다.

---

63 『논어』「학이」: 증자(曾子)가 말했다. "나는 날마다 세 가지로 내 몸을 살피니, 남을 위해 도모함에 성실하지 못한가? 벗과 더불어 사귐에 진실하지 못한가? 익히지 않은 것을 전수했는가?이다."[曾子曰: "吾日三省吾身, 爲人謀而不忠乎? 與朋友交而不信乎? 傳不習乎?"]

64 앞에서는 "學無廢業"이라고 해서 '不' 자가 '無' 자로 되어 있다.

65 『설문해자』권3: 업(業)은 큰 널빤지[大版]이니, 종과 북을 장식해서 걸어 놓는 것인데, 톱니처럼 깎아서 만들었다. 흰 칠을 해서 썼다. 서로 틀어져서 어긋나게 올라가며 짜여진 모양을 형상하였다. 착(丵)으로 구성되었고, 건(巾)으로 구성되었다. 수건처럼 생긴 널빤지이다. 『시경』「대아(大雅)·영대(靈臺)」에 "종과 북을 매다는 틀"이라고 했다. 업(䋊)은 업(業)의 옛 글자이다. 어(魚)와 겁(怯)의 반절음이다.[業, 大版也, 所以飾縣鍾鼓, 捷業如鋸齒. 以白畫之. 象其鉏鋙相承也. 從丵從巾. 巾象版『詩』曰: "巨業維樅." 䋊, 古文業. 魚怯切.]

66 『예기』「곡례상(曲禮上)」.

67 『예기주소(禮記注疏)』권2, 「곡례상」.

有朋自遠方來, 不亦樂乎? 【注】 包曰: "同門曰朋."

벗이 먼 지방으로부터 오니 또한 기쁘지 아니한가?[68] 【주】 포함(包咸)[69]이 말했다. "같은 문하에서 공부한 사람을 붕(朋)이라고 한다."

원문 正義曰: 宋氏翔鳳『樸學齋札記』, "『史記』「世家」, '定公五年, 魯自大夫以下, 皆僭離於正道. 故孔子不仕, 退而修『詩』·『書』·禮·樂, 弟子彌衆, 至自遠方, 莫不受業焉.' 弟子至自遠方, 即'有朋自遠方來'也. '朋'即指弟子. 故『白虎通』「辟雍篇」云: '師弟子之道有三, 『論語』曰"朋友自遠方來", 朋友之道也'. 又『孟子』子濯孺子曰: '其取友必端矣,' 亦指'友'爲弟子."

역문 정의에서 말한다.

송상봉(宋翔鳳)[70]의 『박학재찰기(樸學齋札記)』에, "『사기』「세가」에 '정공 5년 노나라는 대부로부터 그 이하는 모두 참람되게 정도를 넘어서게 되었

---

68 유보남은 이 문장의 "樂"을 『주역』「태괘(兌卦)」의 해석에 근거해서 기쁨[說]으로 해석하고 있다.

69 포함(包咸, 기원전 6~65): 중국 후한 회계(會稽) 곡아(曲阿) 사람. 자는 자량(子良)으로, 젊어서 제생(諸生)이 되었다. 젊어서 경학박사(經學博士) 우사세군(右師細君)에게 노시(魯詩)와 『논어』를 배웠다. 광무제(光武帝) 건무(建武) 초에 효렴(孝廉)으로 천거되어 낭중(郎中)이 되었고, 태자(太子)에게 『논어』를 가르쳤다. 명제(明帝) 영평(永平) 중에 대홍려(大鴻臚)로 옮겼고, 사은(師恩)으로 특별히 봉록이 더해 내려졌는데, 모두 제생 가운데 가난한 사람들에게 나눠 주었다. 아들 포복(包福)이 낭중이 되어 화제(和帝)에게 『논어』를 전수했다.

70 송상봉(宋翔鳳, 1777~1860): 중국 청대의 학자. 자는 우정(虞庭)이고, 또 다른 자는 우정(於庭)이다. 강소성 장주[長洲, 지금의 오현(吳縣)] 사람이다. 저서로 『과정록(過庭錄)』, 『주역고이(周易考異)』, 『사서석지변증(四書釋地辨證)』, 『박학재문록(樸學齋文錄)』, 『향초사(香草詞)』, 『벽운암사(碧云庵詞)』 등이 있다.

다. 그러므로 공자는 관직에 나아가지 않고 물러나 『시경』·『서경』·예·
악을 정리해서 편집하고 수정하였는데, 그러자 제자들이 더욱 많아져
먼 지방으로부터 찾아와 공자에게서 수업(受業)하지 않은 사람이 없었
다.'[71]라고 했으니, 제자들이 먼 지방으로부터 찾아왔다는 것이 곧 '벗이
먼 지방으로부터 온다.'라는 것이다. '벗[朋]'은 곧 제자를 가리킨다. 그러
므로 『백호통의』 「벽옹」에서 이르길, '스승과 제자 간의 도리가 세 가지
있으니 『논어』에서는 "벗이 먼 지방으로부터 온다."라고 했는데, 이것
은 벗의 도리이다.'[72]라고 했고, 또 『맹자』에서는 자탁유자(子濯孺子)가
말하길, '그는 벗을 취함에 반드시 단정할 것이다.'[73]라고 했는데, 역시
'벗[友]'을 가리켜 제자라고 한 것이다."라고 했다.

원문 按, 宋說是也. 『釋文』云: "有或作友, 非." 考『白虎通』引"有朋"作"朋友",
疑『白虎通』本作"友朋", 卽『釋文』所載或本, 後人乃改作"朋友"耳. 『隸釋』
載「漢婁壽碑」, "有朋自遠", 亦作"有朋". 盧氏文弨『釋文考證』云: "『呂氏
春秋』「貴直篇」, '有人自南方來', 句法極相似. 陸氏謂, '作友, 非', 是也."

역문 살펴보니 송상봉의 설이 옳다. 『석문』에서 이르길, "'유(有)'는 혹 우
(友)라고 하는데, 잘못이다."[74]라고 했는데, 『백호통의』에서 "유붕(有朋)"
을 인용하면서 "붕우(朋友)"라고 한 것을 보면, 아마도 『백호통의』에는

---

71 『사기(史記)』 권47, 「공자세가제17(孔子世家第十七)」.

72 『백호통의』 권상, 「덕론상·벽옹」.

73 『맹자』 「이루하(離婁下)」: 유공(庾公) 사(斯)는 활쏘기를 윤공(尹公) 타(他)에게서 배웠고,
윤공 타는 활쏘기를 나에게서 배웠으니, 윤공 타는 단정한 사람이라, 벗을 취함에 반드시 단
정할 것이다.[庾公之斯, 學射於尹公之他, 尹公之他, 學射於我, 夫尹公之他, 端人也, 其取友
必端矣.]

74 『경전석문』 권24, 「논어음의(論語音義)·학이제1(學而第一)」.

본래 "우붕(友朋)"이라고 되어 있었던 것 같으니, 곧 『경전석문』에 실려 있던 어떤 판본을 후세의 사람들이 "붕우(朋友)"라고 고친 것일 뿐이다. 『예석(隷釋)』[75]에 실려 있는 「한누수비(漢婁壽碑)」의 "유붕자원(有朋自遠)" 역시 "유붕(有朋)"이라고 되어 있다. 노문초(盧文弨)[76]의 『경전석문고증(經典釋文考證)』에서 이르길, "『여씨춘추(呂氏春秋)』「귀직(貴直)」에 '어떤 사람이 남쪽 지방으로부터 왔다.'[77]라고 했는데, 구법(句法)[78]이 지극히 서로 유사하다. 육덕명은 '우(友)라고 하는데, 잘못이다.'라고 했으니 옳다."라고 되어 있다.

원문 "自遠方來"者, 『廣雅』「釋詁」, "自, 從也." 『爾雅』「釋詁」, "遠, 遐也." 『淮南』「兵訓略」, "方者, 地也." 『禮』「表記」「注」, "方, 四方也." 『爾雅』「譯詁」, "來, 至也." 竝常訓. 「學記」言, "學至大成, 足以化民易俗, 近者說服, 而遠者懷之, 此大學之道也." 然則朋來, 正是學成之驗.

역문 "먼 지방으로부터 오니[自遠方來]"

『광아』「석고」에 "자(自)는 부터[從]이다."라고 했고, 『이아』「석고」에는 "원(遠)이란 멂[遐]이다."라고 했으며, 『회남자(淮南子)』「병략훈(兵略訓)」에는 "방(方)이란 지방[地]이다."라고 했고, 『예기』「표기(表記)」의 「주」에

---

75 중국 남송시대의 금석학자인 홍적(洪適, 1117~1184)의 저술.

76 노문초(盧文弨, 1717~1796): 중국 청나라시대의 고증학자. 처음 이름은 사종(嗣宗)이었으나 후에 문초(文弨)로 바꿨다. 자는 초궁(弨弓), 호는 기어(磯漁)로, 그의 당호가 포경당(抱經堂)이었으므로 포경선생이라고도 한다. 절강성(浙江省) 여요(餘姚) 사람이다. 저술로는 『포경당집(抱經堂集)』, 『의례주소상교(儀禮注疏詳校)』, 『종산찰기(鐘山札記)』, 『상군팔읍예문지(常郡八邑藝文志)』, 『용성찰기(龍城札記)』, 『광아석천이하주(廣雅釋天以下註)』, 『경전석문고증(經典釋文考證)』 등이 있다.

77 『여씨춘추』권23, 「귀직론제3(貴直論第三)·귀직(貴直)」.

78 구법(句法): 시문(詩文)의 구절을 만들거나 또는 글귀를 배열하여 놓는 법.

서는 "방(方)은 사방이다."[79]라고 했으며, 『이아』「석고」에 "내(來)는 이름
[至]이다."라고 했는데, 모두가 일반적인 해석이다. 「학기」에서 말하길,
"학문이 크게 성취됨에 이르면, 충분히 백성들을 교화시키고 풍속을 변
화시킬 수 있으므로 가까이 있는 사람들이 기뻐하고 복종하며, 먼 곳에
있는 사람들이 그를 사모하게 되니 이것이 대학의 길이다."[80]라고 했으
니, 그렇다면 벗이 온다는 것은 바로 학문이 성취되었다는 증거이다.

원문 "不亦樂乎"者, 『蒼頡篇』, "樂, 喜也." 與"說"義同. 『易』「象傳」, "麗澤,
兌, 君子以朋友講習." "兌"者, 說也. 『禮』「中庸」云: "誠者, 非自誠己而已
也, 所以成物也." 此文"時習"是"成己", "朋來"是"成物". 但"成物"亦由"成
己", 既以驗己之功修, 又以得教學相長之益, 人才造就之多, 所以樂也. 孟
子以"得天下英才而敎育之"爲樂, 亦此意.

역문 "또한 즐겁지 아니한가[不亦樂乎]"

『창힐편(蒼頡篇)』[81]에 "낙(樂)은 기쁨[喜]이다."라고 했으니, "열(說)"과
뜻이 같다. 『역』「상전(象傳)」에 "못[澤]이 연결된 것이 태(兌)이니, 군자는
이 괘의 이치를 살펴 붕우(朋友)들과 강습한다."[82]라고 했는데, 여기서의

---

79 『예기주소』권54, 「표기(表記)」의 "백성들에게 임금 노릇 할 큰 덕이 있고, 임금 섬기기를
   조심하는 마음이 있다.[有君民之大德, 有事君之小心.]"라고 한 곳의 「주」.
80 『예기』「학기」. 그런데 「학기」에는 "學至大成"이라는 문구는 없고, "謂之大成, 夫然後"로 연
   결되어 있다.
81 ① 중국 진(秦)나라의 재상 이사가 소전(小篆)으로 기록한 자서(字書). ② 중국 한나라 때에
   편찬되었던 사전 이름. 「창힐편(蒼頡篇)」·「원력편(爰歷篇)」·「박학편(博學篇)」의 3편으
   로 이루어졌다. 후에 이 3편을 합하여 맨 앞의 편명을 따서 『창힐편』이라 하고, 이를 세 편
   으로 이루어진 『창힐편』이란 의미에서 『삼창』이라 했다. 삼창은 고려시대 국학에서 생도들
   이 『국어(國語)』, 『설문해자』, 『자림(字林)』, 『이아』 등의 사전류와 함께 유교 경전을 학습
   할 때 이용했던 중요 학습 사전이었다.

"태(兌)"는 기쁨[說]이다. 『예기』「중용(中庸)」에서 이르길, "성(誠)은 스스로 자기를 이룰 뿐 아니라. 남을 이루어 주는 것이다."[83]라고 했는데, 이 문장에서의 "때에 맞게 익힘[時習]"은 "자기를 이룸[成己]"이고, "벗이 옴[朋來]"은 "남을 이루어 줌[成物]"이다. 다만 "남을 이루어 줌" 역시 "자기를 이루는 것"으로 말미암으니, 이미 이로써 자기의 공부가 닦였음을 증험하고, 또 교학상장(敎學相長)의 유익함을 얻어 많은 인재를 육성할 수 있기 때문에 기쁜 것이다. 맹자(孟子)는 "천하의 영재를 얻어 교육하는 것"[84]을 기쁨으로 삼았는데, 역시 이 뜻이다.

- 「注」, "同門曰朋."
- 正義曰: 『文選』「古詩十九首」「注」, 引鄭注此文, 與包同. "同門"者, 謂同處一師門也. 『禮』「學記」云: "古之敎者, 家有塾." 「注」, "古者仕焉而已者, 歸敎於閭里. 朝夕坐於門, 門側之堂謂之塾." 孔「疏」, "周禮, 百里之內, 二十五家爲閭, 同共一巷. 巷首有門, 門邊有塾." 當夫子時, 學校已廢, 仕焉而已者, 多不任爲師. 夫子乃始設敎於魯, 以師道自任, 開門授業, 洙泗之間, 必有講肄之所, 而非爲舊時家塾矣.
- 「주」의 "같은 문하에서 공부한 사람을 붕(朋)이라고 한다."
- 정의에서 말한다.

---

82 『주역』「태(兌)·상(象)」.

83 『예기』「중용(中庸)」 25장. 『논어정의』에는 "誠者, 非自誠己而已也, 所以成物也."라고 되어 있는데, 「중용」에 근거하여 "非自誠"의 "誠"을 "成"으로 바로잡았다.

84 『맹자』「진심상(盡心上)」: 부모가 모두 생존해 계시며, 형제가 무고한 것이 첫 번째 기쁨이요, 위로는 하늘에 부끄럽지 않으며, 아래로는 인간에 부끄럽지 않은 것이 두 번째 기쁨이요, 천하의 영재를 얻어 교육하는 것이 세 번째 기쁨이다.[父母俱存, 兄弟無故, 一樂也, 仰不愧於天, 俯不怍於人, 二樂也, 得天下英才而敎育之, 三樂也.] 유보남은 『맹자』의 삼락(三樂)에서 낙(樂)을 기쁨[說]으로 보고 있다.

『문선(文選)』「고시십구수(古詩十九首)」의 「주」에 정현이 이 문장을 주석한 것을 인용하였
는데,[85] 포함의 설과 같다. "같은 문하[同門]"란 한 스승의 문하에 함께 처함을 이른다. 『예
기』「학기」에서 이르길, "옛날에 가르치던 사람은 집에 서숙(書塾)이 있었다."라고 했는데,
이곳의 「주」에 "옛날에 벼슬을 하다가 그만둔 사람들은 여리(閭里)[86]로 돌아가 가르쳤다. 아
침저녁으로 문가에 앉는데, 문 곁에 있는 집을 숙(塾)이라고 한다."[87]라고 했다. 공영달(孔穎
達)[88]의 「소」에는 "주(周)의 예에 1백 리 안에 25가(家)가 여(閭)가 되는데, 한 마을에 같이
있었다. 마을 입구에 문이 있고, 문 옆에 서숙이 있다."[89]라고 했다. 공자 당시 학교가 이미
폐하여져 벼슬을 하다가 그만둔 사람들이 대부분 스승이 될 수 없었다. 이에 공자가 처음으
로 노나라에 학교를 세워 사도(師道)로써 자처하고 문을 열어 수업하였는데, 수수(洙水)와
사수(泗水) 사이에 분명 별도의 강습하는 장소가 있었을 것이니, 옛날의 가숙(家塾)은 아니
었을 것이다.

---

85 『문선(文選)』 권29, 「잡시(雜詩)·고시십구수(古詩十九首)」: "지난날 같은 문하에서 공부했
    던 벗들은 높이 날아올라 마음껏 활개치네.[昔我同門友, 高擧振六翮.]"라고 한 곳의 정현의
    「주」. 정현이 말한다. "같은 문하에서 공부한 사람을 붕(朋)이라고 한다."[鄭玄曰: 同門曰
    朋.]
86 여리(閭里): 일반 백성의 살림집이 많이 모여 있는 곳. 유의어로 시정(市井)·여염(閭閻)·
    여항(閭巷)이 있다.
87 『예기주소』 권36, 「학기(學記)」의 「주」.
88 공영달(孔穎達, 574~648): 중국 당나라 기주(冀州) 형수(衡水) 사람으로 자는 충원(沖遠) 또
    는 중달(仲達), 충달(沖遠), 충원(沖远)이고, 시호는 헌(憲)이다. 수나라 양제(煬帝) 초년 명
    경과(明經科)에 합격하여 하내군박사(河內郡博士)를 제수받았다. 당나라 건국 후 국자박사
    (國子博士)와 국자좨주(國子祭酒) 등을 역임했다. 당시 유명한 경학자인 유작(劉焯)에게 배
    웠다. 『춘추좌씨전』, 『모시』, 『예기』와 정현 주(鄭玄注)의 『상서』, 왕필 주(王弼注)의 『주
    역』에 밝았고, 역산(曆算)에도 뛰어났다. 당 태종의 명을 받아 안사고(顏師古), 사마재장(司
    馬才章), 왕공(王恭), 왕염(王琰) 등과 함께 남학파와 북학파의 경학을 절충하여 『오경정의
    (五經正義)』를 찬술했다. 이 책은 송나라 때 합간된 『십삼경주소』에 모두 수록되어 있다.
89 『예기주소』 권36, 「학기」의 공영달의 「소」.

人不知而不慍, 不亦君子乎?" 【注】慍, 怒也. 凡人有所不知, 君子不怒.

남들이 알지 못하더라도 성내지 않으니 또한 군자답지 않은가?"
【주】온(慍)은 성냄[怒]이다. 남이 알지 못하는 점이 있더라도 군자는 (남이 알지 못하는 것에 대해) 성내지 않는다.

원문 正義曰: "人不知"者, 謂當時君卿大夫不知己學有成擧用之也.

역문 『정의』에서 말한다.

"남이 알아주지 않는다[人不知]"라는 것은 당시의 임금이나 경·대부들이 자기의 학문이 성취됨이 있어 등용되어 쓸 만하다는 것을 알아주지 않는 것이다.

원문 "不慍"者, 鄭「注」云: "'慍', 怨也."『詩』「緜」「正義」引『說文』同.

역문 "성내지 않으니[不慍]"

정현의 「주」에 "'온(慍)'은 원망[怨]이다."[90]라고 했고, 『시경』「면(綿)」의 「정의(正義)」에서 『설문해자』를 인용하였는데 동일하다.[91]

원문 "君子"者, 『白虎通』「號篇」, "或稱君子者, 道德之稱也. 君之爲言群也. 子者, 丈夫之通稱也."『禮』「哀公問」, "君子也者, 人之成名也."『禮』「中

---

90 『논어주소』 권1, 「학이제1」의 「주」에 인용한 정현의 「주」. "정현은 '원망함[怨]이다'라고 했다.[鄭云: '怨也.']"라고 되어 있다.

91 『모시정의(毛詩正義)』 권23, 「대아(大雅)·면(綿)」의 「주」에 "『설문해자』에서 이르길, '온(慍)은 원망한다[怨]는 뜻이다.'라고 했다[『說文』云: '慍, 怨也.']"라고 되어 있다.

庸」記, "子曰: ‘正己而不求於人, 則無怨. 上不怨天, 下不尤人.’" 又『論語』
下篇, "子曰: ‘莫我知也夫! 不怨天, 不尤人, 下學而上達, 知我者其天乎!’"
正謂己之爲學, 上達於天, 爲天所知, 則非人所能知, 故無所怨尤也. 夫子
一生進德修業之大, 咸括於此章. 是故學而不厭, 時習也, 知也, 誨人不倦,
朋來也, 仁也. 遯世不見知而不悔, 不知不慍也, 唯聖者能之也. 夫子生衰
周之世, 知天未欲平治天下, 故惟守先王之道, 以待後之學者. 記者因以其
言, 列諸篇首.

역문 "군자(君子)"

　『백호통의』「호」에서 "혹 군자(君子)라고 일컫는 것은 도덕(道德)을 일
컫는 것이다. 군(君)이라는 말은 군(群)이다. 자(子)란 장부에 대해 두루
쓰는 호칭이다."[92]라고 했고, 『예기』「애공문(哀公問)」에서는 "군자(君子)
라는 것은 남이 이루어 준 이름이다."라고 했으며, 『예기』「중용」에서는
기록하기를, "공자가 말했다. ‘자기 몸을 바루고 남에게 요구하지 않으
면, 원망하는 이가 없을 것이니, 위로는 하늘을 원망하지 않으며, 아래
로는 사람을 원망하지 않는다.’"[93]라고 했다. 또 『논어』의 하편(下篇)에
는 "공자가 말했다. ‘나를 알아주는 사람이 없구나! 하늘을 원망하지 않
고 남을 탓하지 않으며, 아래에서 배워서 위로 통달하니, 나를 알아주는
것은 하늘일 것이다!’"[94]라고 했으니, 바로 자기가 하는 학문은 위로 천

92　『백호통의』 권상, 「덕론상 · 호(號)」.

93　『예기』「중용」 제14장. 그런데 『예기』「중용」이나, 단행본 『중용(中庸)』에는 "子曰" 두 글자
　　는 없다.

94　『논어』「헌문(憲問)」: 공자가 말했다. "나를 알아주는 이가 없구나!" 자공(子貢)이 "어찌하여
　　선생님을 알아주는 이가 없는 것입니까?" 하자, 공자가 말했다. "하늘을 원망하지 않고 사람
　　을 탓하지 않으며, 아래에서 배워서 위로 통달하니, 나를 알아주는 것은 하늘일 것이다!"[子
　　曰: "莫我知也夫!" 子貢曰: "何爲其莫知子也?" 子曰: "不怨天, 不尤人, 下學而上達, 知我者, 其

리를 통달해서 하늘이나 알아주는 것이니, 사람들이 알 수 있는 것이 아니기 때문에 원망하고 탓할 것이 없다는 말이다. 공자가 평생토록 진덕수업(進德修業)한 위대함이 모두 이 장에 담겨 있다. 따라서 "배우면서 싫어하지 않음"[95]은 "때에 맞게 익힘"이니 지(知)이고, "남을 가르침에 고달프다고 여겨 그만두지 않음"[96]은 "벗이 옴"이니 인(仁)이며, "세상에 은둔하여 인정을 받지 못하여도 후회하지 않음"[97]은 "알아주지 않아도 원망하지 않음"이니, 이러한 것들은 오직 성자(聖者)라야 가능한 것이다. 공자는 주나라가 쇠락하던 세상에 살면서, 하늘이 천하를 화평하게 다스리려고 하지 않음을 알았으므로 오직 선왕의 도를 지키면서 후대의 학자들을 기다린 것이다. 그러므로 기록하는 자들이 그 말에 따라 책 첫머리에 나열한 것이다.

- 「注」, "慍怒"至"不怒."
- 正義曰:『詩』「緜·傳」, "慍, 恚也." 恚·怒義同. 皇「疏」後一解云: "君子易事, 不求備於一人. 故爲敎誨之道, 若人有鈍根不能知解者, 君子恕之而不慍怒之也." 此卽「注」義. 焦氏循『論語補疏』, "注言'人有所不知', 則是人自不知, 非不知己也. 我所知而人不知, 因而慍之, 矜也.『後漢』「儒林傳」「注」引「魏略」云: '樂詳字文載, 黃初中, 徵拜博士. 時有博士十餘人, 學多偏, 又不熟悉, 惟詳五業竝授. 其或難質不解, 詳無慍色, 以杖畫地, 牽譬引類, 至忘寢食.'" 此亦焦氏就「注」說證之. 實則敎學之法, 語之而不知, 雖舍之亦可, 無容以不慍卽稱君

天乎!"]
95 『논어』「술이」: 공자가 말했다. "묵묵히 기억하고, 배우면서 싫어하지 않으며, 남을 가르침에 고달프다고 여겨 그만두지 않을 뿐이니, 이 외에 무엇이 더 나에게 있겠는가?"[子曰: "默而識之, 學而不厭, 誨人不倦, 何有於我哉?"]
96 『논어』「술이」.
97 『중용』제10장: 군자는 중용을 따라, 세상에 은둔하여 인정을 받지 못하여도 후회하지 않나니, 오직 성자만이 이에 능하다.[君子依乎中庸, 遯世不見知而不悔, 唯聖者能之.]

子. 此「注」所云, 不與經旨應也.

o 「주」의 "온노(慍怒)"부터 "불노(不怒)"까지.

o 정의에서 말한다.

『시경』「면」의 「전(傳)」에 "온(慍)은 성냄[恚]이다."[98]라고 했으니, 에(恚)와 노(怒)는 뜻이

같다. 황간의 「소」에서는 뒤쪽의 한 해석에서 이르길, "군자는 섬기기가 쉽고, 한 사람이 모

든 기량을 갖출 것을 요구하지 않는다.[99] 그러므로 교육하는 방법에 있어서 노둔(魯鈍)하여

이해하지 못하는 자가 있어도 군자는 너그럽게 용서하고 성내거나 노여워하지 않는다."[100]

라고 했는데, 이것이 바로 「주」의 뜻이다. 초순(蕉循)[101]의 『논어보소(論語補疏)』에는 "「주」

에서 '남들이 알지 못함이 있다.[人有所不知.]'라고 말한 것은 사람들이 스스로 알지 못하는

---

98 『모시정의』「대아 · 면」의 「전」.

99 『논어』「자로(子路)」: 공자가 말했다. "군자는 섬기기는 쉬우나 기쁘게 하기는 어렵다. 기쁘
게 하기를 정당한 방법으로써 하지 않으면 기뻐하지 않고, 그가 사람을 부림에 미처서는 기
량(器量)에 맞게 부린다. 소인은 섬기기는 어려우나 기쁘게 하기는 쉽다. 기쁘게 하기를 정
당한 방법으로써 하지 않아도 기뻐하고, 사람을 부림에 미처서는 모든 기량을 갖출 것을 요
구한다."[子曰: "君子, 易事而難說也, 說之不以道, 不說也, 及其使人也, 器之. 小人, 難事而易
說也, 說之雖不以道, 說也, 及其使人也, 求備焉."]

100 『논어집해의소』권1, 「논어학이제1」과 『논어주소』권1, 「학이제1」의 「소」에 보인다.

101 초순(蕉循, 1763~1820): 중국 청나라시대의 학자. 강소성 감천(甘泉) 사람이다. 자는 이당
(里堂)이다. 학술 방면에서 대진(戴震, 1723~1777)을 계승하였으며, 완원에게 수학했다. 집
에다 조고루(雕菰樓)라는 서실을 지어 놓고 평생 독서와 저술에 힘써서 다양한 저서를 많이
남겼다. 경사(經史)는 물론 성력(曆算), 성운(聲韻), 훈고(訓詁) 등에 정통했고, 경전 가운데
특히 『주역』과 『맹자』, 『시경』 등을 깊이 연구했다. 저술로는 첫째, 역학(易學) 저작으로
역학삼서(易學三書)라는 항목 아래에 『역학장구(易學章句)』12권, 『도략(圖略)』8권, 『통
석(通釋)』20권, 『역화(易話)』2권, 『역광기(易廣記)』3권 등이 있다. 둘째, 『역』이외의 경
학저작으로 육경보소(六經補疏)라는 항목 아래에 『논어보소(論語補疏)』3권, 『주역보소(周
易補疏)』2권, 『상서보소(尙書補疏)』2권, 『시경보소(詩經補疏)』5권, 『춘추보소(春秋補疏)』
5권, 『예기보소(禮記補疏)』5권, 『군경궁실도(群經宮室圖)』2권, 『우공정주석(禹貢鄭注釋)』
2권, 『맹자정의(孟子正義)』30권이 있으며, 셋째, 수학(數學)과 기타 저작으로 이당산학기
(里堂算學記)라는 항목 아래에 『가감승제법(加減乘除法)』8권, 『천원일서(天元一書)』2권,
『석호(釋弧)』3권, 『석륜(釋輪)』2권, 『석타(釋橢)』1권이 있다.

것이지 자기를 알아주지 않는 것이 아니다. 나는 아는 것인데, 남들이 알지 못한다고 해서 그로 인해 성내는 것은 자랑하는 것이다. 『후한서(後漢書)』「유림열전(儒林列傳)」의「주」에 「위략(魏略)」을 인용해서 이르길, '악상(樂詳)[102]은 자가 문재(文載)인데 황초(黃初)[103] 중에 박사로 징배(徵拜)[104]되었다. 당시에 박사 10여 명이 있었지만, 학문이 대체로 편협하였고, 또 자세하게 다 알지도 못하였으므로, 오직 악상만이 오경(五經)을 다 가르쳤다. 그러다가 혹시라도 질문이 어려워 이해하지 못하면 악상은 성난 기색 없이 지팡이로 땅바닥에 써 보기도 하고 비유를 끌어다 인용하고 유추하면서 심지어는 자고 먹는 것조차 잊었다.'라고 했다."[105]라고 했는데, 이것 역시 초순이「주」의 설명에 입각해서 증명한 것이다. 사실 가르치고 배우는 방법은 말해 주어도 모를 경우 비록 버려 두어도 괜찮으니 받아들여지는 것이 없어도 성내지 않으면 곧 군자라 일컫는 것이다. 이 단락의「주」에서 말한 것은 경전의 뜻과는 상응하지 않는다.

1-2

有子曰: 【注】孔子弟子, 有若. "其爲人也孝弟, 而好犯上者, 鮮

---

102 악상(樂詳, ?~?): 중국 삼국시대 위나라 하동(河東) 사람. 자는 문재(文載)이다. 어려서부터 학문을 좋아했고, 사해(謝該)에게 수학했다. 『춘추좌씨전』에 정통했고, 문학좨주(文學祭酒)가 되었다. 위 문제(魏文帝) 황초 연간에 불려 박사가 되었다. 추보(推步)에 뛰어났다. 태사(太史)와 함께 율력(律曆)을 제정했다. 관직은 기도위(騎都尉)까지 올랐다. 제왕(齊王) 조방(曹芳) 정시(正始) 연간에 연로하여 사직하고 귀향했다. 저서에 『좌씨문칠십이사(左氏問七十二事)』가 있다.

103 황초(黃初): 중국 삼국시대 위나라 문제 때의 연호(220~226). 조조(曹操)가 죽자 아들 조비(曹丕, 187~226)가 헌제(獻帝)에게 강요하여 제위를 선양받아 황제에 즉위했으니, 이가 위 문제이고, 연호를 황초라 하고 낙양에 도읍하여, 위나라를 세웠다.

104 징배(徵拜): ① 과거는 거치지 않았지만 학행으로 우대하여 제수하는 것. ② 황제의 조서로 임명함.

105 『후한서(後漢書)』 권109하, 「유림열전(儒林列傳) · 사해전(謝該傳)」의「주」.

矣.【注】鮮, 少也. 上, 謂凡在己上者. 言孝弟之人, 必恭順, 好欲犯其上者少也. 不好犯上, 而好作亂者, 未之有也.

유자(有子)가 말했다.【주】 공자의 제자인 유약(有若)이다. "그 사람됨이 효성스럽고 공손하면서 윗사람을 범하기를 좋아하는 자는 드물다.【주】 선(鮮)은 적음이다. 상(上)은 모든 자기 위에 있는 사람들을 이른다. 효성스럽고 공손한 사람은 반드시 공손하고 순(順)해서 그 윗사람을 범하려 하기를 좋아하는 사람이 적다는 말이다. 윗사람을 범하기를 좋아하지 않으면서 난(亂)을 일으키기를 좋아하는 자는 아직 있지 않다.

원문 正義曰: 阮氏元『論語解』, "弟子以有子之言似夫子, 而欲師之, 惟曾子不可彊, 其餘皆服矣. 故『論語』次章, 卽列有子之語在曾子之前." 案, 曾子不可彊, 非不服有子也. 特以尊異孔子, 不敢以事師之禮, 用之他人. 觀曾子但言孔子德不可尙, 而於有子無微辭, 則非不服有子可知. 當時弟子唯有子・曾子稱子, 此必孔子弟子於孔子歿後, 尊事二子如師, 故稱子也. 至閔子騫・冉有, 各一稱子, 此亦二子之門人所記, 而孔子弟子之於二子仍稱字. 故篇中於閔・冉稱字, 稱子錯出也.

역문 정의에서 말한다.

완원(阮元)[106]의 『논어해』에 "제자들은 유자의 말이 공자와 유사했기

---

[106] 완원(阮元, 1764~1849): 중국 청나라시대의 학자. 자는 백원(伯元)이고 호는 운대(云台) 또는 뇌당암주(雷塘庵主)인데, 만년의 호는 이성노인(怡性老人)이다. 시호는 문달(文達)이다. 강소성 의징현(儀徵縣) 출생으로, 벼슬길에 있으면서 학자를 육성하고 학술 진흥에 힘썼다. 광동(廣東)에 학해당(學海堂), 항주(杭州)에 고경정사(詁經精舍)를 설립하고, 학자를 모아

때문에 그를 스승으로 섬기려 했지만, 오직 증자(曾子)에게만은 강요할 수 없었고, 그 나머지는 모두 복종하였다. 그러므로 『논어』에서 장을 차례 지으면서 바로 유자의 말을 증자의 앞에다 나열하였다."라고 했는데, 살펴보니, 증자만은 강요할 수 없었다고 해서 유자에게 복종하지 않은 것은 아니다. 다만 공자를 남달리 높였기 때문에 감히 스승을 섬기는 예를 가지고 남에게 사용할 수 없었던 것이다. 증자가 다만 공자의 덕은 더할 수 없이 높다고 말했을 뿐,[107] 유자에 대해서 하찮게 여기는 말이 없었던 것을 보면 유자에게 복종하지 않은 것이 아님을 알 수 있다. 당시의 제자들은 오직 유자와 증자만을 자(子)라고 일컬었으니, 이는 분명 공자의 제자들이 공자가 죽은 후에 유자와 증자를 스승과 같이 높여서 섬겼기 때문에 '자'라고 일컬은 것이다. 민자건(閔子騫)·염유(冉有)에게도 각각 한 번씩 '자'라고 일컬었는데, 이것 역시 민자건과 염유의 문인

『경적찬고(經籍纂詁)』, 『십삼경주소교감기(十三經註疏校勘記)』를 편집하였다. 또 청나라 여러 학자의 경학에 관한 저술을 집대성하여 『황청경해(皇淸經解)』를 편찬하였다. 한나라 시대의 학문을 이상으로 하여 훈고를 주로 한 고대의 제도·사상의 탐구를 목표로, 독특한 사적(史的) 방법론을 전개한 『국사유림전(國史儒林傳)』을 지었다. 또 금석문 연구인 『적고재종정이기관지(積古齋鐘鼎彝器款識)』 등의 뛰어난 찬술을 하여, 청나라 고증학(考證學)을 집대성하였다. 서론(書論)에 시문집인 『연경실집(擘經室集)』에는 청나라 서풍(書風)에 큰 영향을 끼친 『북비남첩론(北碑南帖論)』과 『남북서파론(南北書派論)』, 송학(宋學)의 해석을 비판한 『성명고훈(性命古訓)』 등이 수록되어 있다. 그 밖의 저서에 『주인전(疇人傳)』, 『회해영령집(淮海英靈集)』, 『양절유헌록(兩浙輶軒錄)』, 『광릉시집(廣陵詩集)』, 『증자주(曾子註)』 등이 있다.

107 『맹자』「등문공상(滕文公上)」: 자하(子夏)·자장(子張)·자유(子游)가 유약이 성인과 유사하다 하여, 공자를 섬기던 예로써 그를 섬기고자 해서 증자에게 강요하자, 증자가 말하기를, "불가하니, 강한(江漢)으로써 씻는 것과 같으며, 가을볕으로써 쪼이는 것과 같아서 호호(皜皜)하여 더할 수 없이 높다."라고 했다.[子夏·子張·子游, 以有若似聖人, 欲以所事孔子, 事之, 彊曾子, 曾子曰: "不可, 江漢以濯之, 秋陽以暴之, 皜皜乎不可尙已.]

들이 기록한 것으로, 공자의 제자들은 이 두 사람에 대해 여전히 자(字)로 일컫는다. 그러므로 편 가운데 민자건과 염유에 대해서는 자(字)로 일컫는 것과 자(子)라고 일컫는 것이 섞여서 나온다.

원문 "其爲人"者, 『尙書大傳』「注」, "其, 發聲也." 『周官』「典同」「注」, "爲, 作也." 竝常訓. 「禮運」曰: "人者, 其天地之德, 陰陽之交, 鬼神之會, 五行之秀氣也." 又曰: "人者, 天地之心也. 五行之端也, 食味別聲被色而生者也."

역문 "그 사람됨[其爲人]"

『상서대전(尙書大傳)』의 「주」에 "기(其)는 발어사[發聲]이다."[108]라고 했고, 『주관』「전동(典同)」의 「주」에 "위(爲)는 작(作)이다."[109]라고 했는데, 모두 일반적인 해석이다. 「예운(禮運)」에 "사람이라는 것은 그 천지의 덕이요, 음양의 교합(交合)이며, 귀신의 회합(會合)이고, 오행의 빼어난 기운이다."[110]라고 했고, 또 "사람이라는 것은 천지의 마음이며, 오행의 단서이며, 오미(五味)를 먹고 오성(五聲)을 분별하며, 오색(五色)을 입고 사는 것이다."[111]라고 했다.

원문 "孝弟"者, 『爾雅』「釋訓」, "善父母爲孝, 善兄弟爲友." 此文不言友言弟者, 友是兄弟相愛好, 此則專指爲人弟者, 不兼兄言也. 賈子「道術」云: "子愛利親謂之孝, 反孝爲孽. 弟敬愛兄謂之悌, 反悌爲敖." "悌"卽"弟"俗體. 「論語」『釋文』云: "弟本作悌." 皇本·高麗本亦作"悌", 竝從俗作也.

---

108 『상서대전(尙書大傳)』 권3, 「서서전(書序傳)」의 정현의 「주」.
109 『주례주소』 권23, 「춘관종백하·전동(典同)」의 「주」.
110 『예기』「예운(禮運)」.
111 『예기』「예운」.

『이아』「석훈(釋訓)」에 "부모에게 잘하는 것이 효(孝)가 되고 형제에게 잘하는 것이 우(友)가 된다."라고 했는데, 이 문장에서 우(友)를 말하지 않고 제(弟)를 말한 것은 우(友)는 형제간에 서로 사랑하고 좋아하는 것이고, 여기서는 오로지 남의 아우가 된 사람을 가리킨 것으로 형을 겸해서 말한 것이 아니기 때문이다. 가자(賈子)[112]의 「도술(道術)」에서 이르길, "자식이 어버이를 사랑하고 이롭게 함을 효라 하고, 효에 반하는 것이 얼(孼)이 된다. 아우가 형을 공경하고 사랑하는 것을 제(悌)라 하고, 제에 반하는 것이 오(敖)가 된다."[113]라고 했는데, "제(悌)"는 "제(弟)"의 속체자(俗體字)이다. 『경전석문』「논어」에는 이르길, "제(弟)는 본래 제(悌)로 되어 있다."[114]라고 했고, 황간의 본과 고려(高麗)의 판본 역시 "제(悌)"로 되어 있는데, 모두 속체(俗體)를 따라 쓴 것이다.

---

112 가자(賈子): 중국 전한 문제 때의 문인 겸 학자인 가의(賈誼, 기원전 200~기원전 168)를 가리킨다. 하남성(河南省) 낙양(洛陽) 출생으로 시문에 뛰어나고 제자백가에 정통하여 문제의 총애를 받아 약관으로 최연소 박사가 되었다. 1년 만에 태중대부(太中大夫)가 되어 진(秦)나라 때부터 내려온 율령·관제·예악 등의 제도를 개정하고 전한의 관제를 정비하기 위한 많은 의견을 상주하였다. 그러나 주발(周勃) 등 당시 고관들의 시기로 장사왕(長沙王)의 태부(太傅)로 좌천되었다. 자신의 불우한 운명을 굴원(屈原)에 비유하여 「복조부(鵩鳥賦)」와 「조굴원부(弔屈原賦)」를 지었으며, 『초사(楚辭)』에 수록된 「석서(惜誓)」도 그의 작품으로 알려졌다. 4년 뒤 복귀하여 문제의 막내아들 양왕(梁王)의 태부가 되었으나 왕이 낙마하여 급서하자 이를 애도한 나머지 1년 후 33세로 죽었다. 저서에 『신서(新書)』 10권이 있으며, 진의 멸망 원인을 추구한 「과진론(過秦論)」은 널리 알려져 있다.

113 『신서』 권8, 「도술(道術)」.

114 『경전석문』 권24, 「논어음의·학이제1」의 "효제(孝悌)" 항의 「주」에는 "대(大)와 계(計)의 반절음이다. 판본에 따라 혹 제(悌)로 되어 있는데, 아래도 이와 같다.[大計反. 本或作悌, 下同.]"라고 되어 있다.

원문 “好犯上”者, 皇「疏」云: “好, 謂心欲也.”『爾雅』「釋詁」, “犯, 勝也.”『說
文』, “犯, 侵也.”

역문 “윗사람을 범하기를 좋아함[好犯上]”

　　황간의 「소」에서는 이르기를, “호(好)는 마음이 하고자 함을 이른다.”[115]
라고 했다. 『이아』「석고」에는 “범(犯)은 이김[勝]이다.”라고 했고, 『설문
해자』에서는 “범(犯)은 침노한다[侵]는 뜻이다.”[116]라고 했다.

원문 “鮮”者, 鄭「注」云: “鮮, 寡也.” 此本『爾雅』「釋詁」.『說文』, “尟, 是少
也.” 尟是正字. “鮮, 魚名, 出貉國.” 叚借字. 時世敎衰, 民知德者鮮. 故孝
弟之人容有犯上, 故云“鮮”也.

역문 “드물다[鮮]”

　　정현의 「주」에서 이르길, “선(鮮)은 적음[寡]이다.”[117]라고 했는데, 이는
『이아』「석고」를 근거로 한 것이다.『설문해자』에 “선(尟)은 적다[少]는
뜻이다.”[118]라고 했으니, 선(尟)이 옳은 글자이다. “선(鮮)은 물고기 이름
인데, 맥국(貉國)에서 나온다.”[119]라고 했는데, 이때는 가차자(叚借字)이

---

115 『논어집해의소』권1, 「논어학이제1」.

116 『설문해자』권10: 범(犿)은 침노한다[侵]는 뜻이다. 견(犬)과 절(卪)로 구성되었으며, 발음은
　　방(防)과 험(險)의 반절음이다.[犿, 侵也. 從犬卪, 聲防險切.]

117 『논어주소』권1, 「학이제1」의 「주」에 “선(鮮)은 선(仙)과 선(善)의 반절음이니, 적음[少]이
　　다. 정현은 이르길, ‘적음[寡]’이라고 했다.[鮮, 仙善反, 少也. 鄭云: ‘寡’也.]”라고 되어 있다.

118 『설문해자』권2: 선(尟)은 적다[少]는 뜻이니, 선(尟)의 뜻이 함께 있다. 시(是)와 소(少)로
　　구성되었다. 가시중은 소(酥)와 전(典)의 반절음이라고 설명한다.[尟, 是少也, 尟俱存也. 從
　　是少. 賈侍中說, 酥典切.]

119 『설문해자』권11에 선(鱻)은 물고기 이름인데, 맥국에서 나온다. 어(魚)로 구성되었고, 전
　　(羴)의 생략형이 발음을 나타낸다. 상(相)과 연(然)의 반절음이다.[鱻, 魚名, 出貉國. 從魚,
　　羴省聲. 相然切.]”라고 되어 있다.

다. 당시 세상의 교육이 쇠락하매 백성 중에 덕을 아는 사람이 적었다. 그러므로 효성스럽고 공손한 사람이 혹 윗사람을 범하는 경우가 있었다. 그러므로 "드물다[鮮]"라고 한 것이다.

원문 "作亂"者, 『爾雅』「釋言」, "作, 爲也." 『左』「宣」十二年「傳」, "人反物爲亂." 十五年「傳」, "民反德爲亂." 作亂之人, 由於好犯上, 好犯上, 由於不孝不弟. 故古者敎弟子就外舍, 學小藝焉, 履小節焉, 束髮就大學, 學大藝焉, 履大節焉, 皆令知有孝弟之道, 而父之齒隨行, 兄之齒雁行, 朋友不相踰. 又令知事長上處朋友之禮, 故孝弟之人鮮有犯上. 若不好犯上, 而好作亂, 知爲必無之事. 故曰"未之有也". 「曾子立孝」云: "是故未有君而忠臣可知者, 孝子之謂也. 未有長而順下可知者, 弟弟之謂也, 未有治而能仕可知者, 先修之謂也. 故曰孝子善事君, 弟弟善事長. 君子一孝一弟可謂知終矣." 是言孝弟之人必爲忠臣順下, 而不好犯上, 不好作亂可無疑矣. 春秋之時, 學校已廢, 卿大夫多世官, 不復知有孝弟之道. 故事君事長, 鮮克由禮. 而亂臣賊子, 遂至接踵以起也.

역문 "난을 일으킴[作亂]"

『이아』「석언(釋言)」에 "작(作)은 함[爲]이다."라고 했다. 『춘추좌씨전(春秋左氏傳)』「선공(宣公)」 12년의 「전(傳)」에 "사람이 물건에 반하는 것이 난(亂)이 된다."[120]라고 했고, 15년의 「전」에는 "백성이 덕에 반하는 것이 난이 된다."라고 했다. 난을 일으키는 사람은 윗사람을 범하기를 좋아하는 데서 말미암고, 윗사람을 범하기를 좋아하는 것은 효성스럽지 않고 공손하지 않음에서 말미암는다. 그러므로 옛날에 아우나 자식을 가르칠 때 집 밖으로 나아가 작은 예(藝)를 배우고 작은 예절을 실천하

---

120 『춘추좌씨전』에는 이와 같은 표현이 없다.

도록 했으며, 머리카락을 묶고 대학에 나아가 큰 예를 배우고 큰 예절을 실천하게 했으니, 모두 효제의 도리가 있음을 알게 함으로써 아버지 연배인 사람은 뒤에서 따라가고, 형의 연배인 사람은 기러기처럼 나란히 가며, 친구와는 서로 넘지 않게 한 것이다. 또 어른과 윗사람을 섬기고 벗과 처하는 예를 알게 했기 때문에 효성스럽고 공손한 사람이 윗사람을 범하는 경우가 적었던 것이다. 윗사람을 범하기를 좋아하지 않으면서 난을 일으키기를 좋아하는 것과 같은 경우는 반드시 없는 일임을 알 수 있다. 그러므로 "아직 있지 않다."라고 한 것이다. 「증자입효(曾子立孝)」에서 이르길, "이런 까닭에 아직 군주가 있지 않고서도 충신을 알 수 있는 것은 효자를 이르는 것이고, 아직 어른이 있지 않고서도 따르는 아랫사람을 알 수 있는 것은 공손한 아우를 이르는 것이며, 아직 다스려짐이 있지 않고서도 벼슬할 수 있음을 알 수 있는 것은 먼저 몸을 닦은 사람을 이르는 것이다. 그러므로 말하기를, '효자는 임금을 잘 섬기고, 공손한 아우는 어른을 잘 섬긴다.'라고 하니, 군자로서 한 번 효도하고 한 번 공손하면 끝을 안다고 이를 수 있다."[121]라고 했는데, 이는 효성스럽고 공손한 사람은 반드시 충성스러운 신하와 따르는 아랫사람이 되어 윗사람을 범하는 것을 좋아하지 않으니, 난을 일으키기를 좋아하지 않음은 의심할 것도 없다는 말이다. 춘추시대에는 학교가 이미 폐하여져 경대부들이 대체로 관직을 세습하여 다시는 효제의 도리가 있다는 것을 알지 못하였다. 그러므로 임금을 섬기고 어른을 섬김에 예를 따르는 경우가 지극히 드물었으므로 난신적자(亂臣賊子)들이 마침내 꼬리를 물고 일어나는 지경에 이르렀던 것이다.

---

121 『대대례(大戴禮)』권4, 「증자입효(曾子立孝)」.

- 「注」, "孔子弟子有若."

- 正義曰: 皇本作"孔安國「注」." 『史記』「仲尼弟子列傳」, "有若, 少孔子三十三歲." 『論語』邢 「疏」及『禮』「檀弓」「疏」引作"四十三歲". 裴駰『史記集解』引鄭玄云: "魯人", 此出鄭氏『孔子 弟子目錄』, 今佚不傳.

○ 「주」의 "공자의 제자인 유약이다."

○ 정의에서 말한다.

　　황간의 본에는 "공안국의 「주」라고 되어 있다. 『사기』「중니제자열전(仲尼弟子列傳)」에 "유약은 공자보다 서른세 살이 적다."라고 했는데, 『논어』형병의 「소」와 『예기』「단궁(檀弓)」 의 「소」에서 이것을 인용하여 "마흔세 살"이라고 했다. 배인(裴駰)[122]의 『사기집해(史記集 解)』에는 정현을 인용하여 "노나라 사람이다."라고 했는데, 이는 정씨의 『논어공자제자목록 (論語孔子弟子目錄)』에서 나온 것이지만 지금은 망실되어 없다.

- 「注」, "鮮"至"少也".

- 正義曰: "鮮少"者, 『說文』, "少, 不多也." "上"者, 謂凡在己上者. 蔡邕『獨斷』, "上者, 尊位所 存也." 亦謂位在己上. "凡"者, 統擧之辭. "恭順"者, 『說文』, "恭, 肅也." 『釋名』「釋言語」, "順, 循也, 循其理也." 「注」以犯上則非恭順, 故人能孝弟, 必恭於上也. 丘光庭『兼明書』, 以 犯上爲干犯君上之法令, 亦此「注」義所括.

○ 「주」의 "선(鮮)"부터 "소야(少也)"까지.

○ 정의에서 말한다.

　　"선소(鮮少)"는 『설문해자』에 "소(少)는 많지 않음[不多]이다."[123]라고 했다. "상(上)"이란 모

---

122 배인(裴駰, ?~?): 자는 용구(龍駒)로, 중국 남북조시대(南北朝時代) 송(宋) 초기의 역사가로 서 진수(陳壽)의 『삼국지(三國志)』에 「배송지주(裴松之注)」 혹은 「배주(裴注)」라고 불리는 주석을 덧붙인 배송지(裴松之, 372~451)의 아들이다. 관직은 남중랑참군(南中郎參軍)을 지 냈으며, 박학다재하였다. 주요 저술로는 『사기집해(史記集解)』가 있다.

123 『설문해자』 권2: 소(屮)는 많지 않음[不多]이다. 소(小)와 별(丿)로 구성되었으며, 발음은 소 (沼)와 절(切)의 반절음이다.[屮, 不多也. 從小丿, 聲書沼切.]

든 자기보다 위에 있는 사람이다. 채옹(蔡邕)[124]의 『독단(獨斷)』에 "상(上)이란 높은 지위가 있는 곳이다."라고 했으니, 역시 지위가 자기보다 위에 있는 사람을 이른다. "범(凡)"이란 큰 줄기를 들어서 하는 말이다. "공순(恭順)"이란 『설문해자』에 "공(恭)은 공경한다[肅는 뜻이다."[125]라고 했고, 『석명』「석언어(釋言語)」에 "순(順)은 좇음[循]이니, 그 이치를 좇음이다."라고 했는데, 「주」에서는 '윗사람을 범하면 공순함이 아니기 때문에 사람이 능히 효성스럽고 공손할 수 있으면 반드시 윗사람에게 공손하다'라고 했다. 구광정(丘光庭)[126]의 『겸명서(兼明書)』에서는 "범상(犯上)"을 군상(君上)의 법령을 범하는 것이라고 여겼는데, 역시 이 「주」의 뜻에 포괄된다.

君子務本, 本立而道生. 孝弟也者, 其爲仁之本與!" 【注】本, 基也. 基立而後可大成. 先能事父兄, 然後仁道可大成.

군자는 근본을 구하니, 근본이 확립되면 도가 생겨난다. 효와 공

---

124 채옹(蔡邕, 132~192): 중국 후한의 학자·문인·서예가. 자는 백개(伯喈)이고, 하남성 기현(杞縣)에서 태어났다. 젊어서부터 박학하기로 이름이 높았고 문장에 뛰어났다. 170년 영제의 낭중(郎中)이 되어 동관(東觀)에서 서지 교정에 종사하였으며, 175년 제경(諸經)의 문자 평정(文字平定)을 주청하여 스스로 써서 돌에 새긴 후 태학(太學)의 문밖에 세웠다. 이것이 『희평석경(熹平石經)』이다. 후에 중상모략을 받고 유배되었다가 대사령(大赦令)을 받았으나 귀향하지 않고 오(吳)에서 10여 년을 머물렀다. 189년 동탁(董卓)에게 발탁되어 시어사(侍禦史), 시중(侍中)에서 좌중랑장(左中郎將)까지 승급하였으나 동탁이 벌을 받고 죽임을 당한 후 투옥되어 옥중에서 사망하였다. 조정의 제도와 칭호에 대하여 기록한 『독단(獨斷)』, 시문집 『채중랑집(蔡中郎集)』이 있다. 또 비백체(飛白體)를 창시하였다.

125 『설문해자』 권10: 공(恭)은 공경한다[肅는 뜻이다. 심(心)과 공(共)으로 구성되었고, 발음은 구(俱)와 용(容)의 반절음이다.[恭, 肅也. 從心共, 聲俱容切.]

126 구광정(丘光庭, ?~?): 중국 오대(五代) 오정(烏程, 지금의 절강성 호주시) 사람이다. 저술로는 『겸명서(兼明書)』, 『당교론(唐敎論)』, 『보신궁(補新宮)』, 『보모치(補茅鴟)』 등이 있다.

손함[弟]이라는 것은 아마도 인(仁)을 행하는 근본일 것이다!"
【주】 본(本)은 기초[基]이다. 기초가 확립된 후에 크게 이룰 수 있다. 먼저 부형을 잘
섬긴 뒤에야 인(仁)의 도리가 크게 이루어진다.

원문 正義曰: "務本"者,『說文』曰: "務, 趣也." 高誘『呂氏春秋』「孝行覽」「注」,
"務, 猶求也."

역문 정의에서 말한다.

　"근본을 구함[務本]"에 대해 『설문해자』에 "무(務)는 달려간다[趣]는 뜻
이다."[127]라고 했고, 고유(高誘)[128]의 『여씨춘추』「효행람(孝行覽)」「주」에
"무(務)는 구함[求]과 같다."[129]라고 했다.

원문 "本立而道生"者, 李賢『後漢』「郞顗傳」「注」, "立, 猶定也." "道"者, 人所
由行之路. 事物之理, 皆人所由行. 故亦曰"道". 『漢書』「董仲舒傳」, "道
者, 所繇適於治之路也." 是也. 『廣雅』「釋詁」, "生, 出也." 『大戴禮』「保
傅」云: "『易』曰: '正其本, 萬事理.'" 『說苑』「建本篇」, "孔子曰: '君子務
本, 本立而道生.' 夫本不正者, 末必倚, 始不盛者終必衰. 『詩』云: '原隰旣

---

127 『설문해자』 권13: 무(務)는 달려간다[趣]는 뜻이다. 역(力)과 무(敄)로 구성되었고, 발음은
　　망(亡)과 우(遇)의 반절음이다.[務, 趣也. 從力敄, 聲亡遇切.]

128 고유(高誘, ?~?): 중국 동한(東漢)시대의 사람이다. 저술로 『맹자장구(孟子章句)』, 『여씨춘
　　추주(呂氏春秋注)』, 『회남자주(淮南子注)』, 『전국책주(戰國策注)』등이 있다.

129 『여씨춘추』 권14, 「효행람제2(孝行覽第二)·효행(孝行)」에 "무릇 천하·국가를 다스림에
　　반드시 근본을 구하고 말업을 뒤로 해야 하니, 이른바 근본이라는 것은 밭 갈고 김매고 씨
　　뿌리고 번식시킴을 이르는 것이 아니라, 그 사람을 구하는 것이다.[凡爲天下治國家, 必務本
　　而後末, 所謂本者, 非耕耘種殖之謂, 務其人也.]"라고 했는데, 이곳의 「주」에 "무(務)는 구함
　　과 같다.[務猶求也.]"라고 했다.

平, 泉流既淸.' 本立而道生." 阮氏元「論仁篇」, 以"本立而道生"爲古逸詩.

역문 "근본이 확립되면 도가 생겨난다[本立而道生]"

이현(李賢)의 『후한서』「낭의전(良顗傳)」의 「주」에 "입(立)은 정함[定]과 같다."[130]라고 했다. "도(道)"란 사람들이 따라서 가는 길이다. 사물의 이치는 모든 사람이 따라서 간다. 그러므로 역시 "도(道)"라고 한다. 『전한서(前漢書)』「동중서전(董仲舒傳)」에 "도(道)란 좇아서 다스림으로 나아가는 길이다."[131]라고 했는데, 옳다. 『광아』「석고」에 "생(生)은 생겨남[出]"이라고 했다. 『대대례(大戴禮)』「보부(保傳)」에서 이르기를, "『역』에서 말했다. '그 근본을 바르게 하면 모든 일이 다스려진다.'[132]라고 했다. 『설

---

130 『후한서』권60하, 「낭양열전제20하(郞襄列傳第二十下)·낭의전」「주」.

131 『전한서』권56, 「동중서전제26(董仲舒傳第二十六)」.

132 지금의 『주역』에는 이 문장이 보이지 않는다. 이 내용은 사마천(司馬遷)의 『사기』권130 「태사공자서제70(太史公自序第七十)」에서 "『역』에서 말했다. '털끝만큼의 차이가 생기면 천 리(千里)나 어그러진다.'[『易』曰: '失之毫釐, 差以千里.']"라고 한 글에 대한 송 배인의 『집해』에 보인다. 배인은 여기에서 "내가 살펴보니, 지금의 『역』에는 이 말이 없고, 『역위(易緯)』에 있다.[駰案, 今『易』無此語, 『易緯』有之.]"라고 했는데, '역위(易緯)'란 『주역』의 위서(緯書)라는 뜻이다. 한나라 때 유가의 경의(經義)에 가탁해서 참위(讖緯)를 선전한 책을 경서에 상대되는 개념으로 '위서'라고 불렀는데, 『역』·『서(書)』·『시(詩)』·『예(禮)』·『악(樂)』·『춘추』·『효경』 등에 모두 위서가 있다. 이 중 『역위』에는 『건곤착도(乾坤鑿度)』·『건착도(乾鑿度)』·『계람도(稽覽圖)』·『변종비(辨終備)』·『통괘험(通卦驗)』·『건원서제기(乾元序制記)』·『시류모(是類謀)』·『곤령도(坤靈圖)』 등이 있다. 또한 주희도 「임오응조봉사(壬午應詔封事)」에서 "『역』에서 이른바 호리(毫釐)의 차이가 생기면 천 리나 어그러진다.[『易』所謂差之毫釐 繆以千里.]"라고 했고, 「기유의상봉사(己酉擬上封事)」에서 "『역』에 '그 근본을 바로잡아야 만사가 다스려진다. 호리라도 차이가 생기면 천 리나 어그러진다고 했다.'[『易』曰: '正其本, 萬事理. 差之毫釐, 繆以千里.']"라고 했으며, 「계미수공주차(癸未垂拱奏箚)」에서도 "『역』에 그 근본을 바로잡아야 만사가 다스려지니, 호리라도 차이가 생기면 천 리나 어그러진다고 했으니, 천하의 일이 이보다 급한 것이 없다.[正其本, 萬事理. 差之毫釐, 繆以千里, 天下之事無急於此.]"라고 한 것을 보면, 이 부분은 『주역』의 일문(逸文)으로 보인다.

원(說苑)「건본(建本)」에는 "공자가 말하길, '군자는 근본을 구하니, 근본이 확립되면 도가 생겨난다.'라고 했으니, 근본이 바르지 못한 사람은 끝에는 반드시 기울고, 처음이 성대하지 못한 자는 끝에 반드시 쇠한다. 『시경』에서 이르길, '언덕과 습지가 이미 평평하면 흐르는 샘물도 이미 맑아진다.'[133]라고 했으니, 근본이 확립되매 도가 생겨난 것이다."라고 했다. 완원의 「논인」에서는 "근본이 확립되면 도가 생겨난다."라는 것을 옛날에 잃어버린 시라고 했다.

원문 愚謂"務本"二句爲古成語, 有子引之. 『說苑』及『後漢』「延篤傳」皆作孔子語者, 七十子所述皆祖聖論, 又當時引述各經未撿原文, 或有錯誤故也. 『中庸』言達道五, 君臣·父子·昆弟·夫婦·朋友. 而父子·昆弟尤爲本根之所在. 若人能孝弟, 則於君臣·夫婦·朋友之倫, 處之必得其宜, 而可名之爲道. 故"本立而道生"也.

역문 내가 생각해 보니, "무본(務本)" 두 구절은 옛날의 성어(成語)인데, 유자가 그것을 인용한 것이다. 『설원』 및 『후한서』「연독전(延篤傳)」에는 모두 공자가 말한 것으로 되어 있는 것은, 70명의 제자들이 전술한 것이 모두 성인이 말한 것을 근본으로 하여 서술하고 밝힌 논의이면서, 또한 당시에 원문을 미처 다 살펴보지 못한 각각의 경전들을 전술하고 인용하다 보니 어쩌면 착오가 있었기 때문이었던 듯싶다. 『중용』에서 말한 달도(達道)가 다섯으로, 군신(君臣)·부자(父子)·곤제(昆弟)·부부(夫婦)·붕우(朋友)인데,[134] 부자·곤제는 더더욱 근본이 있는 곳이 된다. 만약 사

---

133 『시경』「소아(小雅)·도인사지십(都人士之什)·서묘(黍苗)」.

134 『중용』 제20장: 천하의 달도(達道)가 다섯인데 이것을 행하는 것은 세 가지이니, 군신 간과 부자간과 부부간과 곤제 간과 붕우 간의 사귐, 이 다섯 가지는 천하의 달도이다.[天下之達道

람들이 능히 효도하고 공손할 수 있다면 군신·부부·붕우의 윤리에 대해서는 그것을 대처함에 반드시 그 마땅함을 얻을 것이므로, 도(道)라고 이름할 수 있다. 그러므로 "근본이 확립되면 도가 생겨난다."라고 한 것이다.

원문 "爲仁"猶言行仁, 所謂利仁·彊仁者也. 下篇"其爲仁矣, 不使不仁者加乎其身", "克己復禮爲仁", "爲仁由己", "子貢問爲仁", "堂堂乎張也, 難與並爲仁", 皆是言"爲仁". 又志於仁, 求仁欲仁, 用力於仁, 亦是言"爲仁".

역문 "위인(爲仁)"은 인을 행한다[行仁]는 말과 같으니, 이른바 '인을 이롭게 여기거나'135 '인에 힘쓴다'136라는 것이다. 아래 편에 "자신이 인(仁)을 수양함에 힘쓰는 데 있어 불인(不仁)한 것이 자기 자신에게 베풀어지지 못하게 한다."137 "자기를 다스려 예(禮)로 돌아가는 것이 인을 행하는 것이다."138 "인을 행하는 것은 자기에게 달려 있다."139 "자공(子貢)이 인을 행함을 물었다."140 "당당하구나, 자장(子張)이여! 함께 인을 행하기는 어렵

五, 所以行之者三, 曰君臣也, 父子也, 夫婦也, 昆弟也, 朋友之交也五者, 天下之達道也.]

135 『논어』 「이인(里仁)」: 인자(仁者)는 인(仁)을 편안히 여기고 지자(智者)는 인을 이롭게 여긴다.[仁者, 安仁, 知者, 利仁.]

136 『맹자』 「공손추상(公孫丑上)」에 "만일 치욕을 싫어한다면 덕(德)을 귀히 여기고 선비를 높이는 것만 못하니, 현자(賢者)가 지위에 있으며, 재능이 있는 자가 직책에 있어서 국가가 한가하거든 이때에 미쳐 그 정치와 형벌을 밝힌다면, 비록 강대국이라도 반드시 그를 두려워할 것이다.[如惡之, 莫如貴德而尊士, 賢者在位, 能者在職, 國家閒暇, 及是時, 明其政刑, 雖大國, 必畏之矣.]"라고 했는데, 『맹자집주대전(孟子集註大全)』의 「주」에 "이것은 치욕을 싫어하는 마음으로 인(因)하여 인(仁)에 힘쓰는 일로써 나아가게 한 것이다.[此, 因其惡辱之情, 而進之以彊仁之事也.]"라고 했다.

137 『논어』 「이인」.

138 『논어』 「안연(顏淵)」.

139 『논어』 「안연」.

다."[141]라고 한 것들은 모두 "위인"을 말한 것이다. 또 "인에 뜻을 둠",[142] "인을 구함",[143] "인을 하고자 함",[144] "인에 힘을 씀"[145]도 역시 "위인"을 말한 것이다.

원문 "仁"者何? 下篇"樊遲問仁, 子曰: '愛人'." 此仁字本訓. 『說文』"仁"字從二人, 會意, 言己與人相親愛也. 善於父母, 善於兄弟, 亦由愛敬之心. 故『禮』言, "孝子有深愛." 又言, "立愛自親始, 立敬自長始." 敬亦本乎愛也. 孝弟之所以爲仁之本者, 『孝經』云: "夫孝, 德之本也, 敎之所由生也." 德兼仁·義·禮·智. 此不言德, 言仁者, 仁統四德, 故爲仁尤亟也. 『孟子』「離婁篇」, "仁之實, 事親是也. 義之實, 從兄是也." 又云: "親親而仁民, 仁民而愛物." 是爲仁必先自孝弟始也. 『孝經』云: "故不愛其親而愛他人者, 謂之悖德. 不敬其親而敬他人者, 謂之悖禮. 以順則逆, 民無則焉. 不在於善, 而在於凶德. 雖得之, 君子不貴也." 觀此, 則不孝不弟, 雖有他善, 終是不仁. 何者? 爲其大本已失, 其末自不足貴也. 宋氏翔鳳鄭「注」輯本, "爲仁"作"爲人", 云: "言人有其本性, 則成功立行也."

---

140 『논어』「위영공(衛靈公)」.

141 『논어』「자장(子張)」.

142 『논어』「이인」: 공자가 말했다. "진실로 인(仁)에 뜻을 두면 미워함[惡]이 없다."[子曰: "苟志於仁矣, 無惡也."]

143 『논어』「술이」: 인(仁)을 구해서 인을 얻었으니, 또 무엇을 원망하였겠느냐?[求仁而得仁, 又何怨?]

144 『논어』「술이」: 공자가 말했다. "인(仁)이 멀리 있는 것이겠는가? 내가 인을 하려고 하면 이에 인이 이른다."[子曰: "仁遠乎哉? 我欲仁, 斯仁至矣."]

145 『논어』「이인」: 하루라도 인(仁)을 수양하는 데 자기의 힘을 쓸 수 있는 자가 있는가? 나는 아직까지는 힘이 부족해서 인을 수양하는 데 힘쓰지 못하는 자는 보지 못했다.[有能一日用其力於仁矣乎? 我未見力不足者.]

역문 "인(仁)"이란 무엇인가? 아래 편에 "번지(樊遲)가 인에 대해 묻자 공자가 말했다. '사람을 사랑하는 것[愛人]이다.'"[146]라고 했는데, 이것이 인(仁)자의 본래 뜻이다. 『설문해자』에 "인(仁)" 자는 이(二)와 인(人)으로 구성되어 있는데,[147] 회의문자(會意文字)이니, 자기와 남이 서로 친애함을 말한다. 부모에게 잘하고, 형제간에 잘하는 것 역시 사랑하고 공경하는 마음을 말미암는다. 그러므로 『예기』에서 말하길, "효자는 깊은 사랑이 있다."[148]라고 했고, 또 "사랑을 세움은 어버이로부터 시작되고, 공경을 세움은 어른으로부터 시작된다."[149]라고 했으니, 공경 역시 사랑을 근본으로 한다. 효도와 공손함이 인을 행하는 근본이 되는 까닭은 다음과 같다. 『효경(孝經)』에서 이르길, "효란 덕의 근본이니, 가르침이 이를 말미암아 생겨난다."[150]라고 했으니, 덕은 인(仁)·의(義)·예(禮)·지(智)를 겸하고 있기 때문이다. 그런데 여기에서 덕을 말하지 않고 인을 말한 것은 인이 사덕(四德)을 거느리고 있기 때문이니, 그러므로 인을 행함이 더욱 빠른 것이다. 『맹자(孟子)』「이루(離婁)」에 "인의 실제는 어버이를 섬기는 것이요, 의의 실제는 형(兄)에게 순종하는 것이다."[151]라고 했고, 또 이르길, "어버이를 친히 하고서 백성을 사랑하고, 백성을 사랑하고서 물건을 사랑하는 것이다."[152]라고 했으니, 이에 인을 행함은 반드시 효도와 공손

---

146 『논어』「안연」.

147 『설문해자』권8: 인(仁)은 친애함[親]이다. 인(人)과 이(二)로 구성되었다.[仁, 親也. 從人從二.]

148 『예기』「제의(祭義)」: 효자로서 깊은 사랑이 있는 자는 반드시 온화한 기운이 있다.[孝子之有深愛者, 必有和氣.]

149 『예기』「제의」.

150 『효경집전(孝經集傳)』권1,「개종명의장제1(開宗明義章第一)」.

151 『맹자』「이루상(離婁上)」.

152 『맹자』「진심상」.

함으로부터 시작됨을 우선하는 것이다. 『효경』에서 이르길, "그러므로 그 어버이를 사랑하지 않으면서 다른 사람을 사랑함을 패덕(悖德)이라 하고, 그 어버이를 공경하지 않으면서 다른 사람을 공경함을 패례(悖禮)라고 한다. 패덕과 패례로써 백성을 순종하게 하면 사람들은 거스르게 되니 백성들은 본받을 것이 없다.[153] 자신이 선(善)에 뜻을 두지 않아 백성들이 흉한 악덕에 뜻을 두게 되니, 비록 그러한 사람이 지위를 얻었다 하더라도 군자는 그를 존귀하게 여기지 않을 것이다."[154]라고 했으니, 이 것을 보면 효도하지 않고 공손하지 않으면 비록 다른 선함이 있더라도 끝내 불인인 것이다. 어째서인가? 이미 그 큰 근본을 잃었고, 그 말단은 본래 귀한 것이 되기엔 부족하기 때문이다. 송상봉의 정현「주」집본에 는 "위인(爲仁)"을 "위인(爲人)"이라고 하면서 이르길, "사람이 그 본성이 있으면, 공을 이루고 행실을 정립한다는 말이다."라고 했다.

원문 案, "仁"·"人", 當出『齊』·『古』·『魯』異文. 鄭就所見本"人"字解之"爲人之本", 與上文"其爲人也"句相應, 意亦通也. 鄭「注」又云: "孝爲百行之本". 言孝則弟可知. "百行"者, 不一行也. 『呂氏春秋』「孝行」云: "凡爲天下, 治國家, 必務本而後末." 又云: "務本莫貴於孝. 夫孝, 三皇·五帝之本務, 而萬事之紀也. 夫執一術而百善至, 百邪去, 天下從者, 其惟孝也. 故論人先必以所親, 而後及所疏, 必先所重, 而後及所輕." 是知孝弟爲爲人之本. 故君子先務此也. "孝弟也者"云云, 是釋"務本"二句之義. "與"者, 語

---

153 『효경주소(孝經註疏)』의 현종(玄宗)의 주석에는 "以順則逆, 民無則焉."에 대해 "가르침을 행하여 백성들의 마음을 순종시켜야 하는데, 지금 스스로 그것을 거스르면 아래에서는 본받을 것이 없다.[行敎以順人心, 今自逆之, 則下無所法則也.]"라고 했다. 주희는 『효경간오(孝經刊誤)』에서 "以順則逆" 이하 90자를 빼 버렸다.
154 『효경』「성치장(聖治章)」.

助辭.

역문 살펴보니, "인(仁)"과 "인(人)"은 당연히 『제논어(齊論語)』・『고논어(古論語)』・『노논어』에서 나온 것이 표현을 달리한다. 정현이 본 판본에서는 "인(人)" 자로 풀이해서 "사람이 되는 근본[爲人之本]"이라고 했는데, 앞 문장의 "그 사람됨[其爲人也]"이라는 구절과 상응하니, 의미가 역시 통한다. 정현의 「주」에서는 또 "효는 백행의 근본이 된다."[155]라고 했으니, 효를 말하면 제(弟)는 알 수 있는 것이다. "백행(百行)"이란 한 가지 행실이 아니다. 『여씨춘추』「효행」에서 이르길, "무릇 천하를 위하고 국가를 다스림에 반드시 근본을 구하고 말단을 뒤로 해야 한다."[156]라고 했고, 또 이르길, "근본을 구하는 것은 효보다 더 귀한 것이 없다. 효란 삼황오제의 근본적인 일이었고 모든 일의 기강이었다. 한 가지 방책(효도 한 가지)을 제대로 잡음에, 모든 선이 이르게 되고, 온갖 사악한 일이 없어지게 되니, 천하에 따를 것은 그 오직 효일 뿐이다. 그러므로 사람을 논할 때에는 우선 반드시 친한 어버이로써 논하고 난 다음에 소원한 남에까지 미쳐야 하며, 반드시 먼저 소중하게 여기는 어버이를 논하고 난 다음에 가볍게 여기는 남에게까지 미쳐야 한다."[157]라고 했으니, 이에 효도와 공손함[孝弟]이 사람이 되는 근본이 됨을 알 수 있다. 그러므로 군자는 이것을 급선무로 여기는 것이다. "효와 공손함이라는 것은[孝弟也者]" 운운했는데, 이것은 "근본을 구함[務本]" 두 구절의 뜻을 해석한 것이다. "여(與)"는 어조사이다.

---

155 『효경주소』 권3, 「삼재장제7(三才章第七)・소(疏)」에 "정현이 『논어』에 주를 달아 이르길, '효는 백행의 근본이 된다.'라고 했다[鄭注『論語』云: '孝爲百行之本.']."라고 했다.

156 『여씨춘추』 권14, 「효행람제2・효행」.

157 『여씨춘추』 권14, 「효행람제2・효행」.

- 「注」, "本基"至"大成".

- 正義曰: 『說文』, "本, 木下曰本. 從木, 一在下." "一在下", 象其根. 「注」訓"基"者, 『說文』, "基, 牆始也." 始亦本也.

○ 「주」의 "본기(本基)"부터 "대성(大成)"까지.

○ 정의에서 말한다.

　『설문해자』에 "본(本)은 나무 밑둥을 본(本)이라 한다. 목(木)으로 구성되었고, 일(一)이 아래에 있다."¹⁵⁸라고 했는데, "일(一)이 아래에 있다"는 것은 그 뿌리를 형상화한 것이다. 「주」에서 "기(基)"를 풀이한 것에 대해, 『설문해자』에 "기(基)는 담장을 쌓는 기초[牆始]이다."¹⁵⁹라고 했으니, 기초[始] 역시 근본[本]이다.

원문 "大成"者, 大猶廣也. 訓"生"爲"成", 此引申之義. 「表記」云: "仁之難成久矣. 人人失其所好, 故仁者之過易辭也." 又云: "仁之爲器重, 其爲道遠, 學者莫能勝也, 行者莫能致也. 取數多者, 仁也. 夫勉於仁者, 不亦難乎?" 是仁道大成, 最爲難能. 故惟能先事父兄, 復擴充其本性之善, 兼有衆德, 然後仁道可冀大成也. 皇本, 以"先能事父兄"二句爲包「注」.

역문 "크게 이루어짐[大成]"

　"대(大)"는 넓음[廣]과 같다. "생(生)"을 "성(成)"으로 풀이했는데, 이는 의미를 확장시킨 것이다. 「표기」에서 이르기를, "인(仁)을 이루기 어려

---

158 『설문해자』 권6: 본(本)은 나무 밑둥을 본(本)이라 한다. 목(木)으로 구성되었고, 일(一)이 그 아래에 있다. 본(本)은 옛 글자이다. 포(布)와 촌(忖)의 반절음이다.[本, 木下曰本. 從木, 一在其下. 本, 古文. 布忖切.]

159 『설문해자』 권13: 기(基)는 담장을 쌓는 기초[牆始]이다. 토(土)로 구성되었고, 발음은 거(居)와 지(之)의 반절음이다.[基, 牆始也. 從土, 其聲居之切.]

워진 지가 오래되었다. 사람들이 정말 좋아해야 할 것을 잃은 것이니, 그러므로 인자(仁者)의 허물은 말하기 쉬운 것이다."[160]라고 했고, 또 "인(仁)이라는 그릇은 무겁고 그 길이 멀어, 들려고 하는 자가 감당할 수 없고 가려는 자가 도달하지 못하니, 가짓수가 많은 것이 인이다. 그러니 인에 힘쓴다는 것이 또한 어렵지 않겠는가?"[161]라고 했으니, 이에 인의 도리를 크게 이루는 것이 가장 능하기 어려운 것이다. 그러므로 오직 먼저 부형을 잘 섬기고 다시 그 선(善)한 본성을 확충하여 많은 덕(德)을 겸한 다음에야 인의 도리를 크게 이룰 것을 기대할 수 있다. 황간의 본에서는 "먼저 부모를 잘 섬김[先能事父兄]", 두 구절을 포함의 「주」라고 했다.

1-3

子曰: "巧言令色, 鮮矣仁!"【注】包曰: "巧言, 好其言語, 令色, 善其顏色, 皆欲令人說之, 少能有仁也."

공자가 말했다. "말을 잘하고 얼굴빛을 잘 꾸미는 것은, 드물도다, 인(仁)함이여!"【주】포함이 말했다. "교언(巧言)이란 그 말을 듣기 좋게 잘하는 것이고, 영색(令色)이란 그 얼굴빛을 보기 좋게 잘 꾸미는 것으로, 모두 남들로 하여금 자기를 좋아하게 하고자 하는 것이니, 내면에 인을 간직할 수 있는 사람이 적다."

---

160 『예기』「표기(表記)」.
161 『예기』「표기」.

원문 正義曰:『禮』「表記」, "子曰: '情欲信, 辭欲巧.'"『詩』「雨無正」, "巧言
如流, 俾躬處休".『左傳』載師曠善諫, 叔向引"巧言如流"以美之. 又「烝民」
詩, "令儀令色." 彼文言"巧"·"令", 皆是美辭. 此云"鮮矣仁"者, 以巧令多由
僞作, 故下篇言, "巧言·令色·足恭, 左丘明恥之, 丘亦恥之."『書』「皐
陶謨」云: "何畏乎巧言令色孔壬." 孔, 甚也, 壬, 佞也. 以巧言令色爲甚佞,
則不仁可知. 然夫子猶云"鮮仁"者, 不忍重斥之, 猶若有未絶於仁也. 「曾
子立事」云: "巧言令色, 能小行而篤, 難於仁矣." 與此文義同. 皇本"仁"上
有"有"字.

역문 정의에서 말한다.

『예기』「표기」에 "공자가 말했다. '정(情)은 진실하고자 하며, 말은 잘
하고자 한다.'"라고 했고,『시경』「우무정(雨無正)」에 "말을 잘하여 물 흐
르듯이 해서 몸을 편안한 곳에 처하게 한다."라고 했으며,『춘추좌씨전』
에는 사광(師曠)[162]이 간언을 잘한 내용이 있는데,[163] 숙향(叔向)[164]이 "말을

---

162 중국 춘추(春秋)시대 진(晉)나라의 악사(樂師). 음율을 잘 아는 것으로 유명하다.『맹자』「이
루상」에 "사광의 귀 밝음으로도 육율(六律)을 쓰지 않으면 오음을 바로잡지 못한다.[師曠之
聽, 不以六律, 不能正五音.]"라고 했다.

163 『춘추좌씨전』「소공(昭公)」8년: 진나라 임금이 사광에게 묻기를, "돌이 무슨 까닭에 말을
하는가?" 하니, 사광이 대답하기를, "돌은 말할 수 없으니, 무엇엔가 빙의된 것일 겁니다. 그
렇지 않다면 백성들이 잘못 들은 것입니다. 또 신이 듣자 하니, '일을 하는 것이 때에 맞지
않아 백성들에게서 원망과 비난이 생기면 말하지 않는 물건이 말을 하게 된다.'라고 했습니
다. 지금 궁실을 높고 사치스럽게 지으므로 백성들의 힘이 손상을 받고 다 써서 없어져 원망
과 비난이 아울러 일어나 백성들 목숨을 보존하지 못하니, 돌이 말하는 것이 또한 마땅하지
않겠습니까?"라고 했다. 이때 진나라 임금은 사기궁(虒祁宮)을 짓고 있었다.[晉侯問於師曠
曰: "石何故言?" 對曰: "石不能言, 或馮焉. 不然, 民聽濫也. 抑臣又聞之曰: '作事不時, 怨讟動
於民, 則有非言之物而言.' 今宮室崇侈, 民力彫盡, 怨讟並作, 莫保其性, 石言, 不亦宜乎?" 於
是晉侯方築虒祁之宮.]

164 숙향(叔向, ?~?): 중국 춘추시대 진(晉)나라의 현자(賢者). 성은 양설(羊舌)이고, 이름은 힐

잘하여 물 흐르듯 한다"라는 말을 인용해서 그를 찬미하였다.[165] 또 「증민(烝民)」 시에 "위의가 훌륭하고 안색이 훌륭하다."[166]라고 했는데, 앞의 문장에서 말하는 "교(巧)"나 "영(令)"은 모두 미사어(美辭語)이다. 여기에서 말한 "인한 이가 적다[鮮矣仁]"는 것은 잘하거나 꾸미는 것[巧令]이 대체로 거짓으로 말미암아 만들어진 것이기 때문이다. 그러므로 아래 편에서 말하기를, "말을 잘하고, 얼굴빛을 잘 꾸미며, 지나치게 공손함을 옛날 좌구명(左丘明)이 부끄럽게 여겼는데, 나 또한 이를 부끄러워한다."[167]라고 했고, 또 『서경』「고요모(皐陶謨)」에서는 이르기를, "어찌 말을 잘하고 얼굴빛을 잘 꾸미는, 지나치게 말재주를 부리는 자를 두려워하겠는가?"[168]라고 했는데, 여기에서 "공(孔)"은 심하다는 뜻이고, "임(壬)"은 말

(肦) 또는 숙힐(叔肦)이며, 숙향은 자이다. 평공(平公) 때 교육계(教育係)로 벼슬했다. 『춘추좌씨전』에서는 법가 사상의 선구를 이룬 자산(子産)과 대비하여 유가 사상의 전통적인 담당자로, 군자라 했다. 자산이 형서(刑書)를 만들어서 법의 공개를 단행하자 덕과 예에 의한 정치를 방기하는 것이라면서 비난했다. 제(齊)나라의 안영(晏嬰), 오(吳)나라의 계찰(季札), 정(鄭)나라의 자산과 함께 당대의 대표적인 현인으로 불렸다.

165 『춘추좌씨전』「소공」 8년: 숙향이 말했다. "자야(子野, 사광)의 말이 군자답다. 군자의 말은 진실하면서도 근거가 있다. 그러므로 원망이 몸에 미치지 않지만, 소인의 말은 참람되면서도 근거가 없다. 그러므로 원망과 허물이 미치는 것이다. 『시경』에 '가엾다, 말을 잘하지 못하는 이여! 혀로 말을 낼 뿐만 아니라, 몸이 이에 병이 들도다. 훌륭하구나, 말을 잘하는 이여! 말을 잘하여 물 흐르듯이 해서 몸을 편안한 곳에 처하게 하는구나.'라고 했으니, 이는 사광을 두고 하는 말이다."[叔向曰: "子野之言君子哉. 君子之言, 信而有徵. 故怨遠於其身, 小人之言, 僭而無徵. 故怨咎及之. 『詩』曰: '哀哉, 不能言! 匪舌是出, 唯躬是瘁. 哿矣能言, 巧言如流.' 俾躬處休, 其是之謂乎."]

166 『시경』「대아 · 탕지십(蕩之什) · 증민(烝民)」.

167 『논어』「공야장(公冶長)」.

168 『서경』「우서(虞書) · 고요모(皐陶謨)」. 이 부분의 해석에 대해 주희는 "교(巧)는 좋게 함이고, 영(令)은 잘함이며 공(孔)은 큼이니, 말을 잘하고 얼굴빛을 잘 꾸미되 크게 간악한 마음을 품은 사람이다.[巧好, 令善, 孔大也, 好其言, 善其色, 而大包藏凶惡之人也.]"라고 했다.

재주이다. 교언영색(巧言令色)을 지나친 말재주로 여긴 것이니, 인하지 못함을 알 수 있다. 그러나 공자가 오히려 "인한 사람이 드물다."라고 한 것은, 차마 거듭 배척하지 못해서 오히려 마치 인을 끊지 못함이 있는 것처럼 한 것이다. 「증자입사(曾子立事)」에서 이르길, "말을 잘하고 얼굴빛을 잘 꾸미는 것은 작은 행동을 해서 돈독할 수는 있지만 인을 행하기는 어렵다."[169]라고 했는데, 이 문장과 뜻이 같다. 황간본에는 "인(仁)" 자 앞에 "유(有)" 자가 있다.

- 「注」, "巧言"至"仁也".
- 正義曰: "巧"·"好"音義相近. 『詩』「雨無正」「箋」, "巧, 猶善也." 『禮』「表記」「注」, "巧, 謂順而說也." 皆謂好其言語, 卽『詩』云"好言自口"也. 『爾雅』「釋詁」, "令, 善也." 『書』「皐陶謨」, "令色", 『史記』「夏本紀」作"善色", 是"令"有"善"義. 『說文』, "色, 顏氣也." 『齊語』韋昭解顏, 眉目之間." 引申之, 凡氣之達於面者, 皆謂之顏. 故「注」以"顏色"連文. 云"少能有仁", 似「注」所見本亦作"有仁".
- ○「주」의 "교언(巧言)"부터 "인야(仁也)"까지.
- ○ 정의에서 말한다.

"교(巧)"와 "호(好)"는 음과 뜻이 서로 비슷하다. 『시경』「우무정」의 「전(箋)」에 "교(巧)는 잘함[善]과 같다."[170]라고 했고, 『예기』「표기」의 「주」에는 "교(巧)는 이치에 따라 말함을 이른다."[171]라고 했는데, 모두 그 말을 잘하는 것을 이르는 것이니, 곧 『시경』에서 말하는 "좋은 말이 입에서 나온다."[172]라는 것이다. 『이아』「석고」에 "영(令)은 잘함[善]이다."라고 했고, 『서경』「고요모」에는 "얼굴빛을 잘 꾸밈[令色]"이라고 했으며, 『사기』「하본기(夏本紀)」에는

---

169 『대대례』 권4, 「증자입사(曾子立事)」.
170 『모시주소』 권19, 「소아·절남산지십(節南山之什)·우무정(雨無正)」의 「전」.
171 『예기주소』 권54, 「표기」의 「주」.
172 『시경』「소아·기보지십(祈父之什)·정월(正月)」.

"선색(善色)"[173]이라고 했으니, "영(令)"에는 "잘함[善]"의 의미가 있다. 『설문해자』에는 "색(色)은 얼굴의 기운이다."[174]라고 했고, 「제어(齊語)」에서 위소(韋昭)[175]의 해석에는 "안(顔)은 눈썹과 눈의 사이이다."[176]라고 의미를 확대하였는데, 기운이 얼굴에 퍼져 있는 것을 모두 안(顔)이라 이른다. 그러므로 「주」에서는 "안색(顔色)"이라고 글자를 이어서 표현한 것이다.[177]

"내면에 인(仁)을 간직할 수 있는 사람이 적다."라고 했는데, 「주」에서 본 판본 역시 "유인(有仁)"이라고 되어 있었던 것 같다.[178]

1-4

曾子曰: 【注】 馬曰: "弟子曾參." "吾日三省吾身, 爲人謀而不忠

173 『사기』「하본기(夏本紀)」: 어찌 얼굴빛을 잘 꾸미고 말을 잘하는 사람을 두려워하겠는가? [何畏乎巧言善色佞人?]

174 『설문해자』 권9: 색(𦓐)은 얼굴의 기운[顔氣]이다. 인(人)과 절(卪)로 구성되었다. 색(色)부에 속하는 모든 글자는 색(色)의 뜻을 따른다. 색(𤔶)은 옛 글자이다. 소(所)와 역(力)의 반절음이다.[𦓐, 顔氣也. 從人從卪. 凡色之屬皆從色, 𤔶, 古文. 所力切.]

175 위소(韋昭, 204~273): 중국 삼국시대 오(吳)나라 오군(吳郡) 운향(雲陽) 사람. 자는 홍사(弘嗣)이고, 이름은 진나라 사마소(司馬昭)의 휘를 피해 요(曜)를 썼다. 손화(孫和)의 명령을 받아 『박혁론(博奕論)』을 지었고, 화핵(華覈)와 함께 『오서(吳書)』를 편찬했다. 손휴(孫休)가 즉위하자 황명을 받아 여러 책을 교정했다. 『국어』를 중요하게 여겨 『국어주(國語注)』를 편찬했다. 그 밖의 저서에 『효경해찬(孝經解讚)』과 『변석명(辨釋名)』, 『모시답잡문(毛詩答雜問)』, 『관직훈(官職訓)』 등이 있었지만 전해지지 않고, 일부분이 『옥함산방집일서(玉函山房輯佚書)』에 수록되어 있다.

176 『국어』 권6, 「제어(齊語)」의 「주」.

177 『논어주소』의 포함의 「주」에서 "영색(令色)이란 얼굴빛을 잘 꾸미는 것이다.[令色, 善其顔色.]"라고 한 것을 말한다.

178 황간의 판본에 "인(仁)" 자 앞에 "유(有)" 자가 있는 것과 같다.

乎? 與朋友交而不信乎? 傳不習乎?" 【注】 言凡所傳之事, 得無素不
講習而傳之.

증자가 말했다. 【주】 마융이 말했다. "제자인 증삼(曾參)이다." "나는 날마
다 세 가지로 내 몸을 살피니, 남을 위해 도모함에 성실하지 못한
가? 벗과 더불어 사귐에 진실하지 못한가? 익히지 않은 것을 전
수했는가?이다." 【주】 "남에게 전수하는 모든 일을 평소 강습하지도 않고 전함
이 없었는가?"라는 말이다.

원문 正義曰: "吾日三省吾身"者, 『爾雅』「釋詁」, "吾, 我也." 『說文』, "吾, 我
自稱也." 日行一周天爲一晝夜. 故一晝夜卽名日. 『周髀算經』「注」, "從旦至
旦, 爲一日也." 是也. 『說文』, "三, 數名." 阮氏元 『數說』, "古人簡策繁重,
以口耳相傳者多, 以目相傳者少. 且以數記言, 使百官萬民易誦易記. 「洪
範」·『周官』尤其最著者也. 『論語』以數記文者, 如一言, 三省, 三友, 三
樂, 三戒, 三畏, 三愆, 三疾, 三變, 四敎, 絶四, 四惡, 五美, 六言, 六蔽, 九
思之類. 則亦皆口授耳受心記之古法也." 鄭「注」云: "思察己之所行也." 此
以"省"訓"察", 本『爾雅』「釋詁」. 『說文』, "省, 視也."義亦近. 『爾雅』「釋詁」,
"身, 我也." 『說文』, "身, 躬也, 象人之身." 『釋名』「釋形體」云: "身, 伸也,
可屈伸也."

역문 정의에서 말한다.

"나는 날마다 세 가지로 내 몸을 살핀다[吾日三省吾身]"라는 것에 대해,
『이아』「석고」에 "오(吾)는 나[我]이다."라고 했고, 『설문해자』에는 "오
(吾)는 내가 스스로를 일컫는 것[我自稱]이다."[179]라고 했다. 해가 운행하
면서 하늘을 한 바퀴 도는 것이 하루 밤낮이 된다. 그러므로 하루 밤낮을

곧 이름하여 일(日)이라고 하는 것이다. 『주비산경(周髀算經)』[180]의 「주」에
는 "아침부터 다음 날 아침까지가 1일이 된다."[181]라고 했는데, 옳다. 『설
문해자』에 "삼(三)은 수의 이름[數名]이다."[182]라고 했다. 완원의 『수설(數
說)』에는 "옛사람들은 책이 많고 무거웠기 때문에 입과 귀로 서로 전하
는 경우가 많았고, 눈으로 서로 전하는 경우는 적었다. 또 숫자로 말을
기록해서 백관과 만민으로 하여금 암송하기 쉽고 기억하기 쉽도록 했
다. 「홍범(洪範)」·『주관』은 더욱이 그중에서 가장 두드러진 것이다. 『논
어』에서 숫자로 글을 기록한 것, 예를 들어 일언(一言), 삼성(三省), 삼우
(三友), 삼요(三樂), 삼계(三戒), 삼외(三畏), 삼건(三愆), 삼질(三疾), 삼변(三
變), 사교(四敎), 절사(絶四), 사악(四惡), 오미(五美), 육언(六言), 육폐(六蔽),
구사(九思)와 같은 종류들 역시 모두 입으로 전달해 주고 귀로 받아들이
고 마음으로 기억하던 옛날의 방법이었다."라고 했다. 정현의 주석에 이

---

179 『설문해자』 권2: 오(吾)는 내가 스스로를 일컫는 것[我自稱]이다. 구(口)로 구성되었고, 오
(五)가 발음을 나타낸다. 구(口)와 오(五)의 반절음이다.[吾, 我自稱也. 從口五聲, 口五切.]

180 『주비산경(周髀算經)』: 중국의 천문 수학서로 저자는 미상이고 중요 부분은 후한 무렵 편찬
되어 송대(宋代)에 간본되었으며 상하 2권으로 되어 있다. 후한 또는 삼국시대의 조군경(趙
君卿), 북주(北周)의 견란(甄鸞), 당나라의 이순풍(李淳風, 602~670) 등의 주석이 가해졌다.
책명은 주대(周代)에 비(髀)라고 하는 8척의 막대에 의하여 천지를 측정, 산출한 데 연유한
것이다. 원주율을 3으로 하는 등 수학적인 내용도 포함하지만 구(句)·고(股)·현(弦)의 법
(피타고라스 정리)을 기초로 하여 혼천설(渾天說)과 함께 중국의 대표적인 우주관이라고 하
는 개천설(蓋天說)을 뒷받침한다.

181 『주비산경』 권하3에 "해가 떴다가 다시 해가 뜨는 것이 1일(日)이 된다.[日復日, 爲一日.]"라
고 한 곳의 「주」에 "아침부터 다음 날 아침까지가 1일(日)이 된다.[從旦至旦, 則爲一日也.]"
라고 했다.

182 『설문해자』 권1: 삼(三), 수의 이름[數名]이다. 천지인의 도이다. 삼(三)과 수(數)로 구성되
었다. 삼(三)부에 속하는 한자는 모두 삼(三)의 의미를 따른다. 삼(弎)은 삼(三)의 옛 글자인
데, 익(弋)으로 구성되었다. 소(穌)와 감(甘)의 반절음이다.[三, 數名. 天地人之道也. 從三數.
凡三之屬皆從三. 弎, 古文三, 從弋. 穌甘切.]

르기를, "자기의 소행을 생각하고 살피는 것이다."라고 했는데, 여기에서 "성(省)"을 "찰(察)"로 풀이한 것은 『이아』「석고」에 근거한 것이다.[183] 『설문해자』에서는 "성(省)은 본다[視]는 뜻이다."[184]라고 했는데, 의미가 역시 근사하다. 『이아』「석고」에 "신(身)은 나[我]이다."라고 하고, 『설문해자』에는 "신(身)은 몸[躬]이니, 사람의 몸을 형상화한 것이다."[185]라고 했다. 『석명』「석형체」[186]에는 이르기를, "신(身)은 펴짐[伸]이니 굽히고 펼 수 있는 것이다."라고 했다.

원문 "爲人謀而不忠"者, 『國策』「魏策」「注」, "爲, 助也." 『左』「襄」四年「傳」, "咨難爲謀." 「魯語」, "咨事爲謀." 『毛詩』「皇皇者華」「傳」, "咨事之難易爲謀." 用内・外傳義也. 「周語」, "忠者, 文之實也." 楊倞 『荀子』「禮論」「注」, "忠, 誠也." 誠・實義同. 誠心以爲人謀謂之忠. 故臣之於君, 有誠心事之, 亦謂之忠.

역문 "남을 위하여 일을 도모함에 성실하지 못함[爲人謀而不忠]"
『국책(國策)』「위책(魏策)」의 주에 "위(爲)는 도움[助]이다."[187]라고 했다.

---

183 『이아』「석고상(釋詁上)」: 재(在)・존(存)・성(省)・사(士)는 살핌[察]이다.[在・存・省・士, 察也.]

184 『설문해자』 권4: 성(眚)은 본다[視]는 뜻이다. 미(眉)와 성(省)으로 구성되었고, 철(屮)로 구성되었다. 성(蕾)이 옛 글자이다. 소(少)로 구성되었고 경(囧)으로 구성되었다. 소(所)와 경(景)의 반절음이다.[眚, 視也. 從眉省, 從屮. 蕾古文. 從少從囧. 所景切.]

185 『설문해자』 권8: 신(身)은 몸[躬]이다. 사람의 몸을 형상하였다. 인(人)으로 구성되었고, 예(厂)가 발음을 나타낸다. 모든 신(身)부에 속하는 한자는 모두 신(身)의 의미를 따른다. 실(失)과 인(人)의 반절음이다.[身, 躬也. 象人之身. 從人厂聲. 凡身之屬皆從身. 失人切.]

186 『논어정의』에는 "釋身體"로 되어 있는데, 『석명』을 근거로 "釋形體"로 바로잡았다.

187 『전국책(戰國策)』 권23, 「위2(魏二)」에 "臣請問文之爲魏"라고 한 곳의 「주」에 "위(爲)는 도움[助]이다.[爲, 助也.]"라고 했다.

『춘추좌씨전』「양공(襄公)」 4년의 「전」에는 "환난에 대해 묻는 것[咨難]을 모(謀)라 한다."라고 했고, 「노어(魯語)」에서는 "일을 묻는 것[咨事]을 모(謀)라 한다."[188]라고 했으며, 『모시(毛詩)』「황황자화(皇皇者華)」의 「전」에서는 "일의 어렵고 쉬움을 묻는 것을 모(謀)라 한다."[189]라고 했는데, 『내전』과 『외전』[190]의 뜻을 인용한 것이다. 「주어(周語)」에는 "충(忠)이란 문덕(文德)의 성실함[實]이다."[191]라고 했고, 양경(楊倞)[192]의 『순자』「예론(禮論)」「주」에는 "충(忠)은 성실함[誠]이다."[193]라고 했는데, 성(誠)과 실(實)은 뜻이 같다. 성실한 마음으로 남을 위해 도모하는 것을 충이라 한다. 그러므로 신하가 임금에 대해 성실한 마음을 가지고 섬기는 것 역시 충이라 한다.

원문 "與朋友交而不信乎"者, 『禮』「檀弓」「注」, "與, 及也." 此常訓. 鄭「注」云: "同門曰朋, 同志曰友." 同門義見前「疏」. 同志者, 謂兩人不同學而所志同也. 鄭箋『詩』「關雎」, 注『禮』「坊記」, 竝有此訓. 『說文』, "友, 同志爲友, 從二又. 相交友也." 義與鄭同. 『說文』, "交, 交脛也. 從大, 象交形." 朋友與己兩人相會合, 亦得稱交, 引申之義也. 皇本"交"下有"言"字. 『說文』,

---

188 『국어』 권5, 「노어하(魯語下)」.
189 『모시주소』 권16, 「소아 · 녹명지십(鹿鳴之什) · 황황자화(皇皇者華)」에서 "말을 달리며 채찍질하여 이에 두루 자모(咨謀)하도다.[載馳載驅, 周爰咨謀.]"라고 한 곳의 「전」.
190 『춘추좌씨전』을 『내전』이라고 한 것에 대해, 『국어』를 『외전』이라고 한다.
191 『국어』 권3, 「주어하(周語下)」.
192 양경(楊倞, ?~?): 중국 당나라시대의 학자. 홍농[弘農, 지금의 하남성 영보현(靈寶縣) 남쪽] 사람이다. 원진(元稹), 백거이(白居易)와 같은 시대 사람이다. 관직은 동천절도사(東川節度使)와 형부상서(刑部尙書)를 지냈다. 저술로는 『순자주』가 있는데, 지금까지 전해져 오는 가장 오래된 『순자』의 주석서이다.
193 『순자』 권13, 「예론편(禮論篇)」: 그 진실함이 지극하다[其忠至矣]의 「주」.

"信, 誠也. 從人從言." 『釋名』「釋言語」, "信, 申也. 言以相申束, 使不相違." 五倫之義, 朋友主信. 故曾子以不信自省也.

역문 "벗과 더불어 사귐에 진실하지 못한가[與朋友交而不信乎]"

『예기』「단궁」의 「주」에 "여(與)는 급(及)이다."[194]라고 했는데, 이것이 일반적인 해석이다. 정현의 「주」에서는 이르길, "같은 문하[同門]에서 공부하는 사람을 '붕(朋)'이라 하고, 뜻을 같이하는 사람을 '우(友)'라고 한다."라고 했는데, 동문(同門)의 뜻은 앞 글의 「소」에 보인다. 뜻을 같이하는 사람[同志]이란 두 사람이 동문수학을 하지는 않았지만 지향하는 뜻이 같음을 이른다. 정현이 주해(注解)한 『시경』「관저(關雎)」와 주를 단 『예기』「방기(坊記)」에 나란히 이 해석이 있다. 『설문해자』에는 "우(友)는 뜻을 같이하는 사람[同志]을 우(友)라 한다. 이(二)와 우(又)로 구성되었다. 서로 교우(交友)함이다."[195]라고 했는데, 뜻이 정현과 같다. 『설문해자』에 "교(交)는 정강이를 교차한 것[交脛]이다. 대(大)로 구성되었고, 교차한 정강이 모양을 상형화한 것이다."[196]라고 했으니, 벗과 자신 두 사람이 서로 회합하는 것 역시 교(交)라 일컬을 수 있으니, 의미가 확대된 것이다. 황간의 판본에는 "교(交)" 자 아래에 "언(言)" 자가 있다. 『설문해

---

194 『예기주소』 권8, 「단궁상(檀弓上)」: 공자의 장례에 연나라에서 와서 보는 사람이 있어, 자하씨의 집에 머물렀는데, 자하가 말했다. "성인이 사람을 장례 치르는 것과 사람이 성인을 장례 치르는 것 중에 그대는 무엇을 보겠는가?[孔子之喪, 有自燕來觀者, 舍於子夏氏, 子夏曰: "聖人之葬人, 與人之葬聖人也, 子何觀焉?"]라고 한 곳의 「주」.

195 『설문해자』 권3: 우(䍻)는 뜻을 같이하는 사람[同志]을 우(友)라 한다. 이(二)와 우(又)로 구성되었다. 서로 교우(交友)함이다. 운(云)과 구(久)의 반절음이다.[䍻, 同志爲友. 從二又. 相交友也. 云久切.]

196 『설문해자』 권10: 교(㐅)는 정강이를 교차한 것[交脛]이다. 대(大)로 구성되었고, 교차한 모양을 상형화한 것이다. 교(交)부에 속하는 것은 모두 이러한 의미를 가진다. 고(古)와 효(㸚)의 반절음이다.[㐅, 交脛也. 從大, 象交形. 凡交之屬皆從交. 古㸚切.]

자』에 "신(信)은 진실함[誠]이다. 인(人)으로 구성되고, 언(言)으로 구성되었다."[197]라고 했고, 『석명』「석언어」에는 "신(信)은 신(申)이니, 서로 거듭 묶어 서로 멀어지지 않게 하는 것이다."라고 했다. 오륜(五倫)의 의리에서, 벗은 진실함을 주로 한다. 그러므로 증자는 진실하지 못한가를 가지고 스스로를 살핀 것이다.

원문 "傳不習乎"者, "傳"謂師有所傳於己也. 夫子言, "十室之邑, 必有忠信, 而不如<u>丘</u>之好學也". 可見好學最難. 其於及門中, 唯稱<u>顔子</u>好學, 今<u>曾子</u>三省, 旣以忠信自勖, 又以師之所傳, 恐有不習, 則其好學可知. 「<u>曾子</u>立事篇」, "日旦就業, 夕而自省思, 以沒其身, 亦可謂守業矣." 又云: "君子旣學之, 患其不博也, 旣博之, 患其不習也, 旣習之, 患其不知也, 旣知之, 患其不行也." 此正<u>曾子</u>以"傳不習"自省之證. "習"兼知行. 故『論語』只言習也. <u>鄭</u>「注」云: "『<u>魯</u>』讀傳爲專. 今從『<u>古</u>』." <u>臧氏庸</u>輯<u>鄭</u>「注」釋云: "此傳字, 從專得聲, 『<u>魯論</u>』故省用作專, <u>鄭</u>以『<u>古論</u>』作傳, 於義益明, 故從之." 如<u>臧</u>此言, 是"傳"與"專"同謂師之所"傳". 而字作"專"者, 所謂叚借爲之也. <u>宋氏翔鳳</u>『論語發微』, "<u>孔子</u>爲<u>曾子</u>傳孝道而有『孝經』. 『孝經說』曰: '『春秋』屬<u>商</u>, 『孝經』屬<u>參</u>.' 則<u>曾子</u>以『孝經』專門名其家. 故『<u>魯論</u>』讀傳爲專. 所業旣專, 而習之又久, 師資之法無絶, 先王之道不湮, <u>曾氏</u>之言, 卽<u>孔子</u>傳習之旨也." <u>包氏愼言</u>『論語溫故錄』, "專謂所專之業也. 『呂氏春秋』曰: '古之學者, 說義必稱師, 說義不稱師, 命之曰叛.' 所專之業不習, 則隳棄師說, 與叛同科. 故<u>曾子</u>以此自省. 『後漢書』「儒林傳」, '其著名高義開門受徒者, 編牒不下萬人. 皆專相傳祖, 莫或訛雜, <u>楊雄</u>所謂嘵嘵之學, 各習其

---

197 『설문해자』 권3: 신(信)은 진실함[誠]이다. 인(人)으로 구성되고 언(言)으로 구성되었다. 회의문자이다. 식(息)과 진(晉)의 반절음이다.[信, 誠也. 從人從言. 會意. 息晉切.]

師.' 此即『魯論』義也."

역문 "익히지 않은 것을 전수했는가[傳不習乎]"

"전(傳)"이란 스승이 자기에게 전해 준 것이 있음을 이른다. 공자는 말하기를, "10호(戶)쯤 되는 조그만 읍에도 반드시 나처럼 성실하고 진실한 자는 있겠지만, 내가 배우기를 좋아하는 것만은 못할 것이다."[198]라고 했으니, 배우기를 좋아함이 가장 어려움을 알 수 있다. 그는 문하생들을 언급하는 가운데, 오직 안자(顏子)만이 배우기를 좋아한다고 했다.[199] 지금 증자가 세 가지로 자신을 살피면서, 이미 성실함[忠]과 진실함[信]으로 스스로를 힘쓰고, 또 스승이 전해 준 것을 익히지 않음이 있을까 두려워하였으니, 그가 배우기를 좋아했음을 알 수 있다. 「증자입사」에서는 "날이 밝으면 아침에 학업에 나아가고 저녁이 되면 스스로를 반성하고 생각하여 죽을 때까지 했으니, 또한 학업을 잘 지켰다고 이를 수 있다."[200]라고 했고, 또 이르길, "군자는 이미 배웠으면 배운 것이 넓지 않을까 근심하며, 이미 넓혔으면 그것을 익히지 않을까 근심하며, 이미 익혔으면 알지 못할까를 근심하며, 이미 알았으면 그것이 행해지지 않을까 근심한다."[201]라고 했으니, 이것이 바로 증자가 "전수받은 것을 익히지 않음"을 가지고 스스로를 살핀 증거이다. "습(習)"은 아는 것과 행하는

---

198 『논어』「공야장」.

199 『논어』「옹야」: 애공이 "제자 중에 누가 배우기를 좋아합니까?" 하고 묻자, 공자가 대답했다. "안회라는 자가 배우기를 좋아하여 노여움을 남에게 옮기지 않으며 잘못을 두 번 다시 저지르지 않았는데, 불행히도 명이 짧아 죽었습니다. 그리하여 지금은 없으니, 배우기를 좋아하는 자가 있다는 말을 아직은 듣지 못했습니다."[哀公問, "弟子孰爲好學?" 孔子對曰: "有顏回者好學, 不遷怒, 不貳過, 不幸短命死矣. 今也則亡, 未聞好學者也."]

200 『대대례』권4,「증자입사」.

201 『대대례』권4,「증자입사」.

것을 겸한다. 그러므로『논어』에서는 단지 "습(習)"이라고만 한 것이다. 정현의「주」에서 이르길, "『노논어』에서는 전(傳)을 전(專)의 뜻으로 읽는데, 지금은『고논어』를 따른다."[202]라고 했는데, 장용(臧庸)[203]은 정현의「주」를 수집해서 해석하기를, "여기에서의 전(傳) 자는 '전(專)' 자로부터 소리를 얻은 것이므로,『노논어』에서는 의도적으로 생략해서 전(專)으로 했는데, 정현은『고논어』에 전(傳)으로 되어 있는 것이 뜻에 더욱 분명하기 때문에 그것을 따랐다."라고 했다. 장용의 이 말처럼 "전(傳)"과 "전(專)"이 똑같이 스승이 "전(傳)"한 것을 이르는 것인데, 글자를 "전(專)"으로 한 것과 같은 것은 이른바 가차(假借)해서 그렇게 했다는 것이다. 송상봉의『논어발미』에 "공자가 증자를 위해 효도를 전수하매『효경』이 있게 되었다.『효경설』에서 말하기를, '『춘추』는 상(尚)에게 전하였고『효경』은 삼(參)에게 전하였다.'라고 했는데, 증자는『효경』을 문하에 전하여 그 학파를 이름나게 했다. 그러므로『노논어』에서는 전(傳)을 전(專)이라고 읽는 것이다. 학업할 것을 이미 전수받고 익히기를 또한 오래 하여 스승의 자질을 본받음이 끊이지 않아 선왕의 도가 막히지 아니하였으니, 증씨의 말은 곧 공자에게서 전수받고 익힌 뜻이다."

---

[202] 『경전석문』권24,「논어음의・학이제1」.

[203] 장용(臧庸, 1767~1811): 중국 청나라 강소 무진(武進) 사람으로 학자이자 문학가이며, 고거학자(考據學者)이다. 본명은 용당(鏞堂)이고, 자는 재동(在東) 또는 동서(東序)인데, 이름을 고친 뒤 자는 용중(用中) 또는 서성(西成)을 썼다. 실명(室名)은 배경(拜經)이다. 동생 장예당(臧禮堂)과 함께 노문초를 사사했고, 전대흔(錢大昕), 단옥재, 왕영(王泳) 등과 학문을 논했다. 완원을 도와『경적찬고(經籍纂詁)』를 집성했고, 장림(臧琳)의『경의잡기(經義雜記)』체례(體例)에 의거해『배경일기(拜經日記)』를 지었으며, 정현의『역주(易注)』를 교감하여『자하역전(子夏易傳)』을 저술했다. 그 밖의 저서에『시이고(詩異考)』와『월령잡설(月令雜說)』,『효경고이(孝經考異)』,『한시이기(韓詩異記)』,『이아고주(爾雅古注)』,『악기이십삼편주(樂記二十三篇注)』,『설문구음고(說文舊音考)』,『배경당문집(拜經堂文集)』등이 있다.

라고 했다. 포신언(包愼言)[204]의 『논어온고록(論語溫故錄)』에는 "전(專)이란 전수받은 학업을 이른다. 『여씨춘추』에서는 말하길, '옛날의 배우는 자들은 의(義)를 말할 때는 반드시 스승을 일컬었으니, 의를 말하면서 스승을 일컫지 않은 것을 이름하여 배반[叛]이라고 한다.'[205]라고 했으니, 전수받은 학업을 익히지 않으면 스승의 말씀을 무너뜨리고 버리는 것이니 배반하는 것과 같은 것이다. 그러므로 증자가 이것을 가지고 스스로를 살핀 것이다. 『후한서』「유림전」에 '고명하고 높은 뜻으로 문을 열고 문도를 받아들인 것이 서판에 엮여 있는 것이 만인 이하로 내려가지 않았는데, 모두 조상에게 전수받은 것을 서로 전하였지만 혹시라도 잡되게 섞이지 않았으니, 양웅(揚雄)[206]의 이른바 효효한 학문은 각각 그 스승에게

---

204 포신언(包愼言, ?~?): 중국 청나라의 학자. 자는 맹개(孟開)이다. 저서에 『공양전역보(公羊傳曆譜)』, 『논어온고록(論語溫故錄)』 등이 있다.

205 『여씨춘추』 권4, 「맹하기제4(孟夏紀第四)·존사(尊師)」: 군자의 배움은 의(義)를 말할 때는 반드시 스승을 일컬어 그 도(道)를 논하고, 스승의 말을 듣고 따를 때는 반드시 힘을 다하여 밝게 빛내야 한다. 듣고 따를 때 힘을 다하지 않는 것을 이름하여 등진다[背]고 하고, 의를 말함에 있어 스승을 일컫지 않는 것을 이름하여 배반[叛]이라고 한다.[君子之學也, 說義必稱師以論道, 聽從必盡力以光明. 聽從不盡力, 命之曰背, 說義不稱師, 命之曰叛.]

206 양웅(揚雄, 기원전 53~18): 전한 촉군(蜀郡, 사천성) 성도(成都)시 피(郫)현 출신. 자는 자운(子雲), 양웅(楊雄)으로도 쓴다. 어릴 때부터 배우기를 좋아했고, 많은 책을 읽었으며, 경학(經學)은 물론 사부(辭賦)에도 뛰어났다. 청년 시절에 동향의 선배인 사마상여(司馬相如)의 작품을 통해 배운 문장력을 인정받아, 성제(成帝) 때 궁정문인의 한 사람이 되었으나, 정치에는 큰 관심을 갖지 않았다. 40여 세 때 처음으로 경사(京師)에 가서 문장으로 부름을 받아, 성제의 여행에 수행하며 쓴 「감천부(甘泉賦)」와 「하동부(河東賦)」, 「우렵부(羽獵賦)」, 「장양부(長楊賦)」 등을 썼는데, 화려한 문장이면서도 성제의 사치를 꼬집는 풍자도 잊지 않았다. 나중에 왕망(王莽) 밑에서도 일해 대부(大夫)가 되었다. 천록각(天祿閣)에서 책을 교정했다. 시대에 적응하지 못한 자신의 불우한 원인을 묘사한 「해조(解嘲)」와 「해난(解難)」도 독특한 여운을 주는 산문이다. 학자로서 각 지방의 언어를 집성한 『방언(方言)』과 『역경(易經)』에 기본을 둔 철학서 『태현경(太玄經)』, 『논어』의 문체를 모방한 『법언(法言)』, 『훈

서 전습한 것이라는 말이다.'[207]라고 했으니, 이것이 곧 『노논어』의 뜻이
다."라고 했다.

원문 案, 宋·包二君義同.『廣雅』「釋詁」, "專, 業也." 亦謂所專之業. 此『魯
論』文旣不著, 義亦難曉. 故旣取臧說, 兼資宋·包, 非敢定於一是也.

역문 살펴보니, 송상봉과 포신언 두 사람의 뜻이 같다. 『광아』「석고」에
"전(專)은 업(業)이다."라고 했으니 역시 전수받은 학업을 이르는 것이
다. 이 『노논어』는 문장이 이미 분명하지도 않고 또한 의미 또한 깨닫
기 어렵다. 그러므로 이미 장용의 설을 취하고, 아울러 송상봉과 포신언
을 겸하였으니, 감히 하나로 정하는 것이 옳은 것은 아니다.

- 「注」, "弟子<u>曾參</u>."
- 正義曰:『<u>元和姓纂</u>』, "<u>夏少康</u>封少子<u>曲烈</u>於<u>鄫</u>, <u>春秋</u>時, 爲<u>莒</u>所滅. <u>鄫</u>太子<u>巫</u>仕於<u>魯</u>, 去邑爲
  <u>曾氏</u>. 見『<u>世本</u>』. <u>巫</u>生<u>皐</u>, <u>皐</u>生<u>晳</u>, <u>晳</u>卽<u>曾點</u>, <u>曾子</u>父也."『<u>史記</u>』「<u>弟子傳</u>」, "<u>曾子</u>, 名<u>參</u>, 字
  <u>子與</u>, <u>南武城</u>人. 少<u>孔子</u>四十六歲."
- 「주」의, "제자인 증삼이다."
- 정의에서 말한다.
  『원화성찬(元和姓纂)』[208]에 "하(夏)나라의 소강(小康)이 어린 아들인 곡렬(曲烈)을 증(鄫)
  땅에 봉하였는데, 춘추시대에 거(莒)에게 멸망당했다. 증의 태자 무(巫)가 노나라에서 벼슬
  을 했는데, 증(鄫) 자에서 '읍(邑=阝)'부를 떼고 증(曾)씨가 되었다. 『세본(世本)』[209]에 보인

찬편(訓纂篇)』등을 저술했다.

207 『후한서』권109하, 「유림열전·채현전(蔡玄傳)」.

208 『원화성찬(元和姓纂)』: 중국 당나라 원화(元和) 7년(812)에 임보(林甫)가 펴낸, 성씨(姓氏)
에 관한 책. 10권.

다. 무가 부(阜)를 낳고, 부가 석(晳)을 낳는데, 석이 바로 증점(曾點)으로 증자의 아버지 이다."[210]라고 했다. 『사기』「중니제자열전」에는 "증자는 이름이 삼이고, 자는 자여(子與)이 니, 남무성 사람이다. 공자보다 46세가 어리다."[211]라고 했다.

- 「注」, 言凡所傳之事, 得無素不講習而傳之.
- 正義曰: "得無"者, 疑辭. 郭氏翼『雪履齋筆記』, "曾子三省, 皆指施於人者言. 傳亦我傳乎人, 傳而不習, 則是以未嘗躬試之事而誤後學, 其害尤甚於不忠不信也." 焦氏循『論語補疏』, "己 所素習, 用以傳人, 方不妄傳, 致誤學者. 所謂'溫故而知新, 可以爲師也'." 二說皆從『集解』, 亦通.
- 「주」의, "'모든 전수하는 일을 평소 강습하지 않고 그것을 전할 수 있겠는가?'라는 말이다."
- 정의에서 말한다.
"득무(得無)"는 의문사이다. 곽익(郭翼)[212]의 『설이재필기』에 "증자의 세 가지 살핌은 모두 남에게 베푼 것을 가리켜서 한 말이다. 전(傳) 역시 내가 남에게 전하는 것이니, 전해 주면서 익히지 않으면 이는 일찍이 몸소 시험해 보지 않은 일을 가지고 후학을 그르치는 것이니, 그 해 가 성실하지 않고 진실하지 않은 것보다 더욱 심하다."라고 했다. 초순의 『논어보소』에는 "자

---

209 『세본(世本)』: 저자 미상. 『전한서』「예문지(藝文志)」 권30에 "『세본』 15편은 옛 사관이 황 제 이래 춘추시대 제후와 대부까지를 기록하였다.[世本十五篇, 古史官記黃帝以來訖春秋時 諸侯大夫.]"라고 되어 있는데, 『세(世)』・『세계(世系)』・『세기(世紀)』・『세첩(世牒)』・『세 기(牒記)』・『보첩(譜牒)』이라고도 한다. 세(世)는 가계(家系)를 가리키고 본(本)은 기원을 나타낸다. 선진시대 사관이 편찬한 것으로, 황제부터 춘추시대 제왕・제후・경대부의 가계 와 성씨, 제왕의 도읍, 제도, 시호법 등을 기재하였다. 전체를 「제계(帝系)」・「왕후세(王侯 世)」・「경대부세(卿大夫世)」・「씨족(氏族)」・「작편(作篇)」과 「거편(居篇)」 및 「시법(諡 法)」 등 15편으로 나눌 수 있다.

210 『원화성찬』 권5, 「십칠등(十七登)」.

211 『사기』 권67, 「중니제자열전제7」.

212 곽익(郭翼, 1305~1364): 중국 원(元)나라시대의 학자. 자는 희중(羲仲), 스스로 동곽생(東郭 生)이라고 부르기도 하고, 또 야옹(野翁)이라고 일컫기도 했다. 곤산(昆山) 사람이다. 저서 에 『설리재필기(雪履齋筆記)』, 『임외야언(林外野言)』이 있다.

기가 평소에 익힌 것을 가지고 남에게 전해야 비로소 멋대로 전해서 배우는 자들이 잘못되지

않게 할 수 있으니, 이른바 '예전에 배워서 터득한 것을 거듭 익히고 새로운 것을 알면 스승이

될 수 있다.'라는 것이다."라고 했는데, 두 설은 모두 『논어집해』를 따른 것으로, 역시 통한다.

1-5

子曰: "道千乘之國, 【注】馬曰: "道, 謂爲之政教. 『司馬法』, '六尺爲步,
步百爲畝, 畝百爲夫, 夫三爲屋, 屋三爲井, 井十爲通, 通十爲成, 成出革車一
乘.' 然則千乘之賦, 其地千成, 居地方三百一十六里有畸, 唯公侯之封, 乃能容
之. 雖大國之賦亦不是過焉." 包曰: "道, 治也. 千乘之國者, 百里之國也. 古者
井田, 方里爲井. 十井爲乘, 百里之國, 適千乘也." 融依『周禮』, 包依『王制』·
『孟子』, 義疑. 故兩存焉.

공자가 말했다. "천승의 나라를 다스리는데, 【주】 마융이 말했다. "도
(道)는 정치와 교화를 폄을 이른다. 『사마법』[213]에 '여섯 자[尺]가 1보(步)이고, 1백
보가 1묘(畝)이며, 1백 묘가 1부(夫)이고, 3부가 1옥(屋)이며, 3옥이 1정(井)이고, 10정
이 1통(通)이며, 10통이 1성(成)이니, 1성에서 혁거[革車: 병거(兵車)] 1승(乘)을 낸
다.'라고 했다. 그렇다면 천승의 병부(兵賦)를 낼 수 있는 나라는 그 지역이 1천 성이
고, 점거한 땅이 사방 316리 남짓하니, 오직 공후(公侯)의 봉토만이 (천승을) 허용할
수 있다. 비록 큰 나라의 병부라 하더라도 천승을 초과할 수 없다."

---

213 『사마법』: 중국 춘추시대 제(齊)나라의 병법가 사마양저(司馬穰苴)가 저작한 병법서이다.
무경칠서 중의 하나로, 『사마법』이 성립한 계기는, 제 위왕이 옛날부터 제나라에 전해지는
병법을 구사하여 제나라를 강국으로 만들었다는 일이 있던 바탕으로, 병법의 중요함을 말하
며, 신하들에게 명하고, 옛날부터 전해지는 제나라의 병법을 연구하여, 거기에 사마양저가
만든 병법을 덧붙여 사마양저병법으로 불렀다는 것이 유력한 설이다. 지금 현존하는 『사마
법』은 5편이 있다. 원래는 55편이 있었는데 후에 50편이 망실되었다.

포함이 말했다. "도(道)는 다스림[治]이다. 천승의 나라는 백 리(百里)의 나라이다. 옛날에는 전지(田地)를 정자형(井字形)으로 구획하였는데, 사방 1리(里)가 1정(井)이고, 10정이 1승(乘)이니, 백 리의 나라는 천승에 해당한다."

마음은 『주례(周禮)』에 의거하고, 포함은 『예기』「왕제」와 『맹자』에 의거하였으니, 뜻이 의심스럽다. 그러므로 두 설을 모두 수록하였다.

원문 正義曰: "道", 皇本作"導". "千"者, 數名. 『說文』, "千, 十百也." "乘", 本作"椉". 『說文』云: "椉, 覆也. 從人桀." "覆"者, 加乎其上之名. 故人所登車亦謂之乘. 『三蒼』云: "椉, 載也." 『左』「隱」元年傳杜「注」, "車曰乘, 車駕馬, 多用四." 故『儀禮』「聘禮」「注」, "乘. 四馬也." 趙岐『孟子』「梁惠王篇」「注」, "千乘, 兵車千乘, 謂諸侯也." "國"者, 『說文』云: "國, 邦也." 『周官』「大宰」鄭「注」, "大曰邦, 小曰國." 此對文有異, 若散文亦通稱.

역문 정의에서 말한다.

"도(道)"는 황간의 판본에는 "도(導)"로 되어 있다. "천(千)"은 수의 명칭이다. 『설문해자』에 "천(千)은 백이 열 개가 있는 것[十百]이다."[214]라고 했다. "승(乘)"은 판본에 따라 "승(椉)"으로 되어 있기도 하다. 『설문해자』에서 이르길, "승(椉)은 덮는다[覆]는 뜻이다. 인(人)과 걸(桀)로 구성되었다."[215]라고 했는데, "부(覆)"란 그 위에 더한다는 명칭이다. 그러므로 사람이 타는 수레를 또한 승(乘)이라고 한다. 『삼창(三蒼)』[216]에 이르길, "승

---

214 『설문해자』 권3: 천(千)은 백이 열 개가 있는 것[十百]이다. 십(十)으로 구성되어 있고, 인(人)으로 구성되어 있다. 차(此)와 선(先)의 반절음이다[千, 十百也. 從十從人, 此先切.]

215 『설문해자』 권5: 승(椉)은 덮는다[覆]는 뜻이다. 입(入)과 걸(桀)로 구성되었다. 걸은 교활하고 악하다[黠]는 뜻이니, 군법(軍法: 병법이나 전술)을 승(椉)이라고 한다. 식(食)과 능(陵)의 반절음이다.[椉, 覆也. 從入桀. 桀, 黠也, 軍法曰椉. 食陵切.]

(椉)은 탈것[載]이다."라고 했고, 『춘추좌씨전』「은공(隱公)」 원년 두예(杜預)[217]의 「주」에는 "수레를 승(乘)이라 하는데, 수레를 매는 말은 대체로 네 마리를 사용한다."[218]라고 했다. 그러므로『의례(儀禮)』「빙례(聘禮)」의 「주」에 "승(乘)은 네 필의 말[四馬]이다."라고 했고, 조기의 『맹자』「양혜왕(梁惠王)」 「주」에는 "천승(千乘)이란 병거(兵車) 천승이니 제후를 이른다."라고 했다. "국(國)"은 『설문해자』에 "국(國)은 나라[邦]이다."[219]라고 했고, 『주관』「태재(大宰)」의 정현의 「주」에는 "큰 나라를 방(邦)이라 하고, 작은 나라를 국(國)이라 한다."[220]라고 했는데, 이는 대문(對文)[221]일 경우에는 차이가 있지만 산문(散文)[222]과 같은 경우에는 역시 두루 통하는

---

216 삼창(三蒼): 중국 한나라 때에 편찬되었던 사전 이름. 「창힐편」·「원력편」·「박학편」의 세 편으로 이루어졌다. 후에 이 세 편을 합하여 맨 앞의 편명을 따서 『창힐편』이라 하고, 이를 삼창(세 편으로 이루어진 『창힐편』이란 의미)이라 하였다. 『삼창』은 고려시대 국학에서 생도들이 『국어』·『설문해자』·『자림』·『이아』 등의 사전류와 함께 유교 경전을 학습할 때 이용했던 중요 학습 사전이었다.

217 두예(杜預, 222~284): 중국 서진(西晉) 경조(京兆) 두릉(杜陵) 사람. 자는 원개(元凱)이다. 가충(賈充)이 율령을 제정했을 때 주해(註解)를 달았다. 박학하고 여러 분야에 정통했는데, 특히 『춘추』에 뛰어나 스스로 좌전벽(左傳癖)이 있다고 말했다. 저서 『춘추좌씨경전집해(春秋左氏經傳集解)』는 후세에 통행하는 『좌전(左傳)』의 주본(注本)이 되었고, 『십삼경주소』에 편입되었다. 그 밖의 저서에 『춘추석례(春秋釋例)』와 『춘추장력(春秋長歷)』이 있다. 시호는 성(成)이다.

218 『춘추좌씨전』「은공(隱公)」 원년의 「주」에는 "車曰乘" 이하 6글자가 보이지 않는다.

219 『설문해자』 권6: 국(國)은 나라[邦]이다. 구(口)로 구성되어 있고, 혹(或)으로 구성되어 있다. 고(古)와 혹(惑)의 반절음이다.[國, 邦也. 從口從或, 古惑切.]

220 『주례주소』「천관총재상(天官冢宰上)·태재(大宰)」의 정현의 「주」.

221 대문(對文): 서로를 상대적 개념으로 파악하여 설명하는 문사. 상대적인 개념으로 풀이한다고 할 때에는 대언(對言)이라고도 한다.

222 산문(散文): 운율이나 음절의 수 등에 얽매이지 않고 자유롭게 쓴 글. 혼언(混言)은 또 산언(散言)이라고도 한다.

명칭이다.

- 「注」, "馬曰"至"存焉".
- 正義曰:『說文』云: "政, 正也. 從攴從正, 正亦聲. 敎, 上所施, 下所效也." "政敎", 卽"敬"·
  "信"諸端. 「注」言此者, 明"敬事"云云, 卽所以道國也. "道"本道路之名, 人所循行. 此政敎, 亦
  是示人以必行, 故得曰"道". 包云"治"者, 謂治之以政敎, 義與馬不異也. 鄭此「注」云: "『司馬
  法』, '六尺爲步, 步百爲畝, 畝百爲夫, 夫三爲屋, 屋三爲井, 井十爲通, 通十爲成, 成出革車
  一乘.' 然則千乘之賦, 其地千成, 居地方三百一十六里有畸, 唯公侯之封, 乃能容之, 雖大國
  之賦, 亦不是過焉." 鄭此「注」與馬同. 又『公羊』「哀」十年「傳」「疏」引云: "公·侯方百里井
  十, 則賦出革車一乘." 亦此「注」文, "井十"當作"井百".

○ 「주」의 "마왈(馬曰)"부터 "존언(存焉)"까지.
○ 정의에서 말한다.
  『설문해자』에서 이르길, "정(政)은 바르게 한다[正는 뜻이다. 문(攴)으로 구성되었고, 정
  (正)으로 구성되었다. 발음 역시 정(正)이다.[223] 가르침[敎]이란 위에서 베풀고 아래에서 본
  받는 것이다.[224]"라고 했으니, "정치와 교화[政敎]"는 "경건함[敬]"과 "진실함[信]"에서 실마리
  를 찾는다. 「주」에서 이것을 말하는 사람들은 "일을 경건히 함"을 밝힌 것이라고 운운하는
  데, 바로 나라를 다스리는 방법이기 때문이다. "도(道)"란 본래 길을 일컫는 것으로, 사람들
  이 따라서 가는 것이다. 여기서의 정치와 교화 역시 사람들에게 반드시 가야 하는 길을 보여
  주는 것이기 때문에 "도(道)"라고 할 수 있다. 포함이 말하는 "다스림[治]"이란, 정치와 교화
  를 가지고 가르침을 말하니, 뜻이 마융의 설과 다르지 않다. 정현은 이 부분의 「주」에서 "『사

---

223 『설문해자』 권3: 정(㺾)은 바르게 한다[正는 뜻이다. 문(攴)으로 구성되었고, 정(正)으로 구
성되었다. 발음 역시 정(正)이니, 지(之)와 성(盛)의 반절음이다.[㺾, 正也. 從攴從正. 正亦
聲, 之盛切.]

224 『설문해자』 권3: 교(敎)는 위에서 베풀고 아래에서 본받는 것이다. 문(攴)으로 구성되었고
효(孝)로 구성되었다. 교(敎)부에 속하는 한자는 모두 교(敎)의 의미를 따른다. 고(古)와 효
(孝)의 반절음이다.[敎, 上所施, 下所效也. 從攴從孝. 凡敎之屬皆從敎. 古孝切.]

마법』에 '여섯 자가 1보이고, 1백 보가 1묘이며, 1백 묘가 1부이고, 3부가 1옥이며, 3옥이 1정이고, 10정이 1통이며, 10통이 1성이니, 1성에서 혁거 1승을 낸다.'라고 했다. 그렇다면 천승의 병부를 낼 수 있는 나라는 그 지역이 1천 성이고, 점거한 땅이 사방 316리 남짓하니, 오직 공후의 봉토만이 (천승을) 허용할 수 있다. 비록 큰 나라의 병부라 하더라도 천승을 초과할 수 없다."라고 했는데, 정현의 이 주석의 내용은 마융의 설과 같다. 또 『춘추공양전(春秋公羊傳)』「애공(哀公)」10년「전」의「소」에 정현의 말을 인용하면서 "공작과 후작은 전지가 사방 1백 리에 10정이니, 병부에서 혁거 1승을 낸다."라고 했는데, 역시 이 주석의 글자 중 "정십(井十)"은 마땅히 "정백(井百)"으로 고쳐야 한다.

원문 邢「疏」云: "『史記』, '齊景公時, 有司馬田穰苴善用兵.'『周禮』, '司馬掌征伐.' 六國時, 齊威王使大夫追論古者兵法, 附穰苴於其中, 凡一百五十篇, 號曰『司馬法』. 此 '六尺曰步' 至 '成出革車一乘' 皆彼文也. 引之者, 以證千乘之國爲公侯之大國也."

역문 형병의「소」에서 이르길, "『사기』「사마양저열전(司馬穰苴列傳)」에 '제경공(齊景公) 때에 사마 전양저란 자가 있었는데 용병(用兵)을 잘하였다.' 『주례』에 '사마는 정벌을 관장한다.'라고 했다. 6국[六國: 전국(戰國)]시대에 제나라 위왕(威王)이 대부들에게 옛날의 병법을 추론하고 양저의 병법을 그 가운데 부기(附記)하여 모두 150편으로 만들게 하고서 이름을 『사마법』이라 했다. 이곳에 말한 '여섯 자를 1보라 한다[六尺曰步]'에서 '1성에서 혁거 1승을 낸다[成出革車一乘]'까지는 모두 저 『사마법』의 글이다. 이 말을 인용한 것은 천승의 나라란 공작과 후작의 큰 나라임을 증명하기 위해서이다."라고 했다.

원문 皇「疏」云: "凡人一擧足爲跬, 跬, 三尺也. 兩擧足曰步, 步, 六尺也. 廣

一步, 長百步, 爲一畝. 畝百爲夫, 是方百步也. 謂爲夫者, 古者賦田, 以百
畝地給一農夫也. 夫三爲屋, 則是方百步者三也. 竝而言之, 則廣一里, 一
里, 三百步也, 而猶長百步也. 謂爲屋者, 一家有夫·婦·子, 三者具, 則屋
道乃成, 故合三夫目爲屋也. 屋三爲井, 三屋竝方之, 則方一里也. 名爲井
者, 因夫間有遂水縱橫相通成井字也. 井十爲通, 十井之地竝之, 則廣十
里, 長一里也. 謂之通者, 其地有三十屋相通, 共出甲士一人, 徒卒二十人
也. 通十爲成, 則方十里也. 謂爲成者, 兵賦法一乘成也, 其地有三百屋,
出革車一乘, 甲士十人, 徒卒二十人也. 方十里者千, 卽是千成, 則容千乘
也. 方百里者, 有方十里者百. 若方三百里, 三三爲九, 則有方百里者九.
合成方十里者九百也, 是方三百里, 唯有九百乘也. 若作千乘, 猶少百乘,
是方百里者一也. 今取方百里者一, 而六分破之, 每分得廣十六里, 長百
里, 引而接之, 則長六百里, 其廣十六里也. 今半斷各長三百里, 設法特埤
前三百里, 南西二邊, 是方三百十六里也. 然西南角猶缺方十六里者一. 方
十六里者一, 有方十里者二, 又方一里者五十六, 是少方一里者二百五十
六也. 然則向割方百里者爲六分, 埤方三百里, 兩邊猶餘方一里者四百, 今
以方一里者二百五十六, 埤西南角猶餘方一里者一百四十四, 又設法破而
埤三百十六里兩邊, 則每邊不復得半里. 故云: '方三百十六里有奇也.'"

역문 황간의 「소」에서 이르길, "대체 사람이 한 발짝 내딛는 것을 규(跬)라
고 하는데, 1규는 석 자[三尺]이다. 두 발짝 내딛는 것을 보(步)라고 하는
데, 1보는 여섯 자[六尺]이다. 너비 1보, 길이 1백 보가 1묘(畝)가 된다. 1백
묘가 1부(夫)가 되니, 1부는 사방 1백 보이다. "1부가 된다[爲夫]"라고 한
것은, 옛날에 전지(田地)에 조세를 거두는 법에, 1백 묘의 땅을 한 명의
농부에게 주었기 때문이다. 3부가 1옥(屋)이 되니, 1옥은 사방 1백 보가
되는 것이 3개이다. 아울러 말하면 너비가 1리인데, 1리는 3백 보이니
길이가 1백 보인 것과 같다. "1옥이 된다[爲屋]"라고 한 것은 1가(家)에는

남편·아내·자식이 있으니, 세 사람이 갖추어지면 옥의 제도가 완성되므로 3부를 합해서 이것을 지목하여 옥이라고 했기 때문이다. 3옥이 1정(井)이 되는데, 3옥을 나란히 펼쳐 놓으면 사방 1리이다. 정이라고 이름하는 것은, 부 사이에 물길을 따라 가로세로로 서로 통하면서 정(井) 자를 이루는 것이 있기 때문이다. 10정이 1통(通)이 되는데, 10정의 땅을 나란히 놓으면 너비가 10리이고, 길이가 1리이다. "1통이 된다[爲通]"라는 것은 그 땅에 30옥이 있어서 서로 통하고, 갑사(甲士) 1인과 보병 20인을 공출하기 때문이다. 10통이 1성(成)이 되니, 사방 10리이다. "1성이 된다[爲城]"라는 것은 병부법(兵賦法)에 따르면 1성에서 1승(乘)을 내는데, 그 땅에는 3백 옥이 있어서, 혁거 1승과 갑사 10인, 보병 20인을 내기 때문이다. 사방 10리 되는 땅이 1천이면 곧 이는 1천 성이니, 천승을 수용한다. 사방 1백 리가 되는 땅에 사방 10리가 되는 땅 1백 개가 있다. 예를 들어 사방 3백 리의 땅은 '3×3=9'이므로 사방 1백 리의 땅이 9개가 있는 것이다. 이를 합산하면 사방 10리의 땅이 9백 개이니, 사방 3백 리의 땅에는 오직 9백 승이 있을 뿐이다. 만약 1천 승이 된다면 오히려 1백 승이 적어지는데, 이는 사방 1백 리의 땅 하나에 해당되는 것이다. 이제 사방 1백 리의 땅 하나를 가져다가 여섯으로 쪼개어 나누면 조각마다 너비 16리, 길이 1백 리가 되는데, 이를 이어 붙이면 길이가 6백 리이고 너비가 16리이다. 또 이를 반으로 자르면 각각 길이가 3백 리이니, 만약 이를 앞에 말한 3백 리 땅의 서쪽과 남쪽 두 가장자리에 보태면 사방 316리가 된다. 그래도 오히려 서남쪽 모퉁이에 사방 16리의 땅 하나가 부족하다. 사방 16리의 땅 하나에는 사방 10리의 땅 2개와 또 사방 1리 되는 땅 56개가 있는데, 이것은 사방 1리의 땅 256개보다 적다. 그렇다면 앞서 사방 1백 리의 땅을 쪼개어 여섯으로 나누고, 사방 3백 리의 땅을 보태더라도 양쪽 가장자리는 오히려 사방 1리 되는 땅 4백 개가 남았으니, 지금 사방 1리의 땅 256개를 서남쪽 모퉁이에 보태더라도 여전히 사방 1리의 땅 144개가 남는다. 또 만약 이를 쪼개어 316리의 양쪽 가장 자리에 보태면 매 가장자리에 다시 반 리(半里)가 모자란다. 그러므로 '316리 남짓[三百一十六里有畸]'이라고 한 것이다."[225]라고 했다.

원문 邢「疏」申馬說云, 案『周禮』「大司徒」云: '諸公之地, 封疆方五百里. 諸侯之地, 封疆方四百里. 諸伯之地, 封疆方三百里. 諸子之地, 封疆方二百里. 諸男之地, 封疆方百里.' 此千乘之國, 居地方三百十六里有畸, 伯·子·男自方三百而下, 則莫能容之. 故云: '唯公侯之封, 乃能容之.'「坊記」云: '制國不過千乘.' 然則地雖廣大, 以千乘爲限. 故云: '雖大國之賦, 亦不過焉.'"

역문 형병의 「소」에서는 마융의 설을 거듭 인용해서 말하길, "살펴보니 『주례』「대사도(大司徒)」에서 이르길, '제공(諸公)의 땅은 봉강[封疆: 봉지(封地)]이 사방 5백 리이고, 제후(諸侯)의 땅은 봉강이 사방 4백 리이고, 제백(諸伯)의 땅은 봉강이 사방 3백 리이고, 제자(諸子)의 땅은 봉강이 사방 2백 리이고, 제남(諸男)의 땅은 봉강이 사방 1백 리이다.'[226]라고 했으니, 이 천승의 나라는 점유한 땅이 사방 316리 남짓하고, 백작·자작·남작의 땅은 본래 사방 3백 리 이하이니, (천승을) 허용할 수 없다. 그러므로 '오직 공후의 봉토만이 (천승을) 허용할 수 있다.[唯公侯之封, 乃能容之.]'라고 한 것이다. 「방기」에서 이르길, '제후의 나라를 제한하여 천승을 초과할 수 없게 했다.'라고 했으니, 그렇다면 땅이 아무리 광대하여도 천승으로 제한한 것이다. 그러므로 '비록 큰 나라의 병부라 하더라도 천승을 초과할 수 없다.[雖大國之賦, 亦不是過焉.]'라고 한 것이다."라고 했다.

---

225 『논어집해의소』 권1, 「논어학이제1」.

226 『주례』「지관사도상(地官司徒上)·대사도(大司徒)」.

원문 又申<u>包</u>說云: "云'千乘之國, 百里之國也'者, 謂<u>夏</u>之公侯, <u>殷</u>·<u>周</u>上公之
國也. 云: '古者井田, 方里爲井'者, 『孟子』云: '方里爲井, 井九百畝'是也.
云: '十井爲乘, 百里之國, 適千乘也'者, 此<u>包</u>以古之大國不過百里, 以百
里賦千乘. 故計之每十井爲一乘. 是方一里者十爲一乘, 則方一里者百爲
十乘. 開方之法, 方百里者一, 爲方十里者百. 每方十里者一, 爲方十里者
百, 其賦十乘, 方十里者百, 則其賦千乘也. 與乘數適相當, 故云: '適千乘
也'. 云'<u>融</u>依『周禮』, <u>包</u>依『王制』·『孟子』'者, <u>馬融</u>依『周禮』「大司徒」文,
以爲諸公之地方五百里, 侯四百里以下也. <u>包氏</u>依『王制』云: '凡四海之內
九州, 州方千里, 州建百里之國三十, 七十里之國六十, 五十里之國百有二
十, 凡二百一十國也.' 又『孟子』云: '天子之制, 地方千里; 公·侯之制, 皆
方百里; 伯七十里, 子·男五十里.' <u>包氏</u>據此以爲大國不過百里, 不信『周
禮』有方五百里·四百里之封也."

역문 또 포함의 설을 거듭 인용해서, "이르길, '천승의 나라는 1백 리의 나
라이다.'라고 한 것은 하나라의 공작과 후작, 은(殷)나라와 주나라의 상
공(上公)의 나라를 이른다. '옛날에는 전지를 정자형으로 구획하였는데,
사방 1리가 1정이다.'라고 했는데, 『맹자』에서 이르길, '사방 1리가 1정
이니, 1정은 9백 묘이다.'²²⁷라고 한 것이 이것이다. 또 '10정이 1승이니,
1백 리의 나라는 1천 승에 해당한다.'라고 했는데, 이에 대해 포함이 '옛
날에 대국도 그 땅이 1백 리를 초과하지 않았다.'라고 했으니, 1백 리에
서 1천 승의 병부를 내는 것으로 여긴 것이다. 그러므로 10정마다 1승
을 내는 것으로 계산한 것이다. 이는 사방 1리의 땅 10개에서 1승을 내는
것이니, 그렇다면 사방 1리의 땅 1백 개에서 10승을 내는 것이다. 개방

---

227 『맹자』「등문공상」.

법(開方法)[228]으로 계산하면 사방 1백 리의 땅 하나가 사방 10리의 땅 1백 개이고, 사방 10리의 땅 하나마다 사방 1리의 땅 1백 개이니, 이곳에서 10승을 병부로 내게 하고, 사방 10리의 땅 1백 개에서 1천 승을 병부로 내게 한 것이다. 그러면 땅의 면적과 거승(車乘)의 수가 서로 걸맞기 때문에 '천승에 해당한다[適千乘也]'라고 한 것이다. '마융은 『주례』에 의거하고, 포씨는 『예기』「왕제」와 『맹자』에 의거하였다.'라고 했는데, 마융은 『주례』「대사도」에 '제공의 봉지는 사방 5백 리이고, 후(侯)는 4백 리'[229]라고 한 이하의 설에 의거하고, 포함은 「왕제」에 '사해 안이 구주(九州)이고, 주는 사방이 1천 리인데, 주마다 1백 리의 나라 30개, 70리의 나라 60개, 50리의 나라 120개를 세우니 모두 210국이다.'[230]라고 한 설과, 또 『맹자』에 '천자의 제도는 땅이 사방 1천 리이고 공작과 후작의 제도는 모두 사방 1백 리이고, 백작은 70리이고, 자작과 남작은 50리이다.'[231]라고 한 설에 의거하였다는 말이다. 포씨는 이 설(『예기』「왕제」와 『맹자』의 설)에 의거하여 '대국도 그 땅이 1백 리를 초과하지 않았다.'라고 여겼으니, 사방 5백 리와 4백 리의 봉국이 있다고 한 『주례』의 말을 믿지 않은 것이다."라고 했다.

원문 案, 「注」包·馬異說, 皇·邢「疏」如文釋之, 無所折衷, 後人解此, 乃多輵輵. 從馬氏, 則以千乘非百里所容, 從包氏, 則以『周禮』爲不可信. 紛紛詰難, 未定一是. 近人金氏鶚『求古錄』說此最明最詳, 故備錄之. 其說云: "『孟

---

228 개방법: 제곱근이나 세제곱근을 계산하여 그 답을 구하는 법. 평방근(平方根)과 입방근(立方根)을 계산하는 방법.

229 앞의 주 226 참조.

230 『예기』「왕제」.

231 『맹자』「만장하(萬章下)」.

子』言'天子千里, 大國百里, 次國七十里, 小國五十里.' 又言'萬乘之國, 千
乘之家, 千乘之國, 百乘之家. 萬取千焉, 千取百焉.' 是千里出車萬乘, 百
里出車千乘, 十里出車百乘也. 子産言'天子一圻, 列國一同, 圻方千里, 同
方百里.' 亦如孟子之說. 以開方之法計之, 方里而井, 百里之國計有萬井,
萬井而出車千乘, 則十井出一乘矣.

역문 살펴보니, 「주」의 포함과 마융의 설이 다르고, 황간과 형병의 「소」는
글자 그대로 해석했는데, 절충한 것이 없어서, 후대 사람들이 이것을 해
석함에 결국은 많이들 어지럽게 뒤엉켜 버렸다. 마씨의 설을 따르면 천
승은 1백 리의 땅에는 용납되지 않고, 포씨의 설을 따르면 『주례』는 믿
을 것이 못 된다. 힐문과 비난이 분분하다 보니, 아직 어느 하나가 옳다
고 정하지도 못했다. 근대의 사람인 김악(金鶚)[232]의 『구고록(求古錄)』에
서 이 부분을 설명한 것이 가장 분명하고 가장 상세하므로 이것을 갖추
어 기록한다. 『구고록』의 설에 따르면, "『맹자』에는 '천자가 소유하는
땅은 사방 1천 리이고, 대국은 사방 1백 리, 그다음 나라는 사방 70리,
작은 나라는 50리'[233]라고 했고, 또 '만승의 나라, 천승의 집안, 천승의 나

---

[232] 김악(金鶚, 1771~1819): 중국 청나라 절강 임해(臨海) 사람. 자는 추사(秋史) 또는 풍천(風
鷹)이고, 호는 성재(誠齋)이다. 일찍이 항주에 들어가 홍이훤(洪頤煊), 홍진훤(洪震煊) 형제
와 함께 고경정사(詁經精舍)에서 손성연(孫星衍)에게 고거학(考據學)을 강습하여 명성을
떨쳤다. 경전을 연구하면서 한대와 송대 학자들의 설을 천명하여 옛사람들이 밝히지 못한
것을 많이 밝혀냈다. 삼례(三禮)에 정통하여 의심나는 부분을 분석하고 어려운 부분을 변론
하여 『예설(禮說)』을 지었다. 그 밖의 저서에 『사서정의(四書正義)』(『노론(魯論)』 6권만
남아 있다), 『향당정의(鄕黨正義)』, 『구고록(求古錄)』 등이 있다.

[233] 『맹자』 「만장하」: 천자(天子)가 소유하는 땅은 사방 1천 리이고, 공(公)과 후(侯)는 모두 사
방 1백 리이고, 백(伯)은 사방 70리이고, 자(子)와 남(男)은 사방 50리이니, 모두 4등급이다.
채 50리가 못 되는 나라는 천자에게 직접 통하지 못하고 다른 제후에게 부속되니, 이를 부용
국(附庸國)이라고 한다. 천자의 경(卿)은 땅을 받을 때 후(侯)에 비견되고, 대부(大夫)는 땅

라, 백승의 집안, 만에서 천을 취하며 천에서 백을 취함'234을 말하였으니, 이는 1천 리의 땅에서 병거 1만 승을 내고, 1백 리의 땅에서 병거 1천 승, 10리의 땅에서 병거 1백 승을 낸다는 말이다. 자산(子産)235은 말하길, '천자의 땅은 일기(一圻)이고, 열국[列國: 대국(大國)]은 일동(一同)인데, 1기는 사방 1천 리이고, 1동은 사방 1백 리이다.'236라고 했는데, 역

을 받을 때 백(伯)에 비견되고, 원사(元士)는 땅을 받을 때 자(子)와 남(男)에 비견된다. 큰 나라인 공과 후의 나라는 땅이 사방 1백 리인데, 군주는 경이 받는 녹의 10배이고, 경의 녹은 대부의 4배이고, 대부는 상사(上士)의 배이고, 상사는 중사(中士)의 배이고, 중사는 하사(下士)의 배이고, 하사와 서인(庶人)으로서 관직에 있는 자는 녹이 같으니, 녹이 경작하는 수입을 충분히 대신할 만하였다.[天子之制, 地方千里, 公侯, 皆方百里, 伯七十里, 子男五十里. 凡四等. 不能五十里, 不達於天子, 附於諸侯, 曰附庸. 天子之卿, 受地視侯, 大夫, 受地視伯, 元士, 受地視子男. 大國, 地方百里, 君十卿祿, 卿祿四大夫, 大夫倍上士, 上士倍中士, 中士倍下士, 下士與庶人在官者, 同祿, 祿足以代其耕也.]

234 『맹자』「양혜왕상(梁惠王上)」: 만승의 나라에서 그 임금을 시해하는 자는 반드시 천승의 집안이고, 천승의 나라에서 그 임금을 시해하는 자는 반드시 백승의 집안이다. 만에서 천을 가지며 천에서 백을 가지는 것이 많지 않은 것이 아니다.[萬乘之國, 弑其君者, 必千乘之家, 千乘之國, 弑其君者, 必百乘之家. 萬取千焉, 千取百焉, 不爲不多矣.]

235 자산(子産, 기원전 580?~기원전 522): 춘추시대 정(鄭)나라 사람. 성은 희(姬)이고, 씨는 국(國)이며, 이름은 교(僑), 자는 자산 또는 자미(子美)이다. 공손교(公孫僑) 또는 공손성자(公孫成子)로도 불린다. 자국(子國)의 아들이다. 정나라 목공(穆公)의 후손으로 태어나 기원전 543년 내란을 진압하고 재상이 되었다. 정 간공(鄭簡公) 23년 정경(正卿)이 되어 집정(執政)했다. 정치와 경제 개혁을 실시하고, 북쪽의 진(晉)나라와 남쪽의 초(楚)나라 등 대국 사이에 끼어 어려운 처지에 있던 정나라에서 외교적으로 성공을 거두었다. 내정에서도 중국 최초의 성문법을 정하여 인습적인 귀족정치를 배격했고, 농지를 정리하여 전부(田賦)를 설정, 국가재정을 강화했다. 또한 미신적인 행사를 배척하는 등 합리적이고 인간주의적 활동을 함으로써 공자 사상의 선구가 되었다. 관맹상제(寬猛相濟)를 정치의 요체로 삼아, 천도(天道)는 멀고 인도(人道)는 가깝다는 관점을 제시했다. 시호는 성자(成子)이다.

236 『춘추좌씨전』「양공(襄公)」 25년: 또 예전에는 천자의 땅은 1기이고 열국(列國)은 1동이며, 이에 따라 감쇄한다.[且昔天子之地一圻, 列國一同, 自是以衰.]라고 한 곳의 "圻方千里, 同方百里."라는 주석의 내용이다.

시 맹자의 설과 같다. 개방법으로 계산해 보면 사방 1리가 1정이니, 사방 1백 리의 나라를 계산하면 1만 정이 있고, 1만 정의 땅에서 병거 1천 승을 내니, 10정의 땅에서는 1승을 낸다.

원문 若馬氏說, 百井出一乘, 則百里之國, 止有百乘, 必三百一十六里有奇乃有千乘, 與『孟子』不合. 包氏合於『孟子』, 是包氏爲可據矣. 哀十二年『公羊傳』「注」言, ‘軍賦十井, 不過一乘.’ 此一證也. 馬氏之說, 則據『司馬法』. 鄭注「小司徒」亦引『司馬法』云: ‘井十爲通, 通三十家, 爲匹馬, 士一人, 徒二人. 通十爲成, 成百井, 三百家, 出革車一乘, 士十人, 徒二十人. 十成爲終, 終千井, 三千家, 革車十乘, 士百人, 徒二百人. 十終爲同, 同方百里, 萬井, 三萬家, 革車百乘, 士千人, 徒二千人.’ 賈「疏」‘通, 九十夫之地, 宮室·塗巷, 三分去一, 又不易·一易·再易, 通率三夫, 受六夫之地, 是三十家也.’

역문 마씨의 설과 같은 경우는 1백 정의 땅에서 1승을 내니, 1백 리의 나라에는 단지 1백 승만 있을 뿐이므로, 반드시 316리 남짓 되어야 이에 1천 승이 있게 되는 것이니 『맹자』의 설과는 부합되지 않는다. 포씨의 설이 『맹자』와 부합하니, 포씨의 설이 근거가 될 만하다. 『춘추공양전』 애공 12년의 「주」에 ‘10정을 군부(軍賦)로 내게 하니 1승을 넘지 않는다.’라고 했는데, 이것이 하나의 증거이다. 마씨의 설은 『사마법』에 근거한 것이다. 정현도 「소사도」에 주석을 달면서 역시 『사마법』을 인용하면서 이르길, ‘10정이 1통이 되는데, 1통은 30가이고, 이것이 필마(匹馬)가 되는데, 사(士) 1명, 도(徒) 2명을 낸다. 10통이 1성이 되는데, 1성은 1백 정이며, 3백 가인데 병거 1승, 사 10명, 도 20명을 낸다. 10성이 1종(終)이 되는데, 1정은 1천 정이며 3천 가인데 병거 10승, 사 1백 명, 도 2백 명을 낸다. 10종이 1동(同)이 되는데, 1동은 사방 1백 리이며, 1만 정, 3만 가인데, 병거 1백 승, 사 1천 명, 도 2천 명을 낸다.'²³⁷라고 했다. 가공언(賈公彦)²³⁸의 「소」에서는 '통은 90부의 땅인데, 궁실과 도로 1/3을 제하고, 또 매년 경작할 수 있는 땅[不易]이 있고, 1년 간격으로 윤작[一易]하는 땅, 2년 간격으로 윤작[再易]하는 땅이 있는데, 3부를 통틀어 6부의 땅의 비율로 받는 것이니, 이것이 30가이다.'²³⁹라고 했다.

원문 案, 司馬法一書, 未必眞周公之制, 所言與『孟子』·子産皆不合. 信『司馬法』, 何如信『孟子』耶? 「坊記」云: '制國不過千乘, 家富不過百乘.' 今謂大夫百乘, 地方百里, 等於大國諸侯, 必不然矣. 或謂『司馬法』車乘有兩法, 一云'兵車一乘, 士十人, 徒二十人.' 一云'兵車一乘, 甲士三人, 步卒七十二人.' 賈公彦以士十人·徒二十人爲天子畿內採地法, 以甲士三人·步卒七十二人爲畿外邦國法. 此言千乘之國, 是畿外邦國也. 一乘車, 士卒共七十五人, 又有炊家子十人, 固守衣裝五人, 廝養五人, 樵汲五人, 共一百人. 馬牛芻茭具備, 此豈八十家所能給哉? 不知天子六軍, 出於六鄕, 大國三軍, 出於三鄕, 蓋家出一人爲兵也. 又三遂亦有三軍, 三鄕爲正卒, 三遂爲副卒, 鄕·遂出軍而不出車, 都·鄙出車而不出兵. 孔仲達成元年'丘甲'「疏」云: '古者天子用兵, 先用六鄕, 六鄕不足, 取六遂, 六遂不足, 取都·

---

237 『주례주소』 권11, 「지관사도상·소사도(小司徒)」 정현의 「주」.

238 가공언(賈公彦, ?~?): 중국 당나라 명주(洺州) 영년(永年) 사람. 고종(高宗) 연간에 태학박사와 홍문관학사를 지냈다. 예학(禮學)에 정통하여 공영달(孔穎達) 등과 『예기정의(禮記正義)』 편찬에도 참여했다. 그가 가려낸 『주례의소(周禮義疏)』 50권과 『의례의소(儀禮義疏)』 50권은 『십삼경주소』에 들어가 있다. 그 밖의 저서에 『예기소(禮記疏)』 80권과 『효경소(孝經疏)』 5권, 『논어소(論語疏)』 15권 등이 있다. 주희(朱熹)는 『주례소』를 "오경소(五經疏) 중 가장 좋은 것"이라고 평가하였다.

239 『주례주소』 「지관사도상·소사도」 가공언의 「소」.

鄙及諸侯. 若諸侯出兵, 先盡三鄉三遂, 鄉遂不足, 然後徧徵境内.' 賈公彦
「小司徒」「疏」亦云:'大國三軍, 次國二軍, 小國一軍, 皆出於鄉·遂, 猶不
止, 徧境出之, 是爲千乘之賦.' 然則都·鄙固不出兵也. 江愼修云:'七十
五人者, 丘乘之本法; 三十人者, 調發之通制.「魯頌」公車千乘, 公徒三
萬"正與『司馬法』合.' 此說得之. 然則都·鄙卽至出兵, 而調發之數, 惟用
三十人, 豈八十家所不能給哉? 至於丘乘之法, 八十家而具七十五人, 無
過家一人耳. 此但備而不用, 惟蒐田講武乃行, 又何不給之有? 農隙講武,
正當人人訓練, 家出一人, 不爲厲民也. 若夫車馬之費, 亦自不多. 古者材
木取之公家山林而無禁, 則造車不難. 馬牛畜之民間, 可給民用, 不過暫出
以供蒐田之用耳. 芻茭則尤野人所易得者也. 且以八十家而出一車四馬,
又何患其不給乎? 或又謂百里之國, 山川林麓, 城郭宮室, 塗巷園圃, 三分
去一. 三鄉·三遂, 又不出車, 又不易·一易·再易, 通率三夫, 受六夫之
地, 則三百乘且不足, 安得有千乘乎? 不知百里之國以出稅之田言, 非以
封域言也. 『孟子』言頒祿, 正是言田, 其曰'地方百里'者, 地與田通稱. 故
井地卽井田也. 百里以田言, 則山川林麓, 以及塗巷園圃等, 固已除去矣.
頒祿必均, 若不去山川, 山川天下不同, 則祿不均矣. 苟境内山川甚多, 而
封域止百里, 田稅所出, 安足以給用乎? 故知大國百里, 其封疆必不止此.
『周禮』所以有五百里·四百里之說, 蓋兼山川附庸而言也. 『孟子』則專言
穀土耳. 城郭·宮室·塗巷等, 雖有定數, 然亦非穀土, 則亦不在百里之内
也. 先儒三分去一之說, 亦未必然. 『孟子』言方里而井, 百里·七十里·五
十里, 皆以井計數. 方里不必其形正方, 以方田之法算之, 有九百畝則曰
'方里', '地方百里'等'方'字, 皆如是也.

역문 살펴보니 『사마법』한 권은 진짜 주공(周公)의 제도인지 기필할 수 없고, 거기에서 말한 것도 『맹자』나 자산의 말과도 부합하지 않는다. 『사마법』을 믿느니, 『맹자』를 믿는 것이 어떻겠는가? 「방기」에서 이르길, '제후를 제한하여 1천 승을 초과할 수 없게 하고, 대부의 집이 부유해도 1백 승을 초과할 수 없게 한다.'라고 했는데, 지금 '대부는 1백 승에 땅이 사방 1백 리'라고 하여 대국의 제후와 대등하게 하니, 반드시 그렇지 않다. 혹자는 이르길, 『사마법』의 거승(車乘) 제도에 두 가지 방법이 있는데, 하나는 '병거 1승, 사 10명, 도 20명'이라 하고, 또 다른 하나는 '병거 1승, 갑사 3명, 보졸(步卒) 72명'이라고 했다. 가공언은 사 10명 · 도 20명을 천자의 기내(畿內) 채지법(採地法)으로 삼고, 갑사 3명 · 보졸 72명을 경기 밖의 방국법[畿外邦國法]으로 삼았다. 따라서 여기에서 말하는 천승의 나라란, 경기 밖의 방국[畿外邦國]이다. 전차 한 대[一乘車]에는 사졸이 모두 75명이 배치되고, 취사병[炊家子] 10명, 장비 보수 및 운영 담당[固守衣裝] 5명, 말 사육병[廐養] 5명, 물 긷고 나무하는 사역병[樵汲] 5명이 배치되니, 모두 합해서 1백 명이고, 말과 소의 꼴이 모두 갖추어지면 이것이 어찌 80가가 공급할 수 있는 것이겠는가? 이는 천자의 육군(六軍)[240]은 6향(六鄕)[241]에서 나오고 대국(제후국)의 삼군은 3향(三鄕)에서 나오는데, 대체로 한 집에서 한 사람만을 차출(差出)해서 병사로 만든다는 것을 모르는 것이다. 또 3수(遂)[242]마다 또한 삼군을 두었는데, 3향이 정졸(正卒)

---

240 육군(六軍): 중국 주나라 때의 군제로서, 천자(天子)가 통솔한 여섯 개의 군(軍). 다섯 명을 오(五), 5오를 양(兩), 4양을 졸(卒), 5졸을 여(旅), 5여를 사(師), 5사를 군이라 했다. 일군은 12,500명이므로 육군은 75,000명이다.

241 6향(六鄕): 중국 주나라의 천자가 국성(國城) 밖에 설치한 구역 제도로 향수법(鄕遂法)을 말한다. 즉 국성 또는 왕성(王城)에서 50~100리 이내의 땅으로, 대사도(大司徒)의 소관(所管), 5가(家)가 1비(比), 5비가 1여(閭), 4여가 1족(族), 5족(族)은 1당(黨), 5당이 1주(州), 5주(五洲)가 1향(鄕)으로 모두 75,000가(家)를 이룬다.

이 되고, 3수가 부졸(副卒)이 되니, 향과 수에서는 군을 내지, 전차를 내지 않고, 도(都)·비(鄙)에서는 전차를 내지, 군사[兵]를 내지 않는다. 공중달(孔仲達)²⁴³은 성공(成公) 원년 '구갑(丘甲)'에 대한 「소」에서 '옛날 천자가 군사를 쓸 때, 우선 6향에서 차출하여 쓰되, 6향으로 부족하면, 6수(六遂)에서 취하여 썼으며, 6수로도 부족할 땐 도·비 및 제후에게서 취하여 썼다. 만약 제후가 군사를 쓸 경우라면 우선 3향과 3수의 군사를 다 차출하여 쓰고, 향과 수의 군사로 부족한 뒤에 경내(境內)에서 두루 징집하였다.'²⁴⁴라고 했다. 가공언의 「소사도」「소」에도 역시 '대국은 삼군이고 그다음 나라는 이군이며 작은 나라는 일군인데, 모두 향과 수에서 차출하였으며, 이에 그치지 않고 온 나라에서 차출하였으니, 이것이 천승의 병부가 된다.'²⁴⁵라고 했는데, 그렇다면 도와 비에서는 진실로 군사를 내지 않는다. 강신수(江愼修)²⁴⁶가 이르길, '75명이라는 것은 구승(丘

---

242 수(遂): 중국 주나라의 행정 구역으로, 교외 밖의 지역. 즉 국성 밖 1백 리에서 2백 리까지를 수라 하여 이를 6수(六遂)로 나누었다. 5호(戶)를 1비(比)로 삼고 5비를 1여(閭)로 삼았으며, 1백 호인 4여를 1찬(酇)으로 삼고 5백 호인 5찬을 1비(鄙)로 삼았다. 그리고 5비를 1현(縣)으로 삼고 5현을 1수로 삼았다. 6수는 경성 밖 1백 리에서 2백 리 사이를 여섯으로 나누어 6수로 했는데, 수인(遂人)이 정령(政令)을 관장하였다.

243 공영달의 자이다.

244 『춘추좌전주소(春秋左傳注疏)』 권25, 「성공(成公)」 원년의 "구갑(丘甲)"에 대한 공영달의 「소」.

245 『주례주소』「지관사도상·소사도」 가공언의 「소」.

246 강신수(江愼修, 1681~1762): 중국 청나라 휘주(徽州) 무원(婺源) 사람. 이름은 영(永)이며, 신수(愼修)는 그의 자이다. 고금의 학문에 정통했고, 고거(考據)에 밝았다. 대진(戴震)과 김방(金榜)의 스승이다. 환파(皖派)의 창시자로 대진에게 큰 영향을 끼쳐 '강대(江戴)'로 일컬어졌다. 어려서부터 『십삼경주소』를 익혔으며, 특히 삼례에 정통했다. 경전 연구는 문자학(文字學)을 기초로 삼아야 한다고 주장했고, 훈고(訓詁)와 음운(音韻), 전장 제도(典章制度) 등을 위주로 경전의 대의(大義)를 밝혔다. 저서에 『주례의의거요(周禮疑義舉要)』와 『예기훈의택언(禮記訓義擇言)』, 『예서강목(禮書綱目)』, 『심의고오(深衣考誤)』, 『향당도고(鄕黨圖

乘)[247]의 본래 법이고, 30명이라는 것은 징발[調發]의 공통된 제도이다. 「노송(魯頌)」에서 "공의 수레 천승, 공의 보병이 3만"이라고 했는데, 바로 『사마법』과 부합된다.'[248]라고 했는데, 이 말이 옳다. 그렇다면 도와 비에서도 곧바로 군사를 내었다는 말인데, 징발하는 숫자는 오직 30명을 쓸 뿐이니, 어찌 80가가 공급하지 못하겠는가? 심지어 구승의 법은 80가에서 75명을 갖추니, 한 집에서 한 사람을 넘지 않을 뿐이다. 이는 다만 갖추고만 있을 뿐 쓰지는 않고, 오직 사냥에서 무예를 익힐 때 시행할 뿐이니, 또한 어찌 공급하지 못할 것이 있겠는가? 농한기 때 무예를 익히는 것은 의당 모든 사람이 훈련을 해야 하니, 1가구당 1명의 차출은 백성을 괴롭힘이 되지 않는다. 수레나 말에 대한 부담 역시 자연 많지 않다. 옛날에는 재목을 공(公)의 집안의 산림에서 취하더라도 금지하지 않았으니, 수레를 만드는 일도 어려운 일이 아니었다. 말이나 소는 민간에서 길렀으나, 민용으로도 공급할 수 있었으니, 잠시 사냥의 용도로 차출하는 데 불과할 뿐이었다. 말이나 소의 꼴은 더욱 야인들이 쉽게 얻을 수 있는 것이다. 더구나 80가에서 수레 한 대, 말 네 마리를 차출하는데, 또한 어찌 공급하지 못함을 걱정했겠는가? 혹은 또 1백 리의 나라라고 한다면 산천과 숲, 성곽과 궁실, 도로와 동산 1/3을 제한 것이다. 3향

考)』, 『예의석궁증주(儀禮釋宮增注)』, 『의례석례(儀禮釋例)』, 『군경보의(群經補義)』, 『춘추지리고실(春秋地理考實)』, 『율려천미(律呂闡微)』, 『고운표준(古韻標準)』, 『사성절운고(四聲切韻考)』, 『음학변미(音學辨微)』, 『역변(曆辨)』, 『역학보론(曆學補論)』, 『근사록집해(近思錄集解)』 등이 있다.

247 구승(丘乘): 옛날 토지의 구획. 『주례주소』「지관사도하(地官司徒下)·초인(稍人)」의 「소」에, "4정(井)이 1읍(邑)이 되고 4읍이 1전(甸)이 되는데, 1전에서 바퀴가 큰 수레[長轂] 1승을 내므로 구승이라 한다.[四井爲邑, 四邑爲丘, 四丘爲甸, 甸出長轂一乘. 故云丘乘.]"라고 했다.

248 『주례의의거요』 권2, 「지관1(地官一)」.

과 3수는 또 수레를 내지 않고, 또 매년 경작할 수 있는 땅[不易]이 있고, 1년 간격으로 윤작[一易]하는 땅, 2년 간격으로 윤작[再易]하는 땅이 있는데, 3부를 통틀어 6부의 땅의 비율로 받는다면, 3백 승도 부족한데 어떻게 천승이 있을 수 있겠는가? 이것은 1백 리의 나라란 세금을 내는 전지[田]를 가지고 한 말이지, 봉토의 경계를 가지고 한 말이 아님을 모르는 것이다. 『맹자』에서 반록(頒祿)[249]을 말한 것은 바로 전지를 말한 것으로, 『맹자』에서 말하는 "땅이 사방 1백 리[地方百里]"[250]란 봉지와 전적을 두루 일컫는 것이다. 따라서 정지(井地)란 곧 정전(井田)이다. 1백 리가 전지를 가지고 말한 것이라면 산천과 숲에서부터 도로와 동산 등까지는 진실로 이미 제하고 난 것이다. 반록은 반드시 균등해야 하는 것인데, 만약 산천을 제하지 않는다면 천하의 산천이 같지 않으니, 반록은 균등할 수 없다. 진실로 나라 안에는 산천이 매우 많은데 봉토의 경계가 1백 리에 그칠 뿐이라면 전지의 세금으로 내는 것으로 어떻게 수용에 충분히 공급할 수 있겠는가? 따라서 대국 1백 리란 그 국경[封疆]이 반드시 여기에 그치지 않음을 알 수 있다. 『주례』에 5백 리니 4백 리니 하는 설이 있는 까닭은 대체로 산천과 부용(附庸)국을 겸해서 말했기 때문이다. 『맹자』에서는 오로지 곡식이 나오는 토지만을 말했을 뿐이다. 성곽·궁실·도로 등은 비록 일정한 수가 있지만 그래도 곡식이 나오는 토지가 아니라면 역시 1백 리 안에 있지 않다. 선유들의 1/3을 제한다는 설 역시 꼭 옳은 것만은 아니다. 『맹자』에는 사방 1리의 토지가 정[251]이라고 했

---

249 반록(頒祿): 녹봉을 주는 일.

250 『맹자』「만장하」에서 "큰 나라는 땅이 사방 1백 리인데, 군주는 경이 받는 녹의 10배이다.[大國地方百里, 君, 十卿祿.]"라고 한 것과 「고자하(告子下)」에서 "제후의 땅은 사방 1백 리이니 1백 리가 못 되면 종묘의 전적을 지킬 수 없다.[諸侯之地方百里, 不百里, 不足以守宗廟之典籍.]"라고 한 것.

는데, 100리 · 70리 · 50리 하는 것들은 모두 정으로 수를 계산한 것이다. 사방 1리라고 해서 반드시 그 형태가 정방형은 아니고, 방전법(方田法)으로 계산했을 때, 9백 묘가 있으면 '사방 1리[方里]'라고 하니 '지방백리(地方百里)' 등의 '방(方)' 자는 모두 이와 같다.

원문 然則百里之國, 不謂封疆, 其里亦非廣長之里矣.『孟子』言'一夫百畝', 而『周禮』有不易百畝, 一易二百畝, 再易三百畝之說, 蓋『孟子』言其略,『周禮』則詳言之也. 分田必均,『周禮』以三等均之, 其說至當.『左傳』, '井衍沃, 牧隰皐.' 鄭氏謂, '隰皐, 九夫爲牧, 二牧而當一井.'是也. 是則一井不必九百畝, 百里之國亦不必九百萬畝, 以通率二井當一井, 當有一千八百萬畝矣.『孟子』但擧不易之田, 故曰'一夫百畝', 大國百里也. 鄕遂之民皆受田, 則亦有車乘, 但其作之之財受於官府, 故曰'不出車', 非無車也. 夫如是, 百里之國, 豈不足於千乘哉? 包氏之說, 可無疑矣."

역문 그렇다면 1백 리의 나라란 봉토의 경계를 이르는 것이 아니고, 그 거리[里] 또한 너비나 길이를 의미하는 리(里)가 아니다. 『맹자』에서는 '한 가장이 1백 묘를 받는다'[252]라고 했고, 『주례』에는 매년 경작할 수 있는 땅[不易] 1백 묘, 1년 간격으로 윤작[一易]하는 땅 2백 묘, 2년 간격으로 윤작[再易]하는 땅 3백 묘라는 설[253]이 있는데, 대체로 『맹자』에는 그 대략

---

251 『맹자』「등문공상」: 사방 1리의 토지가 정이니 1정은 9백 묘인데 그 가운데가 공전이 된다. 여덟 집에서 모두 1백 묘씩을 사전으로 받아서 공전을 함께 가꾸어 공전의 일을 끝마친 다음에 사전의 일을 다스리게 해야 하니, 이는 야인을 군자와 구별하기 위한 것이다.[方里而井, 井九百畝, 其中爲公田. 八家皆私百畝, 同養公田, 公事畢然後, 敢治私事, 所以別野人也.]
252 『맹자』「만장하」.
253 『주례』의 원문에는 이런 표현이 없고, 『주례주소』 권11과 권13의 「소」에 "6향의 백성들은 상지(上地)는 매년 경작할 수 있는 땅[不易] 1백 묘, 1년 간격으로 윤작[一易]하는 땅 2백 묘,

을 말하였고, 『주례』에서는 자세하게 말했다. 전지를 나눔은 반드시 균등해야 하니, 『주례』에서는 3등급으로 균등하게 했는데, 『주례』의 설이 지극히 마땅하다. 『춘추좌씨전』에 '비옥한 평야에는 전지를 정으로 구획하고, 습지를 방목지로 삼는다.'[254]라고 했는데, 이에 대해 정현은 '습지는 9부를 방목지로 했는데 두 개의 방목지가 1정에 해당하도록 했다.'[255]라고 했는데 옳다. 그렇다면 1정이 반드시 9백 묘는 아니며, 1백 리의 나라 역시 반드시 9백만 묘가 아니고, 2정을 통틀어 1정의 비율로 해당시킨 것이니, 마땅히 1800만 묘가 있는 것이다. 『맹자』에서는 다만 매년 경작할 수 있는 전지만 들었으므로 '한 가장이 1백 묘를 받는다'라고 했으니, 이것이 바로 대국은 땅이 사방 1백 리라는 것이다.[256] 향과 수의 백성들이 모두 전지를 받는다면 역시 전차와 수레가 있는 것인데, 다만 그것을 제작하는 재용을 관부에서 받으므로 '수레를 내지 않는다[不出車].'라고 한 것이니, 수레가 없는 것은 아니다. 이와 같으니 1백 리의 나라가 어찌 천승을 내기에 부족하겠는가? 포함의 설은 가히 의심할 만한 것이 없다."

敬事而信, 【注】 包曰: "爲國者, 擧事必敬愼, 與民必誠信." 節用而愛

2년 간격으로 윤작[再易]하는 땅 3백 묘이다.[六鄕之民, 上地不易家百畝, 一易家二百畝, 再易家三百畝.]'라는 표현이 보인다.

254 『춘추좌씨전』「양공」 25년. 『춘추좌씨전』에는 "牧隰皐, 井衍沃."으로 되어 있다.

255 『주례주소』권11, 「지관사도상 · 소사도」 정현의 「주」.

256 『맹자』「만장하」: 큰 나라는 땅이 사방 1백 리인데, 군주는 경이 받는 녹의 10배이다.[大國地方百里, 君, 十卿祿.]

人,【注】包曰: "節用, 不奢侈. 國以民爲本, 故愛養之." 使民以時."【注】包曰: "作事使民, 必以其時, 不妨奪農務."

일 처리를 엄숙하고 신중하게 하고, 백성을 성실과 신뢰로 대하며, 【주】 포함이 말했다. "나라를 다스리는 자는 일 처리를 반드시 경건하고 신중하게 하고, 백성을 반드시 성실함과 진실로 대해야 한다." 씀씀이를 절약하고 사람을 사랑하며, 【주】 포함이 말했다. "절용(節用)은 사치하지 않음이다. 나라는 백성을 근본으로 삼기 때문에 백성을 사랑으로 기른다." 백성을 부리기를 때에 맞게 하여야 한다."【주】 포함이 말했다. "공적인 일을 일으켜 백성을 부릴 때에는 반드시 적당한 시기를 이용하여, 농사를 방해하거나 농시(農時)를 빼앗지도 않는 것이다."

원문 正義曰: "事"謂政事, "用"謂財用也. "愛", 『說文』作"㤅, 行貌." 別一義. 本字作"㤅", "惠也. 從心, 旡聲." 今經典皆叚"愛"爲"㤅". "使"者, 令也, 敎也. "民"者, 『說文』, "民, 衆氓也. 從古文之象." 『書』「多士」「序」鄭「注」, "民, 無知之稱." 「呂刑」「注」及『詩』「靈臺」「序」「注」竝云: "民者, 冥也." 冥亦無知之義. 『宋石經』避諱"敬"作"欽", 後放此.

역문 정의에서 말한다.

"일[事]"이란 정사(政事)를 말하는 것이고, "씀씀이[用]"란 재용(財用)을 말한다. "애(愛)"는 『설문해자』에 "애(㤅)는, 가는 모습[行兒]이다."[257]라고 되어 있는데, 일반적인 의미와는 다르다. 본래의 글자[本字]는 "애(㤅)"로

---

257 『설문해자』 권5: 애(㤅)는 가는 모습[行兒]이다. 쇠(夊)로 구성되었고, 애(㤅)가 발음을 낸다. 오(烏)와 대(代)의 반절음이다.[㤅, 行兒 從夊㤅聲. 烏代切.]

되어 있으며, "사랑[惠]이다. 심(心)으로 구성되었고, 기(旡)가 발음을 낸다."258라고 했다. 지금의 경전에서는 모두 "애(愛)" 자를 가차해서 "사랑[悉]"의 뜻으로 삼았다. "사(使)"는 영(令)이며 교(敎)이다. "백성[民]"은 『설문해자』에 "민(民)은 백성[衆萌]이라는 뜻이다. 고문의 모양으로 구성되었다."259라고 했다. 『서경』「다사(多士)」「서(序)」의 정현의 「주」에, "민(民)이란 무지함[無知]을 일컫는다."라고 했고, 「여형(呂刑)」의 「주」 및 『모시주소(毛詩注疏)』「영대(靈臺)」「서」의 「주」에는 모두 "민(民)은 어두움[冥]이다."260라고 했는데, 어두움[冥] 역시 무지하다는 뜻이다. 『송석경(宋石經)』에서는 "경(敬)" 자를 피휘해서 "흠(欽)"으로 했는데, 뒤에도 이와 같다.

- 「注」, "爲國者, 擧事必敬愼, 與民必誠信."
- 正義曰: 『說文』, "敬, 肅也. 從攴苟." 『釋名』「釋言語」, "敬, 警也. 恒自肅警也." 此「注」言 "敬愼"者, "愼"亦肅警意也. 下篇"執事"·"敬事"·"思敬"訓並同. 『荀子』「議兵篇」, "慮必先事, 而申之以敬, 愼終如始, 終始如一, 夫是之謂大吉. 凡百事之成也, 必在敬之; 其敗也, 必在慢之."
- 「주」의 "나라를 다스리는 자는 일처리를 반드시 경건하고 신중하게 하고, 백성을 반드시 성

---

258 『설문해자』 권10: 애(悉)는 은혜[惠]이다. 심(心)으로 구성되었고, 기(旡)가 발음을 낸다. 오(烏)와 대(代)의 반절음이다.[悉, 惠也, 從心旡聲. 烏代切.]
259 『설문해자』 권12: 민(民)은 백성[衆萌]이라는 뜻이다. 고문의 모양으로 구성되었다. 민(民)부에 속하는 한자는 모두 민(民)의 뜻을 따른다. 민(㞢)은 민(民)의 고문이다. 미(彌)와 인(鄰)의 반절음이다.[民, 衆萌也. 從古文之象. 凡民之屬皆從民. 㞢古文民. 彌鄰切.]
260 『서경』「주서(周書)·여형(呂刑)」의 「주」에는 이 표현이 보이지 않는다. 『상서주소(尙書注疏)』 권17, 「주서(周書)·군진(君陳)」의 「소」와 『모시주소』 권5, 「국풍(國風)·위(衛)·맹(氓)」과 권23, 「대아(大雅)·문왕지십(文王之什)·영대(靈臺)」에 보인다.

실과 신뢰로 대해야 한다."

○ 정의에서 말한다.

『설문해자』에 "경(敬)은 공경함[肅]이다. 문(攴)과 구(苟)로 구성되었다."²⁶¹라고 했고, 『석
명』「석언어」에는 "경(敬)은 신중함[警]이니, 항상 스스로 공경하고 신중함이다."라고 했는
데, 이 「주」에서 말한 "경신(敬愼)"이라고 할 때의 "신(愼)" 역시 공경하고 신중하다는 뜻이
다. 아래 편의 "집사(執事)"²⁶²·"경사(敬事)"²⁶³·"사경(思敬)"²⁶⁴의 뜻도 모두 같다. 『순자』
「의병(議兵)」에는 "군사행동을 취하기에 앞서 반드시 심사숙고하고 신중하게 수행할 것을
거듭 다짐하며, 전쟁의 최후 단계에서도 처음처럼 신중히 하여 시종 한결같아야 하니, 이것
을 두고 군대의 대길(大吉)이라고 한다. 모든 일의 성공은 반드시 그 일을 엄숙하고 신중하
게 하는 데 달려 있고, 그 실패는 반드시 오만함에 달려 있다."라고 했다.

원문 "與民必誠信"者, 誠者, 實也, 言擧事必誠信也. 事是政令, 政令所以敎

---

261 『설문해자』 권9: 경(敬)은 공경함[肅]이다. 문(攴)과 구(苟)로 구성되었다. 거(居)와 경(慶)
의 반절음이다.[敬, 肅也. 從攴苟. 居慶切.]

262 『논어』「자로」: 번지(樊遲)가 인(仁)에 대해 묻자, 공자가 말했다. "거처할 때 공손하게 하
며, 일을 집행할 때 경건하게 하며, 사람을 대할 때 진실하게 하는 것이니, 이것은 비록 이적
(夷狄)의 나라에 가더라도 버려서는 안 된다."[樊遲問仁, 子曰: "居處恭, 執事敬, 與人忠, 雖
之夷狄, 不可棄也."]

263 『논어』에서 "敬事"는 「학이」의 이 구절에 한 번 보인다.

264 『논어』「계씨(季氏)」: 공자가 말했다. "군자는 아홉 가지 생각함이 있다. 볼 때에는 밝게 볼
것을 생각하고, 들을 때에는 밝게 들을 것을 생각하며, 얼굴빛은 온화하게 할 것을 생각하
고, 모습은 공손하게 할 것을 생각하며, 말은 성실하게 할 것을 생각하고, 일은 경건하게 할
것을 생각하며, 의심나는 것은 질문할 것을 생각하고, 분노가 일어날 때에는 환난을 초래할
수 있음을 생각해야 하며, 얻을 것을 볼 때에는 의를 생각해야 한다."[孔子曰: "君子有九思,
視思明, 聽思聰, 色思溫, 貌思恭, 言思忠, 事思敬, 疑思問, 忿思難, 見得思義."]
「자장」: 자장이 말했다. "선비가 나라의 위태로움을 보면 목숨을 바치고, 이득을 보면 의를
생각하며, 제사를 지낼 때는 경건함을 생각하고, 상사에서는 슬픔을 생각한다면 괜찮은 것
이다."[子張曰: "士見危致命, 見得思義, 祭思敬, 喪思哀, 其可已矣."]

民, 故「注」以"與民"言之.「晉語」箕鄭曰: "信於君心, 則美惡不踰; 信於名, 則上下不干; 信於令, 則時無廢功; 信於事, 則民從事有業."

역문 "백성을 반드시 성실함과 신뢰로 대해야 한다[與民必誠信]"

성(誠)이란 성실함[實]이니, 큰일을 거행할 때에는 반드시 성실하고 진실해야 한다는 말이다. 일은 정령(政令)인데, 정령이란 백성을 부리는 것이기 때문에「주」에서 "백성을 대함[與民]"이라고 말한 것이다.「진어(晉語)」에서 기정(箕鄭)[265]이 말했다. "임금의 마음에 있어서 신뢰가 있으면 아름다움과 추악함이 서로를 넘지 않을 것이고, 명분에 있어서 신뢰가 있으면 위와 아래가 서로 침범하지 않을 것이며, 정령에 있어서 신뢰가 있으면 어느 때이건 성공을 폐함이 없을 것이고, 민중의 일에 있어서 신뢰가 있으면 민중이 일에 종사함에 차례가 있게 될 것입니다."[266]

● 「注」, "節用"至"養之".

● 正義曰:『說文』云: "節, 竹約也." 引申爲節儉之義. 賈子「道術」云: "費弗過適謂之節."『易』「象傳」, "節以制度, 不傷財, 不害民." 是人君不知節用, 必致傷財, 且害民也. "奢侈"者, 奢, 張也. 侈, 汰也.『大戴禮』「子張問入官」, "奢侈者, 財之所以不足也."『管子』「八觀篇」, "國侈則用費, 用費則民貧, 民貧則姦智生, 姦智生則邪巧作. 故姦邪之所生, 生於匱不足, 匱不足之所生, 生於侈; 侈之所以生, 生於無度. 故曰'審度量, 節衣服, 儉財用, 禁侈泰, 爲國之急也.'"

○ 「주」의 "절용(節用)"부터 "양지(養之)"까지.

○ 정의에서 말한다.

『설문해자』에서 이르길, "절(節)은 대나무 마디[竹約]이다."[267]라고 했는데, 이 뜻이 확대되

---

265 기정(箕鄭, ?~?): 중국 춘추시대 진(晉)의 신하. 진나라에 기근이 들어 군주가 기근 해결책을 기정에게 묻자, 기정이 백성들에게 신뢰받는 것의 중요함을 강조했다.

266 『국어』권10,「진어4(晉語四)」.『논어정의』에는 "信於名"이 "信於民"으로 되어 있다.『국어』「진어4」에 의거해서 바로잡는다.

어 절검(節儉)의 뜻이 되었다. 가자(賈子)의 「도술」에는 "소비가 적당함을 지나치지 않음을 절(節)이라 한다."[268]라고 했고, 『주역(周易)』「단(彖)」에는 "제도로써 절약하여 재물을 손상하지 않으며 백성을 해롭게 하지 않는다."[269]라고 했으니, 이는 임금이 씀씀이를 절약할 줄 모르면 반드시 재물을 손상시키며 또한 백성을 해롭게 한다는 것이다. "사치(奢侈)"라고 했는데, 사(奢)는 펼친다[張]는 뜻이다.[270] 치(侈)는 사치함[汰]이다. 『대대례』「자장문입관(子張問入官)」에 "사치(奢侈)라는 것은 재물이 부족하게 되는 원인이다."라고 했고, 『관자(管子)』「팔관(八觀)」에는 "나라가 사치하면 씀씀이가 낭비되고, 씀씀이가 낭비되면 백성이 가난해지고, 백성이 가난하면 간사한 꾀가 생기고, 간사한 꾀가 생기면 사특함과 간교함이 일어난다. 그러므로 간사함과 사특함이 생겨나는 것은 모두 넉넉지 못한 데에서 생기고, 넉넉지 못함이 생기는 것은 사치에서 생기고, 사치가 생겨나는 것은 무도(無度)함에서 생겨난다. 그러므로 말하길, '도량(度量)을 살피고, 의복을 절약하며, 재용을 검소하게 하고, 사치를 금하는 것이 나라의 급선무가 된다.'라고 했다."라고 했다.

"國以民爲本"者, 「注」以"愛人", 人指民言. 避下句"民"字, 故言人耳. 『穀梁』「桓」十年「傳」, "民者, 君之本也." 君主乎國, 故國以民爲本. "愛養"者, 養謂制民之産, 有以養民, 乃爲愛也. 『說苑』「政理篇」, "武王問於太公曰: '治國之道若何?' 太公對曰: '治國之道, 愛民而已.' 曰: '愛民若何?' 曰: '利之而勿害, 成之勿敗, 生之勿殺, 與之勿奪, 樂之勿苦, 喜之勿怒. 此治

---

267 『설문해자』 권5: 절(節)은 대나무 마디[竹約]이다. 죽(竹)으로 구성되었고, 즉(卽)이 발음을 낸다. 자(子)와 결(結)의 반절음이다.[節, 竹約也. 從竹卽聲. 子結切.]

268 『신서』 권8, 「도술」.

269 『주역』 「절(節)·단(彖)」.

270 『설문해자』 권12: 사(奢)는 펼친다[張]는 뜻이다. 대(大)로 구성되었고, 자(者)가 발음을 나타낸다. 사(奢)부에 속하는 한자는 모두 사(奢)의 의미를 따른다. 차(奓)는 주문(籀文)이다. 신(申)과 차(嗟)의 반절음이다.[奢, 張也. 從大者聲. 凡奢之屬皆從奢. 奓, 籀文. 申嗟反.]

國之道, 使民之誼也. 民失其所務, 則害之也, 農失其時, 則敗之也, 有罪者重其罰, 則殺之也, 重賦斂者, 則奪之也. 多徭役以罷民力, 則苦之也, 勞而擾之, 則怒之也.'"是皆言治國者當愛民也. 劉氏逢祿『論語述何篇』解此文云: "人謂大臣·群臣. 『易』「訟」二爻'邑人三百戶', 擧大數, 謂天子上大夫受地視侯也." 此以下文言民, 則人非民. 故解爲"大臣·群臣." 於義亦通.

역문 "나라는 백성을 근본으로 삼는다[國以民爲本]"

　"사람을 사랑함[愛人]"에 대한 「주」인데, 이때의 사람[人]은 백성[民]을 가리켜 한 말이다. 아래 구절의 "민(民)" 자를 피하기 위해 의도적으로 인(人)이라고 말한 것일 뿐이다. 『춘추곡량전(春秋穀梁傳)』「환공(桓公)」12년의 「전」에 "백성은 임금의 근본이다."라고 했는데, 임금은 나라의 주가 되기 때문에 나라는 백성을 근본으로 삼는다. "애양(愛養)"에서 양(養)이란 백성들의 생업을 제정해서 백성을 기르니 결국 사랑[愛]이 된다. 『설원』「정리(政理)」에, "무왕(武王)이 태공(太公)에게 다음과 같이 물었다. '나라를 다스리는 도리는 어떠해야 합니까?' 태공이 대답했다. '나라를 다스리는 도리는 백성을 사랑하는 것일 뿐입니다.' '백성을 어떻게 사랑해야 합니까?' '이롭게 해 주고 해치지 말며, 이루어 주고 무너뜨리지 말며, 살려 주고 죽이지 말며, 주고 빼앗지 말며, 즐겁게 해 주고 괴롭히지 말며, 기쁘게 해 주고 분노하지 않게 하는 것입니다. 이것이 나라를 다스리는 도리이며, 백성을 부리는 의리입니다. 백성들이 농사일을 잃게 하면 해치는 것이고, 농사에 제철을 잃게 하면 무너뜨리는 것이고, 죄가 있는 자라고 해서 벌을 무겁게 내리면 죽이는 것이고, 세금 거두는 것을 무겁게 하면 빼앗는 것이고, 부역을 많게 해서 백성들의 힘을 피로하게 하면 괴롭히는 것이고, 수고롭게 하고 소란시키면 분노하게 하는 것입니다."라고 했는데, 이는 모두 나라를 다스리는 자가 마땅히 백성을 사랑해야 함을 말한 것이다. 유봉록(劉逢祿)[271]은 『논어술하편(論

語述何篇)』에서 이 문장을 해석하면서, "인(人)은 대신(大臣)과 군신(群臣)을 이른다. 『주역』「송괘(訟卦)」구이효(九二爻)에 '읍 사람 3백 호'라고 하여 큰 수만 들었는데, 이는 천자의 상대부가 후(侯)에 견주어 땅을 받음을 말한 것이다."라고 했다. 이 이하의 문장에서 민(民)을 말한 것은 사람[人]이지, 백성[民]이 아니다. 그러므로 "대신·군신"이라고 해석하였는데, 의미상 역시 통한다.

- 「注」, "作使"至"農務".
- 正義曰: "作"如"動作"之"作". 邢「疏」云: "'作使民必以其時'者, 謂築都邑城郭也. 『春秋』「莊」二十九年左氏「傳」, '凡土功, 龍見而畢務, 戒事也.'「注」云: '謂今九月, 周十一月. 龍星角亢, 晨見東方, 三務始畢, 戒民以土功事.' '火見而致用',「注」云: '大火, 心星, 次角亢見者, 致築作之物.' '水昏而正裁',「注」云: '謂今十月, 定星昏而中, 於是樹板幹興作.' '日至而畢',「注」云: '日南至, 微陽始動, 故土功息.' 若其門·戶·道·橋·城·郭·牆·塹, 有所損壞, 則特隨壞時修之. 故僖二十年『左傳』曰: '凡啓塞, 從時.' 是也."

○ 「주」의 "작사(作使)"부터 "농무(農務)"까지.

○ 정의에서 말한다.

　"작(作)"은 "동작(動作)"이라고 할 때의 "작(作)"과 같다. 형병의 「소」에서 이르길, "'공적인 일을 일으켜 백성을 부릴 때에는 반드시 적당한 시기를 이용한다.'라는 것은 도읍의 성곽을

271　유봉록(劉逢祿, 1776~1829): 중국 청나라 강소 상주(常州) 사람. 자는 신수(申受) 또는 신보(申甫)이고, 호는 사오거사(思誤居士)이다. 외조부 장존여(莊存與)와 외삼촌 장술조(莊述祖)에게서 『춘추공양전』을 배웠다. 동중서(董仲舒)와 하휴(何休)의 금문경학(今文經學)을 종주로 삼고, 고문경학자를 비판했다. 저서에 『춘추공양해고(春秋公羊解詁)』와 『공양하씨석례(公羊何氏釋例)』, 『공양춘추하씨답난(公羊春秋何氏答難)』, 『신하난정(申何難鄭)』, 『의례결옥(議禮決獄)』, 『중용숭례론(中庸崇禮論)』, 『좌씨춘추고증(左氏春秋考證)』, 『유례부집(劉禮部集)』 등이 있다. 강유위(康有爲), 양계초(梁啓超)가 학맥을 이었다.

축조함을 이른다. 『춘추』「장공(莊公)」 29년 좌씨(左氏)의 「전」에 '모든 토목 공사는 용성(龍星)이 나타나는 시기에 농사일이 끝나니 그때에 일을 착수한다.'라고 했는데, 이곳의 주석에 '지금의 9월을 말하는 것이니, 주의 월력으로 11월이다. 용성인 각성(角星)과 항성(亢星)이 새벽에 동방에 나타나면 삼무(三務: 봄·여름·가을, 세 철의 농사일)가 비로소 끝나므로 백성들에게 토공[土功: 치수(治水)·축성(築城) 등의 공사]의 일을 준비하도록 명한다.'라고 했고, '화성(火星)이 동방에 출현하면 공사에 필요한 도구들을 공사장에 갖다 둔다.'라고 한 곳의 「주」에 '대화(大火)는 심성(心星)이다. 심성이 각성과 항성의 위치에 머물러 새벽에 출현하면 축성 작업에 필요한 물건들을 공사장에 갖다 둔다.'라고 했으며, '수성(水星)이 초저녁에 남방에 보이면 축조하기 위해 판자를 세운다.'라고 한 주에 '지금의 10월에 정성[定星: 방성(房星)]이 초저녁에 남방에 출현하니, 이때가 되면 판자와 버팀목을 세우고서 공사를 시작한다.'라고 했고, '동지가 되면 공사를 끝마친다.'라고 한 「주」에 '동지가 되면 미약한 양(陽)이 비로소 발동(發動)하기 때문에 토목 공사를 중지한다.'라고 했다. 만약 문(門)·호(戶)·도로·교량·성(城)·곽(郭)·담장·해자가 파손되고 무너진 곳이 있으면 무너진 즉시 보수해야 한다. 그러므로 『춘추좌씨전』「희공(僖公)」 20년에 '모든 계(啓: 문·호·도로·교량)와 색(塞: 성·곽·담장·해자)이 파손되고 무너지면 즉시 보수한다.'라고 한 것이 이것이다."

원문 案, 邢「疏」謂"損壞隨時修之", 是動小工, 不必須農隙也.『左』「隱」五年「傳」言治兵振旅, 蒐田獵狩, 皆於農隙以講事, 謂講武事, 此使民大者. 春秋時, 兵爭之禍亟, 日事徵調, 多違農時, 尤治國所宜戒也.

역문 살펴보니, 형병의 「소」에서 "파손되고 무너지면 즉시 보수한다."라고 한 것은 작은 공사에 사람을 동원하는 것이니, 굳이 농한기를 기다릴 필요는 없다. 『춘추좌씨전』「은공」 5년의 「전」에 군대를 잘 정돈해서 수렵과 사냥한 것에 대해 말했는데, 모두 농한기 때 익힌 일로서 군사 훈련을 익힌 일을 말한 것이니, 이것은 백성을 크게 부리는 일이다. 춘추시대에는 전쟁의 화가 잦아 날마다 군대와 군량을 징발하여 농사 시기를 어기는 경우가 많았으니, 더욱 나라를 다스림에 경계해야 하는 것이다.

1-6

子曰: "弟子入則孝, 出則弟, 謹而信, 泛愛衆而親仁. 行有餘力, 則以學文." 【注】馬曰: "文者, 古之遺文."

공자가 말했다. "젊은이는 들어가서는 부모에게 효도하고, 나가서는 어른에게 공손하며, 행실을 삼가고 말을 진실하게 하며, 널리 민중을 사랑하면서 인자(仁者)를 가까이해야 한다. 이것을 실천하고 남은 힘이 있으면, 옛사람이 남긴 문헌을 배워야 한다."
【주】마융이 말했다. "문(文)이란 옛사람이 남긴 문헌이다."

● 正義曰: "弟子"者, 對父兄之稱, 謂人幼小時爲弟爲子時也. 『儀禮』「特牲饋食禮」「注」, "弟子, 後生也."「大射儀」「注」, "弟子, 其少者也."

○ 정의에서 말한다.

"제자(弟子)"란 부형(父兄)에 상대되는 호칭이니, 사람이 어리고 젊을 때가 제(弟)가 되고 자(子)가 되는 때이다. 『의례』「특생궤사례(特牲饋食禮)」의 「주」에 "제자(弟子)는 후생(後生)이다."[272]라고 했고, 「대사의(大射儀)」「주」에서는 "제자(弟子)는 소자(少者)이다."[273]

---

272 『의례주소(儀禮注疏)』 권15, 「특생궤사례(特牲饋食禮)」의 "형제와 제자들이 술잔을 씻어 동쪽의 술단지[尊]에서 술을 따라 동쪽 계단 앞에서 북면한다.[兄弟弟子, 洗酌于東方之尊, 阼階前北面.]"라고 한 곳의 정현의 「주」.

라고 했다.

원문 "入則孝, 出則弟"者, 『禮』「內則」云: "異爲孺子室於宮中." 是父子異宮, 則
入謂由所居室至父母所也.「內則」又云: "十年出就外傅, 居宿於外."『大戴
禮』「保傅」云: "古者八歲而出就外舍, 學小藝焉, 履小節焉. 束髮而就大
學, 學大藝焉, 履大節焉." 是出謂就傅, 居小學・大學時也. "弟"者, 言事
諸兄・師長, 皆弟順也. 敎弟子先以孝弟者, 『孟子』言"孩提之童, 無不知
愛其親, 及其長也, 無不知敬其兄." 是孝弟本人所自具, 因弟子天性未離
而敎導之.「曲禮」・「內則」・「少儀」・「弟子職」所述, 皆其法也. 諸言
"則"者, 急辭也.

역문 "들어가서는 부모께 효도하고, 나가서는 어른에게 공손함[入則孝, 出則
弟]"

『예기』「내칙」에 "집에 어린아이 방을 따로 마련한다."라고 했는데,
이는 부모와 자식이 집을 달리하는 경우이니, 들어감[入]이란 거처하는
방에서 부모의 처소에 다다름을 이른다.「내칙」에서는 또 "10세가 되면,
밖의 스승에게 나아가서 바깥에서 기숙한다."라고 했고, 『대대례』「보부」
에는 "옛날에 8세가 되면 외사(外舍)로 나아가서 소예(小藝)를 배우고 작
은 예절을 실천했으며, 속발(束髮)한 뒤 태학으로 나아가 대예(大藝)를 배
우고 큰 예절을 실천했다."라고 했는데, 이때의 나감[出]이란 스승에게
감을 말하는 것이니, 소학이나 태학에 있을 때이다. "제(弟)"는 여러 형

---

273 『의례주소』 권7,「대사의(大射儀)」의 "승리한 쪽의 제자들이 술잔을 씻어 당 위에 올라서
방호주를 따라서 남면하고 앉아 술잔을 받침대 위에 올려놓는다.[勝者之弟子, 洗觶升酌散南
面坐, 奠于豊上.]"라고 한 곳의 정현의 「주」.

이나 스승과 나이 많은 어른을 섬김이 모두 공순해야 함을 말한다. 제자를 가르칠 때 우선 효제(孝弟)로써 하는 것은, 『맹자』에 "두세 살 먹은 아이라도 그 어버이를 사랑할 줄 모르는 이가 없으며, 장성해서는 그 형을 공경할 줄 모르는 이가 없다."[274]라고 했으니, 이는 효제가 본래 사람이 태어날 때부터 갖추고 있다는 것이므로, 제자의 천성이 아직 떠나지 않았을 때를 인하여 가르치고 인도해야 하기 때문이다. 「곡례」·「내칙」·「소의(少儀)」·「제자직(弟子職)」에서 설명하는 것은 모두 그 방법이다. 여러 번 언급한 "즉(則)"은 재빨리 그렇게 한다는 말[急辭]이다.

원문 "謹而信"者. 『詩』「民勞」「箋」, "謹, 猶愼也." 謹於事見, 信於言見也.

역문 "행실을 삼가고 말을 진실하게 함[謹而信]"

『모시주소』「민로(民勞)」의 「전」에 "근(謹)은 삼감[愼]과 같다."라고 했으니, 일로 나타낼 때 삼가고 말로 나타낼 때 진실하게 함이다.

원문 "汎愛衆而親仁"者, 『說文』, "汎, 浮貌." 引申爲普遍之義. 『廣雅』「釋言」, "汎, 博也." 『左』「襄」二十八年「傳」引此文作"氾愛", 『說文』, "氾, 濫也." 義亦通. 『爾雅』「釋詁」, "衆, 多也." 「周語」, "人三爲衆." 引申之, 人在衆中, 無以表異於人, 亦得稱衆. 仁則衆中之賢者也. 『廣雅』「釋詁」, "親, 近也." 君子尊賢而容衆, 故於衆人使弟子汎愛之, 所以養治其血氣, 而導以善厚之敎, 又使之親近仁者, 令有所觀感也.

역문 "널리 민중을 사랑하면서 인자를 가까이함[汎愛衆而親仁]"

『설문해자』에 "범(汎)은 떠 있는 모양[浮貌]이다."[275]라고 했는데, 이 뜻

---

274 『맹자』「진심상」.
275 『설문해자』 권11: 범(𣲊)은 떠 있는 모양[浮皃]이다. 수(水)로 구성되었고, 궤(几)가 발음을

이 모든 것에 두루 미치거나 통한다[普遍]는 뜻으로 확장되었다. 『광아』
「석언」에는 "범(汎)은 넓음[博]이다."라고 했다. 『춘추좌씨전』「양공」 28년
의 「전」에 이 문장을 인용하면서 "범애(氾愛)"라고 했는데, 『설문해자』에
"범(氾)은 퍼짐[濫]이다."²⁷⁶라고 했으니, 의미가 역시 통한다. 『이아』「석
고」에 "중(衆)은 많음[多]이다."라고 했고, 「주어」에는 "3인이 중(衆)이 된
다."²⁷⁷라고 했는데, 이 뜻이 확장된 것이니, 사람이 무리 가운데 있으면
서 특별히 남과 차이남이 없으면 또한 중(衆)이라 일컬을 수 있다. 인(仁)
은 무리 중에서 현자인 사람이다. 『광아』「석고」에 "친(親)은 가까움[近]
이다."라고 했다. 군자는 현자를 높이고 민중을 포용하기 때문에 뭇사
람들에 대해 제자들로 하여금 널리 그들을 사랑하게 한 것이니, 이는 그
들의 혈기를 기르고 다스리면서 선하고 온후한 가르침으로 인도하기 위
함이었으며, 또한 그들로 하여금 인자와 친하게 함으로써 보고 교감됨
이 있게 하기 위한 것이었다.

원문 『大戴禮』「保傅」云: "故孩提, 三公三少固明孝仁禮義, 以導習之也. 逐
去邪人, 不使見惡行. 於是比選天下端士, 閑博有道術者, 以輔翼之, 使之
與太子居處出入. 故太子乃目見正事, 聞正言, 行正道, 左視右視, 前後皆
正人. 夫習與正人居, 不能不正也. 猶生長於楚, 不能不楚言也." 亦言敎太
子當孩提時宜近正人, 此敎弟子親仁之意也.

역문 『대대례』「보부」에, "그러므로 두세 살 먹은 어린아이일 때 삼공(三公)

나타낸다. 부(孚)와 범(梵)의 반절음이다.[氾, 浮皃. 從水几聲. 孚梵切.]

276 『설문해자』 권11: 범(氾)은 퍼짐[濫]이다. 수(水)로 구성되었고, 절(巳)이 발음을 나타낸다.
부(孚)와 범(梵)의 반절음이다.[氾, 濫也. 從水巳聲. 孚梵切.]

277 『국어』 권1, 「주어상(周語上)」.

과 삼소(三少)는 본래부터 효(孝)·인(仁)·예(禮)·의(義)를 밝히고, 인도
하여 익히도록 하는 것이다. 사악한 사람을 쫓아 버리고 악행을 보지 못
하게 해야 한다. 이에 천하의 반듯한 선비와 견문이 넓고 학술이 있는
인물을 뽑아서 태자(太子)를 보필하게 하고 그들로 하여금 태자와 함께
거처하고 출입하도록 했다. 그러므로 태자는 눈으로는 올바른 일만 보
고, 귀로는 올바른 말만 듣고, 올바른 도리만 행하였으니, 이는 좌를 보
든 우를 보든, 앞이든 뒤이든 모두가 바른 사람이었기 때문이다. 대개
올바른 사람과 늘 함께 지내기를 익히면 바르지 않을 수 없으니, 이것은
초(楚)나라에서 태어나고 자라면 초나라 말을 할 수밖에 없는 것과 같
다."라고 했는데, 역시 태자로 하여금 두세 살 난 어린아이일 때부터 마
땅히 올바른 사람과 가까이하게 해야 함을 말한 것이니, 이것이 제자들
로 하여금 인자와 친하게 하는 의의이다.

원문 "行有餘力, 則以學文"者, 皇「疏」云: "行者, 所以行事已畢之跡也." 『說
文』, "餘, 饒也." 凌氏鳴喈『論語解義』, "有餘力, 謂童子精力有餘也." 「曲
禮」云: "人生十年曰幼學." 「內則」云: "十年學書計, 朝夕學幼儀, 請肄簡
諒. 十有三年, 學樂·誦詩·舞勺, 成童舞象." 是古敎幼學之法. 此言"行有餘
力, 則以學文", 亦是學幼儀旣畢, 仍令學文也. 言有餘力學文, 則無餘力不
得學文可知. 先之以孝弟諸行, 而學文後之者, 文有理誼, 非童子所知. 若
敎成人, 則百行皆所當謹, 非敎術所能徧及. 故惟冀其博文, 以求自得之而
已. 此夫子四敎, 先文後行, 與此言敎弟子法異也.

역문 "이렇게 실천하고 남은 힘이 있으면, 옛사람이 남긴 문헌을 배워야 한
다[行有餘力, 則以學文]"

황간의 「소」에 "행(行)이란 일을 행하고 이미 마친 흔적이다."[278]라고

했다. 『설문해자』에 "여(餘)는 넉넉함[饒]이다."[279]라고 했다. 능명개(凌鳴喈)[280]의 『논어해의』에는 "남은 힘이 있다[有餘力]는 것은 동자의 정력이 남음이 있다는 말이다."라고 했다. 「곡례」에 "사람이 태어나 10세가 된 자를 '유(幼)'라 하니 학문을 익힌다."[281]라고 했고, 「내칙」에는 "10세가 되면 글과 셈을 배우며, 아침저녁으로 어린이의 예의범절을 배우되 간략하고 진실한 것을 청하여 익힌다. 열세 살이 되면 음악을 배우고, 시(詩)를 외며, 작시(勺詩)에 맞추어 춤을 추고,[282] 성동(成童: 15세)이 되면 상(象)을 연주하며 춤을 춘다."라고 했는데, 이것이 옛날 어린이에게 학문을 가르치는 법이었다. 여기에서 말한 "실천하고 남은 힘이 있으면, 글을 배움" 역시 어린이의 예의범절 배우기를 이미 마쳤으면 이어서 글을 배우게 한 것이다. 남은 힘이 있으면 글을 배운다고 말했으니, 여력이 없으면 글을 배울 수 없다는 것은 알 수 있다. 효제 등의 여러 행실을 먼저 하고 글 배우기를 뒤에 하는 것은 글에는 이치와 도리가 있어서 어린아이가 알 수 있는 것이 아니기 때문이다. 성인의 가르침으로 말할 것 같으면 온갖 행실을 모두 마땅히 삼가야 하니, 가르치는 기술만으로는 두루 미칠 수 있는 것이 아니다. 그러므로 오직 옛사람이 남긴 문헌을 널리 배워 지식이 넓어지도록 도와 스스로 터득하기를 요구할 뿐이다.

---

278 『논어집해의소』 권1, 「논어학이제1」.

279 『설문해자』 권5: 여(餘)는 넉넉함[饒]이다. 식(食)으로 구성되었고, 여(余)가 발음을 나타낸다. 이(以)와 제(諸)의 반절음이다.[餘, 饒也. 從食余聲. 以諸切.]

280 능명개(凌鳴喈, ?~?): 중국 청나라 건륭에서 도광 시기 오정[烏程: 지금의 절강(浙江) 호주(湖州)] 사람이다. 자는 체원(體元), 호는 박재(泊齋)이다.

281 『예기』 「곡례상」.

282 무작(舞勺): 작시(勺詩)에 맞추어 춤을 추는 것으로 13세를 가리킨다. 작(勺)은 작(酌)으로도 쓰는데, 『시경』 「주송(周頌)·작(酌)」을 이른다.

그런데 이 공자의 네 가지 가르침은 글을 앞세우고 행실을 뒤로 한 것이
니,[283] 여기에서 말하는 제자를 가르치는 방법과는 다르다.

- 「注」, "文者, 古之遺文."
- 正義曰: 凡文皆古人所遺, 故言"遺文". 馬以弟子所學, 別有一書, 如「弟子職」之類, 後或失
  傳, 故祇言古之遺文而已. 鄭「注」云: "文, 道藝也."『周官』「保氏」, "養國子以道, 乃敎之六
  藝. 一曰五禮, 二曰六樂, 三曰五射, 四曰五馭, 五曰六書, 六曰九數." 是"藝"爲"六藝"也. "藝"
  所以載道, 故「注」"道藝"連文, 其義與馬氏竝通也.

○ 「주」의 "문(文)이란 옛사람이 남긴 문헌이다."

○ 정의에서 말한다.

모든 글은 다 옛사람이 남긴 것이므로, "남긴 문헌[遺文]"이라고 했다. 마융은 제자들이 배울
때 별도로 일종의 책, 예를 들면 「제자직」과 같은 종류의 책이 있었지만, 후대에 혹 실전(失
傳)되었기 때문에 단지 옛사람이 남긴 문헌이라고만 말했을 뿐이다. 정현의 「주」에는 "문은
도예(道藝)이다."[284]라고 했다. 『주례』「지관사도하(地官司徒下)·보씨(保氏)」에 "공·경·
대부의 아들들[國子]을 도로써 양성하는데, 육예(六藝)[285]를 가르친다. 육예란, 첫째는 오례
(五禮)[286]이고, 둘째는 육악(六樂),[287] 셋째는 오사(五射),[288] 넷째는 오어(五馭),[289] 다섯째

---

283 『논어』「술이」: 공자는 네 가지를 가지고 가르쳤으니, 문(文)과 행(行)과 충(忠)과 신(信)이
   었다.[子以四敎, 文·行·忠·信.]

284 『논어주소』권1, 「학이제1」와 『경전석문』권24, 「논어음의·학이제1」에 보인다.

285 육예(六藝): 예(禮)·악(樂)·사(射)·어(御)·서(書)·수(數).

286 오례(五禮): 나라에서 지내던 5가지 의례(儀禮). 길례(吉禮), 흉례(凶禮), 군례(軍禮), 빈례
   (殯禮), 가례(嘉禮).

287 육악(六樂): 중국 주대에 있었다는 황제(黃帝) 이하(以下) 6대의 무악(舞樂). 황제악(黃帝
   樂), 요제악(堯帝樂), 순제악(舜帝樂), 우왕악(禹王樂), 탕왕악(湯王樂), 무왕악(武王樂).

288 오사(五射): 5가지 활쏘는 방법. 오사(五射), 백시(白矢), 삼련(三連), 섬주(剡注), 양척(襄
   尺), 정의(井儀).

289 오어(五馭): 5가지 수레를 모는 방법. 명화란(鳴和鸞), 축수곡(逐水曲), 과군표(過君表), 무

는 육서(六書),[290] 여섯째는 구수(九數)[291]이다."라고 했는데, 여기서의 "예(藝)"란 "육예"이다. "예(藝)"는 도(道)를 싣는 것이므로 「주」에서 "도예(道藝)" 두 글자를 이어 붙였으니, 그 뜻이 마융의 설과 함께 통한다.

1-7

子夏曰: "賢賢易色, 【注】孔曰: "子夏, 弟子卜商也. 言以好色之心好賢則善." 事父母, 能竭其力; 事君, 能致其身: 【注】孔曰: "盡忠節不愛其身." 與朋友交, 言而有信. 雖曰未學, 吾必謂之學矣."

자하(子夏)가 말했다. "현자(賢者)를 현자로 대하되 여색(女色)을 좋아하는 것처럼 하고, 【주】공안국이 말했다. "자하는 제자인 복상(卜商)이다. 여색을 좋아하는 마음으로 현자를 좋아하면 선(善)하다는 말이다." 부모를 섬기되 그 힘을 다하며, 임금을 섬기되 그 몸을 바치며, 【주】공안국이 말했다. "충절을 다하고 자기 몸을 아끼지 않음이다." 벗과 사귀되 말을 함에 진실함이 있으면 아직 배우지 않았다 말하더라도 나는 반드시 그를 배웠다고 이를 것이다."

원문 正義曰: 『周官』「大宰」鄭「注」云: "賢, 有善行也." "賢賢"者, 謂於人之

교구(舞交衢), 축금좌(逐禽左).

290 육서(六書): 상형(象形), 회의(會意), 전주(轉注), 처사(處事), 가차(假借), 형성(形聲).

291 구수(九數): 9가지 산술법. 구장산술(九章算術)이라고도 한다. 방전(方田), 속포(粟布), 최분(衰分), 소광(少廣), 상공(商功), 균수(均輸), 영육(盈朒), 방정(方程), 구고(句股).

賢者賢之, 猶言親親・長長也. 宋氏翔鳳『樸學齋札記』, "三代之學, 皆明人倫, 賢賢易色, 明夫婦之倫也. 『毛詩』「序」云: '「周南」・「召南」, 正始之道, 王化之基, 是以「關雎」樂得淑女以配君子, 愛在進賢, 不淫其色, 哀窈窕, 思賢才, 而無傷善之心焉, 是「關雎」之義也.' 此賢賢易色, 指夫婦之切證." 陳氏祖範『經咫』・管氏同『四書紀聞』略同.

역문 정의에서 말한다.

『주관』「태재」 정현의 「주」에 "현인은 선한 행실이 있다."[292]라고 했다. "현현(賢賢)"이란, 다른 사람 중에 현명함을 현명하게 대함이니, 친한 이를 친히 대하고[親親], 어른을 어른으로 대한다[長長]는 말과 같다. 송상봉의 『박학재찰기(樸學齋札記)』에 "삼대의 학문은 모두 인륜을 밝혔으니, 현명함을 현명하게 대하되 여색을 가볍게 여기는 것은 부부의 윤리를 밝힌 것이다. 『모시』「서」에서 이르길, '「주남(周南)」・「소남(召南)」은 시작을 바로잡는 도이고, 제왕이 교화하는 기초이다. 그러므로 「관저」는 숙녀를 얻어 군자에 짝지어 줌을 즐거워하고 현자를 등용함을 걱정할 뿐, 여색에 빠지지 않으며, 요조숙녀를 애틋하게 찾고 현명한 인재를 사모하면서도 선을 손상시키려는 마음이 없으니, 이것이 「관저」의 의의이다.'라고 했으니, 여기서의 현명함을 현명하게 여기고 여색을 가볍게 여기는 것은 부부를 가리키는 절대적인 증거이다."라고 했다. 진조범(陳祖範)[293]의 『경지(經咫)』・관동(管同)[294]의 『사서기문(四書紀聞)』의 내용도 대

---

292 『주례주소』 권2, 「천관총재상・태재」의 정현의 「주」.

293 진조범(陳祖範, 1675~1753): 중국 청나라 때의 경학자. 자는 역한(亦韓)이고, 호는 견복(見復)이다. 강소 상숙(常熟) 사람으로 건륭(乾隆) 연간에 경학으로 천거를 받아 국자감(國子監) 사업(司業)을 지냈다. 자양서원(紫陽書院)과 운룡서원(雲龍書院), 경부서원(敬敷書院), 안정서원(安定書院) 등의 주강(主講)을 지냈다. 저서에 『경지(經咫)』와 『장록(掌錄)』, 『진사업시문집(陳司業詩文集)』 등이 있다.

략 같다.

원문 今案, 夫婦爲人倫之始. 故此文敍於事父母·事君之前. 『漢書』「李尋傳」引
此文, 顔師古「注」, "易色, 輕略於色, 不貴之也." 『公羊』「文」十二年「傳」,
"俾君子易怠." 何休「注」, "易怠, 猶輕惰也." 是"易"有輕略之義. 又『廣雅』
「釋言」, "易, 如也." 王氏念孫『疏證』引之云: "『論語』'賢賢易色', '易'者,
如也, 猶言好德如好色也." 此訓亦通.

역문 지금 살펴보니, 부부는 인류의 시작이 된다. 그러므로 이 문장을 부모
를 섬기고 임금을 섬기는 문장보다 앞에 서술하였다. 『전한서』「이심전
(李尋傳)」에 이 문장을 인용하였는데, 안사고(顔師古)[295]의 「주」에 "이색(易
色)은 여색을 가볍고 소홀히 여김이니 귀하게 여기지 않는 것이다."라고
했고, 『춘추공양전』「문공(文公)」 12년 「전」에는 "군자로 하여금 쉽게 태
만하게 한다."라고 했는데, 하휴(何休)[296]의 「주」에, "쉽게 태만해짐[易怠]

---

294 관동(管同, 1785~1831): 자는 이지(異之). 강소 상원(上元) 사람으로 동성학파(桐城學派)의
창시자인 요내(姚鼐)에게 고문(古文)을 배웠다. 저서에 『인기헌시문집(因寄軒詩文集)』과
『칠경기문(七經紀聞)』, 『맹자연보(孟子年譜)』, 『문중자고(文中子考)』 등이 있다.

295 안사고(顔師古, 581~645): 중국 당나라 초기 경조(京兆) 만년(萬年) 사람. 『안씨가훈(顔氏
家訓)』의 저자 안지추(顔之推)의 손자이고, 고훈에 뛰어났던 안사로(顔思魯)의 아들이다.
이름은 주(籀)인데, 자로 행세했다. 자는 사고(思古)로도 쓴다. 일찍이 황명을 받아 비서성
(秘書省)에서 오경(五經)의 문자(文字)를 고정(考定)하여 『오경정본(五經定本)』을 편찬했
고, 공영달 등과 『오경정의(五經正義)』를 찬정했다. 『대당의례(大唐儀禮)』의 수찬에 참여
하고, 그 후 『전한서(前漢書)』에 주석을 가함으로써 이전의 여러 주석을 집대성했다. 『전한
서』의 주석은 그의 문자학과 역사학의 온축으로, 오늘날도 『전한서』 해석의 중요한 근거가
된다. 저서에 『모시국풍정본(毛詩國風定本)』과 『자양(字樣)』, 『오례(五禮)』, 『광류정속(匡
謬正俗)』, 『수서(隋書)』 등이 있다.

296 하휴(何休, 129~182): 중국 후한 말기 임성(任城) 번현(樊縣) 사람. 자는 소공(邵公)으로 육
경(六經)을 깊이 연구하여 어느 학자도 따라오지 못했다. 15년의 각고 끝에 『춘추공양해고

이란 경박하고 태만함[輕惰]이다."라고 했으니, 여기서의 "이(易)"자는 가볍고 소홀히 여긴다는 뜻이 있다. 또 『광아』 「석언」에는 "이(易)는 같음[如]이다."라고 했는데, 왕염손(王念孫)[297]의 『광아소증(廣雅疏證)』에는 이것을 인용하면서 "『논어』 '현현이색(賢賢易色)'의 '이(易)'는 같음이니, 덕을 좋아하기를 여색을 좋아하는 것처럼 한다는 말이다."라고 했는데 이 해석 역시 통한다.

원문 "事父母能竭其力"者, 「曲禮」記, "生曰父曰母." 『說文』, "父, 矩也. 家長率敎者. 從又擧杖. 母, 牧也. 從女, 象懷子形. 一曰象乳子也." 『說文』又云: "竭, 負擧也." 負擧者必盡力, 故竭又訓盡. 此文義得兼之. 「曾子本孝」云: "庶人之孝也, 以力惡食." 盧辯「注」, "分地任力致甘美." 又「曾子大孝」云: "小孝用力, 慈愛忘勞, 可謂用力矣." 孔氏廣森 『補注』, "庶人之孝, 『孟子』「萬章篇」言舜事云: '我竭力耕田, 供爲子職而已矣.' 是'竭力' 爲庶人孝養之事也."

(春秋公羊解詁)』를 완성했다. 이 책은 『춘추공양전』을 바탕으로 『춘추』의 미언대의(微言大義)를 기술한 것이다. 그의 공양학은 한나라 경제(景帝) 때의 박사(博士) 호무생(胡母生)에서 비롯되어 동중서를 거쳐 그에게 이어진 것으로, 청나라 말에 이르러 금문공양학(今文公羊學)으로 개화했다. 그 밖의 저서에 『공양묵수(公羊墨守)』와 『좌씨고맹(左氏膏肓)』, 『곡량폐질(穀梁廢疾)』 등이 있었지만, 모두 없어지고, 편집본이 일부 남아 있다.

297 왕염손(王念孫, 1744~1832): 강소 고우(高郵) 사람. 자는 회조(懷祖)이고, 호는 석구(石臞)이다. 청나라 고증학의 정맥을 이었다. 황하(黃河)의 수로에 대해 깊이 연구하여 『도하의(導河議)』 상하편을 저술했다. 훈고(訓詁) 및 교정에 뛰어나 단옥재와 더불어 '단왕(段王)'이라 불렸고, 귀납법과 연역법을 결합하여 실사구시(實事求是)를 추구했다. 고음학(古音學) 분야의 저서로 『시경군경초사운보(詩經群經楚辭韻譜)』와 『광아소증(廣雅疏證)』 등이 있고, 그 밖의 저서에 『독서잡기(讀書雜誌)』와 『군경자류(群經字類)』, 『일주서잡지(逸周書雜誌)』 등이 있다. 또 『왕석구선생유문(王石臞先生遺文)』과 『정해시초(丁亥詩鈔)』가 있다.

역문 "부모를 섬기되 그 힘을 다함[事父母能竭其力]"

「곡례」에 "생존해 계실 때에는 부(父)라 하고 모(母)라 한다."[298]라고 했고, 『설문해자』에는 "부(父)는 법[矩]이다. 가장으로서 (식솔을) 이끌고 가르치는 자이다. 손에 막대기를 들고 있는 모습으로 구성되었다. 모(母)는 기른다[牧]는 뜻이다. 여(女)로 구성되었고, 여자가 임신한 모습을 형상하였다. 한편으로는 자식에게 젖 먹이는 모습을 형상화했다고도 한다."[299]라고 했다. 『설문해자』에는 또 "갈(竭)은 지고 든다[負擧]는 뜻이다."[300] 지고 드는 것은 반드시 힘을 다해야 하기 때문에 갈(竭)은 또 다함[盡]으로 해석한다. 이 글자의 뜻은 두 가지를 다 겸할 수 있다. 『대대례』「증자본효(曾子本孝)」에서 이르길, "서인의 효는 보잘것없는 음식이라도 공양하는 데 힘쓴다."라고 했는데, 노변(盧辯)[301]의 「주」에 "땅의 이(利)를 분별하고 힘을 다해 맛있는 음식을 모두 장만한다."라고 했다. 또 『대대례』「증자대효(曾子大孝)」에 "작은 효는 힘을 쓰는 것이니, 부모님의 사랑을 생각해서 수고로움을 잊는다면 힘을 쓴다고 할 만하다."[302]라

---

298 『예기』「곡례하(曲禮下)」.

299 『설문해자』 권3: 부(𠦜)는 법[矩]이다. 가장으로서 (식솔을) 이끌고 가르치는 자이다. 손에 막대기를 들고 있는 모습으로 구성되었다. 부(扶)와 우(雨)의 반절음이다.[𠦜, 矩也, 家長率教者. 扶雨切.]

『설문해자』 권12: 모(𣫚)는 기른다[牧]는 뜻이다. 여(女)로 구성되었고, 여자가 임신한 모습을 형상하였다. 한편으로는 자식에게 젖 먹이는 모습을 형상하였다고도 한다. 막(莫)과 후(后)의 반절음이다.[𣫚, 牧也, 從女, 象懷子形. 一曰象乳子也. 莫后切.]

300 『설문해자』 권10: 갈(竭)은 지고 든다[負擧]는 뜻이다. 입(立)으로 구성되었고, 갈(曷)이 발음을 나타낸다. 거(渠)와 열(列)의 반절음이다.[竭, 負擧也. 從立曷聲. 渠列切.]

301 노변(盧辯, ?~557): 중국 북주(北周)의 명신. 자는 경선(景宣)으로 범양(范阳) 탁현(涿县), 지금의 하북(河北) 탁주시(涿州市) 사람이다. 처음으로 『대대례』에 주를 달았다. 저서로는 『대대례기해고(大戴禮記解詁)』 약간과 『분전(坟典)』 30권이 있다.

302 『대대례』 권4, 「증자대효(曾子大孝)」. 이 부분은 『예기』「제의」에 "효에는 세 가지가 있다.

고 했는데, 공광삼(孔廣森)[303]의 『대대례기보주(大戴禮記補注)』에는 "서인의 효는, 『맹자』 「만장」에 순임금의 효를 언급하면서 '내가 힘을 다해 밭을 갈아 공손히 자식의 직분을 할 따름이다.'라고 했고, 이 '힘을 다함[竭力]'이 서인의 효와 봉양의 일이 된다."라고 했다.

원문 "事君能致其身"者, 『儀禮』「喪服」「傳」, "君, 至尊也." 鄭「注」, "天子諸侯及卿大夫, 有地者皆曰君." 『說文』, "致, 送詣也." 『詩』「四牡」云: "四牡騑騑, 周道倭遲. 豈不懷歸, 王事靡盬, 我心傷悲." 毛「傳」云: "思歸者, 私恩也; 靡盬者, 公義也; 傷悲者, 情思也, 無私恩, 非孝子也; 無公義, 非忠臣也. 君子不以私害公, 不以家事辭王事." 是言事君不得私愛其身, 稽留君事也.

역문 "부모를 섬기되 그 힘을 다함[事君能致其身]"

『의례』 「상복(喪服)」의 「전」에 "군(君)은 지존(至尊)이다."라고 했는데,

작은 효는 힘을 쓰고 중간 정도의 효는 수고로움을 극진히 하며, 큰 효는 효를 자기에게만 감추어 두지 않고 남에게 물려준다. 부모님의 사랑을 생각하여 힘든 것을 잊는 것은 힘을 쓴다고 할 만하고, 어진 사람을 존중하고 올바른 도리를 편안히 여기는 것은 수고로움을 극진히 한다고 일컬을 만하고, 백성들에게 널리 베풀고 온갖 재화를 갖추는 것은 효를 자기에게만 감추어 두지 않았다고 일컬을 만하다.[孝有三. 小孝用力, 中孝用勞, 大孝不匱. 思慈愛忘勞, 可謂用力矣; 尊仁安義, 可謂用勞矣; 博施備物, 可謂不匱矣.]라고 했으므로 여기에 근거해서 해석하였다.

303 공광삼(孔廣森, 1752~1786): 산동(山東) 곡부(曲阜) 사람. 자는 중중(衆仲) 또는 위약(撝約)이고, 호는 손헌(㢲軒)이다. 공자의 70대손으로, 경사와 훈고, 육서, 구수 등을 두루 섭렵했는데, 특히 삼례와 『춘추공양전』에 정통했다. 금문학과 고문학이 가지는 장점을 취하고 또한 『춘추좌씨전』과 『춘추곡량전』에서도 좋은 점을 취하여 『춘추공양통의(春秋公羊通義)』를 저술했는데, 완원이 이 책에 대해 극찬했다. 변려문에도 능해 청나라의 대표적인 대가였다. 그 밖의 저서로 『대대례기보주(大戴禮記補注)』와 『시성류(詩聲類)』, 『예학치언(禮學卮言)』, 『경학치언(經學卮言)』, 『의정당변려문(儀鄭堂駢儷文)』 등이 있다.

정현의 「주」에 "천자와 제후 및 경대부로서 땅을 소유한 자를 모두 '군'이라 한다."[304]라고 했다. 『설문해자』에 "치(致)는 보내어 이름[送詣]이다."[305]라고 했다. 『시경』「사모」에 "네 필의 말이 끝없이 달려가니, 큰길이 구불구불하도다. 어찌 돌아가길 생각지 않으랴만, 왕사를 소홀히 할 수 없기에, 내 마음 슬퍼하노라."[306]라고 했는데, 모형(毛亨)[307]의 「전」에서 이르길, "돌아감을 생각함은 사사로운 은혜이고, 왕사(王事)를 견고히 하지 않을 수 없음은 공의(公義)이며, 서글퍼함은 정(情)의 그리움이니, 사사로운 은혜가 없으면 효자가 아니고, 공의가 없으면 충신이 아니다. 군자(君子)는 사사로운 은혜로 공의를 해치지 않으며, 집안일을 가지고 왕사를 사양하지 않는다."[308]라고 했는데, 이는 임금을 섬기면서 자기 몸을 사사롭게 아껴 임금의 일을 지체할 수 없음을 말한 것이다.

원문 "雖曰未學"者, 『廣雅』「釋詁」, "雖, 詞也." 當時多世卿, 廢選擧之務, 雖不學亦得出仕. 故有未學已事君也.

역문 "아직 배우지 않았다고 말함[雖曰未學]"

---

304 『의례주소』권11, 「상복(喪服)」의 「전」에 대한 정현의 「주」.

305 『설문해자』권5: 치(致)는 보내어 이름[送詣]이다. 쇠(夊)로 구성되었고 지(至)로 구성되었다. 척(陟)과 이(利)의 반절음이다.[致, 送詣也. 從夊從至. 陟利切.]

306 『시경』「소아 · 녹명지십(鹿鳴之什) · 사모(四牡)」.

307 모형(毛亨, ?~?): 중국 전한 노(魯) 사람. 일설에는 하간(河間) 사람이라고도 한다. 『시(詩)』를 전공했고, 고문경학인 모시학(毛詩學)의 개창자이다. 『모전(毛傳)』은 자하에게서 나와 순황(荀況)을 거쳐 그에게 전해졌다고 한다. 순황에게 『시경』을 배웠으며, 대모공(大毛公)으로 불려진다. 학문은 조(趙) 땅 사람 모장(毛萇)에게 전해졌다. 저서에 『모시고훈전(毛詩詁訓傳)』이 있는데, 정현이 전(箋)을 달고 공영달이 소(疏)를 지었다. 지금 전하는 『시경』이 바로 모형이 전한 것이다.

308 『시경』「소아 · 녹명지십 · 사모」의 모형의 「전」.

『광아』「석고」에 "수(雖)는 말함[詞]이다."라고 했다. 당시에는 세경(世
卿)[309]이 많아 인재를 가려서 등용하는 일이 폐해져 비록 배우지 않았더
라도 벼슬에 나아갈 수 있었다. 그러므로 아직 배우지 않고서도 이미 임
금을 섬기는 경우가 있었다.

원문 "吾必謂之學"者, 『廣雅』「釋詁」, "謂, 說也." 子夏以此人所行, 於人倫
大端無所違失, 與已學無異. 故云"必謂之學"."必謂"者, 深信之辭. 『春秋
繁露』「玉杯篇」, "禮之所重者, 在其志, 志敬而節具, 則君子予之知禮; 志
和而音雅, 則君子予之以知樂; 志哀而居約, 則君子予之以知喪." 董子所
言正與此文義同.

역문 "나는 반드시 그를 배웠다고 이를 것이다[吾必謂之學]"

『광아』「석고」에 "위(謂)는 말함[說]이다."라고 했다. 자하는 이러한 사
람의 소행이 인륜에 대해 크게 어긋나거나 잘못된 점이 없으면 이미 배
운 것과 다름이 없다고 여겼다. 그러므로 "반드시 그를 배웠다고 이를
것이다"라고 한 것이다. "반드시 이를 것이다"란 깊이 믿는다는 말이다.
『춘추번로(春秋繁露)』「옥배(玉杯)」에 "예(禮)의 소중한 것은 그 뜻에 있으
니, 뜻이 경건하면서도 절도가 갖추어지면 군자는 그를 예를 안다고 인
정했고, 뜻이 온화하면서 음성이 맑으면 군자는 그를 음악을 안다고 인
정했으며, 뜻이 슬퍼하면서도 검소하게 거처하면 군자는 그를 초상을
안다고 인정했다."라고 했으니, 동중서(董仲舒)[310]가 말한 것은 바로 이

---

309 세경(世卿): 대대로 경대부(卿大夫)가 되는 것으로, 아비가 죽으면 아들이 세습하는 경대부
　　를 말한다.
310 동중서(董仲舒, 기원전 170?~기원전 120?): 중국 전한 신도(信都) 광천(廣川) 사람. 젊어서
　　『춘추공양전』을 공부했다. 무제(武帝) 때 현량대책(賢良對策)으로 백가(百家)를 몰아내고
　　유술(儒術)만을 존중할 것을 주장했는데, 무제가 받아들여 이후 2천 년 동안 유학(儒學)이

글과 뜻이 같다.

- 「注」, "<u>子夏</u>"至"<u>則善</u>".

- 正義曰:『史記』「弟子列傳」, "<u>卜商, 字子夏, 少孔子四十四歲.</u>"『集解』引鄭說, "<u>溫國 卜商.</u>" <u>溫是衛邑, 稱國者, 或本爲國, 從其初名之也.</u>『家語』「弟子解」以爲衛人, 與鄭『目錄』合. <u>孔 穎達</u>「檀弓」「疏」則云<u>魏</u>人, 又<u>唐</u>贈<u>魏侯</u>, <u>宋</u>封<u>魏公</u>. 據『史記』及『呂氏春秋』「舉難」·「察賢 篇」, 竝言<u>子夏</u>爲<u>魏文侯</u>師, 是<u>子夏</u>固嘗居<u>魏</u>, <u>魏</u>·<u>衛</u>同音, 故誤以爲<u>魏</u>人耳.

○ 「주」의 "자하(子夏)"부터 "즉선(則善)"까지.

○ 정의에서 말한다.

『사기』「중니제자열전」에 "복상은 자는 자하이고 공자보다 44세 어리다."라고 했다. 『사기 집해』에는 정현의 설을 인용해서 "온국(溫國)의 복상이다."[311]라고 했는데, 온(溫)은 위(衛) 나라의 읍인데, 국(國)이라고 칭한 것은 어떤 판본에는 국으로 되어 있으므로 처음 명칭을 따른 것이다. 『공자가어(孔子家語)』「칠십이제자해(七十二弟子解)」에는 위(衛)나라 사람으 로 되어 있으니 정현의 『논어공자제자목록』과 부합한다. 공영달의 「단궁」「소」에는 위(魏) 나라 사람이라고 했고, 또 당(唐)대에는 위후(魏侯)에 추증되었으며, 송(宋)대에는 위공(魏 公)에 봉해졌다. 『사기』와 『여씨춘추』「거난(舉難)」·「찰현(察賢)」에 근거해 보면 모두 자 하가 위문후(魏文侯)의 스승이 되었다고 했으니, 이는 자하가 본래 일찍이 위(魏)나라에 살 고 있었는데, 위(魏)와 위(衛)가 발음이 같기 때문에 위(魏)나라 사람으로 잘못 여겨진 것일

정통 학술로 자리하는 계기를 만들었다. 일찍이 강도상(江都相)과 교서왕상(膠西王相)을 지 냈다. 나중에 병을 이유로 사직하고 학문 연구와 저술에만 힘썼다. 항상 장막을 치고 제자를 가르쳤기 때문에 그의 얼굴을 모르는 제자도 있었다. 학문은 유학을 중심으로 하면서도 음 양오행설(陰陽五行說)이나 천인감응설(天人感應說) 같은 신학적 체계도 갖추고 있었다. 천 도(天道)와 인사(人事)가 서로 부응한다고 하여 군신과 부자, 부부의 도도 모두 천의(天意) 에서 나온다고 하면서 "하늘이 바뀌지 않으면 도도 바뀌지 않는다.[天不變 道亦不變.]"라고 주장했다. 나중에 자신의 학설로 말미암아 투옥되는 등, 파란 많은 생애를 살았다. 저서에 『동자문집(董子文集)』과 『춘추번로(春秋繁露)』 등이 있다.

311 중국 송의 배인이 찬한 『사기집해』 권67, 「중니제자열전제7」의 「주」.

뿐이다.

원문 "言以好色之心好賢"者, 此以"易"爲更易, 義涉迂曲, 今所不從.

역문 "여색을 좋아하는 마음으로 현자를 좋아한다는 말[言以好色之心好賢]"
이는 "易" 자를 고치고 바꿈[경역(更易)]으로 본 것인데, 뜻이 실정에도
맞지 않고 왜곡되었으므로 지금엔 따르지 않는다.

1-8

子曰: "君子不重, 則不威, 學則不固. 【注】孔曰: "固, 蔽也. 一曰:
'言人不能敦重, 旣無威嚴, 學又不能堅固識其義理.'"

공자가 말했다. "군자가 신중하지 않으면 위의(威儀)³¹²가 없으니,
배우면 막히지 않는다. 【주】공안국이 말했다. "고(固)는 막힘[蔽]이다. 일설
에 '사람이 돈중(敦重)하지 않으면 이미 위엄이 없고, 또 학문³¹³을 하더라도 그 의리
를 견고하게 알지 못한다는 말이다.'라고 한다."라고 했다.

원문 正義曰: 稱"君子"者, 言凡已仕未仕有君師之責者也. "不重"者, 『法言』「修
身篇」, "或問, '何如, 斯謂之人?' 曰: '取四重, 去四輕.' 曰: '何謂四重?'
曰: '重言, 重行, 重貌, 重好. 言重則有法, 行重則有德, 貌重則有威, 好重

---

312 위의(威儀): ① 무게가 있어 외경(畏敬)할 만한 거동(擧動). 예법(禮法)에 맞는 몸가짐.
 ② 계율(戒律)의 다른 이름. ③ 장사(葬事)에 쓰는 항오(行伍).
313 유보남의 『논어정의』에는 "學" 자가 빠져 있다. 『논어주소』를 근거로 보충하였다.

則有觀.’” 是言君子貴重也. 『禮』「玉藻」云: “足容重, 手容恭, 目容端, 口容止, 聲容靜, 頭容直, 氣容肅, 立容德, 色容莊.” 竝言人當重愼之事. 則 “不威”者, 言無威儀也.

역문 정의에서 말한다.

"군자"라 일컫는 사람은, 이미 벼슬을 했든, 아직 벼슬을 하지 않았든 군사(君師)의 책임이 있는 모든 사람을 말한다. "부중(不重)"에 대해, 『법언(法言)』「수신(修身)」에 "혹자가 물었다. '어떻게 해야 사람이라고 말할 수 있는가?' '네 가지 신중함을 취하고 네 가지 경박함을 버려야 한다.' '무엇을 네 가지 신중함이라고 하는가?' '말을 신중히 함, 행동을 신중히 함, 용모를 신중히 함, 좋아함을 신중히 함이다. 말이 신중하면 법도가 있고, 행동이 신중하면 덕이 있으며, 용모가 신중하면 위엄이 있고, 좋아함이 신중하면 관찰함이 있다.'"라고 했는데, 이는 군자의 귀중함을 말한 것이다. 『예기』「옥조(玉藻)」에서 이르길, "발의 모양은 신중하게 하고, 손의 모양은 공손히 하며, 눈의 모양은 단정히 하고, 입의 모양은 꼭 다물고, 목소리의 모양은 조용하고, 머리의 모양은 곧게 세우고, 숨 쉬는 모양은 정숙하게 하고, 서 있는 모양은 덕스럽게 하고, 얼굴 모양은 장엄하게 한다."라고 했는데, 모두 사람이 마땅히 신중해야 할 일을 말한 것이다. "불위(不威)"란 위의가 없다는 말이다.

원문 『左傳』劉康公曰: “民受天地之中以生, 所謂命也. 是以有動作禮義威儀之則, 以定命也. 是故君子勤禮, 勤禮莫如致敬.” 衛 北宮文子曰: “有威而可畏謂之威, 有儀而可象謂之儀. 君有君之威儀, 其臣畏而愛之, 則而象之. 故能有其國家, 令聞長世. 臣有臣之威儀, 其下畏而愛之. 故能守其官職, 保族宜家. 順是以下皆如是. 是以上下能相固也.” 又云: “故君子在位

可畏, 施舍可愛, 進退可度, 周旋可則, 容止可觀, 作事可法, 德行可象, 聲
氣可樂, 動作有文, 言語有章, 以臨其下, 謂之'有威儀'也." 又下篇夫子語
子張曰: "君子正其衣冠, 尊其瞻視, 儼然人望而畏之, 斯不亦威而不猛
乎?" 竝言君子有威儀之事. 不威由於不重. 故言行輕薄之士, 必不能遠暴
慢·鄙俗, 雖厲聲色, 慕刑罰, 人莫之畏矣.

역문 『춘추좌씨전』에서 유강공이 말했다. "백성은 천지의 중(中)을 받고 태어나니, 이것이 이른바 '천명[命]'이다. 그러므로 동작, 예의, 위의 등의 법칙이 있어 천명을 안정시킨다. 그러므로 군자는 예에 진력[勤]하는데, 예에 진력함은 공경을 지극히 하는 것만 한 것이 없다."³¹⁴ 위(衛)나라의 북궁문자(北宮文子)³¹⁵가 말했다. "위엄이 있어 경외할 만한 것을 위(威)라 하고, 예의(禮儀)가 있어 본받을 만한 것을 의(儀)라 한다. 임금에게 임금의 위의가 있으면 그 신하들이 경외하고 사랑하여 본보기로 삼아 본받는다. 그러므로 그 국가(國家)를 소유하여 아름다운 명성을 세상에 길이 전할 수 있다. 신하에게 신하의 위의가 있으면 그 아랫사람들이 경외하고 사랑한다. 그러므로 그 관직을 지켜 가족을 보호하고 가정을 화목하게 할 수 있다. 군신으로부터 내려오면서 모두 각각의 위의가 있다.³¹⁶ 그러므로 윗사람과 아랫사람의 사이가 안정되어 공고해질 수 있다."³¹⁷

---

314 『춘추좌씨전』「성공(成公)」 13년.

315 북궁문자(北宮文子, ?~?): 중국 춘추시대 위(衛)나라 사람. 문자(文子) 또는 북궁타(北宮佗)로도 불린다. 위 양공(衛襄公) 때 대부(大夫)를 지냈다. 양공을 따라 초나라에 가 회맹을 하러 정나라를 지나갔는데, 보빙(報聘)하면서 정나라의 자우(子羽)와 풍간자(馮簡子), 자태숙(子太叔) 등을 보고는 정나라에 이런 인재가 있으니 강대국의 공격을 받지 않을 것이라고 생각했다. 초나라에 이르러 영윤(令尹)의 위의가 국군(國君)에 못지않은 것을 보고 그가 장차 딴마음을 품을 것이라고 단정했다. 나중에 그의 말과 같이 되었다.

316 본문의 "順是以下皆如是"에서 "順是"의 "是"는 군신을 가리킨 것이니, 군신으로부터 순서를 따라 내려가면서 부자·형제·부부·붕우 등에도 모두 그에 합당한 위의가 있다는 말이다.

또 이르길, "그러므로 군자는 지위에 있는 모습이 사람들이 경외할 만하고, 은혜를 베풂이 사람들이 사랑할 만하며, 나아가고 물러남이 사람들의 법도가 될 만하고, 주선(周旋)함이 사람들의 준칙이 될 만하며, 용모와 행동거지가 사람들이 보고서 감동이 될 만하고, 일을 처리함이 사람들의 법도가 될 만하며, 덕행이 사람들의 본보기가 될 만하고, 음성이 사람들을 즐겁게 할 만하며, 동작에 예절[文]이 있고, 언어에 조리[章]가 있어서, 이런 것들을 가지고 그 아랫사람을 다스렸기 때문에 이것을 일러 '위의가 있다'라고 한 것이다."[318] 또 아래 편에서 공자는 자장에게 "군자는 의관을 바르게 하고 외모를 존엄하게 유지해서 근엄하여 사람들이 우러러보고 경외(敬畏)하니, 이것이 또한 위엄이 있으면서도 사납지 않음이 아니겠는가?"[319]라고 했는데, 모두 군자에게 위의의 일이 있음을 말한 것이다. 위의가 서지 않음은 신중하지 않음에서 말미암는다. 그러므로 언행이 경박한 선비는 반드시 포악함과 오만함·비루함과 속됨을 멀리할 수 없어서 비록 음성과 안색을 사납게 하고 형벌로 옭아매더라도 사람들은 그를 경외하지 않는다.

- 「注」, "孔曰"至"義理".
- 正義曰: 鄭注「曲禮」云: "固, 謂不達於理也." 注「祭義」云: "固, 猶質陋也." 皆蔽塞之義. 下篇 夫子告子路曰: "好仁不好學, 其蔽也愚; 好知不好學, 其蔽也蕩; 好信不好學, 其蔽也賊; 好直不好學, 其蔽也絞; 好勇不好學, 其蔽也亂; 好剛不好學, 其蔽也狂." 是言不學之蔽, 而可知人之成德達材必皆由學矣. 『中論』「治學篇」, "民之初載, 其蒙未知, 譬如寶在於玄室, 有

317 『춘추좌씨전』「양공」6년.
318 『춘추좌씨전』「양공」6년.
319 『논어』「요왈(堯曰)」.

所求而不見, 白日照焉, 則群物斯辨矣. 學者, 心之白日也." 是其義也.

○「주」의 "공왈(孔曰)"부터 "의리(義理)"까지.

○ 정의에서 말한다.

정현은 「곡례」를 주석하면서 "고(固)는 이치에 통달하지 못함을 이른다."[320]라고 했고, 「제의」를 주석하면서는 "고(固)는 질박하고 고루함[質陋]과 같다."[321]라고 했는데, 모두 꽉 막혔다는 뜻이다. 아래 편에서 공자는 자로에게 "인(仁)을 좋아하고 배우기를 좋아하지 않으면 그것에 가로막혀 어리석게 되고, 지혜로움을 좋아하고 배우기를 좋아하지 않으면 그것에 가로막혀 방탕하게 되고, 진실만을 말할 것을 좋아하고 배우기를 좋아하지 않으면 그것에 가로막혀 남을 해치게 되고, 정직한 것을 좋아하고 배우기를 좋아하지 않으면 그것에 가로막혀 각박하게 되고, 용기를 좋아하고 배우기를 좋아하지 않으면 그것에 가로막혀 어지럽게 되고, 굳센 것을 좋아하고 배우기를 좋아하지 않으면 그것에 가로막혀 함부로 남을 저촉하게 된다."[322]라고 했는데, 이것은 배우지 않은 폐단을 말한 것이니, 사람이 덕을 이루고 재주를 통달하기 위해서는 반드시 모두 배움으로 말미암아야 함을 알 수 있다. 『중론(中論)』「치학(治學)」에, "백성들은 초년에 몽매하고 지혜가 없으니, 비유하면 마치 보배가 어두운 방에 있어서 구해도 보지 못하다가 밝은 태양이 비추면 만물이 구별되는 것과 같다. 배움은 마음의 태양이다."[323]라고 했는데, 이것이 그 뜻이다.

원문 "一曰"以下, 此『集解』別存一義, 非仍前所注之人. 下皆放此. 『說文』, "重, 厚也." 敦, 亦訓厚. 故「注」以"敦重"連文. 『詩』「天保」「傳」, "固, 堅也." 亦常訓. 此以不重不威之人, 雖知所學, 不能堅固, 無由深造之以道而識其理義也. 所以然者, 以此人學若堅固, 必能篤行, 其容貌·顏色·辭氣,

---

320 『예기주소』권5, 「곡례상」에는 "固, 謂不達於禮也."라고 되어 있다.
321 『예기주소』권47, 「제의(祭義)」.
322 『논어』「양화(陽貨)」.
323 『중론(中論)』권상, 「치학제1(治學第一)」.

必不至輕惰若此矣. 今不能敦重, 無威嚴, 故知其學不能堅固也. 義與前
異, 亦略通.

역문 "일설에는[一曰]" 이하는『논어집해』에 별도로 하나의 뜻이 있으나, 예
전대로 주석한 사람은 아니다. 아래도 모두 이와 같다. 『설문해자』에
"중(重)은 두텁다[厚]는 뜻이다."[324]라고 했는데, 돈(敦) 역시 두텁다고 해
석한다. 그러므로「주」에서 "돈중(敦重)"이라고 글자를 이어 붙였다. 『시
경』「천보(天保)」의 「전」에 "고(固)는 굳음[堅]이다."[325]라고 했는데 역시
일반적인 해석이다. 이는 후중하지 않고 위엄이 없는 사람은 비록 배울
바를 알더라도 견고할 수 없기 때문에 무엇을 따라 도를 가지고 깊이 나
아가 그 의리를 알 방법이 없다는 것이다. 그 까닭은 이런 사람의 학문
이 만약 견고하다면 반드시 돈독하게 실천할 수 있어서 그의 용모와 안
색, 말의 기운이 반드시 이처럼 경박하고 나태한 지경에까지는 이르지
않을 것이기 때문이다. 이제 돈독하고 후중하지 못하고 위엄도 없기 때
문에 그의 학문이 견고할 수 없음을 알 수 있다. 뜻이 앞의 해석과는 다
르지만 역시 대략 통한다.

主忠信, 無友不如己者, 過, 則勿憚改." **【注】** 鄭曰: "主, 親也. 憚,
難也."

---

324 『설문해자』 권8: 중(重)은 두텁다[厚]는 뜻이다. 임(壬)으로 구성되었고, 동(東)이 발음을 나
타낸다. 중(重)부에 속하는 모든 글자는 다 중(重)의 뜻을 따른다. 주(柱)와 용(用)의 반절음
이다.[重, 厚也. 從壬東聲. 凡重之屬皆從重. 柱用切.]
325 『모시주소』 권16, 「소아・녹명지십・천보(天保)」에 "하늘이 너를 보호하여 안정시키니 또
한 매우 굳건하다.[天保定爾, 亦孔之固.]"라고 한 곳의 「전」.

성실하고 진실한 사람과 가까이하며, (성실함과 진실함이) 나만 못한 자와 벗하지 말고, 허물이 있으면 고치기를 어려워하지 말아야 한다." 【주】 정현이 말했다. "주(主)는 가까이함[親]이고 탄(憚)은 어려워함[難]이다."

원문 正義曰: 『釋文』云: "毋, 音無, 本亦作無." 宋刊『九經』本亦作"毋". 『說文』, "毋, 止之詞也. 䍿, 止也." 無卽䍿也, 隸省. 『儀禮』「士婚禮」·「公食大夫禮」「注」竝云古文"毋"爲"無". 然則"毋"·"無"亦今古文異. 『廣雅』「釋言」, "如, 均也." "己", 卽我之別稱. 『說文』, "己承戊, 象人腹." 是己本象人形, 故人得自稱"己".

역문 정의에서 말한다.

『경전석문』에 "무(毋)는 음이 무(無)인데, 판본에 따라 또 무(無)로 되어 있기도 하다."[326] 송대(宋代)에 간행한 『구경(九經)』본에도 "무(毋)"로 되어 있다. 『설문해자』에는 "무(毋)는 금지하는 말[止之詞]이다. 무(䍿)는 금지함[止]이다."[327]라고 했는데, 무(無)는 곧 무(䍿)이니, 예서(隸書)의 생략된 자형이다. 『의례』「사혼례(士婚禮)」와 「공사대부례(公食大夫禮)」의 「주」에는 모두 옛글의 "무(毋)"는 "무(無)"가 된다고 했다. 그렇다면 "무(毋)"와 "무(無)"는 금문(今文)과 고문(古文)이 다르다. 『광아』「석언」에 "여

---

326 『경전석문』 권24, 「논어음의 · 학이제1」.

327 『설문해자』 권12: 무(毋)는 금지하는 말[止之詞]이다. 여(女)와 일(一)로 구성되었다. 여자 중에 간교함이 있는 자를 일(一)로 금지시켜 그로 하여금 간교한 짓을 하지 못하게 한 것이다. 무(毋)부에 속하는 한자는 모두 무(毋)의 뜻을 따른다. 무(武)와 부(扶)의 반절음이다. [毋, 止之詞也. 從女一. 女有姦之者, 一禁止之, 令勿姦也. 凡毋之屬皆從毋. 武扶切.] 『설문해자』에 "䍿, 止也."라는 표현은 보이지 않는다.

(如)는 같음[均]이다."라고 했다. "기(己)"란 곧 나의 별칭이다. 『설문해자』
에 "기(己)는 무(戊)를 잇는다. 사람의 배를 상형하였다."[328]라고 했으니,
기(己)는 본래 사람의 형체를 상형한 것이므로 사람이 스스로를 일컬어
"자기[己]"라고 할 수 있다.

원문 「曾子制言中」, "吾不仁其人, 雖獨也, 吾弗親也." 故周公曰: "不如我者,
吾不與處, 損我者也. 與我等者, 吾不與處, 無益我者也. 吾所與處者, 必
賢于我." 由曾子及周公言觀之, 則不如己者卽不仁之人. 夫子不欲深斥,
故只言"不如己"而已. 『呂氏春秋』「驕恣篇」引仲虺曰: "能自爲取師者王,
能自爲取友者存, 其所擇而莫如己者亡." 『群書治要』引『中論』曰: "君子
不友不如己者, 非羞彼而大我也. 不如己者, 須己愼者也. 然則扶人不暇,
將誰相我哉? 我之僨也, 亦無日矣." 又『韓詩外傳』南假子曰: "夫高比, 所
以廣德也, 下比, 所以狹行也. 比於善者, 自進之階, 比於惡者, 自退之原
也." 諸文竝足發明此言之旨.

역문 「증자제언중(曾子制言中)」에 "내가 그 사람을 인(仁)하지 않다고 여기
면 비록 홀로 있더라도 나는 가까이하지 않는다."[329]라고 했다. 그러므로
주공이 말하였다. "나만 못한 사람과 나는 함께 처하지 않으니 나에게
손해를 끼치는 자이기 때문이다. 나와 대등한 사람과 나는 함께 처하지
않으니, 나에게 무익한 자이기 때문이다. 내가 함께 처하는 사람은 반드
시 나보다 현명한 사람이다."[330] 증자와 주공의 말을 따라서 살펴보면 자

---

328 『설문해자』 권14: 기(己)는 중궁(中宮)이다. 만물이 오그라들어 구부러진 모양을 상형하였
다. 기(己)는 무(戊)를 잇는다. 사람의 배를 상형하였다. 기(己)부에 속하는 한자는 모두 기
(己)의 의미를 따른다. 기(己)는 기(己)의 고문이다. 거(居)와 의(擬)의 반절음이다.[己, 中宮
也. 象萬物辟藏詘詘形也. 己承戊, 象人腹. 凡己之屬皆從己. 己, 古文己. 居擬切.]
329 『대대례』 권5, 「증자제언중(曾子制言中)」.

기만 못한 사람이란 곧 불인(不仁)한 사람이다. 공자는 이러한 사람을 심히 배척하고자 하지 않았기 때문에 다만 "자기만 같지 못하다"라고 했다. 『여씨춘추』「교자(驕恣)」에는 중훼(仲虺)의 말을 인용하여 "스스로를 위해 스승을 취할 수 있는 자는 왕이고, 스스로를 위해 벗을 취할 수 있는 자는 살아남으며, 선택한 사람이 자기만 못한 사람은 죽는다."[331]라고 했다. 『군서치요(群書治要)』[332]에서는 『중론』을 인용해서 다음과 같이 말했다. "군자가 자기만 못한 사람을 벗하지 않음은 그가 부끄럽고 내가 잘나서가 아니다. 자기만 못한 사람은 반드시 자기가 삼가야 할 사람이다. 그렇다면 남을 돕기에도 겨를이 없을 터이니 장차 누가 나를 돕겠는가? 내가 망하는 것도 또한 하루도 안 걸릴 것이다."[333] 또 『한시외전(韓詩外傳)』에서 남가자(南假子)는 "높은 사람에 견주는 것은 덕을 넓히는 것이고, 낮은 사람과 견주는 것은 행실을 좁히는 것이다. 선에 견주는 것은 스스로를 진작시키는 사다리이고, 악에 견주는 것은 스스로를 퇴보시키는 원인이다."[334]라고 했는데, 여러 글이 모두 이 말의 취지를 충분히 드러내고 밝힌 것이다.

원문 "過則勿憚改"者, 『周官』「調人」「注」, "過, 無本意也." 『詩』「東山」「箋」,

---

330 『대대례』권5,「증자제언중」의 「주」.

331 『여씨춘추』권20,「시군람제8(恃君覽第八)・교자(驕恣)」.

332 『군서치요(群書治要)』: 중국 당나라 때, 위징(魏徵) 등이 임금의 명령(命令)으로 여러 책 중에서 정치상의 요항만을 뽑아서 편찬한 책. 전 50권. 631년에 완성되었다. 이 책 속에는 『환자신론(桓子新論)』・『장영서진서(臧榮緒晉書)』등 이름만 전하는 책이 있는가 하면, 『논어정현주(論語鄭玄注)』, 『한서채모집해(漢書蔡謨集解)』등 옛날의 빼어난 주석서도 포함되어 있는 점이 중시된다.

333 『군서치요』권46,「중론(中論)」.

334 『한시외전(韓詩外傳)』권7.

330 『대대례』권5,「증자제언중」의 「주」.

331 『여씨춘추』권20,「시군람제8(恃君覽第八)・교자(驕恣)」.

332 『군서치요(群書治要)』: 중국 당나라 때, 위징(魏徵) 등이 임금의 명령(命令)으로 여러 책 중에서 정치상의 요항만을 뽑아서 편찬한 책. 전 50권. 631년에 완성되었다. 이 책 속에는 『환자신론(桓子新論)』・『장영서진서(臧榮緒晉書)』등 이름만 전하는 책이 있는가 하면, 『논어정현주(論語鄭玄注)』, 『한서채모집해(漢書蔡謨集解)』등 옛날의 빼어난 주석서도 포함되어 있는 점이 중시된다.

333 『군서치요』권46,「중론(中論)」.

334 『한시외전(韓詩外傳)』권7.

"勿, 無也." 『說文』, "改, 更也." 竝常訓. 言人行事, 非有意之過, 卽當改
之, 不可畏難, 復依前行之也. 「曾子立事篇」, "太上不生惡, 其次能夙絶
之, 其下復而能改." 又下篇子曰: "過而不改, 是謂過矣." 皆言人有過當速
改也. 皇「疏」載一說云: "若結友過誤, 不得善人, 則改易之, 莫難之也. 故
李充云: '若友失其人, 改之爲貴也.'"

역문 "허물이 있으면 고치기를 어려워하지 말아야 한다[過則勿憚改]"

　　『주관』「주인(調人)」의 「주」에 "허물[過]이란 본의(本意)가 없는 것이
다."[335]라고 했고, 『시경』「동산(東山)」의 「전」에 "물(勿)은 무(無)이다."[336]
라고 했다. 『설문해자』에 "개(改)는 고침[更]이다."[337]라고 했는데, 모두
일반적인 해석이다. 사람이 일을 행할 때 의도된 허물이 아니라면 마땅
히 고쳐야지 어려움을 두려워해서는 안 되고 다시 예전대로 행해야 한
다는 말이다. 「증자입사」에 "가장 뛰어난 사람은 악을 발생시키지 않고,
그다음은 일찍 그것을 끊을 수 있고, 그 아래는 다시 고칠 수 있다."[338]라
고 했고, 또 아래 편에서 공자는 "허물을 저지르고도 고치지 않는 것, 이
것을 진짜 허물이라고 한다."[339]라고 했는데, 모두 사람이 허물이 있으면
마땅히 속히 고쳐야 함을 말한 것이다. 황간의 「소」에는 일설에서 "만
약 허물이 있고 그릇된 사람과 벗을 맺고 선한 사람을 얻지 못하면 그를
고치고 바꾸기를 어려워하지 말아야 한다. 그러므로 이충(李充)[340]이 이

---

335 『주례주소』「지관사도하 · 주인(調人)」의 정현의 「주」.
336 『모시주소』권15, 「국풍 · 빈(豳) · 동산(東山)」의 정현의 「전(箋)」.
337 『설문해자』권3: 개(𢻰)는 고침[更]이다. 복(攴)과 기(己)로 구성되었다. 이양빙(李陽冰)이
　　말하였다. "자기에게 허물이 있으면 그것을 다스려 곧 고쳐야 한다." 고(古)와 해(亥)의 반절
　　음이다.[𢻰, 更也. 從攴己. 李陽冰曰: "己有過, 攴之卽改." 古亥切.]
338 『대대례』권4, 「증자입사」.
339 『논어』「위영공」.

르길, '만약 잘못된 사람을 벗하였다면, 그 잘못을 고치는 것이 귀함이 된다.'라고 했다."[341]라고 하는 글이 실려 있다.

원문 案, 高誘注『呂氏春秋』「驕恣篇」引"無友不如己者, 過則無憚改", 以證 "所擇而莫如己者亡"之義, 亦以過爲結友過誤, 或漢人有此義, 故李充云 然. 然旣知誤交, 何難卽改? 似不足爲君子慮也.

역문 생각해 보니, 고유(高誘)가 『여씨춘추』「교자」를 주석하면서 "나만 못 한 자와 벗하지 말고, 허물이 있으면 고치기를 어려워하지 말아야 한 다."[342]라는 구절을 인용하여 "선택한 사람이 자기만 못한 사람은 죽는 다."[343]라는 뜻을 증명하였는데, 역시 허물을 허물이 있고 그릇된 사람과 벗을 맺는 것으로 여긴 것이니, 아마도 한나라시대 사람들에게는 이런 뜻이 있었기 때문에 이충이 그렇게 말한 듯싶다. 그러나 이미 잘못된 사 귐을 알았다면 어찌 곧바로 고치는 것이 어렵겠는가? 족히 군자가 염려 할 만한 것이 아닌 것 같다.

---

340 이충(李充, ?~?): 중국 동진(東晉) 강하[江夏, 호북성(湖北省) 운몽(雲夢)] 사람. 자는 홍도 (弘度)이다. 젊어서 형명학(刑名學)을 좋아했고, 해서(楷書)를 잘 썼다. 부화(浮華)한 선비 를 몹시 싫어했으며, 당시 전적(典籍)들이 정리되지 않아 혼란스러웠는데, 그가 정리를 맡아 번다하고 중복된 것들은 제거하는 일을 했다. 영가(永嘉) 이후로 전란이 잦아지자 전적이 산일(散失)될 것을 염려하여 갑부오경(甲部五經), 을부사기(乙部史記), 병부제자(丙部諸 子), 정부시부(丁部詩賦) 네 부분으로 나누어 조리 있게 정리했다. 『상서』의 「주」와 『주역 지(周易旨)』를 지었다. 『한림론(翰林論)』과 『학잠(學箴)』등도 지었지만 없어졌다.
341 『논어집해의소』권1, 「논어학이제1」.
342 『여씨춘추』권20, 「시군람제8·교자」의 「주」.
343 『여씨춘추』권20, 「시군람제8·시군(恃君)」.

- 「注」, "主, 親也. 憚, 難也."
- 正義曰: "主'訓'親'者, 引申之義. 「注」意謂人當親近有德, 所謂勝己者也. 然下文復言"無友不如己", 於意似重, 或未必然. 皇「疏」云: "以忠信爲百行所主." 是言忠信在己不在人, 其義較長. 「周語」云: "是以不主寬惠, 亦不主猛毅." 韋昭「注」, "主, 猶名也." 義可互證.「說文」, "憚, 忌難也. 從心單聲. 一曰難也." "難", 就事言. "忌難", 謂人忌畏之.「詩」「雲漢」「箋」, "憚, 猶畏也." 是也. 此「注」同許後義, 亦通.
- 「주」의 "주(主)는 가까이함[親]이고 탄(憚)은 어려워함[難]이다."
- 정의에서 말한다.

　　"주(主)"를 "가까이함[親]"으로 해석한 것은 의미를 확장시킨 것이다.「주」에서 사람은 마땅히 덕 있는 사람을 친근히 해야 한다고 생각한 것이니, 이른바 자기보다 나은 사람이라는 것이다. 그러나 다음 문장에서 다시 "나만 못한 자와 벗하지 말라"라고 말했으니, 의미상 중복된 듯하지만, 더러는 반드시 그런 것만도 아니다. 황간의「소」에는 "성실함[忠]과 진실함[信]을 백행의 주(主)로 삼는다."[344]라고 했는데, 이는 성실함과 진실함이 자기에게 달려 있는 것이지 남에게 달려 있지 않음을 말한 것이니, 그 뜻이 비교적 의미심장하다.「주어」에서 이르길, "이 때문에 관대함과 은혜를 주장하지 않고, 사나움과 과감함을 주장하지 않는다."[345]라고 했는데, 위소의「주」에 "주(主)는 이름[名]과 같다."라고 했으니, 뜻이 상호 간에 증명해 볼 만하다.『설문해자』에 "탄(憚)은 꺼리고 어려워함[忌難]이다. 심(心)으로 구성되었고 단(單)이 발음을 나타낸다. 일설에는 어려움[難]이라고 한다."[346]라고 했는데, "어려움[難]"은 일[事]을 가지고 말한 것이다. "꺼리고 어려워함[忌難]"은 남이 꺼리고 두려워함을 이른다.『시경』「운한(雲漢)」의「전」에 "탄(憚)은 두려움[畏]과 같다."[347]라고 한 것이 이것이다. 이

---

344 『논어집해의소』권1,「논어학이제1」.『논어집해의소』에는 "충 · 신은 마음과 백행의 주가 된다.[忠信, 爲心 · 百行之主也.]"라고 되어 있다.

345 『국어』권2,「주어중(周語中)」.

346 『설문해자』권10: 탄(憚)은 꺼리고 어려워한다[忌難]는 뜻이다. 심(心)으로 구성되었고 단(單)이 발음을 나타낸다. 일설에는 어려움[難]이라고 한다. 도(徒)와 안(案)의 반절음이다.[憚, 忌難也. 從心單聲. 一曰難也. 徒案切.]

「주」의 내용은 허신의 뒤의 뜻과 같으니, 역시 통한다.

1-9

曾子曰: "愼終追遠, 民德歸厚矣."【注】孔曰: "'愼終'者, 喪盡其哀. '追遠'者, 祭盡其敬. 君能行此二者, 民化其德, 皆歸於厚也."

증자가 말했다. "상례를 삼가고, 조상의 제사를 때에 맞게 지내면 백성의 덕이 후한 데로 돌아갈 것이다."【주】공안국이 말했다. "'신종 (愼終)'은 상례에 슬픔을 다함이고, '추원(追遠)'은 제사에 공경을 다함이다. 임금이 이 두 가지를 능히 행하면 백성들이 임금의 덕에 감화되어 모두 후한 데로 돌아간다 는 말이다."

원문 正義曰: 『爾雅』「釋詁」, "愼, 誠也." 『說文』, "愼, 謹也." 誠·謹義同. 『周 官』「疾醫」, "死終則各書其所以." 鄭「注」, "老死曰終." 『禮記』「檀弓」云: "君子曰終, 小人曰死." 此對文異稱. 「檀弓」又云: "曾子曰: '喪三日而殯, 凡附於身者, 必誠必信, 勿之有悔焉耳矣. 三月而葬, 凡附於棺者, 必誠必 信. 勿之有悔焉耳矣.'" 皆是言"愼終"之事.

역문 정의에서 말한다.

『이아』「석고」에 "신(愼)은 정성[誠]이다."라고 했고, 『설문해자』에 "신 (愼)은 삼간다[謹]는 뜻이다."[348]라고 했으니, 성(誠)과 근(謹)은 뜻이 같다.

---

347 『모시주소』 권25, 「대아·탕지십·운한(雲漢)」 정현의 「전(箋)」.
348 『설문해자』 권10: 신(愼)은 삼간다[謹]는 뜻이다. 심(心)으로 구성되었고, 진(眞)이 발음을

『주관』「질의(疾醫)」에 "죽거나 생을 마치면 각각 그 이유를 기록한다."[349]라고 했는데, 정현의 「주」에는 "늙은이의 죽음을 종(終)이라 한다."[350]라고 했다. 『예기』「단궁상」에는 "군자의 죽음을 종(終)이라 하고 소인의 죽음을 사(死)라 한다."라고 했는데, 이는 다른 명칭을 서로 상대적인 개념으로 설명한 것이다. 「단궁상」에서는 또 "증자가 말했다. '사람이 죽고 3일 만에 빈례(殯禮)를 행할 때, 시신과 함께 입관하는 모든 물품들을 반드시 정성스럽게 하고 반드시 신실하게 해서 뒷날 후회하는 일이 없도록 해야 할 뿐이다. 그리고 3개월이 지나 장사할 때 관과 함께 배장(陪葬)하는 물품들을 반드시 정성스럽게 하고 반드시 신실하게 해서 뒷날 후회하는 일이 없도록 해야 할 뿐이다.'"[351]라고 했는데, 모두 여기에서 말한 "상례를 삼가는[愼終]" 일이다.

원문 "追遠"者, 『說文』, "追, 逐也." 『詩』「鴛鴦」「箋」, "遠, 猶久也." 竝常訓. 言凡父祖已歿, 雖久遠, 當時追祭之也. 『荀子』「禮論」云: "故有天下者事十世, 有一國者事五世, 有五乘之地者事三世, 有三乘之地者事二世." 又 『周官』「司尊彝」言 "四時間祀"有 "追享". <u>鄭康成</u>「注」以爲, "祭遷廟之主." 則此文 "追遠", 不止以父母言矣.

역문 "제사를 때에 맞게 지냄[追遠]"

『설문해자』에 "추(追)는 쫓는다[逐]는 뜻이다."[352]라고 하고, 『시경』「원

---

349 『주례』「천관총재하(天官冢宰下)·질의(疾醫)」.
350 『주례주소』 권5, 「천관총재하음의(天官冢宰下音義)·질의(疾醫)」. 『주례주소』에는 "젊은이의 죽음을 사(死)라 하고, 노인의 죽음을 종(終)이라 한다.[少者曰死, 老者曰終.]"라고 되어 있다.
351 『예기』「단궁상」.

앙(鴛鴦)」의 「전」에 "원(遠)은 오래됨[久]과 같다."[353]라고 했는데, 모두 일반적인 해석이다. 부모와 조상이 이미 돌아가시면 비록 오래되었더라도 마땅히 때에 맞게 제사를 지내야 한다는 말이다. 『순자』「예론」에 "그러므로 천하를 소유한 자는 10대[十世]를 섬기고, 한 나라를 소유한 자는 5대를 섬기고, 5승의 땅을 소유한 자는 3대를 섬기며, 3승의 땅을 소유한 자는 2대를 섬긴다."라고 했고, 또 『주관』「사존이(司尊彝)」에는 "사시의 간사(間祀)"를 말했는데,[354] 거기에 "추향(追享)"이라는 표현이 있다.[355] 정강성(鄭康成)[356]의 「주」에서는 "천묘(遷廟)의 군주"라고 여겼으니, 이 글에서의 "추원(追遠)"은 다만 부모를 말하는 데 그치지 않는다.

원문 "民德歸厚"者, 「樂記」云: "德者, 性之端也." 『淮南子』「齊俗訓」, "得其天性謂之德." 『穀梁』「僖」二十八年「傳」, "歸者, 歸其所也." 『墨子』「經上」, "厚, 有所大也." 當春秋時, 禮敎衰微, 民多薄於其親. 故曾子諷在位者, 但能愼終追遠, 民自知感厲, 亦歸於厚也. 『禮』「坊記」云: "修宗廟, 敬祭祀, 敎民追孝也." 又「祭統」云: "夫祭之爲物大矣, 其興物備矣. 順以備者也, 其敎之本與! 是故君子之敎也, 外則敎之以尊其君長, 內則敎之以孝於其親. 是故明君在上, 則諸臣服從; 崇事宗廟·社稷, 則子孫順孝. 盡其道,

---

352 『설문해자』권2: 추(追)는 쫓는다[逐]는 뜻이다. 착(辵)으로 구성되었고, 퇴(𠂤)가 발음을 나타낸다. 척(陟)과 추(隹)의 반절음이다.[追, 逐也. 從辵𠂤聲. 陟隹切.]

353 『모시주소』권21, 「소아·보전지십(甫田之什)·원앙(鴛鴦)」정현의 「전(箋)」.

354 『주례』「춘관종백상(春官宗伯上)·사존이(司尊彝)」: 사시의 간사인 추향과 조향에서 강신할 때는 호이와 유이를 사용하는데, 모두 받침 접시가 있다.[凡四時之間祀追享·朝享, 祼用虎彝·蜼彝, 皆有舟.]

355 추향(追享)은 추제(追祭)로서 천묘(遷廟)의 군주에게 일이 있을 때 복을 청하는 일이다.

356 정강성(鄭康成): 정현(鄭玄). 강성(康成)은 정현의 자이다.

端其義, 而敎生焉. 是故君子之敎也, 必由其本, 順之至也, 祭其是與. 故
曰'祭者, 敎之本也已'."

역문 "백성이 덕이 후한 데로 돌아갈 것이다[民德歸厚]"

「악기(樂記)」에서 이르길, "덕이란 본성의 실마리이다."[357]라고 했고,
『회남자』「제속훈(齊俗訓)」에는 "천성을 얻음을 덕이라 한다."라고 했다.
『춘추곡량전』「희공(僖公)」 28년의 「전」에, "돌아감[歸]이란 제자리로 돌
아감이다."라고 했다. 『묵자(墨子)』「경상(經上)」에 "후(厚)는 큰 것이 있
는 것이다."라고 했다. 춘추시대에 예교(禮敎)가 쇠락하고 미미해져서
많은 백성이 그 어버이에게 각박해졌다. 그러므로 증자가 지위에 있는
자들이 다만 상례를 삼가고 조상을 때에 맞게 제사 지낼 수만 있어도 백
성들이 저절로 감격해서 또한 두터운 데로 돌아갈 것이라고 풍자한 것
이다. 『예기』「방기」에, "종묘를 수리하고 제사를 경건히 함은 백성에게
추모하여 효도하게 함이다."라고 했고, 또 「제통(祭統)」에서는 "제사의
일은 크니, 공헌할 제물이 갖추어져야 한다. 예에 따라서 갖추는 일이야
말로 그 가르침의 근본일 것이다. 그러므로 군자의 가르침은 밖으로는
그 군장(君長)을 높이도록 가르치고, 안으로는 그 어버이에게 효도하도
록 가르친다. 그러므로 밝은 임금이 위에 있으면 신하들이 복종하고 종
묘와 사직을 받들어 섬기면 자손이 순종하고 효도한다. 그 도리를 다하
고 그 의리를 바르게 하면 교화가 여기서 나온다. 이런 까닭에 군자의
가르침은 반드시 그 근본을 말미암아 도리를 따름이 지극한 것이니, 제
사란 바로 이러한 것일 것이다. 그러므로 다음과 같이 말한다. '제사라
는 것은 가르침의 근본일 따름이다.'"라고 했다.

---

357 『예기』「악기(樂記)」.

- 「注」, "愼終"至"厚也".

- 正義曰: 「祭統」云: "是故孝子之事親也, 有三道焉, 生則養, 沒則喪, 喪畢則祭. 養則觀其順也, 喪則觀其哀也, 祭則觀其敬而時末. 盡此三道者, 孝子之行也." 是喪當盡哀, 祭當盡敬. 然此文"愼終", 不止以盡哀言. 『禮』「雜記」云: "子貢問喪, 子曰: '敬爲上, 哀次之, 瘠爲下.'" "敬"與"謹"同, 卽此文所云"愼"也. 言"君"者, 以曾子言民德, 民是對君之稱, 蓋化民成俗, 必由在上者有以導之也.

○ 「주」의 "신종(愼終)"부터 "후야(厚也)"까지.

○ 정의에서 말한다.

「제통」에 "이런 까닭에 효자가 어버이를 섬김에 세 가지 도리가 있으니, 살아 계실 때는 봉양하고, 돌아가시면 상례를 행하며, 상례를 마치면 제사 지낸다. 봉양할 때는 그 순종하는 것을 보며, 상례에는 그 슬퍼함을 보고, 제사 지낼 때는 그 경건하면서도 제때에 하는가를 본다. 이 세 가지 도리를 극진히 하는 것이 효자의 행실이다."[358]라고 했으니, 상례에는 마땅히 슬픔을 극진히 하며 제사에는 마땅히 경건함을 극진히 해야 한다. 그러나 이 글에서의 "신종(愼終)"은 단지 슬픔을 극진히 함을 말한 것에 그치지 않는다. 『예기』「잡기하(雜記下)」에, "자공이 상례에 대해 묻자, 공자가 말했다. '경건함이 제일이고, 슬퍼함이 그다음이고, 몸을 해치는 것이 최하이다.'"[359]라고 했는데, "경건함[敬]"과 "삼감[謹]"은 같으니, 바로 이 글에서 말한 "삼감[愼]"이다. "임금"이라 말한 것은 증자가 백성의 덕[民德]을 말했기 때문인데, 백성이란 임금에 상대되는 칭호이니 백성을 감화시키고 풍속을 이룸은 반드시 위에 있는 사람으로부터 인도함이 있어야 한다.

1-10

子禽問於子貢曰: "夫子至於是邦也, 必聞其政, 求之與? 抑與

---

358 『예기』「제통(祭統)」.

359 『예기』「잡기하(雜記下)」.

之與?"【注】鄭曰："子禽, 弟子陳亢也. 子貢, 弟子, 姓端木, 名賜. 亢怪孔子所至之邦, 必與聞其國政, 求而得之耶? 抑人君自願與之爲治?" 子貢曰: "夫子溫·良·恭·儉·讓以得之. 夫子之求之也, 其諸異乎人之求之與?"【注】鄭曰："言夫子行此五德而得之, 與人求之異, 明人君自與之."

자금이 자공에게 물었다. "선생님께서 한 나라에 이르실 때마다 반드시 그 나라 정치에 참여해서 들으시는데, 선생님께서 구하신 것인가? 아니면 알려 준 것인가?"【주】정현이 말했다. "자금은 제자 진항(陳亢)이다. 자공은 제자이니 성은 단목(端木)이고 이름은 사(賜)이다. 진항이 공자가 가는 나라마다 반드시 그 나라 정치에 참여해서 듣는데, 구해서 얻은 것인지, 아니면 그 나라 임금이 스스로 원해서 들려주고 정치하기를 원한 것인지 이상하게 여긴 것이다." 자공이 대답했다. "선생님께서는 온화함과 선량함과 공손함과 검약, 사양을 행하심으로써 얻으셨으니, 선생님께서 구하신 방법은 사람들이 구하는 방법과 다르시다."【주】정현이 말했다. "공자가 이러한 다섯 가지 덕을 행해서 얻은 것은 남들이 구한 것과는 다르니, 분명 임금이 스스로 준 것이라는 말이다."

원문 正義曰: "問於子貢"者, 『說文』, "問, 訊也." 『釋文』, "貢, 本亦作贛, 音同." 『隸釋』載『漢石經論語殘碑』, 凡子貢皆作子贛. 『說文』, "貢, 獻功也, 贛, 賜也." 子貢名賜, 字當作贛. 凡作"貢", 皆是省借. 作"贛"則譌體也.

역문 정의에서 말한다.

"자공에게 물었다[問於子貢]"

『설문해자』에 "문(問)은 묻는다[訊]는 뜻이다."[360]라고 되어 있다. 『경전석문』에 "공(貢)은 판본에 따라 또 공(贛)으로 되어 있는데, 발음이 같다."[361]라고 했다. 『예석』[362]에 『한석경논어잔비(漢石經論語殘碑)』가 실려 있는데, 거기에 자공(子貢)은 모두 자공(子貢)으로 되어 있다.[363] 『설문해자』에 "공(貢)은 공(功)을 바친다[獻功]는 뜻이다. 공(贛)은 준다[賜]는 뜻이다."[364]라고 했다. 자공은 이름이 사(賜)이니, 자는 당연히 공(贛)이 되어야 한다. 모든 "공(貢)"으로 된 글자는 다 자형(字形)의 생략으로 이루어진 가차이다. "공(贛)"으로 된 글자는 와체(譌體)[365]이다.

원문 "夫子至於是邦"者, "夫子"卽孔子. 夫者, 人所指名也. 子者, 孳也, 人之別稱也. 皇「疏」云: "禮, 身經爲大夫者, 得稱爲夫子. 孔子, 魯大夫, 故弟子呼爲夫子也." 『字林』, "至, 到也." 『廣雅』「釋言」, "是, 此也." 『說文』, "邽, 國也. 從邑丰聲." 『周官』「太宰」「注」, "大曰邦, 小曰國." 此對文, 若散言, 亦通稱也.

역문 "선생께서 한 나라에 이르실 때마다[夫子至於是邦]"

---

360 『설문해자』권2: 문(問)은 묻는다[訊]는 뜻이다. 구(口)로 구성되었고 문(門)이 발음을 나타낸다. 망(亡)과 운(運)의 반절음이다.[問, 訊也, 從口門聲. 亡運切.]

361 『경전석문』권24, 「논어음의 · 학이제1」.

362 『예석(隸釋)』: 중국 송(宋)나라 홍괄(洪适, 1117~1184)이 한위(漢魏)시대의 예서로 된 비갈(碑碣) 등을 모아 해서(楷書)로 고쳐 쓰고 고석(考釋)을 덧붙인 책. 27권, 간오(刊誤) 27卷, 속(續) 21권, 합 8책.

363 『예석』권14, 「석경논어잔비(石經論語殘碑)」.

364 『설문해자』권6: 공(貢)은 공(功)을 바친다[獻功]는 뜻이다. 패(貝)로 구성되었고 공(工)이 발음을 나타낸다. 고(古)와 송(送)의 반절음이다.[貢, 獻功也. 從貝工聲. 古送切.]
『설문해자』권6: 공(贛)은 준다[賜]는 뜻이다. 패(貝)와 감(竷)으로 구성되었고 소리는 생략되었다. 고(古)와 송(送)의 반절음이다.[贛, 賜也. 從貝竷省聲. 古送切.]

365 와체(譌體): 한나라시대의 변형된 전체자.

"선생"은 공자이다. 부(夫)란 사람이 이름 붙인 것이다. 자(子)는 자(孳)이니 사람의 별칭이다. 황간의 「소」에서 이르길, "예에 몸소 대부를 지낸 사람은 부자(夫子)라 일컬을 수 있다. 공자는 노나라 대부였으므로 제자들이 부자라고 불렀다."[366]라고 했다. 『자림(字林)』에 "지(至)는 이른다[到]는 뜻이다."라고 했다. 『광아』「석언」에 "시(是)는 이것[此]이다."라고 했다. 『설문해자』에 "방(邦)은 나라[國]라는 뜻이다. 읍(邑)으로 구성되었고, 봉(丰)이 발음을 나타낸다."[367]라고 했다. 『주관』「태재」의 「주」에 "큰 나라를 방(邦)이라 하고 작은 나라를 국(國)이라 한다."[368]라고 했는데, 이것은 상대적인 개념으로 풀이한 글[對文]이고, 산문과 같은 경우에도 역시 통하는 명칭이다.

원문 "必聞其政"者, 『說文』, "聞, 知聞也." 下篇云: "政者, 正也." 時人君有大政事, 皆就夫子咨度之. 故言"必聞其政"也.

역문 "반드시 그 나라 정치에 참여해서 들음[必聞其政]"

『설문해자』에 "문(聞)은 알아듣는다[知聞]는 뜻이다."[369]라고 했다. 아래 편에 "정(政)이란 바르다[正]라는 뜻이다."[370]라고 했다. 당시의 임금들이 큰 정사가 있을 경우 모두 공자에게 나아가 자문을 받았다. 그러므로

---

366 『논어집해의소』 권1, 「논어학이제1」.

367 『설문해자』 권6: 방(邦)은 나라[國]라는 뜻이다. 읍(邑)으로 구성되었고, 봉(丰)이 발음을 나타낸다. 방(邑)이 고문이다. 박(博)과 강(江)의 반절음이다.[邦, 國也. 從邑丰聲. 邑古文. 博江切.]

368 『주례주소』 권2, 「천관총재상·태재」의 정현의 「주」.

369 『설문해자』 권12: 문(聞)은 알아듣는다[知聞]는 뜻이다. 이(耳)로 구성되었고, 문(門)이 발음을 나타낸다. 무(無)와 분(分)의 반절음이다.[聞, 知聞也. 從耳門聲. 無分切.]

370 『논어』「안연」.

"반드시 그 나라 정치에 참여해서 듣는다."라고 한 것이다.

원문 "求之與, 抑與之與"者, 『穀梁』「定」元年「傳」, "求者, 請也." 抑者, 更端
之辭. 『漢石經』"抑與"作"意予".

역문 "구하신 것인가? 아니면 알려 준 것인가[求之與, 抑與之與]"

『춘추곡량전』「정공(定公)」 원년의 「전」에 "구(求)는 청함[請]이다."라
고 했다. 억(抑)은 화제를 바꾸어 다시 말을 꺼내는 말이다. 『한석경』에
는 "억여(抑與)"가 "의여(意予)"로 되어 있다.

원문 案, 「周語」"抑人故也?" 賈子「禮容語下」作"意人." 又『詩』「十月之交」,
"抑此皇父." 鄭「箋」, "抑之言噫." 『釋文』引『韓詩』云: "抑, 意也." 則
"抑"·"意"音近義同, 故二文互用. "與", 猶言告也. 『石經』作"予", 亦通用
字. 下篇"君孰與足", 『漢書』「谷永傳」作"予足", 可證也.

역문 살펴보니, 「주어」에 "아니면 사람의 연고로 아는 것입니까?[抑人故
也?]"371라고 했는데, 가의의 「예용어하(禮容語下)」에는 "의인(意人)"으로
되어 있다. 또 『시경』「시월지교(十月之交)」에 "아! 저 황보가[抑此皇父]"372
라는 표현이 있는데, 정현의 「전」에 "억(抑)이란 말은 감탄사[噫]이다."373
라고 했다. 『경전석문』에서는 『한시』를 인용하면서 "억(抑)은 의(意)이
다."374라고 했으니, "억(抑)"과 "의(意)"는 발음이 근사하고 뜻이 같기 때

---

371 『국어』 권3, 「주어하」: 지금 그대는 "장차 난이 있을 것이다"라고 하는데, 감히 묻겠습니다.
   "이는 천도로 아는 것입니까? 아니면 사람의 연고로 아는 것입니까?[今君曰: "將有亂", 敢
   問, "天道乎, 抑人故也?"]
372 『시경』「소아 · 절남산지십(節南山之什) · 시월지교(十月之交)」.
373 『모시주소』 권19, 「소아 · 절남산지십(節南山之什) · 시월지교(十月之交)」 정현의 「전(箋)」.
374 『경전석문』 권6, 「모시음의중(毛詩音義中) · 절남산지십제19(節南山之什第十九)」.

문에 두 글자는 호환해서 쓰인다. "여(與)"는 알려 준다[告]는 말과 같다. 『석경』에는 "여(予)"로 되어 있는데, 역시 통용되는 글자이다. 아래 편의 "군숙여족(君孰與足)"[375]이 『전한서』「곡영전(谷永傳)」에는 "여족(予足)"[376]이라고 되어 있는데, 증거가 될 만하다.

원문 "溫良恭儉讓以得之"者, 『說文』, "昷, 仁也." 溫, 水名, 義別. 經典悉叚溫爲昷. 『爾雅』「釋訓」, "溫溫, 柔也." 『詩』「燕燕」「箋」, "溫, 謂顏色和也." 下篇"子溫而厲", 是溫指貌言. 『說文』云: "𩶣, 善也." 今隷亦爲"良". 賈子「道術篇」, "安柔不苛謂之良." 良謂心之善也. 『爾雅』「釋詁」, "恭, 敬也." 『說文』, "恭, 肅也." 又, "儉, 約也." 『易』「象傳」, "君子以儉德辟難." 『左』「襄」十三年「傳」, "讓者, 禮之主也." 『說文』, "攘, 推也. 讓, 相責讓也." 凡謙讓·揖讓字當作"攘". 今經典亦叚"讓"爲"攘". 又『說文』「彳部」, "得, 行有所得也."

역문 "온화함과 선량함과 공손함과 검약, 사양을 행하심으로써 얻으셨다 [溫良恭儉讓以得之]"

『설문해자』에 "온(昷)은 어질다[仁]는 뜻이다."[377]라고 했다. 온(溫)은 물 이름으로 뜻이 구별된다. 경전에서는 모두 온(溫) 자를 가차해서 어

---

375 『논어』「안연」: 百姓足, 君孰與不足? 百姓不足, 君孰與足? 이 문장은 일반적으로 "백성이 풍족하면 임금이 누구와 더불어 부족하겠으며, 백성이 부족하면 임금이 누구와 더불어 풍족하겠는가?"로 해석하는데, 유보남은 "與"를 "予"로 보아, "더불어"의 의미가 아니라, "주다"의 의미로 해석한다.

376 『전한서』 권85,「곡영두업전(谷永杜鄴傳)」 제55: 『논어』에서 말했다. "백성이 부족하면, 임금에게는 누가 풍족함을 주겠는가?"[『論語』曰: "百姓不足, 君孰予足?"]

377 『설문해자』 권5: 온(昷)은 어질다[仁]는 뜻이다. 명(皿)으로 구성되었고, 그릇[皿]으로 죄수를 먹인다는 의미다. 관부(官溥)의 설이다. 오(烏)와 혼(渾)의 반절음이다.[昷, 仁也. 從皿以食囚也. 官溥說. 烏渾切.]

질다[昷]는 뜻으로 삼았다. 『이아』「석훈」에 "온온(溫溫)은 부드러움[柔]이다."라고 했고, 『시경』「연연(燕燕)」의 「전」에 "온(溫)은 안색이 온화함[顔色和]을 이른다."[378]라고 했다. 아래 편에서는 "선생님께서는 온화하시면서도 엄숙하셨다."[379]라고 했는데, 이때의 온(溫)은 모습을 가리키는 말이다. 『설문해자』에 "양(莨)은 선하다[善]는 뜻이다."[380]라고 했다. 지금의 에서 역시 "양(良)"으로 되어 있다. 가의의 「도술」에 "편안하고 부드러워 사납지 않음을 양(良)이라 한다."[381]라고 했는데, 이때의 양(良)은 마음이 선함을 이른다. 『이아』「석고」에 "공(恭)은 공경한다[敬]는 뜻이다."라고 했으며, 『설문해자』에는 "공(恭)은 공경한다[肅]는 뜻이다."[382]라고 했고, 또 "검(儉)은 검약한다[約]는 뜻이다."[383]라고 했으며, 『역』「상전」에는 "군자는 이 상을 보고서 덕을 검약하게 해서 환란을 피한다."[384]라고 했다. 『춘추좌씨전』「양공」 30년 「전」에 "사양은 예의 근본[主]이다."[385]라고 했고, 『설문해자』에는 "양(攘)은 물리친다[推]는 뜻이다. 양(讓)은 서로 책하고 꾸짖는다[相責讓]는 뜻이다."[386]라고 했으니, 모든 겸양(謙讓)과

---

378 『모시주소』 권3, 「국풍 · 패(邶) · 연연(燕燕)」 정현의 「전(箋)」.

379 『논어』「술이」.

380 『설문해자』 권5: 양(莨)은 선하다[善]는 뜻이다. 픕(畐)의 생략형으로 구성되었고, 망(亡)이 발음을 나타낸다. 서개(徐鍇)가 말했다. "양(良)은 심함[甚]이다. 그러므로 픕(畐)으로 구성되었다." 여(呂)와 장(張)의 반절음이다.[莨, 善也. 從畐省, 亡聲. 徐鍇曰: "良, 甚也. 故從畐." 呂張切.]

381 『신서』 권8, 「도술」.

382 『설문해자』 권12: 공(恭)은 공경한다[肅]는 뜻이다. 심(心)으로 구성되었고, 공(共)이 발음을 나타낸다. 구(俱)와 용(容)의 반절음이다.[恭, 肅也. 從心共聲. 俱容切.]

383 『설문해자』 권8: 검(儉)은 검약한다[約]는 뜻이다. 인(人)으로 구성되었고, 첨(僉)이 발음을 나타낸다. 거(巨)와 험(險)의 반절음이다.[儉, 約也. 從人僉聲. 巨險切.]

384 『주역』「비(否) · 상(象)」.

385 『춘추좌씨전』「양공」 30년.

읍양(揖讓)이라는 글자는 마땅히 "양(攘)"자로 써야 한다. 지금 경전에
서는 역시 "양(讓)"자를 가차해서 "물리침[攘]"의 뜻으로 삼았다. 또 『설
문해자』의 「척부(彳部)」에 "득(得)은 행해서 얻음이 있는 것이다."[387]라
고 했다.

원문 『論衡』「知實篇」引此文解之云:"溫·良·恭·儉·讓, 尊行也. 有尊行
於人, 人親附之, 則人告語之矣." 但其跡有似於求而得之, 故子貢就其"求
之"之言, 以明其得聞之故. 明夫子得聞政, 是人君與之, 非夫子求之矣. 吳
氏嘉賓『論語說』, "君所自擅者謂之政, 常不欲使人與聞之, 況遠臣乎? 溫·
良·恭·儉·讓, 是誠於不干人之政也. 誠於不干人之政, 則入人之國, 無
有疑且忌焉者, 其視聖人如己之素所師保, 安忍不以告焉? 今之人求以聞
人之政, 不知其身之且將不之保, 『韓非』「說難」是也."

역문 『논형(論衡)』「지실편(知實篇)」에서 이 문장을 인용하여 해석하면서,
"온화·선량·공손·검약·겸양은 존경할 만한 행동이다. 어떤 사람에
게 존경할 만한 행동이 있으면 사람들이 친밀하게 그를 따르니, 사람들
은 그에게 여러 가지 정황을 알려 주게 된다."라고 했다. 다만 그 자취가
구해서 얻은 것과 유사한 점이 있었기 때문에 자공이 "구하다[求之]"라는
말을 가지고 들을 수 있었던 까닭을 밝힌 것이다. 분명 공자가 정치에

---

386 『설문해자』권12: 양(攘)은 물리친다[推]는 뜻이다. 수(手)로 구성되었고 양(襄)이 발음을 나
타낸다. 여(汝)와 양(羊)의 반절음이다.[攘, 推也. 從手襄聲. 汝羊切.]
　　『설문해자』권3: 양(讓)은 서로 책하고 꾸짖는다[相責讓]는 뜻이다. 언(言)으로 구성되었고
양(襄)이 발음을 나타낸다. 인(人)과 양(漾)의 반절음이다.[讓, 相責讓. 從言襄聲. 人漾切.]
387 『설문해자』권2: 득(得)은 행해서 얻음이 있다는 뜻이다. 척(彳)으로 구성되었고 득(尋)이
발음을 나타낸다. 득(尋)은 득(得)의 고문으로 척(彳)이 생략된 형태이다. 다(多)와 칙(則)의
반절음이다.[得, 行有所得也. 從彳尋聲. 尋, 古文省彳. 多則切.]

대해 들을 수 있었던 것은 임금이 알려 준 것이지 공자가 요구한 것이 아니다. 오가보(吳嘉寶)[388]의 『논어설(論語說)』에 "임금이 스스로 마음대로 하는 것을 정(政)이라 하는데, 항상 남이 참여해서 듣게 하는 것을 바라지 않으니, 하물며 먼 곳의 신하이겠는가? 온화·선량·공손·검약·겸양은 진실로 남의 정치에 간여하지 않는다. 진실로 남의 정치에 간여하지 않으면 남의 나라에 들어가더라도 의심이나 꺼림을 갖는 자가 없어서, 그가 성인을 보기를 마치 자기가 평소 스승으로 삼는 사람을 보는 것처럼 할 것이니 어찌 차마 그에게 알려 주지 않겠는가? 지금 사람들이 요구해서 남의 정치에 대해 듣는 것은 자기 몸조차도 장차 보전하지 못함을 알지 못하는 것이니, 『한비자(韓非子)』「세난(說難)」이 이것이다.[389]

원문 "夫子之求之也, 其諸異乎人之求之與"者, 『公羊』「桓」六年「傳」, "其諸以病桓與." 何休「注」, "其諸, 辭也." 『說文』, "異, 分也." 夫子原不是求此, 假言卽以夫子得之爲求, 亦與人異也. 『宋石經』避諱, 凡"讓"字作"遜". 皇本作"其諸異乎人之求之與也".

역문 "선생님께서 구하신 방법은 사람들이 구하는 방법과 다르시다[夫子之求之也, 其諸異乎人之求之與]"

---

388 오가보(吳嘉寶, ?~?): 미상.
389 『한비자(韓非子)』권4, 「세난(說難)」에 "모든 유세의 어려움은 유세하는 당사자의 마음을 알아, 자기의 이야기를 적중시키는 데 있다.[凡說之難, 在知所說之心, 可以吾說當之.]"라고 했는데, 한비자는 진시황에게 탁월한 헌책(獻策)을 냈으나 오히려 그것으로 이사(李斯)의 참언을 받아 독살되었다. 이를 두고 사마천은 『사기』에서 "나는 한비자가 유세의 어려움을 설파하고도, 스스로 거기서 벗어나지는 못했다는 것을 홀로 슬퍼할 뿐이다.[余獨悲, 韓子爲說難, 而不能自脫耳.]"라고 했다.(『사기』권63, 「노장신한열전제3(老莊申韓列傳第三)」)

『춘추공양전』「환공(桓公)」 6년의 「전」에 "환공과 함께한 것을 증오한 것이다.[其諸以病桓與.]"라고 했는데, 하휴의 「주」에 "기저(其諸)는 어조사[辭]다."[390]라고 했다. 『설문해자』에 "이(異)는 나눈다[分]는 뜻이다."[391]라고 했다. 공자가 원래는 이것을 구하지 않았지만, 가령 공자가 얻게 된 것을 구한 것으로 삼는다 하더라도 역시 남과는 다르다는 말이다. 『송석경』에는 피휘(避諱)해서 모든 "양(讓)" 자를 "손(遜)"으로 썼다. 황간의 판본에는 "기저이호인지구지여야(其諸異乎人之求之與也)"로 되어 있다.

- 「注」, "子禽"至"名賜".
- 正義曰: 臧氏庸『拜經日記』, "『史記』「弟子列傳」有原亢籍, 無陳亢, 蓋原亢卽陳亢也. 鄭注『論語』・「檀弓」俱以陳亢爲孔子弟子, 當是名亢, 字籍, 一字子禽. 籍, 禽也. 故諱籍字禽. 否則亢言三見『論語』, 弟子書必無不載, 太史公亦斷無不錄. 『家語』旣有原抗, 字禽籍, 不當復有陳亢・子禽矣. 明係王肅竄入. 原・陳之所以不同, 何也? 蓋原氏出於陳, 原・陳同氏也. 『詩』「陳風」, '南方之原.' 毛「傳」, '原, 大夫氏.' 『春秋』「莊」二十七年, '公子友如陳, 葬原仲.' 則原亢之爲陳亢信矣. 『漢書』「古今人表」中中分陳亢・陳子禽二人, 與魯太師・公明賈・子服景伯・林放・陳司敗・陽膚・尾生高・申棖・師冕同列, 又以陳子亢隸下・上, 與陳棄疾, 工尹商陽, 齊禽敖, 餓者同列, 分爲三人, 與申棖皆不以爲弟子. 此不足據."
- ○ 「주」의 "자금(子禽)"부터 "명사(名賜)"까지.
- ○ 정의에서 말한다.
  장용(臧庸)의 『배경일기(拜經日記)』에 "『사기』「중니제자열전」에 원항적(原亢籍)은 있지만 진항(陳亢)은 없으니, 아마도 원항이 진항이다. 정현이 『논어』와 「단궁」에 주석을 하면서

---

390 『춘추공양전주소(春秋公羊傳注疏)』 권4, 「환공(桓公)」 6년 9월, 하휴의 「주」.
391 『설문해자』 권3: 이(異)는 나눈다[分]는 뜻이다. 공(廾)으로 구성되었고, 비(畀)로 구성되었다. 비(畀)는 준다[予]는 뜻이다. 모든 이(異)부에 속하는 글자는 다 이(異)의 뜻을 따른다. 양(羊)과 이(吏)의 반절음이다.[異, 分也. 從廾從畀. 畀, 予也. 凡異之屬皆從異. 羊吏切.]

모두 진항을 공자의 제자라고 했는데, 마땅히 이름이 항(亢)이고, 자가 적(籍)이고, 또 다른 자가 자금(子禽)이다. 그런데 적(籍)은 날짐승[禽]이다. 따라서 적(籍)이 이름이고 자가 금(禽)이다.[392] 그렇지 않다면, 진항의 말이 『논어』에 세 번 보이니, 그렇다면 제자와 관련된 글에 실리지 않았을 리가 없고, 태사공 역시 단연코 기록하지 않았을 리가 없다. 『공자가어』에 이미 원항(原抗)이라는 이름이 있고, 자가 금적(禽籍)이라면, 다시 진항(陳亢)과 자금(子禽)이 있는 것은 마땅치 않다. 왕숙(王肅)에 얽매여 잘못 뒤섞여 들어간 것이 분명하다. 원(原)·진(陳)으로 같지 않은 까닭은 어째서인가? 원씨(原氏)는 진(陳)나라에서 나왔으니, 원(原)·진(陳)은 동씨(同氏)이다. 『시경』「진풍(陳風)」에 '남방의 원이로다[南方之原]'[393]라고 했는데, 모형(毛亨)의 「전」에 '원(原)은 대부의 씨(氏)이다.'[394]라고 했고, 『춘추』「장공」 27년에 '공자 우가 진나라로 가서 원중(原仲)을 장사 지냈다.'라고 했으니, 원항이 진항이 된다는 것은 분명하다. 『전한서』「고금인표(古今人表)」에서는 진항(陳亢)·진자금(陳子禽)을 중중(中中)으로 구분했는데,[395] 노태사(魯太師), 공명가(公明賈), 자복경백(子服景伯), 임방(林放), 진사패(陳司敗), 양부(陽膚), 미생고(尾生高), 신정(申棖), 사면(師冕)과 같은 열에 두고, 또 진자항(陳子亢)을 하상(下·上)에 속하게 하고, 진기질(陳棄疾)과 공윤 상양(工尹 商陽), 제금오(齊禽敖), 아자(餓者)를 같은 열에 두어 세 사람으로 나누었는데, 신정과는 모두 제자로 여기지 않은 것이다. 이것은 근거로 삼기에는 부족하다."라고 했다.

---

392 『춘추좌전주소(春秋左傳注疏)』권19, 「문공(文公)」 11년 「소」에 "옛사람들은 이름과 자를 이어서 쓸 때, 모두 자를 먼저 쓰고 이름을 뒤에 썼다.[古人連言名字者, 皆先字后名.]"라는 표현이 있고, 또 『이아』「석조(釋鳥)」에 "항(亢)은 새의 목구멍이다.[亢鳥嚨]"라고 하고, 또 "적(籍)은 또 까치 작(鵲) 자의 가차이다.[籍亦鵲之假借.]"라는 설에 비추어 보면 "금적(禽籍)"은 이름이 적(籍)이고 금(禽)이 자(字)가 된다는 말이다.

393 『시경』「국풍·진(陳)·동문지분(東門之枌)」. 『논어정의』에는 "東方之原"으로 되어 있다. 『시경』을 근거로 수정하였다.

394 『모시주소』권12, 「국풍·진(陳)·동문지분(東門之枌)」의 「전」.

395 『전한서』권20, 「고금인표(古今人表)」 제8에 인물별로, 상상(上上), 상중(上中), 상하(上下)에서부터 하상(下上), 하중(下中), 하하(下下)의 아홉 등급으로 나누어, 상상은 성인(聖人), 상중은 현인(賢人), 상하는 지인(智人), 하하는 우인(愚人)으로 구분했다.

원문 案, 臧說是也.「檀弓」, “陳子車死於衛, 其妻與其家大夫謀以殉葬. 定, 而後陳子亢至.” 鄭「注」, “子車, 齊大夫. 子亢, 子車弟.” 則亢亦齊人也.「弟子傳」, “原亢籍, 少孔子四十歲” 又云: “端木賜, 衛人. 少孔子三十一歲.” 皇「疏」本“陳亢也”下有“字子禽也”四字, “名賜”句下有“字子貢也”四字. 於文爲復, 當是皇所增.

역문 살펴보니, 장용의 설이 옳다. 「단궁」에 “진자거가 위(衛)나라에서 죽으니, 그의 아내가 가대부와 함께 순장할 것을 모의하였다. 그 대상자가 정해진 뒤에 진자항이 왔다.”[396]라고 했는데, 정현의 「주」에 “자거는 제나라 대부이다. 자항은 자거의 동생이다.”[397]라고 했으니, 진항 역시 제나라 사람이다. 「중니제자열전」에 “원항적은 공자보다 40세 적다.”[398] 하였고, 또 “단목사(端木賜)는 위(衛)나라 사람인데 공자보다 31세가 적다.”[399] 하였다. 황간의 「소」본에는 “진항이다[陳亢也]” 아래 “자는 자금이다[字子禽也]” 네 글자가 있고, “이름은 사이다[名賜]”라는 구절 아래 “자는 자공이다[字子貢也]” 네 글자가 있다. 문장상 중복이 되는데, 당연히 황간이 보탠 것이다.

1-11

子曰: “父在觀其志, 父沒觀其行, 【注】孔曰: “父在, 子不得自專, 故

---

396 『예기』「단궁하」.

397 『예기주소』권10, 「단궁하」, 정현의 「주」.

398 『사기』「중니제자열전」에는 “少孔子四十歲” 6자가 없다. 『공자가어』권9, 「칠십이제자해제38(七十二弟子解第三十八)」에 “진항은 진나라 사람인데 자는 자원, 또 다른 자는 자금이다. 공자보다 40세 적다.[陳亢, 陳人, 字子元, 一字子禽. 少孔子四十歲.]”라는 표현이 보인다.

399 『사기』권67, 「중니제자열전제7」.

觀其志而已. 父沒, 乃觀其行." **三年無改於父之道, 可謂孝矣."【注】**

孔曰: "孝子在喪, 哀慕猶若父存, 無所改於父之道."

공자가 말했다. "아버지가 살아 계실 때는 그 아들의 뜻을 보고, 아버지가 돌아가신 뒤에야 그 아들의 행실을 볼 것이니,【주】공안국이 말했다. "아버지가 살아 계실 때는 아들이 제 뜻대로 행동하지 못한다. 그러므로 그 뜻을 볼 뿐이다. 아버지가 돌아가신 뒤에야 아들의 행동을 볼 수 있다." 3년 동안 아버지의 도를 고침이 없어야 '효'라 이를 수 있다."【주】공안국이 말했다. "효자가 상중에 있을 때는 슬퍼하고 그리워하며 오히려 아버지가 살아 계시는 것처럼 여기니, 아버지의 도를 고치는 일이 없다."

원문 正義曰: 『爾雅』「釋詁」, "在, 存也." 『說文』同. 又, "觀, 諦視也." 『穀梁』「隱」五年「傳」, "常視曰視, 非常曰觀." 『毛詩』「序」, "在心爲志." 『廣雅』「釋詁」, "志, 意也." 『說文』, "歾, 終也." "𣨛", "歾"或從岁, 今字作"歿", 隸體小變. "𣸩, 沈也." 別一義, 蓋假借也. 『禮』「坊記」「注」, "行, 猶事也."

역문 정의에서 말한다.

『이아』「석고」에서 말했다. "재(在)는 살아 있다[存]는 뜻이다." 『설문해자』도 같다.⁴⁰⁰ 또 "관(觀)은 살펴본다[諦視]는 뜻이다."⁴⁰¹ 『춘추곡량전』

---

400 『설문해자』권13: 재(在)는 살아 있다[存]는 뜻이다. 토(土)로 구성되었고, 재(才)가 발음을 나타낸다. 작(昨)과 대(代)의 반절음이다.[在, 存也. 從土才聲. 昨代切.]

401 『설문해자』권8: 관(觀)은 살펴본다[諦視]는 뜻이다. 견(見)으로 구성되었고, 관(雚)이 발음을 나타낸다. 관(𥄂)은 관(觀)의 옛 글자인데, 경(囧)으로 구성되었다. 고(古)와 완(玩)의 반절음이다.[觀, 諦視也. 從見雚聲. 𥄂, 古文觀從囧. 古玩切.]

「은공」5년「전」에 "예사롭게 보는 것을 시(視)라 하고, 예사롭지 않게 보는 것을 관(觀)이라 한다."라고 했다. 『모시』「서」에 "마음에 두고 있는 것이 뜻이 된다."라고 했고, 『광아』「석고」에는 "지(志)는 뜻[意]이다." 라고 했다. 『설문해자』에 "몰(歾)은 마친다[終]는 뜻이다."[402] "몰(歿)"은 "몰(歾)"의 혹체자(或體字)[403]인데, 몰(𣨋)로 구성되었고, 지금의 글자는 "몰(歿)"로 되어 있으니, 예서체에서 조금 변한 것이다. "몰(歿)은 잠긴다[沈]는 뜻이다."[404]라고 했는데, 일반적인 의미와는 다르니, 가차자이다. 『예기』「방기」의 「주」에 "행(行)은 일[事]과 같다."[405]라고 했다.

원문 『爾雅』「釋天」, "夏曰歲, 商曰祀, 周曰年, 唐·虞曰載." 郭「注」解"周曰年."云: "取禾一熟." 義本『說文』. 汪氏中「釋三九」曰: "三年者, 言其久也. 何以不改也? 爲其爲道也. 若其非道, 雖朝死而夕改可也. 何以知其然也?

---

402 『설문해자』권4: 몰(歾)은 마친다[終]는 뜻이다. 알(歺)로 구성되었고 물(勿)이 발음을 나타낸다. 막(莫)과 발(勃)의 반절음이다.[歾, 終也. 從歺勿聲. 莫勃切.]

403 혹체자(或體字): 이체자(異體字)의 다른 표현. 혹자(或字)라고도 하는데, 『설문해자』의 표제자인 소전(小篆)의 이체자라고 할 수 있다. 속자(俗字)와 별 차이가 없다. 주로 정자(正字)로 취급하지 않는, 민간에서 쓰이는 형태를 뜻한다. 획을 줄이거나, 또는 늘리거나, 또는 획수가 같지만 쓰기 편하게 하는 등 여러 가지 형태가 있는데, 대부분은 획수를 줄인 약자가 다수이다. 『설문해자』에서 기원하는 용어 중에는 혹체(或體)와 중문(重文)이 있는데, 마문희(馬文熙)와 장귀벽(張歸璧)은 혹체에 대하여 다음과 같이 설명하였다. 이체자이다. 『설문해자』의 정자 아래에 이체를 나열하고 '혹종(或從)'·'혹생(或省)' 등으로 그 자형(字形) 구조를 설명하고 있어 혹체라고 부른다. 예를 들면 『설문해자』에 "祀, 祭無已也, 從示巳聲. 示異, 祀或從異…" 등이 있다. 청대 왕균(王筠)의 『설문석례(說文釋例)』권5를 보면 "『설문해자』에 나오는 혹체라는 말은 역시 한 문자의 다른 자형을 말하는 것일 뿐이지, 그 사이에서 정속(正俗)을 나눌 수는 없다"라고 한다.

404 『설문해자』권11: 몰(歿)은 잠긴다[沈]는 뜻이다. 수(水)로 구성되었고, 몰(𣨋)로 구성되었다. 막(莫)과 발(勃)의 반절음이다.[歿, 沈也. 從水從𣨋. 莫勃切.]

405 『예기주소』권51,「방기」의 정현의「주」.

'昔者鯀陻洪水, 汩陳其五行, 彝倫攸斁, 天乃不畁洪範九疇, 鯀則殛死. 禹
乃嗣興, 彝倫攸敍, 天乃畁禹洪範九疇.' 蔡叔啓商, 慸間王室, 其子蔡仲,
改行帥德, 周公以爲卿士, 見諸王而命之以蔡, 此改乎其父者也. 不寧惟
是, '虞舜側微, 父頑·母嚚·象傲, 克諧以孝, 烝烝乂, 不格奸, 祗載見瞽
瞍, 夔夔齊栗, 瞽瞍亦允諾.' 曾子曰: '君子之所謂孝者, 先意承志, 諭父母
於道.' 此父在而改於其子者也. 是非以不改爲孝也. 然則何以不改也? 爲
其爲道也. '三年'云者, 雖終其身可也. 自斯義不明, 而後章惇·高拱之邪
說出矣."

역문 『이아』 「석천」에 "하나라 때는 세(歲)라 했고, 상나라 때는 사(祀)라 했
으며, 주나라 때는 연(年)이라 했고, 당·우(唐虞)는 재(載)라 했다."라고
했다. 곽박(郭璞)[406]의 「주」에 "주나라 때는 연이라 했다."라는 구절을 해
석하면서, "벼가 한 번 익는다는 뜻을 취한 것이다."라고 했는데, 뜻이
본래 『설문해자』에 있다.[407] 왕중(汪中)[408]의 『술학(述學)』 「석삼구(釋三九)」

---

406 곽박(郭璞, 276~324): 중국 동진 하동(河東, 산서성) 문희(聞喜) 사람. 자는 경순(景純)이다.
박학하여 천문과 고문기자(古文奇字), 역산(曆算), 복서술(卜筮術)에 밝았고, 특히 시부(詩
賦)에 뛰어났다. 저서에 『이아주(爾雅注)』와 『삼창주(三蒼注)』, 『방언주(方言注)』, 『산해
경주(山海經注)』, 『도찬(圖贊)』, 『목천자전주(穆天子傳注)』, 『수경주(水經注)』, 『주역동림
(周易洞林)』, 『초사주(楚辭注)』 등이 있다. 그 밖에도 『주역체(周易體)』와 『주역림(周易林)』,
『역신림(易新林)』, 『모시습유(毛詩拾遺)』 등이 있었지만 전해지지 않는다. 문집에 『곽홍농
집(郭弘農集)』이 있다.

407 『설문해자』 권7: 연(秊)은 곡식이 익는다[穀孰]는 뜻이다. 화(禾)로 구성되었고 천(千)이 발
음을 나타낸다. 『춘추전』에 "크게 풍년이 들었다."라고 했다. 노(奴)와 전(顚)의 반절음이
다.[秊, 穀孰也. 從禾千聲. 『春秋傳』曰 : "大有秊." 奴顚切.]

408 왕중(汪中, 1744~1794): 중국 청나라 강소 강도(江都) 사람. 자는 용보(容甫)로, 어릴 때 아
버지를 잃고 어머니께 배웠다. 건륭 42년(1777) 공생(貢生)이 되었다. 양주학파(楊州學派)
의 대표적 인물로, 고염무(顧炎武)를 사숙했고 왕염손(王念孫), 유태공(劉台拱)과 교유했다.
학문은 전대의 학설을 묵수하지 않고 실사구시(實事求是)를 추구했다. 공자의 계승자를 순

에서 다음과 같이 말하였다. "3년이란 오래됨을 말한 것이다. 어찌 고치지 않겠는가? 그것이 도리기 때문이다. 만약 도리가 아니라면 비록 아침에 돌아가셨더라도 저녁때 고쳐도 괜찮다. 어떻게 그래도 된다는 것을 알 수 있는가? '옛날 곤(鯀)이 홍수를 막아 오행(五行)을 어지럽게 진열하자 하늘이 이에 홍범구주(洪範九疇)를 내려 주지 않으니, 곤이 귀양 가 죽었다. 우왕(禹王)이 뒤이어 일어나 떳떳한 인륜이 펴지자, 하늘이 이에 우왕에게 홍범구주를 내려 주었다.'[409] 채숙(蔡叔)이 상나라를 업고 왕실을 이간시키자, 그의 아들 채중(蔡仲)이 악행을 고치고 덕을 따르니 주공이 그를 자기의 경사(卿士)로 삼고서 그를 천왕(天王)에게 알현시켜 그를 채후(蔡侯)로 임명하게 했으니,[410] 이것이 바로 그 아버지의 도를 고친 것이다. 뿐만 아니라 '순임금은 미천하였고, 아버지는 완악하고 어머니는 어리석으며 상(象)은 오만한데도 능히 효로 화하게 하여 점점 다스려서 간악함에 이르지 않게 했으며, 공손히 섬겨 고수(瞽瞍)를 만나되 공경하고 두려워하자, 고수 또한 순임금을 믿고 따랐다.'[411] 증자는, '군자가 말하는 효도란, 부모님이 말씀하시기 전에 미리 그 뜻을 알아 받들어 행하고, 부모에게 도(道)를 깨우쳐 드리는 것이다.'[412]라고 했는데, 이는 모두

자로 보는 등 전통 학술에 반기를 들었다. 『의례』와 『대대례』, 『이아』를 교감했다. 저서에 『상서고이(尙書考異)』와 『춘추술의(春秋述義)』, 『소학설문구단(小學說文求端)』, 『대대례기정오(大戴禮記正誤)』, 『상복답문기실(喪服答問記實)』, 『경의지신기(經義知新記)』, 『묵자표징(墨子表徵)』, 『묵자서(墨子序)』, 『순경자통론(荀卿子通論)』, 『순경자연표(荀卿子年表)』, 『술학(述學)』, 『광릉통전(廣陵通典)』, 『진잠식육국표(秦蠶食六國表)』, 『금릉지도고(金陵地圖考)』, 『용보선생유시(容甫先生遺詩)』 등이 있다.

409 『서경』「주서(周書)・홍범(洪範)」.
410 『춘추좌씨전』「정공(定公)」 4년.
411 『서경』「우서・대우모(大禹謨)」.
412 『예기』「제법(祭法)」.

아버지가 살아 계실 때 그 자식에게 고쳐진 것이니, 이것은 고치지 않음을 효로 삼은 것이 아니다. 그렇다면 어째서 고치지 않는가? 그렇게 하는 것이 도리이기 때문이다. '3년'이라고 했는데, 비록 종신토록 하더라도 괜찮다는 말이다. 그런데 이 뜻이 분명하지 않게 된 뒤로부터 장돈(章惇)[413]과 고공(高拱)[414]의 사설(邪說)이 나오게 되었다."

원문 案, 汪說是也. 『漢書』「五行志」, "京房『易傳』曰: '幹父之蠱. 有子, 考亡咎.' 子三年不改父道, 思慕不皇, 亦重見先人之非." 『南史』「蔡廓子興宗傳」, "先是, 大明世, 奢侈無度, 多所造立, 賦調繁嚴, 徵役過苦, 至是發詔, 悉皆削除. 自孝建以來, 至大明末, 凡諸制度, 無或存者. 興宗慨然曰: '先帝雖非盛德, 要以道始終, 三年無改, 古典所貴.'" 二史所言, 皆以無改爲孝, 不復計及非道, 則自漢以來, 多不知此義矣. 『禮』「坊記」, "子云: '君子弛其親之過, 而敬其美.' 『論語』曰: '三年無改於父之道, 可謂孝矣.'" 弛過敬美, 正是"擇善而從." 卽夫子論孟莊子之孝, 不改父臣與政爲難能, 亦是因獻子之臣與政, 本不須改, 而莊子所能繼父業, 所以爲孝. 若父之道有

---

413 장돈(章惇, 1035~1105): 중국 북송 중기 건주(建州) 포성(浦城) 사람. 정치가이며 개혁가이다. 자는 자후(子厚), 호는 대척옹(大滌翁)으로, 폐지된 왕안석(王安石)의 신법(新法)을 다시 시행하면서 이에 반대하는 사마광(司馬光), 문언박(文彦博), 여공저(呂公著), 범순인(范純仁) 등 원우제현(元祐諸賢)이라 불리는 사람들을 배척하였다. 저서에 『장자후내제집(章子厚內制集)』이 있다.

414 고공(高拱, 1512~1578): 중국 명나라 하남 신정(新鄭) 사람. 자는 숙경(肅卿)이고, 호는 중현(中玄)이며, 시호는 문양(文襄)이다. 실속 없는 공허한 학문을 반대하고, 시대를 구제하고 실용에 이바지할 수 있는 학문을 주장했다. 주희의 성즉리설(性卽理說)과 왕수인(王守仁)의 양지양능설(良知良能說)을 반대하고, 실제 경험을 중시했다. 주희의 『사서장구집주(四書章句集注)』 가운데 의심나는 부분에 대해 조목조목 반박했다. 저서에 『춘추정지(春秋正旨)』와 『문변록(問辨錄)』, 『일진직강(日進直講)』, 『고문양공집(高文襄公集)』 등이 있다.

所未善, 而相承不變, 世濟其惡, 又安足貴乎? "可"者, 深許之辭. 『說文』,
"可, 肎也."

> **역문** 살펴보니, 왕중의 설이 옳다. 『전한서』「오행지(五行志)」에, "경방(京
> 房)[415]의 『경씨역전(京氏易傳)』에 '아버지가 잘못한 일을 바로잡는다. 아
> 들이 있으면 돌아가신 아버지의 허물이 없을 것이다.'[416]라고 했는데, 자
> 식이 3년 동안 아버지의 도를 고치지 않고 오직 사모하기만 할 뿐 고칠
> 겨를조차 없다면, 또한 부모의 잘못을 거듭 드러내는 것이다."[417]라고 했
> 다. 『남사(南史)』「채곽자홍종전(蔡廓子興宗傳)」에 "이에 앞서 효무제(孝武
> 帝)[418]의 시대[大明世][419]에는 사치스럽고 법도가 없어서, 부세와 노역을 번

---

415 경방(京房, 기원전 77~기원전 37): 중국 전한 동군(東郡) 돈구[頓丘, 하남성 청풍(淸豊)] 사
람. 본성(本姓)은 이씨(李氏)이고, 자는 군명(君明)이다. 맹희(孟喜)의 문인 초연수(焦延壽)
에게 『주역』을 배웠으며, 금문경씨역학(今文京氏易學)의 개창자이다. 저서에 『경씨역전(京
氏易傳)』과 『주역장구(周易章句)』, 『주역착괘(周易錯卦)』, 『주역요점(周易妖占)』, 『주역점
사(周易占事)』, 『주역수림(周易守林)』, 『주역비후(周易飛候)』, 『주역비후육일칠분(周易飛候
六日七分)』, 『주역사시후(周易四時候)』, 『주역혼돈(周易混沌)』, 『주역위화(周易委化)』, 『주
역역자재이(周易逆刺災異)』, 『역전적산법잡점조례(易傳積算法雜占條例)』 등이 있다.

416 『경씨역전(京氏易傳)』「고(蠱)·초육(初六)·상(象)」.

417 『전한서』 권27하지상, 「오행지(五行志)」 제7. 『전한서』의 「주」에는 이 대목과 관련하여 다
음의 두 가지 설이 있다. "안사고가 말했다. "아버지에게 잘못된 일이 있으면 마땅히 빨리 고
쳐야 하니, 만약 오직 사모하기만 할 뿐 고침이 없으면 이는 돌아가신 아버지의 잘못을 거듭
드러내는 것이다." 일설에는 "3년 내에는 다만 사모할 뿐 아버지의 잘못을 볼 경황이 없다.
그러므로 고치지 않는다."라고 한다.[師古曰: "言父有不善之事, 當速改之, 若唯思慕而已, 無
所變易, 是重顯先人之非也." 一曰: "三年之內, 但思慕而已, 不暇見父之非. 故不改也."]

418 효무제(孝武帝, 430~464): 중국 남북조시대 송의 제4대 황제. 이름은 유준(劉駿), 아명은 도
민(道民), 자는 휴룡(休龍)이다. 중국 남북조시대 430년 송의 제3대 황제 문제(文帝)의 아들
로 태어났다. 유준은 아버지 문제의 정책을 이어 가면서, 형주·양주·강주의 군부의 권한
을 축소하고, 중앙집권화 정치를 추진했다. 형의 일족을 죽이는 포학성을 보였고 사치를 즐
겨, 재원 확보를 위해 조세를 강화하여 송나라 쇠퇴의 단서를 제공하였다. 묘호는 세조(世
祖), 시호는 효무제로 추증되었다.

거룹고 엄격하게, 징역(徵役)을 지나치게 괴롭도록 조작해서 수립한 것
이 많았는데, 이 지경에 이르자 조서를 내려 모두 다 삭제하였다. 그리
하여 효건(孝建)⁴²⁰ 이래로 효무제 말기에 이르기까지 거의 모든 제도는
혹시라도 보존된 것이 없다. 그러자 홍종(興宗)⁴²¹이 안타까워하며 말하
였다. '선제(先帝)께서 비록 성덕(盛德)은 아니지만, 처음부터 끝까지 도
(道)로써 하고자 하니, 3년 동안 고치지 않음은 고전에서 귀하게 여기는
바이다.'"라고 했다. 두 역사책의 이야기는 모두 고침이 없음을 효로 삼
은 것이고, 다시 도가 아님을 따지거나 언급하지는 않았는데, 한나라시
대 이래로는 대부분 이 의를 몰랐다. 『예기』「방기」에, "공자가 이르길,
'군자는 그 어버이의 허물은 잊고 그 아름다운 덕을 공경한다.'라고 했
고, 『논어』에는 다음과 같이 말했다. '3년을 아버지의 도를 고침이 없
어야 효라 이를 수 있다.'"라고 했다. 허물을 잊고 아름다운 덕을 공경하
는 것이야말로 참으로 "선한 것을 가려서 따르는 것이다."⁴²² 공자는 맹
장자의 효를 논하면서 아버지의 신하와 아버지의 정사를 고치지 않은

---

419 대명(大明): 중국 남조(南朝) 송 효무제의 두 번째 연호로 457~464년의 7년간 사용되었다.
또한 대명 8년 5월 송의 전폐제(前廢帝) 유자업(劉子業)이 즉위하여 12월까지 사용하였다.

420 효건(孝建): 남북조시대 남송(南宋) 효무제 때의 연호. 454~456년에 해당된다.

421 홍종(興宗, 1016~1055): 중국 요(遼)나라의 제7대 왕. 제6대 성종(聖宗) 채곽(蔡廓)의 맏아
들이다. 이름은 야율종진(耶律宗眞)이다. 즉위 초년에는 어려서 생모가 섭정하였고 성인이
되서는 생모를 유폐시키고 친정을 시작하였다. 군사력을 증강해 송에 대한 압력을 강화하고
신흥세력인 서하(西夏)에 군대를 보내 조공을 받기도 하는 등, 요의 재건을 위해 진력하였
다. 그러나 잦은 전쟁으로 백성의 세금이 늘어 불만의 요소가 되었으며 불교를 앞세워 낭비
를 일삼고 관료들이 부패하고 군대에 대한 통솔력이 떨어져 총체적으로 국력이 쇠퇴하기 시
작하였다고 평가된다.

422 『논어』「술이」: 공자가 말했다. "세 사람이 함께 길을 가면 그중에 반드시 나의 스승이 있으
니, 그중에 선(善)한 사람을 가려서 따르고 그중에 불선(不善)한 사람을 가려서 나의 불선을
고쳐야 한다."[子曰: "三人行, 必有我師焉, 擇其善者而從之, 其不善者而改之.]

것은 능하기 어렵다고 했는데,[423] 역시 헌자의 신하와 정사를 본래부터 고칠 필요가 없이 장자가 능히 아버지의 사업을 계승할 수 있었기 때문이니, 그래서 효가 되는 것이다. 만약 아버지의 도가 선하지 않은데도 서로 이어 바꾸지 않는다면 세상이 그 악을 구제할 것이니 또한 어찌 귀하다 할 수 있겠는가? "가(可)"는 매우 인정하는 말이다. 『설문해자』에 "가(可)는 긍정한다[肯는 뜻이다.]"[424]라고 했다.

- 「注」, "父在"至"其行".
- 正義曰: 鄭「注」云: "孝子, 父在無所自專, 庶幾於其善道而已." 此僞孔所襲. 『韓詩外傳』, "孔子曰: '昔者周公事文王, 行無專制, 事無由己, 可謂子矣.'" 是"父在子不得自專"也. "庶幾於其善道", 謂但觀其志有善道, 無行事可見也. 朱子『或問』引范祖禹說, "以人子於父在時, 觀父之志而承順之; 父沒, 則觀父之行而繼述之." 與鄭·孔「注」義異.
- ○「주」의 "부재(父在)"에서부터 "기행(其行)"까지.
- ○ 정의에서 말한다.
  정현의 「주」에 "효자는 아버지가 살아 계시면 자기 뜻대로 하는 것이 없으니, 거의 그 선한 도를 기대해 볼 뿐이다."[425]라고 했는데, 이것은 위공(僞孔)이 그대로 따른 것이다. 『한시외전』에 "공자가 말했다. '옛날 주공이 문왕을 섬길 때 행실은 자기 뜻대로 결정함이 없었으며,

---

423 『논어』「자장」: 증자가 말했다. "내가 선생님께 들으니, '맹장자의 효(孝) 중에 다른 것은 할 수 있지만, 아버지의 신하와 아버지의 정치를 바꾸지 않은 것, 그것은 하기 어려운 것이다.'라고 하셨다."[曾子曰: "吾聞諸夫子, '孟莊子之孝也, 其他可能也, 其不改父之臣與父之政, 是難能也.'"]

424 『설문해자』 권5: 가(可)는 긍정한다[肯는 뜻이다.] 구(口)와 하(丂)로 구성되고, 하(丂)가 또 발음을 나타낸다. 모든 가(可)부에 속하는 한자는 다 가(可)의 뜻을 따른다. 긍(肯)과 아(我)의 반절음이다.[可, 肯也. 從口丂, 丂亦聲. 凡可之屬皆從可. 肯我切.]

425 이 표현은 『논어집해』, 『논어집해의소』, 『논어정의』, 『논어주소』, 『논어정의』 등에는 보이지 않고, 『태평어람(太平御覽)』 권412, 「인사부(人事部)·효상(孝上)」에 보인다.

일은 자기를 말미암음이 없었으니, 자식의 도리를 능히 했다고 할 수 있다.'"라고 했는데,[426] 이것이 "아버지가 살아 계시면 자식은 자기 뜻대로 행동하지 못한다"라는 것이다. "거의 그 선한 도를 기대해 볼 뿐이다"라는 것은 다만 그의 뜻에 선한 도가 있는지 살펴볼 뿐, 볼 만한 행실과 일이 없다는 말이다. 주자는 『혹문(或問)』에서 범조우(范祖禹)[427]의 설을 인용하면서 "자식은 아버지가 살아 계실 때 아버지의 뜻을 살펴 받들어 따르고, 아버지가 돌아가시면 아버지의 행실을 살펴 계승하고 전한다."라고 했으니, 정현이나 공안국의 「주」와는 뜻이 다르다.

원문 錢氏大昕『潛研堂文集』極取范說曰: "孔子之言, 論孝乎? 論觀人乎? 以經文'可謂孝矣'證之. 其爲論孝不論觀人, 夫人而知之也. 旣曰論孝, 則以爲觀父之志行是也. 不論觀人, 則以爲觀人子之志行非也. 子之不孝者, 好貨財, 私妻子, 父母之養且不顧, 安能觀其志? 朝死而夕忘之, 安能觀其行? 禮曰: '視於無形, 聽於無聲.' 觀其志之謂也, 又曰: '善繼人之志, 善述人之事.' 觀其行之謂也. 孟子論事親爲大, 以曾元之賢, 僅得謂之養口體. 則孔子之所謂養其志者, 惟曾子之養志足以當之. 如是而以孝許之, 奚不可乎?"

역문 전대흔(錢大昕)[428]의 『잠연당문집(潛研堂文集)』에는 범조우의 설을 적극

---

426 『한시외전』 권7.
427 범조우(范祖禹, 1041~1098): 중국 북송 성도(成都) 화양(華陽) 사람. 자는 순보(淳甫) 또는 몽득(夢得), 시호는 정헌(正獻)이다. 젊어서 정호(程顥)와 정이(程頤)를 사사했으며, 사마광의 학문을 추종했다. 『중용』을 중시하여 성(誠)과 성에 이르는 구체적인 방법인 충서(忠恕)를 강조했다. 또한 노장학(老莊學)은 충서의 도에 위배된다고 하여 배척했다. 저서에 『논어설(論語說)』과 『당감(唐鑑)』이 있는데, 이정(二程)의 설을 수용한 것이 많다. 『당감』은 당나라 고조에서 소선제(昭宣帝)까지 3백 년 동안의 정치적 득실을 논한 책이다. 그 밖의 저서에 『중용론(中庸論)』과 『범태사집(范太史集)』이 있다.

적으로 취하여 다음과 같이 말했다. "공자의 말은 효를 논한 것인가? 사람을 살핌을 논한 것인가? 경문의 '효라 이를 수 있다'라고 한 것으로 증명이 된다. 그것이 효를 논한 것이지 사람 살핌을 논한 것이 아님은 사람이라면 알 수 있다. 이미 효를 논한 것이라고 한다면 아버지의 뜻과 행실을 살핀다고 여기는 것이 옳다. 사람을 살핌을 논한 것이 아니라면 자식의 뜻과 행실을 살핀다고 여기는 것은 그르다. 불효한 자식은 재화를 좋아하고, 처자를 사사로이 여기며, 부모의 봉양조차 돌보지 않는데 어떻게 그 뜻을 살피겠는가? 아침에 돌아가시면 저녁이면 잊는데 어떻게 그의 행실을 살필 수 있겠는가? 『예기』에 '형체 없는 데서 듣고 소리 없는 데서 듣는다.'[429]라고 했으니, 그 뜻을 살핀다는 말이고, 또 '선대의 뜻을 잘 계승하고, 선대의 일을 잘 전술한다.'[430]라고 했으니, 그 행실을 살핀다는 말이다. 맹자는 어버이 섬김이 위대함이 됨을 논하면서 증원(曾元)의 어짊을 겨우 몸만 봉양했다고 말할 수 있다고 했으니,[431] 공자의

---

[428] 전대흔(錢大昕, 1728~1804): 중국 청나라 강소 가정(嘉定) 사람. 호는 죽정거사(竹汀居士)이고, 자는 효징(曉徵) 또는 신미(辛楣)이다. 한림원의 벼슬을 역임하면서 『열하지(熱河志)』와 『속문헌통고(續文獻通考)』, 『속통지(續通志)』, 『대청일통지(大淸一統志)』 등 칙찬서 편찬에 참가했다. 경사(經史)와 금석(金石), 문자, 음운, 천산(天算), 여지(輿地) 등 여러 학문에 정통했고, 고사(考史)에 있어서는 청나라 제일이라는 평을 들었다. 저서에 『이십이사고이(二十二史考異)』와 『십가재양신록(十駕齋養新錄)』, 『원사예문지(元史藝文志)』, 『원사씨족표(元史氏族表)』, 『항언록(恒言錄)』, 『의년록(疑年錄)』 등이 있는데, 『잠연당전서(潛研堂全書)』 안에 수록되어 있다.

[429] 『예기』「곡례상」.

[430] 『예기』「중용」. 또는 『중용』 제19장.

[431] 『맹자』「이루상」: 증자가 증석을 봉양할 때 반드시 술과 고기를 장만하였는데, 밥상을 치우려 할 때엔 반드시 누구에게 줄 것인가를 청하였으며, 남은 것이 있는지 물으면 반드시 있다고 했다. 증석이 죽자, 증원(曾元)이 증자를 봉양했는데, 반드시 술과 고기를 장만하였다. 그러나 밥상을 치우려 할 때 누구에게 줄 것인지를 청하지 않았으며, 남은 것이 있냐고 물으

이른바 그 뜻을 봉양한다는 것은 오직 증자의 뜻을 봉양함이 충분히 해당된다. 이와 같아야 효라고 인정하는 것이 어찌 불가한 것이겠는가?"

원문 案, 范說亦通. 但論孝卽是觀人. 旣觀其行, 而知三年無改於父之道, 故以孝許之. 鄭・孔義本不誤. 故仍主鄭・孔而以范說附之.

역문 살펴보니 범조우의 설 역시 통한다. 그러나 효를 논함은 곧 사람을 살피는 것이니, 이미 그 행실을 살펴보고 3년을 아버지의 도를 고침이 없음을 알았기 때문에 효라고 인정한 것이다. 정현과 공안국의 뜻이 본디 그르지 않으므로 정현과 공안국을 위주로 하면서, 범조우의 설도 붙여놓았다.

- 「注」, "孝子"至"之道".
- 正義曰: 「注」以三年是居喪之期, 故云"在喪"也. 宋氏翔鳳發微說, "按『七略』, 『春秋經』十一卷, 出今文家. 繫閔公篇於莊公下, 博士傳其說曰: '子未三年, 無改於父之道.' 傳曰: '則曷爲於其封內三年稱子? 緣孝子之心, 則三年不忍當也.'" 又『漢書』「師丹傳」丹上書曰: "古者諒陰不言, 聽於冢宰, 三年無改於父之道." 皆以三年就居喪言, 與此「注」同.
- ○「주」의 "효자(孝子)"부터 "지도(之道)"까지.
- ○ 정의에서 말한다.

「주」에서는 3년을 상을 치르는 기간으로 삼았기 때문에 "상중에 있을 때[在喪]"라고 한 것이다. 송상봉의 『논어발미』에 "『칠략(七略)』을 살펴보니, 『춘추경(春秋經)』 11권은 금문가(今文家)에게서 나왔다. 민공(閔公)을 장공(莊公) 아래에 엮어서 편차했는데, 박사가 그 설

면, 반드시 없다고 대답하였으니, 이는 그 음식을 다시 올리려고 해서였다. 이것은 이른바 '몸만을 봉양한다.'라는 것이니, 증자와 같이하면 '뜻을 봉양한다.'라고 이를 수 있다.[曾子養曾晳, 必有酒肉, 將徹, 必請所與, 問有餘, 必曰有. 曾晳死, 曾元養曾子, 必有酒肉, 將徹, 不請所與, 問有餘, 曰亡矣, 將以復進也. 此所謂養口體者也, 若曾子, 則可謂養志也.]

을 전하면서 '자식은 아직 3년이 안 되었으면 아버지의 도를 고침이 없어야 한다.'라고 했다. 「전」에는 말하기를, '어째서 봉지 내에서는 3년이 지나야 자(子: 子爵)라고 칭하는가? 효자의 마음에 3년 동안은 차마 감당하지 못해서이다.'"[432]라고 했다. 또 『전한서』「사단전(師丹傳)」에서 단(丹)이 글을 올리기를, "옛날 초상을 치르는 여막[諒陰][433]에서 말하지 않고 총재(冢宰)에게서 명을 들으면서[434] 3년을 아버지의 도를 고침이 없었다."[435]라고 했는데, 모두 삼년상을 치르는 입장에서 말한 것이니, 이 「주」와 같다.

원문 "哀慕猶若父存, 無所改於父之道"者, 謂人子居喪, 猶若父存時, 己仍爲子. 若「曲禮」言居喪之禮, "升降不由阼階, 出入不當門隧." 皆若父存, 不敢遽當室也. 此說於義似通. 然居喪不敢改父之道, 喪終自仍宜改. 改與不改, 皆是恒禮, 奚足以見人子之孝? 故知此「注」尚未然也.

역문 "슬퍼하고 그리워하며 오히려 아버지가 살아 계시는 것처럼 여기니, 아버지의 도를 고치는 일이 없다[哀慕猶若父存, 無所改於父之道]"

자식이 초상을 치를 때 오히려 아버지가 살아 계실 때 자기가 여전히 자식인 것처럼 한다는 말이다. 「곡례」에서 초상을 치를 때의 예를 말하

---

432 『춘추공양전주소』 권9, 「민공(閔公)」 원년의 「전」.

433 양암(諒陰): 임금이 부모의 상중(喪中)에 있을 때 거처하는 방. 『논어정의』에는 암(闇)으로 되어 있다. 『논어』와 『서경』을 근거로 고쳤다.

434 『논어』「헌문」: 자장이 말했다. "『서경』에 '고종(高宗)이 초상(初喪)을 치르는 여막[諒陰]에서 3년 동안 말을 하지 않았다.'라고 했는데, 무슨 말입니까?" 공자가 말했다. "어찌 반드시 고종뿐이었겠느냐? 옛사람들은 모두 그리하였다. 임금이 죽으면 백관이 자신의 직무를 총괄해서 3년 동안 총재(冢宰)에게서 명을 들었느니라."[子張曰: "『書』云: '高宗, 諒陰三年不言', 何謂也?" 子曰: "何必高宗? 古之人皆然. 君薨, 百官總己, 以聽於冢宰三年."].

『서경』「상서(尚書)·열명상(說命上)」: 왕이 양암(亮陰)에서 택우[宅憂: 집상(執喪)]하기를 3년 동안 하여 이미 상(喪)을 벗고도 말하지 않았다.[王宅憂亮陰三祀, 旣免喪, 其惟弗言.]

435 『전한서』 권86, 「하무왕가사단전(何武王嘉師丹傳)」 제56.

면서 "동쪽 계단을 통해 오르내리지 않으며, 문 가운데 길로 드나들지 않는다."[436]라고 한 것과 같은 것은 모두 아버지가 살아 계실 때와 같이 해서, 감히 대번에 후계자임을 자처하지 못한다[437]는 것이다. 이 말이 도의상 통하는 것 같다. 그러나 초상 중에는 감히 아버지의 도를 고치지 못하더라도 초상을 마치면 본래 그대로 고침이 마땅하다. 고치거나 고치지 않거나 모두 항상된 예인데, 어떻게 이런 것으로 자식의 효를 알기에 충분하겠는가? 따라서 이 주석은 오히려 옳지 않음을 알 수 있다.

1-12

有子曰: "禮之用, 和爲貴. 先王之道, 斯爲美, 小大由之. 有所不行. 知和而和, 不以禮節之, 亦不可行也."【注】馬曰: "人知禮貴和, 而每事從和, 不以禮爲節, 亦不可行."

유자가 말했다. "예(禮)를 씀에 조화로움[和]이 귀중함이 된다. 선왕의 도는 이것을 아름답게 여겨서 작은 사람이나 큰 사람이나 이것을 따른다. 행하지 않아야 할 것이 있으니, 조화로움[和]이 중요한 줄만 알아서 조화로움만 귀하게 여기고 예로써 절제하지 않으면 또한 행할 수 없다."【주】마융이 말했다. "사람들이 예는 조화로움[和]를 귀하게 여긴다는 것을 알아서 매사에 조화로움만 따르고, 예로써 절제하지 않

---

436 『예기』「곡례상」.

437 『예기대전(禮記大全)』권1, 「곡례상(曲禮上)」에 "고자(孤子)로서 후계가 된 자는 관과 옷에 채색 실로 가선을 두르지 않는다.[孤子當室, 冠衣不純采.]"라고 했는데, 이곳의 주석에 "여씨가 말했다. '당실(當室)'은 아버지의 후계자가 된 자이다.[呂氏曰: "'當室'謂爲父後者."]"라고 했다.

으면 이 또한 행할 수 없다."

원문 正義曰:『禮』「祭義」云: "禮者, 履此者也." 『管子』「心術篇」, "登降揖
讓, 貴賤有等, 親疏有體, 謂之禮." 『方言』, "用, 行也." 『說文』, "用, 可施
行也." 禮主於讓, 故以和爲用, 「燕義」云: "和寧, 禮之用也"是也. 『說文』,
"龢, 調也. 讀與咊同. 盉, 調味也. 和, 相應也." 三義略同近, 今經傳通作
"和". 賈子「道術篇」, "剛柔得道謂之和, 反和爲乖."

역문 정의에서 말한다.

『예기』「제의」에 "예(禮)란 이것을 실천함[履]이다."라고 했다. 『관자』
「심술(心術)」에는 "오르고 내릴 때 읍하고 사양하며, 귀하고 천함에 등
급이 있고, 친하고 소원함에 체(體)가 있음, 이것을 일러 예라 한다."라
고 했다. 『방언(方言)』에 "용(用)은 행함[行]이다."[438]라고 했고, 『설문해자』
에는 "용(用)은 시행할 수 있다[可施行]는 뜻이다."[439]라고 했다. 예는 겸양
을 주로 하므로 화합[和]을 쓰임[用]으로 삼으니, 「연의(燕義)」에서 "화합
과 안녕이 예의 쓰임이다."[440]라고 한 것이 이것이다. 『설문해자』에 "화
(龢)는 화합한다[調]는 뜻이다. 화(咊)와 같이 읽는다."[441] 하고, 또 "화(盉)

---

438 『방언』 6. 그런데, 『방언』에는 "시(徥)는 가는 것[用行]이다. 조선 열수의 사이에서는 더러
시(徥)라고 한다.[徥, 用行也. 朝鮮洌水之閒, 或曰徥.]"라고 되어 있으며, 곽박의 「주」에 "살
펴보니, 용(用)은 또한 유(由)이다. 그러므로 또한 행(行)이 된다. 『광아』에 시(徥)는 유행
(由行)이다.[案, 用亦由也. 故又爲行. 『廣雅』, '徥, 由行也.']"라고 되어 있다.

439 『설문해자』 권3: 용(𤰞)은 시행할 수 있다[可施行는 뜻이다. 복(卜)으로 구성되었고, 중(中)
으로 구성되었다. 위굉(衛宏)의 설이다. 모든 용(用)부에 속하는 글자는 다 용(用)의 뜻을 따
른다. 용(𤰞) 자는 용(用)의 고문이다. 여(余)와 송(訟)의 반절음이다.[𤰞, 可施行也. 從卜從
中. 衞宏說. 凡用之屬皆從用. 𤰞, 古文用. 余訟切.]

440 『예기』「연의(燕義)」.

는 맛을 조화시킨다[調味]는 뜻이다."442라고 했으며, 또 "화(和)는 서로 응한다[相應]는 뜻이다."443라고 했는데, 세 가지 뜻이 대략 같거나 근사하니, 지금의 경전에서는 통상 "화(和)"로 되어 있다. 가의의 「도술」에 "굳셈과 부드러움이 도(道)를 얻음을 화(和)라 하고, 화를 반대로 함이 괴(乖)가 된다."444라고 했다.

원문 韋昭「晉語」「注」, "貴, 重也." 高誘『呂氏春秋』「尊師」「注」, "貴, 尙也." 和是禮中所有, 故行禮以和爲貴. 皇·邢「疏」以"和"爲樂, 非也. 「樂記」云: "禮勝則離." 鄭「注」, "離, 謂析居不和也." 又『易』「繫辭傳」, "履以和行." 虞翻「注」, "禮之用, 和爲貴, 故以和行." 和是言禮, 非謂樂, 審矣.

역문 위소의 「진어」「주」에 "귀(貴)는 소중하다[重]는 뜻이다."445라고 했고, 고유의 『여씨춘추』「존사(尊師)」「주」에 "귀(貴)는 중히 여긴다[尙]는 뜻이다."446라고 했다. 화(和)는 예 가운데 있기 때문에 예를 행함에 화를 귀한 것으로 여긴다. 황간과 형병의 「소」에서는 "화"를 즐거움[樂]이라고 했는데, 아니다. 『예기』「악기」에 "예가 지나치면 사이가 멀어진다[離]."

---

441 『설문해자』 권2: 화(龢)는 화합한다[調]는 뜻이다. 약(龠)으로 구성되었고, 화(禾)가 발음을 나타낸다. 화(咊)와 같이 읽는다. 호(戶)와 과(戈)의 반절음이다.[龢, 調也. 從龠禾聲. 讀與和同. 戶戈切.]

442 『설문해자』 권5: 화(盉)는 맛을 조화시킨다[調味]는 뜻이다. 명(皿)으로 구성되었고, 화(禾)가 발음을 나타낸다. 호(戶)와 과(戈)의 반절음이다.[盉, 調味也. 從皿禾聲. 戶戈切.] 『논어정의』에는 "調" 자가 빠져 있다. 『설문해자』를 근거로 보충하였다.

443 『설문해자』 권2: 화(咊)는 서로 응한다[相應]는 뜻이다. 구(口)로 구성되었고, 화(禾)가 발음을 나타낸다. 호(戶)와 과(戈)의 반절음이다.[咊, 相應也. 從口禾聲. 戶戈切.]

444 『신서』 권8, 「도술」.

445 『국어』 권13, 「진어7(晉語七)」.

446 『여씨춘추』 권4, 「맹하기제4·존사」의 「주」.

라고 했는데, 정현의 「주」에 "이(離)는 떨어져 살면서 조화롭지 않음이다."[447]라고 했다. 또 『주역』「계사하(繫辭下)」에 "이(履)괘로써 조화롭게 행동한다."라고 했는데, 우번(虞翻)[448]의 「주」에 "예를 씀에 조화로움[和]이 귀함이 된다. 그러므로 조화롭게 행동하는 것이다."[449]라고 했으니, 화(和)는 예를 말한 것이지 즐거움을 이르는 것이 아니니, 자세히 살펴봐야 한다.

원문 『論衡』「四諱篇」, "死亡謂之先." 『爾雅』「釋詁」, "王, 君也." <u>戴氏望</u>『論語注』云: "先王, 謂聖人爲天子制禮者也." 『詩』「殷其雷」「傳」, "斯, 此也." 『周官』「大司徒」「注」, "美, 善也." 竝常訓. 禮有威儀文物, 故以美言之.

역문 『논형』「사휘편(四諱篇)」에 "죽은 분[死亡]을 선(先)이라 이른다."라고 했다. 『이아』「석고」에 "왕(王)은 임금[君]이다."라고 했다. 대망(戴望)[450]의 『논어주(論語注)』에 "선왕(先王)이란 성인으로서 천자가 되어 예를 제

---

447 『예기주소』권37, 정현의 「주」.

448 우번(虞翻, 164~233): 중국 삼국시대 오나라 회계(會稽) 여요(餘姚) 사람. 자는 중상(仲翔)이다. 학생을 가르칠 때 게으르지 않았고, 금문맹씨역(今文孟氏易)을 가전(家傳)했다. 『노자』와 『논어』, 『국어』의 훈주(訓注)와 『역주(易注)』를 지었지만 모두 없어졌다. 정현, 순상(荀爽)과 더불어 역학삼가(易學三家)로 일컬어진다. 저서에 『주역우씨의(周易虞氏義)』가 있는데, 당나라 이정조(李鼎祚)의 『주역집해(周易集解)』에 채록된 것과 청나라 황석(黃奭)의 한학당총서(漢學堂叢書) 및 손당(孫堂)의 한위이십일가역주(漢魏二十一家易注)에 집록된 것이 있다.

449 『어찬주역절중(御纂周易折中)』권15,「계사하(繫辭下)」우번의 「주」.

450 대망(戴望, 1837~1873): 중국 청나라 절강 덕청(德淸) 사람. 자는 자고(子高)이다. 안원(顔元)의 학문을 좋아했으며, 진환(陳奐)에게 성음(聲音), 훈고를 배웠다. 뒤에 송상풍(宋翔風)에게 『춘추공양전』을 배워 상주학파(常州學派)의 계승자가 되었다. 저서에 『논어주(論語注)』와 『관자교정(管子校正)』, 『안씨학기(顔氏學記)』, 『적인당유집(適厪堂遺集)』 등이 있다.

정한 자이다."라고 했다. 『시경』「은기뢰(殷其雷)」의 「전」에 "사(斯)는 이
것[此]이다."[451]라고 했다. 『주관』「대사도」의 「주」에 "미(美)는 선(善)이
다."[452]라고 했는데, 모두 일반적인 해석이다. 예에는 위의와 문물(文物)
이 있기 때문에 아름다움[美]을 가지고 말한 것이다.

원문 "小大"指人言. 下篇"君子無小大", 『詩』「泮水」"無小無大, 從公于邁",
皆以"小大"指人之證. 『爾雅』「釋詁」, "由, 自也." 自與從同. 『史記』「禮書」
云: "君臣 · 朝廷 · 尊卑 · 貴賤之序, 下及黎庶, 車輿 · 衣服 · 宮室 · 飲
食 · 嫁娶 · 喪祭之分, 事有宜適, 物有節文." 是言人小大皆有禮也.

역문 "소대(小大)"는 사람을 가리켜서 한 말이다. 아래 편에서 "군자는 크거
나 작거나 상관없이"[453]라고 했고, 『시경』「반수(泮水)」에 "작은 사람 · 큰
사람을 막론하고 임금을 따라간다."[454]라고 했는데, 모두 "소대(小大)"가
사람을 가리키는 증거이다. 『이아』「석고」에 "유(由)는 부터[自]이다."라
고 했으니, 자(自)와 종(從)은 같다. 『사기』「예서(禮書)」에 "군신 · 조정 ·
존비 · 귀천의 순서에서 아래로 백성 · 수레 · 의복 · 궁실 · 음식 · 혼
례 · 상례와 제례의 명분에 이르기까지 일마다 각기 마땅함이 있고, 물
건마다 저마다의 문채가 있다."[455]라고 했는데, 이는 사람이 크건 작건
간에 모두 예가 있다는 말이다.

---

451 『모시주소』권2, 「국풍 · 소남(召南) · 은기뢰(殷其雷)」의 「전」.
452 『주례주소』권10, 「지관사도상 · 대사도」의 「주」.
453 『논어』「요왈」: 군자는 많거나 적거나 크거나 작거나 관계없이 감히 감히 태만하게 대함이
없다.[君子, 無衆寡, 無小大, 無敢慢.]
454 『시경』「송(頌) · 노송(魯頌) · 반수(泮水)」.
455 『사기』권23, 「서(書) · 예서제1(禮書第一)」.

원문 "有所不行"者, 謂人但循禮, 不知用和, 故不可行, 所謂"禮勝則離"者也. 「檀弓」云: "品節斯之謂禮." 皇「疏」云: "人若知禮用和, 而每事從和, 不復用禮爲節者, 則於事亦不得行也. 所以言'亦'者, 沈居士云: '上純用禮不行, 今皆用和, 亦不可行也.'"

역문 "행하지 않아야 할 것이 있다[有所不行]"

사람이 다만 예를 따를 뿐, 조화로움을 적용할 줄 모르기 때문에 행할 수 없다는 말이니, 이른바 "예가 지나치면 사이가 멀어진다."라는 것이다. 「단궁」에서 이르길, "이것을 품절(品節)[456]함을 예라 이른다."[457]라고 했다. 황간의 「소」에는 "사람이 만약 예를 씀에 조화로움이 귀중함을 알아 매사에 조화로움을 따르고 다시는 예로써 절제하지 않으면 또한 일에 있어서도 행할 수 없다. '또한[亦]'이라고 말한 것에 대해, 심거사(沈居士)[458]가 이르길, '옛날에는 순박해서 예가 행해지지 않았는데, 지금은 모두 조화로움을 쓰니, 이 또한 행할 수 없다는 것이다.'라고 했다."[459]라고 했다.

원문 案, 有子此章之旨, 所以發明夫子·中庸之義也. 『說文』, "庸, 用也." 凡事所可常用, 故"庸"又訓"常". 鄭君『中庸目錄』云: "名曰'中庸'者, 以其『記』

---

456 품절(品節): 등급과 층차를 헤아려 절제(節制)를 가함.

457 『예기』「단궁하」. 『논어정의』에는 "節"과 "之" 사이에 "斯" 한 글자가 빠졌다. 『예기』를 근거로 보충했다.

458 심거사(沈居士): 남제 오흥 무강(지금의 절강) 사람. 본명은 심인사(沈麟士, 419~503)로, 자는 운정(雲禎)이다. 저서로 『논어심씨훈주(論語沈氏訓注)』, 『주역양계(周易兩繫)』, 『장자내편훈(莊子內篇訓)』, 『노자요약(老子要略)』 등이 있으며, 『역경』, 『예기』, 『춘추』, 『상서』, 『논어』 등을 주석하였다.

459 『논어집해의소』권1, 「논어학이제1」 황간의 「소」.

中和之爲用也." 注"君子中庸"云: "庸, 常也, 用中爲常道也." 兩義自爲引申. 堯咨舜・舜咨禹云: "允執其中." 孟子言"湯執中", "執中"卽用中也. "舜執兩端, 用其中於民." "用中"卽"中庸"之倒文.

역문 살펴보니, 유자의 이 글의 취지는 공자의 중용(中庸)의 뜻을 드러내 밝히기 위한 것이다. 『설문해자』에 "용(庸)은 사용한다[用]는 뜻이다."[460]라고 했다. 모든 일에 항상 사용할 수 있는 것이므로 "용(庸)"은 또 "항상됨[常]"으로도 해석한다. 정군(鄭君)[461]의 『중용목록(中庸目錄)』[462]에 "이름을 '중용(中庸)'이라고 한 것은 『예기』 가운데 화(和)가 예의 쓰임이 되기 때문이다."라고 했고, "군자는 중용을 한다[君子中庸]"를 주석하면서 "용(庸)은 항상됨[常]이니, 중(中)을 씀이 상도(常道)가 된다."[463]라고 했는데, 두 뜻은 본디 의미가 확대된 것이다. 요임금이 순임금에게 일러 주고, 순임금이 우임금에게 일러 주며 "진실로 그 중(中)을 잡으라!"[464] 했고, 맹자는 "탕왕이 중(中)을 잡았다"라고 했는데, "중을 잡음[執中]"은 곧 중(中)을 쓴다는 말이다. "순이 두 끝을 잡고 헤아려 그 중(中)을 백성에게 썼다.[舜執兩端, 用其中於民.]"[465]라고 했는데, "용중(用中)"은 바로 "중용(中庸)"이 도

---

460 『설문해자』 권3: 용(蕭)은 사용한다[用]는 뜻이다. 용(用)으로 구성되었고, 경(庚)으로 구성되었다. 경(庚)은 일을 변경한다는 뜻이다. 『주역』 「손괘(巽卦)」 구오(九五) 효사(爻辭)에 "변경하기 3일 전에 분명히 깨우쳐 준다."라고 했다. 여(余)와 봉(封)의 반절음이다.[蕭, 用也. 從用從庚. 庚, 更事也. 『易』曰: "先庚三日." 余封切.]

461 정군(鄭君): 정현을 가리킨다.

462 정식 명칭은 『삼례목록(三禮目錄)』으로, 『주례』・『의례』・『예기』에 대한 정현의 목록학 저술이다. 1권으로 이루어져 있었으나, 모두 일실되었다. 청나라 원균(袁均)의 『정씨일서(鄭氏佚書)』와 장용의 『배경당총서』 등에 흩어진 자료들을 모아 놓은 것이 있다.

463 『예기주소』 권52, 「중용」.

464 『서경』 「우서・대우모」, 『논어』 「요왈」.

465 『중용』 제6장.

치된 글이다.

원문 『周官』「大司樂」言六德, "中・和・祇・庸・孝・友." 言"中"・"和"又
言"庸", 夫子本之, 故言中庸之德, <u>子思本之, 乃作『中庸』. 而<u>有子</u>於此章
已明言之. 其謂"以禮節之"者, 禮貴得中, 知所節, 則知所中. 『中庸』云:
"和而不流, 强哉矯: 中立而不倚, 强哉矯." "和而不流", 則禮以節之也. 則
禮之中也. 中庸皆所以行禮. 故禮篇載之. 『逸周書』「度訓」云: "和非中不
立, 中非禮不愼, 禮非樂不履." 樂謂和樂, 卽此義也. 『漢石經』"亦不也",
"不"下無"可"字.

역문 『주관』「대사악(大司樂)」에서 육덕(六德)을 말하면서, "중(中)・화(和)・
지(祇)・용(庸)・효(孝)・우(友)."[466]라고 했는데, "중(中)"과 "화(和)"를 말하
고 또 "용(庸)"을 말했으니, 공자는 이것을 근본으로 삼았기 때문에 중용
의 덕을 말하였고, 자사(子思)는 이것을 근본으로 삼아 『중용』을 지었
다. 그리고 유자도 이 장에서 이미 분명하게 말한 것이다. "예로써 절제
한다"라고 말했는데, 예는 중을 얻음을 귀중하게 여기니, 절제할 것을
알면 적중하는 바를 안다. 『중용』에 "조화를 이루되 휩쓸리지 않으니,
강하다 꿋꿋함이여! 중립하여 치우치지 않으니, 강하다 꿋꿋함이여!"[467]
라고 했는데, "조화를 이루되 휩쓸리지 않음"은 예로써 절제함이니, 예
가 적중한 것이다. 중(中)을 쓰는 것은 모두 예를 행하기 위한 것이다.
그러므로 『예기』에 실은 것이다. 『일주서』「도훈」에 "조화는 중(中)이

---

466 『주례』「춘관종백하(春官宗伯下)・대사악(大司樂)」: 음악과 덕으로써 국자(國子: 공경대부
의 아들)를 가르치는데, 중(中)・화(祇)・지(只)・용(庸)・효(孝)・우(友)이다.[以樂德敎國
子, 中・和・祇・庸・孝・友.]

467 『중용』 제10장.

아니면 성립하지 않고, 중(中)은 예가 아니면 삼가지 않으며, 예는 화락
[樂]이 아니면 실행되지 않는다."⁴⁶⁸라고 했는데, 낙(樂)은 화락을 이르니
바로 이 뜻이다. 『한석경』에는 "또한 아니다.[亦不也]"라고 하여, "불(不)"
자 밑에 "가(可)" 자가 없다.

1-13

有子曰: "信近於義, 言可復也. 【注】"復", 猶覆也. 義不必信, 信非義
也. 以其言可反覆, 故曰"近義". 恭近於禮, 遠恥辱也. 【注】包曰: "恭不
合禮, 非禮也. 以其能遠恥辱, 故曰'近禮'也." 因不失其親, 亦可宗也."
【注】孔曰: "'因', 親也. 言所親不失其親, 亦可宗敬."

유자가 말했다. "약속한 말이 의(義)에 가까우면 그 말을 반복할
수 있고, 【주】"복(復)"은 복(覆)과 같다. 의로운 일에는 반드시 자신의 말을 믿게
하기를 바라지 않고,⁴⁶⁹ 믿게 했다고 해서 의는 아니다.⁴⁷⁰ 그러나 그 말을 반복할 수

---

468 『일주서(逸周書)』 권1, 「도훈해제1(度訓解第一)」.

469 언약(言約)을 했다고 해서 그 말을 반드시 지켜서 실천할 필요가 없다는 말이다. 『논어주소』
권1, 「학이제1」에 "'의불필신(義不必信)'이란, 예컨대, 『춘추』「양공(襄公)」 19년에 진(晉)나
라 사개(士匄)가 군대를 거느리고 제(齊)나라를 침공하다가 제후(齊侯)가 죽었다는 말을 듣
고 회군(回軍)했는데, 『춘추』에서 이 일을 훌륭하게 여긴 것과 같은 경우이니, 이것이 의
(義)에 합당한 일은 신의를 지킬 필요가 없다는 것이다.['義不必信'者, 若『春秋』, 晉 士匄, 帥
師侵齊, 聞齊侯卒, 乃還, 『春秋』善之, 是合宜不必守信也.]"라고 했고, 『춘추좌씨전』「양공」
19년의 경문(經文)에 "진나라 사개가 군대를 거느리고 제나라를 침공하여 곡읍에 이르러 제
후가 죽었다는 소식을 듣고는 곧 돌아왔다.[晉 士匄帥師侵齊, 至穀, 聞齊侯卒, 乃還.]"라고
했는데, 두예는 이에 대해 "이른 곳과 돌아온 것을 자세히 기록한 것은 예에 맞은 것을 훌륭
하게 여긴 것이다.[詳錄所至及還者 善得禮]"라고 했다.

470 약속한 말을 실천했다고 해서 그것이 다 의(義)에 맞는 것은 아니라는 말이다. 『논어주소』

있기 때문에 "의에 가깝다[近義]"라고 한 것이다. **공손함이 예에 가까우면 치**
욕을 멀리할 수 있고, 【주】 포함이 말했다. "공손함이 예에 맞지 않으면 예가
아니다. 그러나 치욕을 멀리할 수 있기 때문에 '예에 가깝다[近禮]'라고 한 것이다.
친한 사람에게 나의 친애를 잃지 않는다면 또한 존경할 만하다."
【주】 공안국이 말했다. "'인(因)'은 친(親)이다. 친한 사람에게 나의 친애를 잃지 않
으면 이 또한 받들어 공경할 만하다는 말이다."

원문 正義曰: "信近於義言可復"者, 『說文』, "近, 附也. 誼, 人所宜也. 義, 己之
威儀也." 二字義別, 今經傳通作"義". 『禮』「中庸記」云: "義者, 宜也." 「表
記」曰: "義者, 天下之制也." 言制之以合宜也. 『孟子』「離婁篇」云: "大人
者, 言不必信, 唯義所在." 是信須視義而行之, 故此言近於義也. 鄭「注」
云: "復, 覆也." 言語之信可反復.

역문 정의에서 말한다.

"약속한 말이 의(義)에 가까우면 그 말을 반복할 수 있다[信近於義言可復]"
『설문해자』에 "근(近)은 가깝다[附]는 뜻이다."[471]라고 했고, 또 "의(誼)
는 사람이 옳게 여기는 것[人所宜]이다."[472]라고 했으며, 또 "의(義)는 자기

권1, 「학이제1」에 "'신비의야(信非義也)'란 『사기』「소진열전(蘇秦列傳)」에 '미생(尾生)이
여자와 다리 밑에서 만나기로 약속하였는데, 여자는 오지 않고 물이 갑자기 밀려오는데도
떠나지 않고 다리 기둥을 안고 있다가 빠져 죽었다.'라는 것과 같은 경우이니, 이는 비록 신
의를 지켰지만 의가 아니다.['信非義也'者, 『史記』, '尾生與女子期於梁下, 女子不來, 水至不
去, 抱柱而死.' 是雖守信而非義也.]"라고 했다.

[471] 『설문해자』 권2: 근(𣺄)은 가깝다[附]는 뜻이다. 착(辵)으로 구성되었고, 근(斤)이 발음을 나
타낸다. 근(岸)은 근(近)의 옛 글자이다. 거(渠)와 인(遴)의 반절음이다.[𣺄, 附也. 從辵斤聲.
岸, 古文近. 渠遴切.]

[472] 『설문해자』 권3: 의(誼)는 사람이 옳게 여기는 것[人所宜]이다. 언(言)으로 구성되었고, 의

의 위의(威儀)이다."473라고 했으니, 두 글자[誼·義]가 뜻이 구별되지만 지금의 경전에서는 통합해서 "의(義)"로 되어 있다. 『예기』「중용」에 "의(義)는 마땅함[宜]이다."474라고 했고, 「표기」에 "의(義)는 천하의 제재(制裁)이다."475라고 했으니, 합당[合宜]하도록 제어한다는 말이다. 『맹자』「이루」에 "대인이란 자는 말을 했다고 해서 반드시 믿게 할 것을 기필하지 않고, 오직 의(義)가 있는 곳이면 그에 따라 말하고 행동한다."476라고 했는데, 믿음은 반드시 의(義)와 함께 행해지기 때문에 이 말이 의에 가까운 것이다. 정현의 「주」에 "복(復)은 복(覆)이다."477라고 했으니, 진실한 말은 반복할 수 있다는 말이다.

원문 案, "復"·"覆"古今語. 『爾雅』「釋言」, "復, 返也." 返與反同. 『說文』, "復, 往來也." 往來, 卽反復之義. 人初言之, 其信能近於義, 故其後可反復言之也. 「曾子立事篇」云: "久而復之, 可以知其信矣." 又云: "言之必思復之, 思復之必思無悔言, 亦可謂愼矣." "思無悔言", 亦謂以義裁之. 否則, 但守硜硜之信, 而未合於義, 人將不直吾言, 吾雖欲復之, 不得也.

역문 생각해 보니, "복(復)"과 "복(覆)"은 고금어(古今語)478이다. 『이아』「석언」

(宜)로 구성되었다. 의(宜)가 역시 발음을 나타낸다. 의(儀)와 기(寄)의 반절음이다.[誼, 人所宜也. 從言從宜. 宜亦聲. 儀寄切.]

473 『설문해자』권12: 의(義)는 자기의 위의(威儀)이다. 아(我)와 양(羊)으로 구성되었다. 신 현 등이 말했다. "이 글자와 선(善)은 뜻이 같다. 그러므로 양(羊)으로 구성된 것이다." 의(宜)와 기(寄)의 반절음이다.[義, 己之威儀也. 從我羊. 臣鉉等曰: "此與善同意. 故從羊." 宜寄切.]

474 『예기주소』권52, 「중용」의 「주」.

475 『예기』「표기」.

476 『맹자』「이루하」.

477 『논어집해의소』권1, 「논어학이제1」: 복(復)은 복(覆)과 같다.[復, 猶覆也.]

478 고금어(古今語): 기존 어휘가 있음에도 동일 개념을 지시하는 새로운 어휘가 생거나 옛것을

에 "복(復)은 되돌린다[返]는 뜻이다."라고 했는데, 반(返)은 반(反)과 같다. 『설문해자』에 "복(復)은 왕래한다[往來]는 뜻이다."[479]라고 했는데, 왕래(往來)란 곧 반복한다[復]는 뜻이다. 사람이 처음 말할 때, 그 약속한 말이 의(義)에 가까울 수 있기 때문에 그 뒤로는 반복해서 말할 수 있다. 「증자입사」에 "오랫동안 반복하므로 그 진실함을 알 수 있다."[480] 했고, 또 "말을 함에 반드시 반복할 것을 생각하는데, 반복할 것을 생각하면 후회하는 말이 없을 것을 생각하니 역시 삼간다고 말할 수 있다."[481] 했는데, "후회하는 말이 없을 것을 생각함" 역시 의(義)로 제재(制裁)함을 이른다. 그렇지 않으면, 단지 잗단 신뢰만 지키고 의에 합당하지 않아 남들이 장차 내 말을 정직하지 않다고 여길 것이니, 내가 비록 반복하려 해도 할 수 없다.

원문 "恭近於禮遠恥辱"者, 『廣雅』「釋詁」, "遠, 離也." 『說文』, "恥, 辱也. 辱, 恥也." 「表記」云: "恭以遠恥." 亦謂恭近於禮, 以行之也. 否則, 雖恭敬於人, 不能中禮, 或爲人所輕侮, 而不免恥辱. 下篇云"恭而無禮則勞", 亦此意也. 皇本"宗"下有"敬"字.

역문 "공손이 예에 가까우면 치욕을 멀리할 수 있다[恭近於禮遠恥辱]"

『광아』「석고」에 "원(遠)은 멀리한다[離]는 뜻이다."라고 했다. 『설문해자』에 "치(恥)는 치욕[辱]이다."[482]라고 하고, 또 "욕(辱)은 치욕[恥]이

대체하거나 공존하는 말이나 글자.

[479] 『설문해자』 권2: 복(復)은 왕래한다[往來]는 뜻이다. 척(彳)으로 구성되었고, 복(复)이 발음을 나타낸다. 방(房)과 육(六)의 반절음이다.[復, 往來也. 從彳复聲. 房六切.]

[480] 『대대례』 권4, 「증자입사」.

[481] 『대대례』 권4, 「증자입사」.

[482] 『설문해자』 권10: 치(恥)는 치욕[辱]이다. 심(心)으로 구성되었고, 이(耳)가 발음을 나타낸

다."483라고 했다. 「표기」에 "공손함으로써 치욕을 멀리한다."484라고 했
는데, 역시 공손함을 예에 가깝게 해서 행함을 말한 것이다. 그렇지 않
으면 비록 남을 공경하더라도 예에 적중하지 못해 혹 남에게 경시당하
거나 업신여김을 받아 치욕을 면하지 못한다. 아래 편에 "공손하되 예가
없으면 수고롭다."485라고 했는데, 역시 이 뜻이다. 황간본에는 "종(宗)"
아래 "경(敬)" 자가 있다.

- 「注」, "義不"至"近義".
- 正義曰: 邢『疏』云: "'義不必信'者, 若『春秋』'晉 士匄帥師侵齊, 聞齊侯卒, 乃還', 『春秋』善之, 是合宜不必守信也. 云'信非義也'者, 『史記』, '尾生與女子期於梁下, 女子不來, 水至不去, 抱 柱而死.' 是雖守信而非義也."

  案, 「注」以"近義"是由復言後觀之, 蓋知其人言可反復, 曉其近於義也. 下「注」"以其能遠恥 辱, 故曰'近禮'", 義同.

- ○ 「주」의 "의불(義不)"부터 "근의(近義)"까지.
- ○ 정의에서 말한다.

  형병의 「소」에 "'의불필신(義不必信)'이란, 예컨대, 『춘추』에 '진(晉)나라 사개(士匄)가 군대
  를 거느리고 제나라를 침공하다가 제후(齊侯)가 죽었다는 말을 듣고 곧바로 회군(回軍)했는
  데', 『춘추』에서 이 일을 훌륭하게 여긴 것과 같은 경우이니,486 이것이 의에 합당한 일은 신

다. 칙(勅)과 이(里)의 반절음이다.[㘄, 辱也. 從心耳聲. 勅里切.]

483 『설문해자』 권14: 욕(㘄)은 치욕[辱]이다. 촌(寸)으로 구성되었는데, 진(辰) 아래 촌(寸)이
있다. 농사철을 잃으면 봉강(封疆)에서 죽였다. 진(辰)이란 농사 때이다. 그러므로 방성(房
星)이 진(辰)이 되니, 전후(田候)이다. 이(而)와 촉(蜀)의 반절음이다.[㘄, 恥也. 從寸在辰下.
失耕時, 於封疆上戮之也. 辰者, 農之時也. 故房星爲辰, 田候也. 而蜀切.]

484 『예기』 「표기」.

485 『논어』 「태백(泰伯)」.

의를 지킬 필요가 없다는 것이다. '신비의야(信非義也)'란 『사기』에 '미생(尾生)이 여자와 다리 밑에서 만나기로 약속하였는데, 여자는 오지 않고 물이 갑자기 밀려오는데도 떠나지 않고 다리 기둥을 안고 있다가 빠져 죽었다.'[487]라는 것과 같은 경우이니, 이는 비록 신의를 지켰지만 의가 아니다.'[488]라고 했다.

살펴보니, 「주」에서 "의에 가까움"은 말을 반복함을 말미암은 뒤에 살피는 것이기 때문에 그 사람의 말이 반복될 수 있음을 알고, 그것이 의에 가까움을 깨닫는다. 아래 「주」의 "치욕을 멀리할 수 있기 때문에 '예에 가깝다[近禮]'라고 한 것이다."라고 한 것도 뜻이 같다.

- 「注」, "因親"至"宗敬".

- 正義曰:『詩』「皇矣」, "因心則友." 「傳」, "因, 親也." 此文上言"因", 下言"親", 變文成義. 『說文』, "宗, 尊祖廟也." 宗有尊訓. 此言"宗敬"者, 引申之義. 「曾子立事」云: "觀其所愛親, 可以知其人矣." 謂觀其所愛親之是非, 則知其人賢不肖. 若所親不失其親, 則此人之賢可知, 故亦可宗敬也. 桂氏馥『群經義證』解此「注」云: "『詩』「皇矣」「正義」曰: '『周禮』六行, 其四曰姻. 「注」, "姻, 親於外親." 是姻得爲親.' 據此, 則'因'卽'姻'省文. 『野客叢書』引'『南史』王元規曰: "姻不失親, 古人所重, 豈得輒婚非類?"『張說之碑』亦云: "姻不失親, 官復其舊."' 又徐鍇『說文通論』, '『禮』曰: "姻不失其親." 故古文肖‧女爲妻.' 邢‧皇二「疏」, 俱失孔恉."

○ 「주」의 "인친(因親)"부터 "종경(宗敬)"까지.

○ 『시경』「황의(皇矣)」에 "마음을 친하게 하면 우애가 생겨난다."[489]라고 했는데, 「전」에서 "인(因)은 친함[親]이다."[490]라고 했다. 이 문장에서는 먼저 "인(因)"을 말하고 나중에 "친(親)"을

---

486 『춘추』「양공」19년의 경문(經文)에 "진나라 사개가 군대를 거느리고 제나라를 침공하여 곡읍에 이르러 제후가 죽었다는 소식을 듣고는 곧 돌아왔다.[晉 士匄帥師侵齊, 至穀, 聞齊侯卒, 乃還.]"라고 했는데, 『춘추좌씨전』「양공」19년의 두예(杜預) 주석에 "이른 곳과 돌아온 것을 자세히 기록한 것은 예에 맞은 것을 훌륭하게 여긴 것이다.[詳錄所至及還者, 善得禮.]"라고 했다.

487 『사기』권69, 「소진열전제9(蘇秦列傳第九)」.

488 『논어주소』권1, 「학이제1」.

489 『시경』「대아‧문왕지십(文王之什)‧황의(皇矣)」.

말했는데, 문장을 변화시켜 뜻을 이룬 것이다. 『설문해자』에 "종(宗)은 선조의 사당을 높인다[尊祖廟]는 뜻이다."[491]라고 했으니, 종(宗)에는 높인다[尊]는 뜻이 있다. 여기에서 "종경(宗敬)"이라고 한 것은 의미가 확대된 것이다. 「증자입사」에 "그가 친애하는 사람을 보면 그 사람을 알 수 있다."[492]라고 했는데, 그가 친애하는 사람의 잘잘못을 살펴보면 그 사람의 어짊과 불초함을 알 수 있다는 말이다. 만약 친애하는 사람에게 자신의 친애를 잃지 않는다면 이 사람의 어짊을 알 수 있기 때문에 역시 존경할 만하다. 계복(桂馥)[493]은 『군경의증(群經義證)』에서 이「주」를 해석하면서, "『시경』「황의」의「정의」에서 말했다. '『주례』에 6행(行)이 있는데,[494] 네 번째가 인(姻)[495]이다. 「주」에 "인(姻)은 외친(外親)을 친애함이다."라고 했으니, 이때의 인(姻)은 친애함이 될 수 있다.'[496] 여기에 의거해 보면 '인(因)'은 곧 '인(姻)'의 생략된 자형이다. 『야객총서(野客叢書)』[497]에는 '『남사』에서 왕원규(王元規)[498]가 "혼인

---

490 『모시주소』권23,「대아・문왕지십・황의(皇矣)」.

491 『설문해자』권7: 종(宗)은 선조의 사당을 높인다[尊祖廟]는 뜻이다. 면(宀)으로 구성되었고, 시(示)로 구성되었다. 작(作)과 동(冬)의 반절음이다.[宗, 尊祖廟也. 從宀從示. 作冬切.]

492 『대대례』권4,「증자입사」.

493 계복(桂馥, 1737~1805): 중국 청나라 산동 곡부 사람. 자는 동훼(冬卉) 또는 동훼(東卉)이고, 호는 미곡(未谷)이다. 40여 년 동안『설문해자』를 연구하는 데 전념했다. 소학과 금석에 잠심(潛心)하여 한자의 의의에 정통했다. 훈고에 밝지 않으면 경(經)에 정통할 수 없고 경에 정통하지 않으면 치용(致用)할 수 없다고 생각하여, 『설문해자』와『옥편』등을 참고해『설문해자의증(說文解字義證)』을 저술했다. 또한 허신으로부터 남당(南唐)의 서개, 송나라의 서현(徐鉉), 장유(張有), 원나라의 오구연(吾邱衍) 등에 이르기까지「설문통계도(說文統系圖)」를 그렸다. 단옥재, 주준성(朱駿聲), 왕균(王筠)과 함께 청나라 설문사대가(說文四大家)로 일컬어진다. 저서에『설문주초(說文注鈔)』와『설문해성보고증(說文諧聲譜考證)』,『모시음(毛詩音)』,『차박(笴璞)』,『역대석경고략(歷代石經考略)』,『무전분운(繆篆分韻)』등이 있다.

494 『주례』에 따르면 향(鄕)에서는 3가지 일로써 백성을 가르쳐 인재를 추천하는데, 3가지 일이란, 육덕[六德: 지(知)・인(仁)・성(聖)・의(義)・충(忠)・화(和)]과 육행[六行: 효(孝)・우(友)・목(睦)・인(姻)・임(任)・휼(恤)]과 육예[六藝: 예(禮)・악(樂)・사(射)・어(御)・서(書)・수(數)]이다.

495 인(姻):『주례』에는 "인(婣)"으로 되어 있는데, 인(姻)과 인(婣)은 같은 글자이다.

496 『모시주소』권23,「대아・문왕지십・황의」의「소」.

을 함에 친애할 사람을 잃지 않음은 옛사람이 중히 여긴 바인데, 어찌 비류(非類)[499]와 갑자기 혼인을 할 수 있겠는가?"[500]라고 한 이야기와, 장열지(張說之)[501]의 「비(碑)」에도 "혼인에서 친애할 사람을 잃지 않았고, 관직도 예전대로 복구되었다."[502]라고 했다.'[503]라는 이야기를 인용했다. 또 서개(徐鍇)[504]의 『설문통론(說文通論)』에 '『예』에 "혼인에는 그 친애할 사람을 잃지 않아야 한다."라고 했다. 따라서 고문(古文)에서는 귀(肖)와 여(女)로 구성된 글자가 처(妻)가 된다.'라고 했으니, 형병과 황간의 두 「소」는 모두 공자의 뜻을 잃었다."라고 했다.

---

497 『야객총서(野客叢書)』: 중국 송대, 왕무(王楙, 1151~1213)가 편찬한 일종의 민간 설화집이다.

498 왕원규(王元規, 516~589): 중국 수나라 태원(太原) 진양(晉陽, 산서성 태원) 사람. 자는 정범(正範)이다. 18세 때 『춘추좌씨전』과 『효경』, 『논어』, 『예기』 「상복(喪服)」에 통달하여 남조 진(陳)나라 황제에게 『춘추좌씨전』과 『예기』 「상복」을 진강(進講)했다. 양무제(梁武帝) 중대통(中大通) 원년(529) 춘추시책(春秋試策)으로 천거되었고, 간문제(簡文帝)가 동궁(東宮)에 있을 때 빈객(賓客)으로 들어갔다. 진나라 때 상서(尙書) 사부랑(祠部郞)이 되었고, 수나라가 들어서자 동각좨주(東閣祭酒)를 지냈다. 저서에 『춘추의기(春秋義記)』와 『효경의기(孝經義記)』, 『춘추발제사(春秋發題辭)』, 『좌전음(左傳音)』, 『춘추좌씨의략(春秋左氏義略)』, 『속경전대의(續經典大義)』 등이 있다.

499 비류(非類): 같은 부류가 아님.

500 『남사(南史)』 권71, 「열전제61(列傳第六十一)・왕원규(王元規)」. 『남사』에는 '姻'이 '因'으로 되어 있다.

501 장열(張說, 667~731): 중국 당나라 하남 낙양 사람. 선조는 범양(范陽) 사람이고, 하동(河東)에 살았다. 자는 도제(道濟) 또는 열지(說之)이다. 문사(文辭)에 뛰어나 조정의 중요한 문건이 대개 그의 손에서 나왔다. 허국공(許國公) 소정(蘇頲)과 함께 연허대수필(燕許大手筆)로 불렸다.

502 『장연공집(張燕公集)』 권23, 「묘지명(墓誌銘)・부군묘지(府君墓誌)」.

503 『야객총서』 권24, 「재인현식기대(在人賢識其大)」.

504 서개(徐鍇, 920~974): 중국 오대 말기 북송 초 때 광릉(廣陵) 사람. 자는 초금(楚金)이다. 어려서 고아가 되어 고학(苦學)했는데, 글을 잘 지었으며, 형 서현과 함께 문자학에 정통했다. 시호는 문(文)이다. 저서에 『설문해자계전(說文解字系傳)』과 『설문해자전운보(說文解字篆韻譜)』, 『세시광기(歲時廣記)』, 『가전방여기(家傳方輿記)』 등이 있다.

원문 今案, 孔「注」"因親"是通說人交接之事. 其作"姻"者, 自由後世所見本不同. 然婚姻之義, 於「注」本得兼之, 皇・邢依「注」爲訓, 未爲失恉.

역문 지금 살펴보니, 공안국「주」의 "인(因)은 친(親)이다."라고 한 것은 사람들이 사귀는 일을 통틀어 말한 것이다. "인(姻)"이라고 되어 있는 것은 후세에 본 판본들이 같지 않은 것으로부터 유래되었다. 그러나 혼인이라는 뜻은 「주」에서는 본래 겸할 수 있으니, 황간과 형병이 공안국의 「주」에 의거해서 해석한 것은 공자의 뜻을 잃은 것이 아니다.

1-14

子曰: "君子食無求飽, 居無求安,【注】鄭曰: "學者之志, 有所不暇." 敏於事而愼於言, 就有道而正焉, 可謂好學也已."【注】孔曰: "'敏', 疾也. '有道', 有道德者. '正', 謂問事是非."

공자가 말했다. "군자는 음식에서 배부름을 구함이 없으며, 거처함에 편안함을 구함이 없으며,【주】정현이 말했다. "배우는 자의 뜻이 거기에 미칠 겨를이 없기 때문이다." 일을 민첩하게 하고, 말을 신중히 하며, 도가 있는 사람에게 나아가 자기의 옳고 그름을 물어서 바로잡으니, 배움을 좋아한다고 말할 만하다."【주】공안국이 말했다. "'민 (敏)'은 빠르다[疾]는 뜻이다. '유도(有道)'는 도덕(道德)이 있는 사람이다. '정(正)'은 일의 옳고 그름에 대해 묻는다는 말이다."

원문 正義曰: 此章言君子當安貧力學也. "食無求飽"者, 『禮記』「曲禮」「注」, "食, 飯屬也." 『說文』, "飽, 猒也." "猒"者, 足也. 『禮記』「禮器」云: "有以

少爲貴者, 天子一食, 諸侯再, 大夫士三, 庶人食力無數."「注」, "一食·再食·三食, 謂告飽也. 食力, 謂工商農也." 又「公食大夫禮」, "賓三飯以湆醬."「注」, "三飯而止, 君子食不求飽." 彼言禮食之事, 君子不當求飽. 故此言家貧者, 食無求飽爲君子也.

역문 정의에서 말한다.

　　이 장은 군자가 마땅히 가난을 편히 여기고 배움에 힘써야 함을 말했다.

　　"음식에서 배부름을 구함이 없다[食無求飽]"

　　『예기』「곡례」의「주」에 "식(食)은 밥 종류[飯屬]이다."[505]라고 했다. 『설문해자』에 "포(飽)는 만족한다[猒]는 뜻이다."[506]라고 했는데, "염(猒)"은 만족한다[足]는 뜻이다. 『예기』「예기(禮器)」에 "예에는 적은 것을 귀하게 여기는 경우가 있으니, 천자는 한 숟갈만 먹고, 제후는 두 숟갈만 먹고, 대부와 사는 세 숟갈만 먹는데, 서인은 힘으로 벌어먹기 때문에 수없이 먹는다."[507]라고 했는데, 「주」에 "한 숟갈만 먹음·두 숟갈만 먹음·세 숟갈만 먹음은 그렇게 먹고 배부르다고 한다는 말이다. 힘으로 벌어먹음[食力]은 공인과 상인과 농부를 이른다."[508]라고 했다. 또「공사대부례」에 "손님이 세 번 밥을 떠먹고 고기 국물을 먹는다."[509]라고 했는데, 「주」

---

505 『예기주소』 권2, 「곡례상」: 모든 음식을 올리는 예는 뼈가 붙어 있는 살코기[殽]를 왼쪽에 놓고 저민 고기[胾]를 오른쪽에 놓으며 밥은 사람의 왼쪽에 놓고 국은 사람의 오른쪽에 놓는다.[凡進食之禮, 左殽右胾, 食居人之左, 羹居人之右.]라고 한 곳의 정현의 「주」.

506 『설문해자』 권5: 포(鮑)는 만족한다[猒]는 뜻이다. 식(食)으로 구성되었고 포(包)가 발음을 나타낸다. 포(𩜪)는 포(飽)의 옛 글자인데, 采로 구성되었다. 포(䬒) 역시 포(飽)의 옛 글자인데, 묘(卯)로 구성되었고 발음을 나타낸다. 박(博)과 교(巧)의 반절음이다.[鮑, 猒也. 從食包聲. 𩜪, 古文飽從采. 䬒亦古文飽從卯聲. 博巧切.]

507 『예기』「예기(禮器)」에는 "庶人" 두 글자가 없다.

508 『예기주소』 권23, 「예기(禮器)」 정현의 「주」.

509 『의례』「공사대부례(公食大夫禮)」.

에 "세 번 밥을 떠먹고 그치는 것이니, 군자는 음식에서 배부름을 구하지 않기 때문이다."510라고 했는데, 앞의 이야기는 예법대로 음식을 대접하는 일에서 군자는 마땅히 배부름을 구하지 않음을 말한 것이다. 따라서 뒤의 이야기는 손님은 음식에서 배부름을 구함이 없음을 군자로 여김을 말한 것이다.

원문 "居無求安"者,『說文』, "尻, 處也. 從尸几. 尸得几而安也. 居, 蹲也." 二字義別. 今經傳皆叚"居"爲"尻".『爾雅』「釋詁」, "安, 定, 止也." 無求飽, 無求安, 若顔子一簞食, 一瓢飲, 在陋巷不改其樂者也.

역문 "거처함에 편안함을 구함이 없다[居無求安]"

『설문해자』에 "거(尻)는 처한다[處]는 뜻이다. 시(尸)와 궤(几)로 구성되었다. 시신이 안석을 얻어 편안한 것이다."511라고 했고 "거(居)는 웅크리다[蹲]512라는 뜻이다."라고 했으니, 두 글자의 뜻이 다르다. 지금의 경전에서는 모두 "거(居)" 자를 가차해서 "거처함[尻]"의 뜻으로 삼았다.『이아』「석고」에 "안(安)은 고요하게 머물고[定] 그침[止]이다."513라고 했으니, 배부름을 구함이 없고, 편안함을 구함이 없음이 마치 안자가 한 작은 광주리의 밥과 한 표주박의 물로 좁다란 거처에서 살면서도 그 즐거

---

510 『의례주소』 권9, 「공사대부례(公食大夫禮)」 정현의 「주」.
511 『설문해자』 권14: 거(尻)는 처한다[處]는 뜻이다. 시(尸)와 궤(几)로 구성되었다. 시신이 안석을 얻어 편안한 것이다. 구(九)와 어(魚)의 반절음이다.[尻, 處也. 從尸几. 尸得几而安也. 九魚切.]
512 『설문해자』 권8: 거(居)는 웅크리다[蹲]라는 뜻이다. 시(尸)와 고(古)로 구성된 글자 중에 거(居)는 고(古)로 구성되었다. 거(踞)는 속자(俗字)가 거(居)인데 족(足)으로 구성되었다. 구(九)와 어(魚)의 반절음이다.[居, 蹲也. 從尸古者, 居從古. 踞, 俗居從足. 九魚切.]
513 『이아주소(爾雅注疏)』 권1, 「석고제1(釋詁第一)」의 형병의 「소」에 "정(定)이란 것은 고요하게 머무는 것이다.[定者, 靜止也.]"라고 했다.

움을 바꾸지 않은 것과 같다.

"就有道而正焉"者,「學記」"就賢體遠." 「注」, "就謂躬下之." 『荀子』「性
惡篇」, "夫人雖有性質美而心辯知, 必將求賢師而事之, 擇良友而友之. 得
賢師而事之, 則所聞者, 堯·舜·禹·湯之道也; 得良友而友之, 則所見
者, 忠·信·敬·讓之行也. 身日進於仁義, 而不自知也者, 靡使然也."
"焉": "也已", 助語之辭. 『漢石經』, "也已"作"已矣", 皇本作"也已矣".

"도가 있는 사람에게 나아가 자기의 옳고 그름을 물어서 바로잡음[就
有道而正焉]"

「학기」에 "현자에게 몸소 낮추어 배우고 소원한 신하를 친히 한다."[514]
라고 했는데,「주」에 "취(就)는 몸소 자신을 낮춤[躬下]을 이른다."[515]라고
했다. 『순자』「성악편(性惡篇)」에 "사람이 비록 본성의 바탕이 아름답고
마음에 앎을 구별하는 능력이 있다 하더라도 반드시 장차 현명한 스승
을 구하여 섬기며 어진 벗을 가려 사귀어야 한다. 현명한 스승을 얻어서
섬기면 듣는 것이 요임금·순임금·우왕·탕왕의 도이고, 어진 벗을 얻
어 사귀면 보는 것이 진실과 신의·공경과 겸양의 행동이다. 자신은 날
마다 인의(仁義)로 나아가면서도 스스로 알지 못하는 것은 그들을 따라

---

514 『예기』「학기」. "就賢體遠"의 "體"에 대해 『예기주소』와 『예기집설(禮記集說)』의 「주」에서
는 모두 "체(體)는 친함[親]과 같다[體, 猶親也.]"라고 했고, 『예기대전』의 「주」에서는 "체(體)
는 『중용』의 '여러 신하의 마음을 몸소 살핀다'라고 할 때의 체(體)와 같으니, 자신이 그 처지
에 처한 것으로 가설해서 그 마음을 살피는 것이다. 원(遠)은 소원한 신하이다.[體, 如『中庸』
'體群臣'之體, 謂設以身處其地, 而察其心也. 遠, 疏遠之臣也.]"라고 했는데, 유보남의 『논어
정의』에서는 『예기주소』를 참고하였으므로, 본문의 "親" 자에 대한 해석은 『예기주소』의
주석에 따랐다.
515 『예기주소』권36,「학기」정현의「주」.

서 그렇게 되기 때문이다."라고 했다. "언(焉)"과 "야이(也已)"는 어조사이다. 『한석경』에는 "야이(也已)"가 "이의(已矣)"로 되어 있고, 황간의 판본에는 "야이의(也已矣)"로 되어 있다.

- 「注」, "敏疾"至"是非".
- 正義曰:『說文』, "敏, 疾也." "敏於事", 謂疾勤於事, 不懈倦也. 下篇"訥於言而敏於行", 訓同. 焦氏循『論語補疏』, "敏, 審也, 謂審當於事也. 聖人教人, 固不專以疾速爲重."
- ○「주」의 "민질(敏疾)"부터 "시비(是非)"까지.
- ○ 정의에서 말한다.

『설문해자』에 "민(敏)은 빠르다[疾]는 뜻이다."[516]라고 했으니, "일을 민첩하게 함[敏於事]"이란 일을 빠르고 부지런히 해서 게으르지 않다는 말이다. 아래 편의 "말에 굼뜨고 행동에 민첩하다.[訥於言而敏於行]"[517]라는 해석도 같다. 초순의 『논어보소』에는 "민(敏)은 살핀다[審]는 뜻이니, 일을 살펴서 마땅하게 함을 이른다. 성인은 사람을 가르침에 진실로 오로지 빠른 것만을 중시하지는 않는다."라고 했다.

원문 案, 焦說與孔「注」義相輔. 聞斯行之, 夫子以教冉有, 是亦貴疾速可知. 『說文』, "正, 是也". 「周官」, "家司馬各使其臣, 以正於公司馬." 「注」, "正, 猶聽也." 邢「疏」, "言學業有所未曉, 當就有道德之人, 正定其是之與非. 『易』「文言」曰: '問以辨之也.'"

---

516 『설문해자』 권3: 민(敏)은 빠르다[疾]는 뜻이다. 문(攴)으로 구성되었고, 매(每)가 발음을 나타낸다. 미(眉)와 운(殞)의 반절음이다.[敏, 疾也. 從攴每聲. 眉殞切.]

517 『논어』「이인」: 공자가 말했다. "군자는 말에는 굼뜨고 행동에는 민첩하고자 한다."[子曰: "君子, 欲訥於言而敏於行."]

살펴보니, 초순의 설이 공안국의 「주」와 서로 보완이 된다. 들으면 즉시 행하라고 공자는 염유를 가르쳤는데,[518] 여기서는 또한 빠름을 귀하게 여겼음을 알 수 있다. 『설문해자』에 "정(正)은 옳다[是]는 뜻이다."[519]라고 했고, 「주관」에 "가사마(家司馬)는 각각 신하를 부리는데, 공사마(公司馬)에게 관계된 일을 청취한다."[520]라고 했는데, 「주」에 "정(正)은 듣는다[聽]는 뜻과 같다."[521]라고 했다. 형병의 「소」에는 "학업에 아직 깨닫지 못한 것이 있으면 마땅히 도덕(道德)이 있는 사람에게 나아가 그 옳고 그름을 바로잡아 정해야 한다는 말이다. 『역』「문언(文言)」의 '물어서 변별한다.'[522]라는 것이 이것이다."[523]라고 했다.

1-15

子貢曰: "貧而無諂, 富而無驕, 何如?" 子曰: "可也, 【注】孔曰: "未足多." 未若貧而樂, 富而好禮者也." 【注】鄭曰: "樂謂志於道, 不以貧爲憂苦."

---

518 『논어』「선진」: 염유(冉有)가 물었다. "들으면 즉시 행해야 합니까?" 공자가 말했다. "들으면 즉시 행해야 한다.[冉有問, "聞斯行諸?" 子曰: "聞斯行之."]

519 『설문해자』 권2: 정(正)은 옳다[是]는 뜻이다. 지(止)로 구성되었고, 일(一)로 멈추게 한다. 모든 정(正)부에 속하는 한자는 다 정(正)의 뜻을 따른다. 정(正)은 정(正)의 고문인데, 상(二)으로 구성되었다. 상(二)은 상(上)의 고문이다. 정(𠙽)은 정(正)의 고문인데, 일(一)과 족(足)으로 구성되었다. 지(之)와 성(盛)의 반절음이다.[正, 是也. 從止, 一以止. 凡正之屬皆從正. 正, 古文正從二. 二, 古上字. 𠙽, 古文正從一足. 足者亦止也. 之盛切.]

520 『주례』「하관사마하(夏官司馬上)·가사마(家司馬)」.

521 『주례주소』 권28,「하관사마제4(夏官司馬第四)」 정현의 「주」.

522 『주역』「건(乾)·문언(文言)」.

523 『논어주소』 권1,「학이제1(學而第1)」 형병의 「소」.

자공이 말했다. "가난하면서도 아첨함이 없고, 부유하면서도 교만함이 없으면 어떻습니까?" 공자가 말했다. "괜찮으나, 【주】 공안국이 말했다. "아직은 크게 충분하지 않다는 말이다." 아직은 가난하면서도 도를 즐기고, 부유하면서도 예를 좋아함만 못하다."【주】 정현이 말했다. "낙(樂)은 도에 뜻을 두어 가난을 근심과 괴로움으로 여기지 않음을 이른다."

원문 正義曰: 皇本"子貢"下有"問"字. 『說文』, "貧, 財分少也." 又, "諂, 諛也". 讇, 諂或從㶵. 皇「疏」引范寧曰: "不以正道求人爲諂也." 『說文』, "富, 備也, 一曰厚也." 人財多, 當無不備也. "驕"者, 馬高六尺之名. 人自高大, 故亦稱"驕". 皇「疏」, "富厚者, 旣得人所求, 好生陵慢, 是爲驕也."

역문 정의에서 말한다.

황간의 판본에는 "자공(子貢)" 아래 "문(問)" 자가 있다. 『설문해자』에 "빈(貧)은 재물이 나뉘어 적어졌다[財分少]는 뜻이다."524라고 했다. 또 "첨(諂)은 아첨한다[諛]는 뜻이다."525 첨(讇)은 첨(諂)의 혹체자인데 함(㶵)으로 구성되었다. 황간의 「소」에는 범녕(范寧)526을 인용해서 "올바른 도로

---

524 『설문해자』 권6: 빈(貧)은 재물이 나뉘어 적어졌다[財分少]는 뜻이다. 패(貝)로 구성되었고, 분(分)으로 구성되었다. 분(分)은 또한 발음을 나타낸다. 빈(穷)은 고문인데 면(宀)과 분(分)으로 구성되었다. 부(符)와 건(巾)의 반절음이다.[貧, 財分少也. 從貝從分, 分亦聲. 穷, 古文從宀分. 符巾切.]

525 『설문해자』 권3: 첨(諂)은 아첨한다[諛]는 뜻이다. 언(言)으로 구성되었고, 염(閻)이 발음을 나타낸다. 첨(讇)은 첨(諂)의 혹자로서 생략된 자형이다. 축(丑)과 염(琰)의 반절음이다.[諂, 諛也. 從言閻聲. 讇, 諂或省. 丑琰切.]

526 범녕(范寧, 339~401): 중국 남양(南陽) 순양(順陽) 사람으로 범왕(範汪)의 아들이다. 동진(東晉) 시기의 대유학자(大儒學者)이자 경학가(經學家)이다. 일찍이 예장태수(豫章太守)를

써 남에게 구하지 않음이 아첨이 된다."527라고 했다. 『설문해자』에 "부
(富)는 갖추었다[備]는 뜻이다. 한편으로는 두텁다[厚]는 뜻이라고도 한
다."528라고 했는데, 사람이 재물이 많으면 마땅히 갖추지 않음이 없다.
"교(驕)"는 키가 여섯 자 되는 말의 명칭이다.529 사람이 스스로를 높고
크다고 여기기 때문에 또한 "교(驕)"라고 일컬은 것이다. 황간의 「소」에
"부유한 사람은 이미 남이 추구하는 것을 얻었기 때문에 남을 능멸하거
나 오만한 마음을 내기를 좋아한다."라고 했는데, 이것이 교만함[驕]이
된다.

원문 "何如"者, 何似也. "未若", 猶言'未如'. 『儀禮』「有司徹」「注」, "今文若
爲如", 是二字, 義同. 皇本·高麗本·足利本竝作"樂道". 『唐石經』"道"字
旁注. 陳氏鱣『論語古訓』云: "鄭「注」本無'道'字, 『集解』兼采『古論』. 下
引孔曰: '能貧而樂道.' 是孔注『古論』本有'道'字. 『史記』所載語亦是『古
論』, 「仲尼弟子傳」引'不如貧而樂道', 正與孔合. 『文選』「幽憤詩」, '樂道

지냈다. 그는 『후한서』의 작자인 범엽(范曄)의 조부이다.
527 『논어집해의소』 권1, 「논어학이제1」.
528 『설문해자』 권7: 부(富)는 갖추었다[備]는 뜻이다. 한편으로는 두텁다[厚]는 뜻이라고도 한
다. 면(宀)으로 구성되었고, 픕(畐)이 발음을 나타낸다. 방(方)과 부(副)의 반절음이다.[富,
備也. 一曰厚也. 從宀畐聲. 方副切.]
529 『설문해자』 권10에 "교(驕)는 키가 여섯 자 되는 말이 교(驕)이다. 마(馬)로 구성되었고, 교
(喬)가 발음을 나타낸다. 『시경』에 '아마유교(我馬唯驕)'라 했다. 일설에는 야생마라고 한
다. 거(擧)와 교(喬)의 반절음이다.[驕馬高六尺爲驕. 從馬喬聲. 『詩』曰: '我馬唯驕.' 一曰野
馬. 擧喬切.]"라고 했는데, "我馬唯驕"는 『시경』「소아·녹명지십·황황자화(皇皇者華)」에 "내
가 탄 말은 망아지다[我馬維駒]"라는 구절이 있는데, 『모시주소』「소아·녹명지십」「음의」에
서 육덕명은 "구(駒)는 음이 구(俱)인데, 판본에 따라 또 교(驕)로 되어 있다.[駒音俱, 本亦作
驕]"라고 했다.

閑居.'「注」引'『論語』子曰"貧而樂道."' 是『集解』本有'道'字, 今各本脫
去. 鄭據本蓋『魯論』, 故無'道'字."

역문 "하여(何如)"는 어떠한가[何似]이다. "미약(未若)"은 '아직 ~만 못하다[未
如]'라는 말과 같다. 『의례』「유사철(有司徹)」의 「주」에 "금문(今文)의 약
(若)이 여(如)가 된다."[530]라고 했으니, 두 글자는 뜻이 같다. 황간의 판본
과 고려본(高麗本)・아시카가본[足利本][531]에는 모두 "낙도(樂道)"라고 되어
있다. 『당석경(唐石經)』에는 "도(道)" 자가 방주(旁注)[532]로 되어 있다. 진
전(陳鱣)[533]의 『논어고훈(論語古訓)』에 "정현이 주석한 판본에는 '도(道)' 자
가 없으니, 『논어집해』는 『고논어』를 겸해서 채록한 것이다. 그리고 아
래에서 공안국의 '가난하면서도 도를 즐길 수 있다[能貧而樂道].'라는 말
을 인용했으니, 공안국이 주석한 『고논어』본에는 '도(道)' 자가 있었던
것이다. 『사기』에 실린 어구(語句) 역시 『고논어』의 어구이니, 「중니제
자열전」에 '가난하면서도 도를 즐김만 못하다.'[534]라는 어구를 인용했는
데, 바로 공안국의 설과 부합된다. 『문선(文選)』「유분시(幽憤詩)」에 '도를
즐기며 한가하게 지낸다[樂道閑居].'라는 표현이 있는데, 「주」에 '『논어』

---

530 『의례주소』 권17, 「유사철(有司徹)」 정현의 「주」.

531 아시카가본[足利本]: 일본 무로마치막부[室町幕府]의 시조인 아시카가[足利]시대의 판본.

532 방주(旁注): 본문이나 글자 옆에 달린 주석.

533 진전(陳鱣, 1753~1817): 중국 청나라 절강 해녕(海寧) 사람. 자는 중어(仲魚)이고, 호는 간
　장(簡莊) 또는 하장(河莊)이다. 아버지에게 허신의 『설문해자』를 배웠으며, 문자훈고(文字
　訓詁)와 교감(校勘)에 뛰어났다. 박람강기했고, 문자훈고에 전념했으며, 교감과 집일(輯佚)에
　뛰어났다. 장서가 대단히 많았다. 저서에 『논어고훈(論語古訓)』과 『간장문초(簡莊文鈔)』,
　『속당서(續唐書)』 등이 있다.

534 『사기』 권67, 「중니제자열전제7」. 이하 「중니제자열전」으로 되어 있는 것은 내용상 특이한
　사항이 없을 경우, 『『사기』 권67」과 "제7"은 생략하고, 『논어정의』의 언급과 마찬가지로 「중
　니제자열전」으로만 표기한다.

의 공자가 말했다. "가난하면서도 도를 즐긴다.'"[535]를 인용했으니, 『논어집해』본에는 '도(道)' 자가 있었지만, 지금의 각 판본에서 빼 버린 것이다. 정현이 근거한 판본은 대체로 『노논어』였다. 그러므로 '도(道)' 자가 없다.

원문 今案, 作"樂道", 自是『古論』. 『漢書』「王莽傳」·『後漢書』「東平王蒼傳」「注」引竝無"道"字, 與鄭本同. 下篇"回也不改其樂", "樂亦在其中矣", 皆不言樂道, 而義自可通. 故鄭不從『古』以校『魯』也. 至孔「注」是後人僞撰, 陳君援孔「注」以證『史記』, 稍誤. 「坊記」, "子云: '貧而好樂, 富而好禮, 衆而以寧者, 天下其幾矣.'" 是樂道好禮爲人所難能, 故無諂無驕者不能及之也.

역문 지금 살펴보니, "낙도(樂道)"라고 되어 있는 것은 본래 『고논어』이다. 『전한서』「왕망전(王莽錢)」과 『후한서』「동평왕창전(東平王蒼傳)」의 「주」에는 모두 "도(道)" 자가 없으니, 이는 정현의 판본과 같다. 아래 편의 "안회는 그 즐거움을 바꾸지 않는다."[536]라고 한 것이나, "즐거움이 또한 그 가운데 있다."[537]라고 한 것 모두 도를 즐긴다고 말하지 않았지만 뜻은 저절로 통할 만하다. 그러므로 정현이 『고논어』를 따르지 않고 『노논어』를 교열(校閱)한 것이다. 공안국의 「주」는 후인들의 위찬(僞撰)인데, 진군(陳君)이 공안국의 「주」를 가져다 『사기』를 고증한 것은 조금 잘못이다. 「방기」에 "공자가 이르길, '가난하면서도 음악을 좋아하고 부유하면서도 예를 좋아하며 가족의 수가 많은데도 편안하게 잘 다스리는

---

535 『문선(文選)』 권23, 「애상(哀傷)·유분시일수(幽憤詩一首)·혜숙야(嵇叔夜)」 이선(李善, 630?~690)의 「주」.

536 『논어』「옹야」.

537 『논어』「술이」.

자는 천하에 거의 없을 것이다.' 했다."[538]라고 되어 있는데, 도를 즐기고 예를 좋아함은 사람이 능하기 어려운 것이므로 아첨함이 없고 교만함이 없는 사람이라고 해서 미칠 수 있는 경지가 아니다.

- 「注」, "樂謂志於道, 不以貧爲憂苦."
- 正義曰: 鄭以 "樂" 卽 "樂道", 與『古論』同. 『呂氏春秋』「愼人篇」, "古之得道者, 窮亦樂, 達亦樂, 所樂非窮達也. 道得於此, 則窮達一也. 如寒暑 · 風雨之節矣."
- 「주」의 "낙(樂)"은 도에 뜻을 두어 가난을 근심과 괴로움으로 여기지 않음을 이른다."
- 정의에서 말한다.
  정현이 "낙(樂)"은 곧 "도를 즐김[樂道]"이라고 한 것은『고논어』와 같다. 『여씨춘추』「신인」에 "옛날의 도를 터득한 사람은 곤궁해도 도를 즐겼고, 영달해도 도를 즐겼는데, 즐긴 것이 곤궁과 영달이 아니다. 도가 나에게 얻어지면 곤궁함과 영달이 똑같다. 이는 마치 주위와 더위 · 바람과 비의 절기와도 같은 것이다."라고 했다.[539]

---

538 『예기』「방기」.
539 『여씨춘추』 권14, 「효행람제2 · 신인(愼人)」. 『여씨춘추』에는 "如"가 "爲"로, "節"이 "序"로 되어 있으므로 『여씨춘추』에 의거해서 해석하였다. 이 내용은『장자』「양왕(讓王)」에 보이는데, 다음과 같다. "옛날에 도를 얻은 자는 곤궁하더라도 즐거워했으며 영달하더라도 또한 즐거워했으니 그들이 정말 즐거워한 것은 곤궁과 영달과 같은 것이 아니다. 도가 나에게 얻어지면 곧 곤궁이니 통(通)이니 하는 것은 추위와 더위 · 바람과 비 같은 자연의 추이(推移)와 같은 정도의 일이 될 따름이다.[古之得道者, 窮亦樂, 通亦樂, 所樂非窮通也. 道德於此, 則窮通, 爲寒暑風雨之序矣.]" 따라서 이 말은 도가 나에게 얻어지면 곧 곤궁이니 영달이니 하는 것은 한서풍우(寒暑風雨)와 같은 자연의 추이와 같은 정도의 일이 되므로, 곤궁이니 영달이니 하는 것은 대수롭지 않은 일이라는 뜻이다.

子貢曰: "『詩』云'如切如磋, 如琢如磨', 其斯之謂與?"【注】孔
曰: "能貧而樂道, 富而好禮者, 能自切磋琢磨." 子曰: "賜也, 始可與言
詩已矣, 告諸往而知來者."【注】孔曰: "'諸', 之也. 子貢知引『詩』以成
孔子義, 善取類, 故然之. '往', 告之以貧而樂道, '來', 答以切磋琢磨."

자공이 말했다. "『시경』에 '자른 것 같고 간 것 같으며, 쫀 것 같
고 간 것 같다.'라고 했는데, 이를 이른 것입니까?"【주】 공안국이 말
했다. "가난하면서도 도를 즐기고 부유하면서도 예를 좋아할 수 있는 사람은 스스로
절차탁마(切磋琢磨)할 수 있다." 공자가 말했다. "사야! 비로소 함께 시
(詩)를 논할 만하구나. 앞의 것을 가르쳐 주니 뒤의 것을 아는구
나."【주】 공안국이 말했다. "'저(諸)'는 지(之)이다. 자공은 『시경』을 인용하여 공
자의 뜻을 완성시킬 줄을 알았으니, 비슷한 것을 취하여 비유를 잘한 것이므로 옳게
여긴 것이다. '왕(往)'은 빈이낙도(貧而樂道)로 일러 준 것이고, '내(來)'는 절차탁마
(切磋琢磨)로 대답한 것이다.

원문 正義曰: "詩云"者, 『毛詩』「序」云: "詩者, 志之所之也. 在心爲志, 發言
爲詩." 『書』「微子」馬「注」, "云, 言也."

"如切如磋, 如琢如磨"者, 「衛詩·淇澳篇」文. 『說文』, "切, 刌也. 琢, 治玉
也." "磋"謂治象差次之, 使其平滑也. "磨", 『釋文』作"摩", 云: "一本作磨".
『說文』, "礦, 䃺也, 礪也." 意"摩"·"磨"卽"礦"之異體. 鄭此「注」云: "切磋琢
磨, 以成寶器." 寶者, 貴也. 『爾雅』「釋器」, "骨謂之切, 象謂之磋, 玉謂之
琢, 石謂之磨." 郭「注」, "皆治器之名, 謂治骨象玉石以成器也." 又「釋訓」
云: "如切如磋, 道學也: 如琢如磨, 自修也." 此本『禮記』「大學篇」文.

정의에서 말한다.

"시에[詩云]"

『모시』「서」에 "시란 뜻이 나아가는 것이다. 마음이 있으면 뜻이 되고 언어로 드러나면 시가 된다."라고 했다. 『서경』「미자(微子)」의 마융의 「주」에 "운(云)은 말하다[言]이다."540라고 했다.

"자른 것 같고 간 것 같으며, 쫀 것 같고 간 것 같다.[如切如磋, 如琢如磨.]"

『시경』「국풍(國風)·위(衛)·기욱(淇奥)」의 글이다. 『설문해자』에 "절(切)은 자른다[刌는 뜻이다."541라고 했고, 또 "탁(琢)은 옥을 다듬는다[治玉]는 뜻이다."542라고 했다. "차(磋)"는 상아를 순서대로 다듬어 평평하고 매끄럽게 함을 이른다. "마(磨)"는 『경전석문』에 "마(摩)"로 되어 있는데, "어떤 판본에는 마(磨)로 되어 있다."543라고 했다. 『설문해자』에 "마(礛)는 간다[䃺는 뜻이며, 숫돌에 간다[䃺는 뜻이다.544라고 했으니, 아마도 "마(摩)"와 "마(磨)"는 "마(礛)"의 이체자인 듯싶다. 정현은 여기에 대한

---

540 『상서주소』 권9, 「상서(商書)·미자(微子)」 마융의 「주」.

541 『설문해자』 권4: 절(切)은 자른다[刌는 뜻이다. 도(刀)로 구성되었고, 칠(七)이 발음을 나타낸다. 천(千)과 결(結)의 반절음이다.[切, 刌也. 從刀七聲. 千結切.]

542 『설문해자』 권1: 탁(琢)은 옥을 다듬는다[治玉]는 뜻이다. 옥(玉)으로 구성되었고, 축(豕)이 발음을 나타낸다. 죽(竹)과 각(角)의 반절음이다.[琢, 治玉也. 從玉豕聲. 竹角切.]

543 『경전석문』 권24, 「논어음의·학이제1」: 어떤 판본에는 마(磨)로 되어 있다. 미(未)와 다(多)의 반절음이다. 돌을 다듬는 것을 마(磨)라 한다.[一本作磨. 末多反. 治石曰磨.]

544 『설문해자』 권9: 마(礛)는 돌을 간다[石䃺는 뜻이다. 석(石)으로 구성되었고, 미(麻)가 발음을 나타낸다. 모(模)와 와(臥)의 반절음이다.[礛, 石䃺. 從石麻聲. 模臥切.] 『설문해자』에는 "礛, 䃺也, 䃺也."라는 표현이 없다. 다만 『설문해자』 권9에 "농(礱)은 간다[䃺는 뜻이다. 석(石)으로 구성되었고, 용(龍)이 발음을 나타낸다. 천자의 서까래를 쪼아서 갈았다. 노(盧)와 홍(紅)의 반절음이다.[礱, 䃺也. 從石龍聲. 天子之桷, 椓而礱之. 盧紅切.]"는 표현이 보인다.

「주」에서 "절차탁마(切磋琢磨)해서 보기(寶器)를 이룬다."[545]라고 했는데, 보(寶)는 귀하다[貴]는 뜻이다. 『이아』「석기」에 "뼈를 자르는 것을 절(切)이라 하고, 상아를 가는 것을 차(磋)라 하며, 옥을 쪼는 것을 탁(琢)이라 하고, 돌을 연마하는 것을 마(磨)라 한다."라고 했는데, 곽박의 「주」에 "모두 기구를 다듬는 명칭이니, 뼈와 상아와 옥과 돌을 다듬어 기구를 완성시킴을 이른다."[546]라고 했다. 또 「석훈」에는 "여절여차(如切如磋)는 도학이고, 여탁여마(如琢如磨)는 스스로를 수양함이다."[547]라고 했는데, 이것은 본래 『예기』「대학(大學)」의 문장이다.[548]

원문 先從叔丹徒君『論語騈枝』據『爾雅』釋此文云: "蓋無諂無驕者, 生質之美; 樂道好禮者, 學問之功. 夫子言'十室之邑, 必有忠信, 不如丘之好學.' 而七十子之徒, 獨稱顔淵爲好學, 顔淵以下, 穎悟莫若子貢. 故夫子進之以此. 然語意渾融, 引而不發, 子貢能識此意, 而引『詩』以證明之, 所以爲告往知來."

역문 작고하신 종숙(從叔) 단도군(丹徒君)[549]의 『논어변지(論語騈枝)』에서는

---

545 『모시주소』권5, 「국풍·위·기욱(淇奧)」 정현의 「주」.

546 『이아주소』권4, 「석기제6(釋器第六)」.

547 『이아』「석훈(釋訓)」.

548 『예기』「대학(大學)」 또는 『대학(大學)』 전3장.

549 단도군(丹徒君): 유태공(劉台拱, 1751~1805)이다. 청나라 강소 보응(寶應) 사람으로 자는 임단(端臨)이다. 건륭 35년(1770) 거인(擧人)이 되고, 단도현(丹徒縣) 훈도(訓導)를 지냈다. 천문과 율려, 성음, 문자에 이르기까지 두루 정통했다. 주균(朱筠), 왕염손(王念孫), 대진(戴震) 등과 교유했다. 입신처세(立身處世)에 있어서는 송유(宋儒)의 의리(義理)를 중시했고, 경적(經籍) 연구에 있어서는 한유(漢儒)의 훈고만을 종주로 했다. 특히 고정(考訂)에 뛰어났다. 저서에 『논어보주(論語補注)』와 『논어변지(論語騈枝)』, 『방언보교(方言補校)』, 『한학습유(漢學拾遺)』, 『순자보주(荀子補注)』, 『국어보교(國語補校)』 등이 있다.

『이아』를 근거로 이 문장을 해석하면서 "아첨함이 없고 교만함이 없는 것은 타고난 자질이 훌륭한 것이고, 도를 즐기고 예를 좋아하는 것은 학문의 효과이다. 공자는 '10호(戶)쯤 되는 조그만 읍에도 반드시 나처럼 성실하고 진실한 자는 있겠지만, 내가 배우기를 좋아하는 것만은 못할 것이다.'[550]라고 했으니, 70명의 문도 가운데 유독 안연만 배우기를 좋아했고, 안연 이하는 영특함이 자공만 한 자가 없었다. 그러므로 공자가 이 말을 가지고 자공을 진작시킨 것이다. 그러나 말의 뜻이 혼융(渾融)[551] 해서 문제만 제기해 주고 설명하지 않았지만,[552] 자공이 능히 이 뜻을 알고 『시경』을 인용해서 증명했으니, 지나간 것을 일러 주자 유래를 안 것이 된다." 하였다.

원문 謹案, 『毛詩』「傳」云: "道其學而成也, 聽其規諫以自修, 如玉石之見琢磨也." 又『荀子』「大略」云: "人之於文學也, 猶玉之於琢磨也. 詩曰: '如切如磋, 如琢如磨.' 謂學問也." 竝同『爾雅』之義. "告"者, 『廣雅』「釋詁」, "告, 敎也." "往來"猶言前後也. 子貢聞一知二, 故能"告往知來". 皇本"謂與"下, "來者"下均有"也"字.

역문 삼가 살펴보니, 『모시』「전」에 "학문이 이루어진 것을 말한 것이니, 신하들이 옳은 도리로 간함을 듣고서 자신을 수양한 것이 마치 옥과 돌이 탁마(琢磨)를 받은 것과 같다는 말이다."[553]라고 했고, 또 『순자』「대략(大

---

550 『논어』「공야장」.

551 혼융(渾融): 뒤섞여 완전히 융합됨.

552 인이불발(引而不發): 『맹자』「진심상」에 "군자는 활시위를 당겨서 쏘지 않고 화살이 튀어 나갈 듯한 상태에서 활 쏘는 법도에 맞게 서 있으면, 능한 자는 따라 한다.[君子, 引而不發, 躍如也, 中道而立, 能者從之.]"라고 했는데, 여기에 유래해서 "인이불발(引而不發)"을 "문제를 제기하고 설명해 주지 않는다"라는 뜻으로 사용한다.

略)」에는 "사람이 학문을 하는 것은 옥을 쪼고 가는[琢磨] 것과 같다. 『시경』에 '자른 것 같고 간 것 같으며, 쫀 것 같고 간 것 같다.'라고 했으니, 학문을 말한 것이다."[554]라고 했는데, 모두 『이아』의 뜻과 같다. "고(告)"에 대해 『광아』「석고」에 "고(告)는 가르친다[敎]는 뜻이다."라고 했다. "왕래(往來)"는 앞뒤[前後]라는 말과 같다. 자공은 하나를 들으면 둘을 알았기 때문에[555] "앞의 일을 말해 주자 뒤의 일을 알" 수 있었던 것이다. 황간본에는 "위여(謂與)" 아래와 "내자(來者)" 아래 똑같이 "야(也)" 자가 있다.[556]

- ● 「注」, "往告之以貧而樂道."
- ● 正義曰: 此句下當有"富而好禮"句.
- ○ 「주」의 "왕은 빈이낙도로 일러 준 것."
- ○ 정의에서 말한다.

    이 구절 아래 마땅히 "부유하면서도 예를 좋아한다[富而好禮]"라는 구절이 있어야 한다.

---

553 『모시주소』 권5, 「국풍・위・기욱」의 「전」.

554 『순자』 권19, 「대략편제27(大略篇第二十七)」.

555 『논어』「공야장」: 공자가 자공에게 말했다. "너와 안회 중에 누가 나으냐?" 자공이 대답했다. "제가 어찌 감히 안회를 바라보면서 건줄 수 있겠습니까? 안회는 하나를 들으면 열을 알고, 저는 하나를 들으면 둘을 압니다." 공자가 말했다. "네가 그만 못하다. 나와 너는 모두 그만 못하다."[子謂子貢曰: "女與回也孰愈?" 對曰: "賜也何敢望回? 回也聞一以知十, 賜也聞一以知二." 子曰: "弗如也, 吾與女弗如也."]

556 『논어정의』에 "皇本謂下來者下均有也字"로 되어 있는데, 의미가 통하지 않는다. 황간본에는 "其斯之謂與也", "知來者也"로 되어 있는 것으로 보아, "謂" 자와 "下" 자 사이에 "與" 자가 빠진 것으로 보인다. 『논어집해의소』를 근거로 수정하였다.

子曰: "不患人之不己知, 患不知人也."

공자가 말했다. "남이 자기를 알지 못함을 걱정하지 말고, 남을
알지 못함을 걱정해야 한다."

원문 正義曰: 『說文』, "患, 憂也." 人不己知, 己無所失, 無可患也. 己不知人,
則於人之賢者不能親之用之, 人之不賢者不能遠之退之, 所失甚巨, 故當
患. 『呂氏春秋』「論人篇」, "人同類而智殊, 賢不肖異, 皆巧言辯辭, 以自
防禦, 此不肖主之所以亂也." 是言不知人之當患也. 皇本作 "不患人之不己
知也, 患己不知人也." 高麗 · 足利本亦作 "患己不知人也". 『釋文』云: "患
不知也', 本或作 '患己不知人也'. 俗本妄加字, 今本 '患不知人也'." 臧氏琳
『經義雜記』, "古本作 '患不知也', 與「里仁」 '不患莫己知, 求爲可知也.' 語
意同. '人'字, 淺人所加."

역문 정의에서 말한다.

『설문해자』에 "환(患)은 걱정[憂]이다."[557]라고 했다. 남이 자기를 알아
주지 않아도 자기는 잃을 것이 없기 때문에 걱정할 만한 것이 없다. 자
기가 남을 알아주지 않으면 남들 중에서 현명한 자와 친하게 지내거나

---

557 『설문해자』 권10: 환(患)은 걱정[憂]이다. 심(心) 위로 꿴(毌)을 꿰는 형태로 구성되었다. 꿴
(毌)이 또한 발음을 나타낸다. 환(悶)이 고문인데 관(關)이 생략된 형태로 구성되었다. 환
(愚) 역시 환(患)의 고문이다. 호(胡)와 관(丱)의 반절음이다.[患, 憂也. 從心上貫毌, 毌亦聲.
悶, 古文從關省. 愚, 亦古文患. 胡丱切.]

등용할 수 없고, 남들 중에서 현명하지 못한 자를 멀리하거나 물리칠 수 없으니, 잃는 것이 매우 크므로 마땅히 걱정해야 한다. 『여씨춘추』「논인(論人)」에 "사람은 같은 부류[同類]이면서도 지혜의 차이가 있고 현명함과 어리석음이 다르지만 교묘한 말과 그럴듯한 핑계로 스스로를 방어하는데, 이것이 바로 어리석은 군주가 미혹되는 이유이다."558라고 했는데, 이는 남을 알지 못함을 마땅히 근심해야 함을 말한 것이다. 황간본에는 "불환인지불기지야(不患人之不己知也), 환기부지인야(患己不知人也)"로 되어 있고, 고려본과 아시카가본에도 "환기부지인야(患己不知人也)"로 되어 있다. 『경전석문』에 "'알지 못함을 걱정한다[患不知也]'는 판본에 따라 혹 '자기가 남을 알지 못함을 걱정한다[患己不知人也]'라고 되어 있는데, 속본(俗本)은 멋대로 글자를 보탠 것이고, 지금의 판본에는 '남을 알지 못함을 걱정한다[患不知人也]'라고 되어 있다."559라고 했다. 장림(臧琳)560의 『경의잡기(經義雜記)』에 "고본(古本)에는 '알지 못함을 걱정한다[患不知也]'라고 되어 있는데, 「이인(里仁)」의 '자기를 알지 못함을 걱정하지 말고 알아줄 만하게 되기를 구해야 한다.'와 말뜻이 같다. '인(人)' 자는 천한 사람이 보탠 것이다."라고 했다.

---

558 『여씨춘추』 권3, 「계춘기제3(季春紀第三)·논인(論人)」. "所以亂也" 아래 한(漢)나라 고유(高誘)의 "난(亂)은 미혹됨이다.[亂, 惑也.]"라는 주가 있다.

559 『경전석문』 권24, 「논어음의·학이제1」.

560 장림(臧琳, 1650~1713): 중국 청나라 강소 무진(武進) 사람. 자는 옥림(玉林)이다. 『상서』와 『춘추』를 깊이 연구했고, 양한(兩漢)의 학문에 정통했다. 한유(漢儒)의 「주(注)」와 당유(唐儒)의 「소(疏)」를 위주로 하고 『이아』와 『설문해자』도 중시하여, 훈고를 통해 경전을 해석하는 방법을 중시했다. 당나라 이전 경학자들의 설을 수집해 여러 경전의 뜻을 해석한 『경의잡기(經義雜記)』를 저술했는데, 염약거(閻若璩)와 전대흔(錢大昕)의 칭찬을 받았다. 그 밖의 저서에 『상서집해(尙書集解)』와 『상서고이(尙書考異)』, 『대학고이(大學考異)』, 『수경주찬(水經注纂)』, 『지인편(知人編)』, 『곤학록(困學錄)』 등이 있다.

원문 案, 皇本有王「注」云: "但患己之無能知也." 己無能知, 卽末有知之義, 則皇本"人"字爲俗妄加無疑.

역문 살펴보니 황간본에 왕숙의 주가 있는데, "다만 자기가 알지 못함을 걱정할 뿐이다."[561]라고 했는데, 자기가 알지 못한다는 것은 아직 아는 것이 있지 않다는 뜻이니, 황간본의 "인(人)" 자는 세속에서 멋대로 보탠 것임을 의심할 것이 없다.

---

561 『논어집해의소』 권1, 「논어학이제1」.

논어정의 권2

論語正義卷二

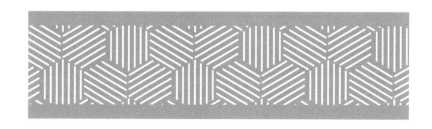

爲政第二(위정 제2)

○●○

集解(집해)

○●○

凡二十四章(모두 24장이다)

2-1

子曰: "爲政以德, 譬如北辰, 居其所而衆星共之." 【注】包曰: "德者無爲, 猶北辰之不移, 而衆星共之."

공자(孔子)가 말했다. "덕(德)을 가지고 정치를 행하는 것은, 비유하면 마치 북극성이 제자리에 가만히 머물러 있고, 뭇별들이 그것을 양손으로 감싸 안고 받들어 향하는 것과 같다." 【주】포함(包咸)이 말했다. "덕이 있는 사람은 인위적으로 행함이 없으니, 이는 마치 북극성이 움직이지 않고 제자리를 지키고 있고, 뭇별들이 그것을 둘러싸고 받들어 향하는 것과 같다."

● 正義曰: 『說文』, "譬, 諭也." 『墨子』「小取篇」, "辟也者, 舉他物而以明之也." "辟"與"譬"同. 鄭「注」云: "北極謂之北辰." 此本『爾雅』「釋天」文. 李巡曰: "北極, 天心, 居北方, 正四時, 謂

之北辰." 郭璞曰: "北極, 天之中, 以正四時, 天中卽天心. 天體圓, 此爲最高處, 名赤道極."
稱北極者, 對南極言之. 成周 洛陽之地, 北極出地三十六度, 南極入地亦三十六度. 中國在赤
道北, 只見北極, 故擧爲言也.

○ 정의에서 말한다.

『설문해자(說文解字)』에 "비(譬)는 비유한다[諭는 뜻이다."[1]라고 했다. 『묵자(墨子)』「소취
(小取)」에 "비(辟)라는 것은 다른 물건을 들어 밝히는 것이다."라고 했으니, "비(辟)"는 "비
(譬)"와 같다. 정현(鄭玄)의 "주"에 "북극(北極)을 북신(北辰)이라고 한다."라고 했는데, 이
것은 본래 『이아(爾雅)』「석천(釋天)」의 글이다. 이순(李巡)[2]이 말했다. "북극은 하늘의 중
심으로 북방에 있으면서 네 계절[四時]을 바르게 하는데, 이것을 북신이라고 한다."[3] 곽박(郭
璞)이 말했다. "북극은 하늘의 중심[天中]으로 네 계절을 바르게 하는데, 하늘의 중심이 바로
천심(天心)이다. 하늘의 형체는 둥근데 이것이 가장 높은 곳이 되니, 이름이 적도(赤道)의
극[赤道極]이다."[4] 북극이라고 일컬은 것은 남극에 상대해서 한 말이다. 성주(成周) 낙양(洛
陽) 지역은 북극출지(北極出地)[5]가 36도인데 남극입지(南極入地) 역시 36도이다. 중국은 적

---

1 『설문해자(說文解字)』권3: 비(譬)는 비유한다[諭는 뜻이다. 언(言)으로 구성되었고, 벽(辟)
이 발음을 나타낸다. 필(匹)과 지(至)의 반절음이다.[譬, 諭也. 從言辟聲. 匹至切.]

2 이순(李巡, ?~189): 여남(汝南) 여양(汝陽) 사람이다. 중국 동한(東漢) 말기의 환관(宦官)이
었다. 당시 궁중에 있으면서, 청렴하고 충직하며 다른 사람과 위세와 권력을 다투지 않아,
사인(士人)들에게 칭찬을 받았다. 『이아(爾雅)』의 주석을 남겼다고 하지만, 오늘날에는 전
해지지 않는다. 한 영제(靈帝)에게 오경(五經)을 비석에 새길 것을 건의했다.

3 『이아주소(爾雅注疏)』권5, 「석천(釋天)·풍우소(風雨疏)」.

4 『이아주소』권5, 「석천·풍우소」. 그런데, 『이아주소』에 "天體圓"부터 "名赤道極"까지는 보
이지 않는다. 『춘추공양전주소(春秋公羊傳注疏)』권23, 「소」에 "곽씨가 말했다. '북극은 하
늘의 중심으로 북방에 있으면서 네 계절을 바르게 하는데, 이것을 북신이라고 한다.'라고 한
것이 이것이다.[郭氏曰: '北極, 天之中, 以正四時, 謂之北辰.' 是也.]"라고 하여 『이아주소』의
곽박의 말을 인용했다.

5 북극출지(北極出地): 북극고도(北極高度)라고도 한다. 지면에서 북극성을 바라본 각도, 즉
북극성의 고도(북극성에서 오는 별빛과 지면이 이루는 각도)로 오늘날 위도의 개념과 비슷
하다. 왜냐하면 북극성이 북극의 꼭짓점 위에 있기 때문에 북극에 근접할수록 지면과 수직
에 가깝게 되기 때문이다. 위도는 적도를 기준으로 북극까지 90도로 나눈 것이다. 따라서

도의 북쪽에 위치하므로 다만 북극만 보이기 때문에 북극을 예로 들어 말한 것이다.

원문 『楚辭』「天問」, "斡維焉系, 天極焉加?" 稱"天極", 『周髀算經』稱"北極樞", 『呂氏春秋』「有始覽」稱"天樞", 與"北極"·"北辰"俱一體而異名也. 『周官』「考工記·匠人」, "夜考諸極星, 以正朝夕." 『呂氏春秋』亦言"極星". "極"卽"北極", "北極"非星名. 而「考工」·『呂覽』稱"極星"者, 此就人所視近北極之星, 擧以爲識別也. 『周髀經』立八尺表, 以繩繫表顚, 希望北極中大星, 明大星在北極中, 非北極卽爲星也. 『史記』「天官書」, "中宮天極星, 其一明者, 太一常居也." 此卽「考工」等所言"極星". <u>陳氏懋齡</u>『經書算學天文考』引<u>許慶宗</u>說爲句陳大星.

역문 『초사(楚辭)』「천문(天問)」에 "주야로 도는 하늘 어떻게 잡아매며, 하늘 끝까지에 어떻게 미칠까?"[6]라고 해서 "천극(天極)"을 일컫고, 『주비산경(周髀算經)』[7]에는 "북극추(北極樞)"를 일컬었으며, 『여씨춘추(呂氏春秋)』「유시람(有始覽)」에서는 "천추(天樞)"[8]를 일컬었는데, "북극"·"북신"과 함께 모두 똑같은 것인데 이름을 달리한 것이다. 『주관(周官)』「고공기

적도에서는 북극성의 고도가 0도에서 10도 사이에 있겠지만, 위도는 0도가 된다.

6 『초사(楚辭)』 권3, 「천문(天問)」.

7 『주비산경(周髀算經)』: 중국의 천문 수학서. 저자 미상. 상하 2권으로 되어 있다. 중요 부분은 후한(後漢) 무렵 편찬되어 송대(宋代)에 간본되었다. 후한 또는 삼국시대의 조군경(趙君卿), 북주(北周)의 견란(甄鸞), 당(唐)나라의 이순풍(李淳風) 등의 주석이 가해졌다. 책명은 주대(周代)에 비(髀)라고 하는 여덟 자의 막대기에 의하여 천지를 측정·산출한 데 연유한 것이다. 원주율을 3으로 하는 등 수학적인 내용도 포함하지만 구(句)·고(股)·현(弦)의 법(피타고라스 정리)을 기초로 하여 혼천설(渾天說)과 함께 중국의 대표적인 우주관이라고 하는 개천설(蓋天說)을 뒷받침한다.

8 『여씨춘추(呂氏春秋)』 권13, 「유시람제1(有始覽第一)·유시(有始)」.

(考工記) · 장인(匠人)」에 "밤에는 북극성을 관찰하여 아침과 저녁을 바르게 한다."[9]라고 했다. 『여씨춘추』에서는 또 "극성(極星)"[10]을 말했는데, 이때의 "극(極)"은 "북극(北極)"이니 "북극"은 별 이름이 아니다. 그리고 「고공기」나 『여람(呂覽: 여씨춘추)』에서 "극성"이라고 일컬은 것은 사람이 보기에 북극에 가까운 별을 따라서 거론하여 식별한 것이다. 『주비산경』에는 여덟 자의 규표[八尺表]를 세우고 규표의 꼭대기까지 끈으로 묶어 북극 가운데의 큰 별을 바라보기도 하고, 북극 가운데 있는 큰 별을 밝히려고 했으니, 북극이 바로 별이 되는 것은 아니다. 『사기(史記)』「천관서(天官書)」에 "중궁(中宮)[11]의 천극성(天極星) 중 가장 밝은 별에는 태일(太一)이 상주한다."[12]라고 했는데, 이것이 바로 「고공기」 등에서 말하는 "북극성[極星]"이다. 진무령(陳懋齡)[13]은 『경서산학천문고(經書算學天文考)』에서 허경종(許慶宗)의 설을 인용하면서 구진대성(句陳大星)[14]이라고 했다.

원문 案, 『說苑』「辨物篇」, "璿璣謂北辰. 句陳, 極星也." 則以句陳爲"極星",

---

9   『주례(周禮)』, 「동관고공기하(冬官考工記下) · 장인(匠人)」.

10 『여씨춘추』 권13, 「유시람제1 · 유시」.

11 중궁(中宮): 별자리 및 별자리의 위치.

12 『사기(史記)』 권27, 「서(書) · 천관서제5(天官書第五)」.

13 진무령(陳懋齡, ?~?): 중국 청나라 강소(江蘇) 상원(上元) 사람. 자는 면보(勉甫)이며, 건륭(乾隆) 57년 부공생(副貢生)이 되었다. 박문강기했고 역산에 통달했다. 저서로 『경서산학천문고(經書算學天文考)』, 『춘추윤삭교식고(春秋閏朔交食考)』 등이 있다.

14 구진대성(句陳大星): 북극에 가장 가까운 6개의 별로 이루어진 구진 중에서 가장 큰 별을 구진대성이라고 하는데, 이는 오늘날의 북극성을 뜻한다. 구진 별자리는 서양의 작은곰자리에 해당한다. 북두칠성 옆에 있어서 이 별을 찾을 때도 북두칠성의 국자 부분 끝과 카시오페이아의 정가운데 별을 찾아 연결하면 된다.

漢人已有此說.『繁露』「奉本篇」, "星莫大於北辰." 何休『公羊傳』「注」, "迷惑不知東西者, 須視北辰, 以別心·伐." 皆以"北辰"爲星名. 故『漢書』「天文志」云: "北極五星, 第五紐星爲天之樞." 以紐星爲天樞, 卽謂北辰也.

역문 살펴보니, 『설원(說苑)』「변물(辨物)」에 "선기(璇璣)는 북신을 이른다. 구진(句陳)은 북극성[極星]이다."라고 했는데, 구진을 "북극성"으로 여긴 것이니, 한(漢)나라시대 사람들은 이미 이러한 학설이 있었다. 『춘추번로(春秋繁露)』「봉본(奉本)」에 "별은 북신보다 더 큰 것이 없다."[15]라고 했고, 하휴(何休)의 『춘추공양전(春秋公羊傳)』「주」에 "미혹되어 동서를 분간하지 못할 경우엔 반드시 북신을 보고 대화성(大火星)과 삼벌(參伐)을 구별해야 한다."[16]라고 했는데, 모두 "북신"을 별 이름으로 여긴 것이다. 그러므로 『전한서(前漢書)』「천문지(天文志)」에는 "북극오성(北極五星) 가운데, 다섯 번째인 유성(紐星)이 하늘의 중추[樞]가 된다."[17]라고 하여, 유성(紐星)을 천추(天樞)[18]로 여겼는데, 바로 북신을 이르는 것이다.

---

15 『춘추번로(春秋繁露)』권9, 「봉본제43(奉本第四十三)」. 『춘추번로』에는 "北辰"이 "太辰"으로 되어 있다.

16 『춘추공양전주소』권23, 「소공(昭公)」17년의 「주」. '심(心)'은 '대화성(大火星)'을 이르고 '벌(伐)'은 '삼벌(參伐)'을 뜻하는데, 삼벌은 28수(宿) 중 삼수(參宿)에 해당된다. 고대의 사람들은 익주 지역이 하늘의 별자리 중 "자(觜)"와 "삼(參)"에 해당한다고 여겼다. 대화성은 전갈자리 α라고 불리는 안타레스의 옛 명칭이고, 삼벌은 서쪽에 있는 일곱 번째 별자리로, 현재의 오리온자리의 옛 명칭이다.

17 『전한서(前漢書)』권26, 「천문지(天文志)」에는 위의 표현이 없다. 다만 중국 청(淸)의 강영(江永, 1681~1762)이 찬한 『군경보의(群經補義)』권4, 「논어(論語)」에 "『한지(漢志)』에 '북극오성 중에서 제일 앞 첫 번째 별은 태자이고, 두 번째 별은 제왕으로서 또한 태일(太一)의 자리이다. 세 번째 별은 서자이고, 네 번째 별은 후궁이며, 다섯 번째인 유성이 하늘의 중추가 된다.[『漢志』, '北極五星, 前一星太子, 第二星帝王, 亦太一之座. 第三星庶子, 第四星後宮, 第五紐星爲天之樞.']라고 했는데, 『전한서』「예문지(藝文志)」나 「천문지」에는 이 말이 없다.

원문 陳氏櫟齡云: "古人指星所在處爲天所在處, 其實北辰是無星處." 又云: "凡天之無星處曰辰. 天有十二辰, 自子畢亥, 爲日月所聚會之次舍. 如十一月冬至, 日月畢會於丑, 必有所當之星宿. 漢初不知歲差, 以牽牛爲冬至常星. 若以歲差之理言之, 今時在箕一度. 冬至子中, 未嘗板定星度, 北辰如何認定極星? 但以之爲標准耳."

역문 진무령은 "옛사람들은 별이 있는 곳을 가리켜 하늘이 있는 곳이라고 하지만, 사실 북신은 별이 없는 곳이다." 하고, 또 "온 하늘 중에서 별이 없는 곳을 신(辰)이라 한다. 하늘에 12신[19]이 있는데 자(子)부터 해(亥)까지 모두 해와 달이 모이고 만나는 궤적이 된다. 예컨대, 11월 동지는 해와 달이 모두 축방(丑方)에 모이는 것처럼 반드시 해당되는 별자리[星宿][20]가 있다. 한나라시대 초기에는 세차(歲差)[21]를 몰라 견우성(牽牛星)을

---

18 천추(天樞): 북두칠성의 첫째 별. 북극성과 직선이 되는, 국자 모양의 첫 별이다. 둘째 별부터의 이름은 선(璇)·기(璣)·권(權)·옥형(玉衡)·개양(開陽)·요광(搖光)이고, 첫째 별부터 넷째 별까지를 괴(魁), 나머지 세 별자리를 표(杓)라 하며, 괴와 표를 합하여 두(斗)라 한다.

19 12신(十二辰): 자(子)·축(丑)·인(寅)·묘(卯)·진(辰)·사(巳)·오(午)·미(未)·신(申)·유(酉)·술(戌)·해(亥) 등의 열두 개의 지지(地支)를 통틀어 이르는 말. 십이지(十二支)라고도 한다.

20 성수(星宿): 육안으로 보이는 밝은 별들을 그 상대적인 배치에 따라 알기 쉽게 묶어서 부른 이름인데, 오늘날의 별자리 또는 성좌의 옛 명칭이다. 그러나 엄격히 말해서 별자리와는 그 뜻이 약간 다르다. 일반적으로 흔히 쓰이는 하늘의 적도와 황도 근처에 있는 별들에 국한할 때가 많다. 중국과 우리나라에서 잘 보이는 하늘을 삼원(三垣)과 28수, 그리고 근남극성(近南極星)으로 크게 나누는데, 삼원과 근남극성을 제외한 나머지 하늘의 별들을 28개로 다시 구분하여 그 하나하나를 그 구역에 해당하는 수(宿)의 영역으로 정하였다. 1개의 수의 영역에는 이를 대표하는 수가 1개 있고, 그 수의 동서남북에 몇 개의 작은 별자리가 있다. 이 작은 별자리들을 수와 구별하여 좌(座) 또는 성좌라고 부른다. 동서 방향의 너비와 남북 방향의 길이로 정하는 수의 영역은 수마다 서로 다르다.

21 세차(歲差): 천구의 황도(黃道)와 적도(赤道)의 두 교차점 중에서 태양이 적도의 남쪽에서 북쪽으로 통과할 때의 점인 춘분점이 매년 황도를 따라 서쪽으로 이동하는 것을 말한다. 지

동지의 상성(常星)[22]으로 여겼다. 만약 세차의 이치를 가지고 말한다면, 지금의 때는 기수(箕宿) 1도에 있다. 동지는 자시(子時)의 중반에 해당되지만 일찍이 성도(星度)[23]를 고정시켜 정해 놓지 않았으니, 북신을 어떻게 북극성이라고 인정할 수 있겠는가? 다만 그것을 가지고 표준으로 삼을 뿐이다."라고 했다.

원문 案, 陳說甚是. 然北辰是無星處, 『朱子語類』已言之. 夏氏炘『學禮管釋』據「考工」·『呂覽』諸言極星之文, 遂以"北辰"爲"天樞", "北極"爲星名. 且疑『爾雅』爲漢人附益, 過矣. "北極"爲赤道極, 左旋西行, 其日月五星各居一極, 日日黃道極, 與月五星同爲右旋東行, 而二十八宿亦東行. 二十八宿, 統名恒星. 句陳等星, 與恒星同度. 恒星歲差五十一秒, 故梁祖暅之以儀準候不動處, 在紐星之末, 猶一度有餘, 宋沈括測天中不動處, 遠極星三度有餘, 元郭守敬測極星離不動處三度, 則星度常差, 不能執定一星以求北辰之所在矣.

역문 살펴보니, 진무령의 설이 매우 옳다. 그러나 북신이 별이 없는 곳이라는 것은 『주자어류(朱子語類)』에서 이미 말했다.[24] 하흔(夏炘)[25]의 『학례관

구의 자전축 방향이 해마다 50초 26분씩 서쪽으로 이동함으로써 춘분점이 조금씩 앞으로 이동하는 현상이다.

22 상성(常星): 항성(恒星)이다. 천체상에서 위치를 바꾸지 않는 별을 혹성과 구별하여 항성이라 한다. 그러나 오늘날에는 모든 항성도 큰 속도로 공간을 운동하고 있다는 것이 알려졌다. 은하계에 포함되는 항성의 총수는 1천억으로 추정되는데, 육안으로 쉽게 볼 수 있는 항성의 수(광도 5등급까지의 별)는 약 1,600개이다.

23 성도(星度): 별이 운행하는 도수.

24 『주자어류(朱子語類)』 권23, 「논어5(論語五) · 위정편상(爲政篇上) · 위정이덕장(爲政以德章)」: 북신은 여기 중간의 별이 없는 곳인데, 이 부분은 움직이지 않으며 하늘의 중추이다. 북신은 별이 없는데, 이로 인해 사람들은 이곳을 취하여 극으로 삼고자 하였고, 이곳을 기록

석(學禮管釋)』은 「고공기」와 『여람』에서 극성을 언급한 여러 문장을 근거로 마침내 "북신"을 "하늘의 중추[天樞]"라고 생각하고, "북극"을 별 이름으로 삼았다. 그러나 『이아』를 한나라시대 사람들이 덧붙이고 보탠 것이라고 의심한 점은 잘못이다. "북극"은 적도의 극[赤道極]이 되고 왼쪽으로 돌면서 서쪽으로 가고, 해와 달과 오성(五星)이 각각 한 극(極)씩 차지하는데, 해가 차지한 극을 황도의 극[黃道極]이라고 하니, 달과 오성과 같이 오른쪽으로 돌면서 동쪽으로 가고, 28수[26] 역시 동쪽으로 간다. 28수

하고 인식할 수 있는 것이 없으면 안 되었기 때문에 그 옆의 작은 별 하나를 취해 극성이라 부른 것이다. 이것이 하늘의 중추이니, 마치 문의 수돌쩌귀[門笋子] 모양과 같다.[北辰是那 中間無星處, 這些子不動, 是天之樞紐. 北辰無星, 緣是人要取此爲極, 不可無箇記認. 故就其 傍取一小星, 謂之極星, 這是天之極紐, 如那門笋子樣.] 문순자(門笋子)에 대해, 『노사선생문 집(蘆沙先生文集)』 권13, 「서(書)·답최원칙(答崔元則) 신미3월(辛未三月)」에 "문순자는 아마도 지금 문의 수돌쩌귀인 듯싶다.[門笋子, 疑卽今門戶牡樞.]"라고 했다.

25 하흔(夏炘, 1789~1871): 중국 청나라 안휘(安徽) 당도(當塗) 사람. 자는 흔백(炘伯) 또는 도보(弢甫)이다. 학문은 한송(漢宋)시대의 학설을 종합했고, 주자학에 심취하여 『술주질의(述 朱質疑)』를 편찬했다. 『시경(詩經)』과 『예기(禮記)』에 뛰어나 『학례관석(學禮管釋)』과 『독시차기(讀詩箚記)』, 『학제통술(學制統述)』, 『육서전주설(六書轉注說)』, 『단궁변무(檀弓辨誣)』, 『삼강제복존존술의(三綱制服尊尊述義)』 등을 지었다.

26 28수: 하늘의 적도를 따라 그 남북에 있는 별들을 28개의 구역으로 구분하여 부른 이름. 각 구역에는 여러 개의 별자리들이 있는데, 그중 대표적인 것을 그 구역에 있는 수라고 정하였다. 이러한 수는 전부 28개가 되므로 통칭 28수라고 부른다. 28수는 편의상 7개씩 묶어서 4개의 7사(舍)로 구별하여 각각 동·서·남·북을 상징하도록 하였는데, 이 4개의 7사에 속하는 별은 다음과 같다.
① 동방 7사: 28수 중 춘분날 초저녁 동쪽 지평선 위로 떠오르는 각수(角宿: 첫째 별자리의 별들)를 필두로 하여 시간이 경과되면 차례로 동쪽 지평선 위로 떠올라오는 항(亢)·저(氐)·방(房)·심(心)·미(尾)·기(箕) 등 7개의 수가 차지하는 성수들을 말한다.
② 북방 7사: 28수 중 하짓날 초저녁 동쪽 지평선 위로 떠오르는 두수(斗宿: 여덟째 별자리의 별들)를 필두로 하여 시간이 경과되면 차례로 동쪽 지평선 위로 떠올라오는 우(牛)·여(女)·허(虛)·위(危)·실(室)·벽(壁) 등 7개의 수가 차지하는 성수들을 말한다.

는 항성(恒星)을 총괄한 명칭[통명(統名)]이다. 구진(句陳) 등의 별은 항성과 궤도를 같이한다. 항성의 세차는 51초이므로, 양(梁)의 조긍지(祖暅之)[27]는 혼천의를 표준으로 살펴 (하늘의) 움직이지 않는 곳이 유성(紐星)의 끝에서 1도 정도 이상 떨어져 있다는 것을 알았고, 송(宋)의 심괄(沈括)[28]은 하늘 중심의 움직이지 않는 곳이 극성으로부터 3도 이상 멀리 떨어져 있다는 것을 계측했으며, 원(元)의 곽수경(郭守敬)[29]은 극성이 (하늘의) 움직이지 않는 곳으로부터 3도 떨어져 있다는 것을 알아냈는데, 별이 운행하는 도수[星度]는 항상 차이가 나니, 하나의 별만 고집스럽게 정

---

③ 서방 7사: 28수 중 추분날 초저녁 동쪽 지평선 위로 떠오르는 규수(奎宿: 열다섯째 별자리의 별들)를 필두로 하여 시간이 경과되면 차례로 동쪽 지평선 위로 떠올라오는 누(婁)·위(胃)·묘(昴)·필(畢)·자(觜)·삼(參) 등 7개의 수가 차지하는 성수들을 말한다.

④ 남방 7사: 28수 중 동짓날 초저녁 동쪽 지평선 위로 떠오르는 정수(井宿: 스물두째 별자리의 별들)를 필두로 하여 시간이 경과되면 차례로 동쪽 지평선 위로 떠올라오는 귀(鬼)·유(柳)·성(星)·장(張)·익(翼)·진(軫) 등 7개의 수가 차지하는 성수들을 말한다.

이 28수의 유래는 분명하지 않으며, 왜 여러 가지 숫자 중에서 28이라는 숫자를 택했을까에 대한 의문도 해결되지 않고 있다. 1년의 12개월과도 다르고, 24절기와도 맞지 않기 때문이다.

27 조긍지(祖暅之, ?~?): 중국 남북조(南北朝)시대 수학자. 범양군(范陽郡) 주(遒)현 사람. 또 다른 이름은 조긍(祖暅), 자는 경삭(景爍)이다. 양(梁)나라시대 태부경(太府卿)을 역임했다. 남북조시대 수학자이며 천문학자인 조충지(祖冲之, 429~500)의 아들이다.

28 심괄(沈括, 1031~1095): 중국 북송 항주(杭州) 전당(錢塘) 사람. 자는 존중(存中)이고, 호는 몽계옹(夢溪翁)이다. 천문과 수학, 지리, 본초(本草) 등 과학에 밝았다. 저서의 대부분은 없어졌지만, 『몽계필담(夢溪筆談)』 26권과 『보필담(補筆談)』 3권에는 풍부한 과학적 기사가 실려 있다. 그 밖의 저서에 『소심양방(蘇沈良方)』과 『장흥집(長興集)』 등이 있다.

29 곽수경(郭守敬, 1231~1316): 원나라 순덕(順德) 형대(邢臺) 사람. 천문학자로, 자는 약사(若思)이다. 할아버지 곽영(郭榮)에게 수학과 수리(水利)를 배웠고, 할아버지의 친구인 유병충(劉秉忠)의 문하에 들어갔다. 간의(簡儀)와 앙의(仰儀), 규표(圭表), 경부(景符) 등과 같은 기물을 제작했다. 지원 16년(1279) 동지태사원(同知太史院)에 임명되자 전국에 27군데 관측소를 설치하여 실측한 자료를 바탕으로 남송 양충보(楊忠輔)가 주장한 한 해가 365.2425일이라는 설을 증명했다. 다음 해 『수시력』 21권이 완성되자 전국에 반포했다.

해서 북극성이 있는 곳을 구할 수는 없다.

원문 "居其所"者,『三蒼』云: "所, 處也."『廣雅』「釋詁」, "所, 尻也." 北辰居其所, 卽陳氏所圖距等圈之削成一點也.

역문 "제자리에 머물러 있다[居其所]"

『삼창(三蒼)』에 "소(所)는 머물러 있다[處]는 뜻이다."라고 했고,『광아(廣雅)』「석고(釋詁)」에 "소(所)는 거(尻)³⁰이다."라고 했다. 북극성이 제자리에 머물러 있다는 것은 바로 진씨가 그린 거등권(距等圈)³¹이 깎여서 하나의 점을 이룬 것이다.

원문 "衆星共之"者,『說文』云: "曐, 萬物之精, 上爲列星." 或省作"星".『釋名』「釋天」云: "星, 散也. 列位布散也."『漢書』「天文志」, "經星常宿中外官凡百一十八名, 積數七百八十三星." 自後諸史志及推測家言數各異, 今亦未能詳之也. 陳氏懋齡云: "赤道宗北極, 恒星宗黃極. 赤道西行, 恒星東行. 右旋之度, 因左旋而成. 只爲動天左旋西行, 帶定七政恒星, 晝夜運轉. 故七政恒星得以差次自行. 是東行之度, 以西行而生黃極, 以赤極爲樞, 衆星所以共北辰也."

역문 "뭇별들이 그것을 둘러싸고 받들어 향함[衆星共之]"

『설문해자』에 "성(曐)은 만물의 정기가 하늘로 올라가 여러 별이 되었

---

30 『설문해자』 권14에 "거(尻)는 처한다[處]는 뜻이다. 시(尸)와 궤(几)로 구성되었다. 시신이 안석을 얻어 편안한 것이다.[尻, 處也. 從尸几. 尸得几而安也. 九魚切.]"라고 했다.

31 거등권(距等圈): 적도를 중심으로 하여 남북 반구(半球)에서 적도와 평행이 되는 평면에 의하여 지구 표면에 생기는 소권(小圈). 크기는 일정하지 않아서 적도에 가까우면 크고 적도에서 멀면 작으며 극(極)에 이르면 하나의 점이 되지만, 그 도수는 모두 적도 대권(赤道大圈)과 상응한다.

다."[32]라고 했는데, 혹체자로서 생략된 자형이 "성(星)"이 되었다. 『석명(釋名)』「석천(釋天)」에 "성(星)은 흩어진다[散]는 뜻이다. 줄지어 차례로 흩어져 있다는 뜻이다."라 했고, 『전한서』「천문지」에 "경성(經星)[33]과 상수(常宿)[34]는 중외(中外)의 성관(星官)으로 모두 118개이며, 누적된 총수는 783성(星)이다."[35]라고 했다. 이후로부터 여러 역사 기록 및 추측하는 사람들마다 숫자를 말하는 것이 각각 다르니, 지금도 역시 자세히 알 수는 없다. 진무령은 "적도의 꼭대기는 북극이고 항성의 꼭대기는 황극(黃極)이다. 석도는 서쪽으로 운행하고 항성은 동쪽으로 운행한다. 오른쪽으로 회전하는 도수는 왼쪽으로 회전하는 것에 따라 이루어진다. 다만 하늘이 왼쪽으로 돌면서 서쪽으로 운행하기 때문에 칠정(七政)[36]과 항성의 자리가 띠를 두르듯 정해지고 밤낮으로 운행한다. 그러므로 칠정과 항성이 순서에 맞춰 스스로 운행할 수 있다. 이 동쪽으로 운행하는 도수가 서쪽으로 운행함으로써 황극을 낳는데, 적도의 극을 중추로 삼으니, 뭇별들이 그 때문에 북극성을 양손으로 감싸 안고 받들어 향하는 것이다."라고 했다.

---

32 『설문해자』권7: 성(曐)은 만물의 정기가 하늘로 올라가 여러 별이 된 것이다. 정(晶)으로 구성되었고, 생(生)이 발음을 나타낸다. 일설에는 상형글자라고도 한다. ▨로 구성되었는데, 고문의 ▨가 다시 가운데 들어가 있으므로 일(日)과 같다. 성(曐)은 성(星)의 고문이다. 성(星)은 성(曐)의 혹체자(或體字)로서 생략된 자형이다. 상(桑)과 경(經)의 반절음이다.[曐, 萬物之精, 上爲列星. 從晶生聲. 一曰象形. 從▨, 古▨復注中, 故與日同. 曐, 古文星. 星, 曐或省. 桑經切.] "▨"는 『설문해자』의 벽자(僻字)이다.

33 경성(經星): 항성(恒星).

34 상수(常宿): 늘 보이는 별.

35 『전한서』권26, 「천문지」.

36 칠정(七政): ① 해와 달과 오성(五星). 즉 일(日)·월(月)·화(火)·수(水)·금(金)·목(木)·토(土). ② 북두칠성.

鄭「注」云: "拱, 拱手也." "共"是"拱"省. 鄭與包所見本異. 『說文』, "拱, 斂手也." 何休『公羊』「僖」三十二年「注」, "拱, 可以手對抱." 衆星列峙錯居, 還繞北辰, 若拱向之也. 蔡邕「明堂月令論」, "以北辰居其所, 爲人君居明堂之象, 謂明堂爲政敎所由生, 變化所由來, 是明一統." 其說是也. 宋氏翔鳳『發微』云: "明堂之治, 王中無爲, 以守至正, 上法璿璣, 以齊七政. 故曰'政者, 正也.' 王者, 上承天之所爲, 下以正其所爲, 未有不以德爲本. 德者, 不言之化, 自然之治, 以無爲爲之者也. 雖有四時·天地人之政, 而皆本於一德. 雖有五官·二十八星之名, 而皆笵於北辰. 爲政不出於明堂, 而禮樂刑政四達不悖, 德之符也. 北辰不離於紫宮, 而衆星循環, 終古不忒, 樞之管也."

역문 정현의 「주」에 "공(拱)은 양손을 맞잡는 것이다."라고 했는데, "공(共)"은 "공(拱)"의 생략된 자형이다. 정현과 포함이 본 판본이 다르다. 『설문해자』에 "공(拱)은 양손을 맞잡은 모양[斂手]이다."[37]라고 했고 하휴의 『춘추공양전』 「희공(僖公)」 32년 「주」에 "공(拱)은 양손을 맞잡고 안을 수 있는 것이다."라고 했으니, 뭇별들이 높이 늘어서 뒤섞여 있으면서 북극성을 둘러싸고 도는 것이, 마치 양손을 맞잡고 끌어안으면서 북극성을 양손으로 감싸 안고 받들어 향하는 것과 같은 것이다. 채옹(蔡邕)의 「명당월령론(明堂月令論)」에 "북극성이 제자리에 가만히 있는 것을 임금이 명당에 있는 모습으로 삼았는데, 이는 명당이 정치 교화가 생겨나는 곳이 되고 변화가 유래하는 곳이 되니, 이는 분명 하나의 계통이라는 말이다."[38] 했는데, 이 말이 옳다. 송상봉(宋翔鳳)은 『논어발미(論語發微)』에서

---

37 『설문해자』 권12: 공(拱)은 양손을 맞잡은 모양[斂手]이다. 수(手)로 구성되었고, 공(共)이 발음을 나타낸다. 거(居)와 '송(竦)의 반절음이다.[拱, 斂手也. 從手共聲. 居竦切.]

38 『채중랑집(蔡中郎集)』 권3, 「명당월령론(明堂月令論)」. 그런데, 「명당월령론」에는 "죽은

"명당의 다스림은 왕은 천하의 중심에 있으면서 인위적으로 행함이 없이 지극히 올바름을 지키고, 위로는 선기를 본받아 칠정을 가지런히 한다.[39] 그러므로 '정치[政]란 바르게 되도록 한다[正]는 뜻이다.'[40]라고 한 것이다. 왕이란 위로는 하늘이 하는 일을 받들고, 아래로는 자기가 하는 일을 바르게 해서 덕을 근본으로 삼지 않음이 없다. 덕(德)이란 말하지 않아도 이루어지는 교화이며 자연스러운 다스림으로, 인위로 행함이 없음을 가지고 행하는 것이다. 비록 사시(四時)와 천지인(天地人)의 정치가 있지만 모두 하나의 덕을 근본으로 한다. 비록 오관(五官)과 28개 별자리의 명칭이 있지만 모두 북극성에 관섭(管攝)[41]된다. 위정(爲政)이 명당에서 벗어나지 않고, 예악(禮樂)과 형정(刑政)이 어그러지지 않고 사방에 다 다름은 덕의 상징이다. 북극성이 자미궁[紫宮][42]을 벗어나지 않고 뭇별들이 그 둘레를 순환함은 옛날부터 어긋나지 않았으니, 이것이 바로 중추(中樞)의 책무이다."라고 했다.

사람은 그 공을 논하여 제사 지낸다. 그러므로 큰 가르침의 궁실이 되매 4학이 갖추어지고 관사가 구비되니, 비유하면 마치 북극성이 자기 자리에 가만히 있고 뭇별들이 북극성을 양손으로 감싸 안고 받들어 향하는 것과 같다. 만상이 펼쳐지지만 정치 교화가 생겨나는 곳과 변화가 유래하는 곳은 분명 하나의 계통이다. 그러므로 명당은 일이 크고 의가 깊다고 말한다.[死者論其功而祭. 故爲大敎之宮, 而四學具焉, 官司備焉, 譬如北辰居其所而衆星拱之. 萬象翼之, 政敎之所由生, 變化之所由來, 明一統也. 故言明堂事之大義之深也.]"라고 되어 있다.

39 『서경(書經)』「우서(虞書)·순전(舜典)」: 선기와 옥형으로 살펴 칠정을 고르게 했다.[在璿璣玉衡, 以齊七政.]

40 『논어(論語)』「선진(先進)」: 계강자(季康子)가 공자(孔子)에게 정치를 묻자, 공자가 대답했다. "정(政)이란 바르게 한다[正]는 뜻이니, 그대가 올바름으로 인솔한다면 누가 감히 올바르지 않겠습니까?"[季康子問政於孔子, 孔子對曰: "政者, 正也. 子帥以正, 孰敢不正?"]

41 관섭(管攝): 임무나 일 등을 겸하여 주관하는 것.

42 자궁(紫宮): 자미궁(紫微宮). 자미성(紫微星)의 별자리를 천자(天子)의 자리로 삼아 일컫는 말이다.

- 「注」, "德者無爲, 猶北辰之不移, 而衆星共之."

- 正義曰: 李氏允升『四書證疑』, "旣曰'爲政', 非無爲也. 政皆本於德, 有爲如無爲也." 又曰: "爲政以德, 則本仁以育萬物, 本義以正萬民, 本中和以制禮樂, 亦實有宰制, 非漠然無爲也."

○ 「주」의 "덕이 있는 사람은 인위적으로 행함이 없으니, 이는 마치 북극성이 움직이지 않고 제 자리를 지키고 있고, 뭇별들이 그것을 둘러싸고 받들어 향하는 것과 같다."

○ 정의에서 말한다.

이윤승(李允升)[43]은 『사서증의(四書證疑)』에서, "이미 '위정'이라고 했으니, 인위적으로 행함이 없는[無爲] 것은 아니다. 그러나 정치는 모두 덕에 근본하기 때문에 인위적으로 행함이 있더라도[有爲] 마치 인위적으로 행함이 없는 것[無爲]과 같은 것이다."라고 하고, 또, "덕을 가지고 정치를 행하면 인을 바탕으로 만물을 기르고, 의를 바탕으로 모든 백성을 바르게 하며, 중화(中和)를 가지고 예악을 제정해서, 또한 실제로 재제(宰制)[44]함이 있으니, 막연하게 인위적으로 행함이 없는 것은 아니다."라고 했다.

원문 案, 李說足以發明此「注」之意. 『禮』「中庸」云: "『詩』云: '不顯惟德, 百辟其刑之.' 是故君子篤恭而天下平." "篤恭"者, 德也, 所謂"恭己正南面"也. 恭己以作之則, 則百工盡職, 庶務孔修, 若上無所爲者然. 故稱舜"無爲而治"也.

역문 살펴보니, 이윤승의 설명이 이 「주」의 뜻을 충분하게 드러내 밝혀 주고 있다. 『예기(禮記)』「중용(中庸)」에 "『시경(詩經)』에서 이르길, '나타나지 않는 덕을 모든 제후가 본받는다.'[45] 하니, 이런 까닭에 군자가 공손

---

43 이윤승(李允升, ?~?): 중국 청나라 건가(乾嘉) 시기 산동(山東) 문등(文登) 사람. 저서로『사서증의(四書證疑)』,『시의방통(詩義旁通)』,『논어보의(論語補疑)』등이 있다.

44 재제(宰制): 전권을 잡고 처리함. 통제하다. 관제하다. 다스리다.

을 돈독히 하면 천하가 태평해지는 것이다."⁴⁶라고 했는데, "공손을 돈독히 한다[篤恭]"라는 것이 덕이니, 이른바 "자기를 공손히 하고 바르게 남면한다."⁴⁷라는 것이다. 자기를 공손히 해서 법칙을 제작하면⁴⁸ 백공이 직분을 다하고 온갖 정무(政務)를 크게 다스려 마치 위에서는 직접 작위함이 없는 것 같다. 그러므로 순임금을 일컬어 "직접 작위함이 없이 다스렸다."⁴⁹라고 말한 것이다.

원문 "北辰之不移"者, 『呂覽』云: "極星與天俱遊, 而天樞不移." 此「注」所本. 『周髀』云: "欲知北極樞旋周四極, 常以夏至夜半時, 北極南遊所極; 冬至夜半時, 北極北遊所極; 冬至日加酉之時, 西遊所極; 日加卯之時, 東遊所極." 北極樞卽北辰. 『周髀』言有四遊, 則非不移可知. 『後漢』「天文志」「注」引『星經』曰: "璿璣謂北極." 此舜作璿·璣, 以象北極. 伏生『書傳』曰: "璿者, 還也. 璣者, 幾也, 微也. 其變幾微而所動者大, 謂之璿璣." 是故璿·璣謂之北極. 據『大傳』言其變幾微, 故天文家咸以爲不動. 辭雖異, 意實同也. 皇本此「注」作"鄭曰".

역문 "북극성이 움직이지 않음[北辰之不移]"

『여람』에 "북극성은 하늘과 함께 유동하지만 하늘의 중추는 움직이지 않는다."⁵⁰라고 했는데, 이 말을 「주」에서 저본으로 했다. 『주비산경』에

---

45 『시경』「송(頌)·주송(周頌)·열문(烈文)」.
46 『예기』「중용(中庸)」, 또는 『중용(中庸)』제33장.
47 『논어』「위영공(衛靈公)」. 『논어정의』에는 "共"으로 되어 있다. 『논어』를 근거로 "恭"으로 수정하였다.
48 『논어정의』에 "共"으로 되어 있으나, 문맥상 "恭"이 옳은 듯하므로, "恭"으로 수정하였다.
49 『논어』「위영공」.
50 『여씨춘추』권13, 「유시람제1·유시」.

"북극의 중추가 4극을 한 바퀴 돈다는 것을 알고자 한다면 언제나 하지(夏至) 한밤중에는 북극이 남쪽으로 유동한 곳이 극이고, 동지 한밤중에는 북극이 북쪽으로 유동한 곳이 극이며, 동지 낮에 유(酉)를 더한 때 서쪽으로 유동한 곳이 극이며, 낮에 묘(卯)를 더한 때 동쪽으로 유동한 곳이 극이다."[51] 북극의 중추가 바로 북극성이다. 『주비산경』에서 사유(四遊)[52]를 말했으니, 움직이지 않는 것이 아님을 알 수 있다. 『후한서(後漢書)』「천문지(天文志)」의 「주」에 『성경(星經)』을 인용해서 "선기는 북극을 이른다."라고 했는데, 이것이 순임금이 선(璿)과 기(璣)를 제작해서 북극을 형상화했다는 것이다. 복생(伏生)[53]의 『상서대전(尚書大傳)』에 "선(璿)이란 회전한다는 뜻이다. 기(璣)는 거의[幾]라는 뜻이며, 없다[微]는 뜻이다. 그 변화가 거의 없으면서도 움직임이 큰 것을 선기(璿璣)라고 한다."[54] 했는데, 이런 까닭에 선(璿)과 기(璣)를 북극이라고 한 것이다. 『상서대전』에서 그 변화가 거의 없음을 말한 것을 근거로 하기 때문에 천문가들은 모두 움직이지 않는다고 여긴다. 말은 비록 다르지만 뜻은 사실 같다. 황간본에 이 부분의 「주」에는 "정왈(鄭曰)"로 되어 있다.

---

51 『주비산경』권하지일.

52 사유(四遊): 대지와 성신(星辰)이 사계절에 따라 동, 서, 남, 북 4극으로 옮겨 다닌다는 설이다.

53 복생(伏生, 기원전 260~기원전 161): 복승(伏勝)이다. 복생(伏生)의 생(生)은 학자를 높여 부르는 명칭이다. 제남 출신으로 자는 자천(子賤)이다. 복희의 후예라고 한다. 중국 진(秦)나라 때 박사를 지낸 경학자로서 『금문상서(今文尚書)』를 보존하여 전수했다. 오늘날 전하는 『십삼경주소(十三經注疏)』 중 하나인 『상서주소(尚書注疏)』에 복승이 전한 『금문상서』가 들어 있다. 저서로 『상서대전(尚書大傳)』이 있는데, 그의 제자인 장생, 구양생 등이 전해 들은 것을 기록한 것이라는 설이 있다.

54 『상서대전』권1, 「우서(虞書)·삼오전(三五傳)」.

子曰: "『詩』三百, 【注】孔曰: "篇之大數." 一言以蔽之, 【注】包曰: "蔽, 猶當也." 曰: '思無邪.'" 【注】包曰: "歸於正."

공자가 말했다. "『시경』3백 편을, 【주】 공안국(孔安國)이 말했다. "(3백 이라고 한 것은) 편의 큰 수이다."⁵⁵ 한 마디 말로 가린다면, 【주】 포함이 말 했다. "폐(蔽)는 가린다[當]는 뜻과 같다." '생각에 간사함이 없다.'이다." 【주】 포함이 말했다. "바른 곳으로 돌아간다는 뜻이다."

원문 正義曰:『史記』「孔子世家」, "古者, 詩三千餘篇, 及至孔子, 去其重, 取 其可施於禮義, 上采契・後稷, 中述殷・周之盛, 至幽・厲之缺." 又云: "三百五篇, 孔子皆弦歌之, 以求合「韶」・「武」・「雅」・「頌」之音. 禮樂至 此可得而述, 以備王道, 成六藝." 據此, 則三百五篇, 夫子所刪定也. "禮 義"卽"禮儀", 亦卽謂禮樂也.『詩』皆入樂, 故可弦歌. 夫子屢言『詩』三 百", 一見「禮運」, 兩見『論語』, 皆綜大數以爲敎也.『漢書』「藝文志」云: "古有采詩之官, 王者所以觀風俗, 知得失, 自考正也. 孔子純取周詩, 上采 殷, 下取魯, 凡三百五篇, 遭秦而全者, 以其諷誦不獨在竹帛故也." 班「志」 此文以三百五篇, 爲孔子所取, 與「世家」合. 其三百五篇之外, 單章零句, 有可述者, 儒者肄業, 雖不妨及之, 要無與於弦歌之用, 故不數之也.

---

55 대수(大數):『시경』은 311편인데, 3백 편이라고 말한 것은 큰 수[大數]를 들어서 한 말이라 는 뜻이다.[『詩』, 三百十一篇, 言三百者, 擧大數也.]『논어집주(論語集註)』「위정(爲政)」주 희(朱熹)의「주」. 간혹 반올림할 경우 성수(成數)라는 표현을 쓰기도 한다.

역문 정의에서 말한다.

『사기』「공자세가(孔子世家)」에 "옛날에는 시가 3천여 편이었으나 공자에 이르러 그 중복된 것을 없애고 예의에 시행할 수 있는 것만을 취하니 위로는 설(契)과 후직(后稷)에 관한 시를 채록하고, 중간은 은, 주의 번성에 관한 시를 서술했으며, 유왕(幽王)과 여왕(厲王)의 쇠퇴에까지 이르렀다."[56] 하고, 또 "305편에 공자는 모두 곡조를 붙여 노래로 부름으로써 「소(韶)」, 「무(武)」, 「아(雅)」, 「송(頌)」의 음악에 맞추려고 했다. 이에 이르러 예와 악이 계승될 수 있게 되었고, 이로써 왕도가 갖추어지고 육예(六藝)가 완성되었다."[57]라고 했다. 여기에 의거해 보면 『시경』305편은 공자가 산정(刪定)[58]한 것이다. "예의(禮義)"는 곧 "예의(禮儀)"이며, 또한 곧바로 예악(禮樂)이라고도 한다. 『시경』은 모두 음악에 들어가기 때문에 곡조를 붙여 노래로 부를 수 있다. 공자는 자주 "『시경』 3백 편"을 언급했는데, 「예기(禮器)」에 한 번 보이고,[59] 『논어(論語)』에 두 번 보이는데,[60]

---

56 『사기』권47,「세가(世家)·공자세가제17(孔子世家第十七)」.

57 『사기』권47,「세가·공자세가제17」.

58 산정(刪定): 중복된 문장 또는 쓸데없는 자구(字句)나 문장을 삭제하고 정리해서 일정하게 고침. 산수(刪修).

59 『예기』「예운(禮運)」에는 "詩三百"이란 표현은 없다. 다만 "자장(子張)이 이르길, '예(禮)의 큰 법도 3백과 작은 예절 3천 중에 한 가지 일도 인(仁)이 아님이 없다.'[子張謂, '經禮三百, 曲禮三千, 無一事之非仁也.']"라고 하여 "3백"이라는 표현이 보이고, 「예기」에 "공자가 말했다. '『시경』 3백 편을 암송하더라도 예에 대한 식견이 없다면 간소한 일헌(一獻)의 예도 행할 수 없고, 일헌의 예를 행할 수 있더라도 대향(大饗)의 예는 행할 수 없으며, 대향의 예[饗帝]를 행할 수 있더라도 대려(大旅)의 예를 행할 수 없으며, 대려의 예를 갖추었더라도, 상제를 향사하는 예는 행할 수 없으니 예를 가볍게 논의하지 말아야 한다.'[孔子曰: '誦『詩』三百, 不足以一獻, 一獻之禮, 不足以大饗, 大饗之禮, 不足以大旅, 大旅具矣, 不足以饗帝, 毋輕議禮.']"라는 표현이 보인다. 『예기』를 근거로 수정했다.

60 이 편 및 「자로(子路)」에 보인다. "공자가 말했다. '『시경』 3백 편을 외우더라도 정치를 맡

모두 큰 수로 뭉뚱그려서 가르침을 삼은 것이다. 『전한서』「예문지(藝文志)」에 "옛날 시를 채록하는 관원을 두었는데, 왕이 그 시를 통해 풍속을 관찰하여 정치의 잘잘못을 알아 스스로 그릇된 점을 찾아내어 바르게 고치기 위함이었다. 공자는 순수하게 주나라의 시를 취하고, 위로는 은나라의 시를 채록했으며, 아래로는 노나라의 시를 취해서 모두 305편인데, 진시황의 분서(焚書)를 겪으면서도 온전했던 것은 그것을 외고 읊조려 죽간이나 비단에만 있었던 것이 아니었기 때문이다."[61]라고 했다. 반고의 『전한서』「예문지」의 이 글은 305편을 공자가 취한 것이라고 여긴 것인데, 『사기』「공자세가」와 일치한다. 305편 외에, 원 문장의 뜻은 고려하지 않고 자기가 필요로 하는 부분만을 따다 놓은 글귀[單章]와 자잘한 글귀[零句] 중에 계승할 만한 점이 있는 것들은 선비들이 배우고 익혀 비록 언급하기에 방해가 되지는 않았지만, 곡조를 붙여 노래를 부르는 용도로 인정하고 싶지 않았기 때문에 숫자에 포함시키지 않았던 것이다.

원문 "一言"者, 『詩』「關雎」「疏」云: "句則古者謂之爲言." 引此文謂"以'思無邪'一句爲一言"也. 又引"『左傳』, '臣之業, 在「揚之水」卒章之四言.' <u>趙簡子</u>稱, '<u>子大叔</u>遺我以九言.'", 皆以一句爲一言也. 案, 『春秋繁露』「楚莊王篇」, "介以一言曰: '王者必改制.'" 亦一證.

역문 "한 마디 말[一言]"

겼을 때에 제대로 해내지 못하고, 사방에 사신으로 나가 혼자서 대처하지 못한다면, 비록 많이 외운다 한들 뭣에 쓰겠는가?[子曰: '誦『詩』三百, 授之以政, 不達, 使於四方, 不能專對, 雖多, 亦奚以爲?']"

61 『전한서』 권30, 「예문지제10(藝文志第十)」.

『시경』「관저(關雎)」의 「소」에 "구(句)란 옛날에 이것을 일러 말이 되는 것[爲言]이라 한다."[62]라고 하면서, 이 글을 인용해 "'생각에 간사함이 없다.' 1구를 한 마디 말로 삼은 것이다."[63]라고 했다. 또 "『춘추좌씨전(春秋左氏傳)』에 '신하의 일[業]은 「양지수(揚之水)」 끝 장의 네 마디 말[64]에 있다.'[65]라고 했다. 조간자(趙簡子)가 일컫기를, '자태숙(子太叔)이 나에게 아홉 마디 말씀을 남겨 주셨다.'[66] 했다."라는 말을 인용했는데, 모두 한 구절을 한 마디 말로 삼은 것이다. 『춘추번로』「초장왕(楚莊王)」을 살펴보니, "'왕은 반드시 제도를 고쳐야 한다.'라는 한 마디 말을 끼워 넣었다."라고 했는데, 역시 하나의 증거이다.

원문 "思無邪"者,「魯頌·駉篇」文.『說文』, "恖, 容也." 言心有所念, 能容之也. 顧氏鎭『廣東學詩』云: "詩者, 思也. 發慮在心, 而形之於言, 以攄其懷

62　『모시주소』권1, 「국풍(國風)·주남(周南)·관저(關雎)」의 「소」.

63　『모시주소』권1, 「국풍·주남·관저」의 「소」. 『논어』에서 이르길, "『시경』3백 편을 한 마디 말로 가린다면 '생각에 간사함이 없다.'이다."라고 했으니, "생각에 사특함이 없다" 한 구절을 한 마디 말로 삼은 것이다.[『論語』云: "『詩』三百, 一言以蔽之, 曰'思無邪'." 則以"思無邪"一句爲一言.]

64　『시경』「국풍(國風)·당(唐)·양지수(揚之水)」. 한 마디 말이란 "감히 남에게 말하지 못한다.[不敢告人.]"라고 한 부분을 가리킨다.

65　『춘추좌씨전(春秋左氏傳)』「정공(定公)」10년.

66　『춘추좌씨전』「정공」4년: 소릉(召陵)에서 돌아올 때 정(鄭)나라 자태숙(子太叔)이 정나라에 이르기 전에 죽자, 진(晉)나라 조간자(趙簡子)가 조문 가서 매우 슬퍼하며 말했다. "황보(黃父)의 회맹 때 부자(夫子)는 나에게 '화란의 수괴가 되지 말고, 부유함을 믿지 말며, 총애를 믿지 말며, 공동의 의견을 어기지 말며, 예가 있는 사람을 오만하게 바라보지 말고, 재능을 믿고 교만하지 말고, 남의 분노를 가중시키지 말고, 덕이 아닌 일을 꾀하지 말며, 의가 아닌 것을 범하지 말라.'라는 아홉 마디의 말을 해 주었다."[反自召陵, 鄭 子大叔未至而卒, 晉 趙簡子爲之臨, 甚哀曰: "黃父之會 夫子語我九言曰: '無始亂, 無怙富, 無恃寵, 無違同, 無放禮, 無驕能 無復怒 無謀非德 無犯非義.'"]

抱. 繫於作詩之人, 而不繫於讀詩之人." 又曰: "『論語』之言, 『詩』獨詳,
曰'誦', 曰'學', 曰'爲', 皆主於誦詩者也." 今直曰"『詩』三百", 是論『詩』,
非論讀『詩』也. 蓋當巡狩采詩, 兼陳美刺, 而時俗之貞淫見焉. 及其比音入
樂, 誦自聱聱, 而後王之法戒昭焉. 故俗有淳漓, 詞有正變, 而原夫作者之
初, 則發於感發懲創之苦心, 故曰"思無邪"也.

역문 "생각에 간사함이 없음[思無邪]"

　　『시경』「노송(魯頌)·경(駉)」의 글이다.[67]『설문해자』에 "사(恖)는 담는
다[容]는 뜻이다."[68]라고 했는데,[69] 마음에 생각하는 것이 있어서 담아 둘
수 있다는 말이다. 고진(顧鎭)[70]의 『우동학시(虞東學詩)』에 "시(詩)란 생각
이다. 마음에 있는 생각을 들춰 말로 나타내어 마음속에 품은 생각을 펴
는 것이다. 시를 짓는 사람에게 달려 있는 것이지 시를 읽는 사람에게
달려 있는 것이 아니다."[71]라고 했다. 또 "『논어』의 말은 『시경』이 유독

67　『시경』「송(頌)·노송(魯頌)·경(駉)」.

68　『설문해자』권10: 사(恖)는 담는다[容]는 뜻이다. 심(心)으로 구성되었고, 신(囟)이 발음을
　　나타낸다. 모든 사(思)부에 속하는 글자는 다 사(思)의 뜻을 따른다. 식(息)과 자(玆)의 반절
　　음이다.[恖, 容也. 從心囟聲. 凡思之屬皆從思. 息玆切.]

69　『설문해자』권7: 용(容)은 담는다[盛]는 뜻이다. 면(宀)과 곡(谷)으로 구성되었다. 용(宏)은
　　용(容) 자의 고문인데 공(公)으로 구성되었다. 여(余)와 봉(封)의 반절음이다.[容, 盛也. 從
　　宀·谷. 宏, 古文容從公. 余封切.]

70　고진(顧鎭, 1720~1792): 중국 청나라 강소(江蘇) 소문(昭文, 常熟) 사람. 자는 비구(備九)이
　　고, 호는 고추(古湫)이며, 학자들은 우동선생(虞東先生)이라 불렀다. 『시경』의 경우 소서
　　(小序)와 주희의 『시집전(詩集傳)』의 설을 조화시키면서도 구양수(歐陽脩), 소식(蘇軾), 여
　　조겸(呂祖謙), 엄찬(嚴粲)의 설을 중시했다. 한송 때 유학자들의 설을 두루 정밀히 연구하면
　　서 어느 한쪽에 치우치지 않았다. 경술(經術)을 정밀하게 연구하여 금대서원(金臺書院)과 백
　　록서원(白鹿書院), 종산서원(鍾山書院)에서 주로 강론했다. 저서에 『우동학시(虞東學詩)』와
　　『우동선생문록』, 『삼례차기(三禮箚記)』, 『시고문(詩古文)』 등이 있다.

71　『우동학시』「사무사설(思無邪說)」.

상세한데, '송(誦)'이니,[72] '학(學)'이니,[73] '위(爲)'니[74] 한 것은 모두 시를 외는 사람을 위주로 말한 것이다."[75] 지금 곧바로 "『시경』 3백"이라고 한 것은 『시경』을 논한 것이지, 『시경』을 읽는 것을 논한 것이 아니다. 대개는 당연히 두루 돌아다니면서 시를 채록하고, 찬미하고 풍자한 것을 아울러 진술하면서 시속(時俗)의 정숙함과 음란함을 드러내야 한다. 음을 조합해서 음악에 편입시키고 악사[瞽矇][76]로부터 암송해 봄에 미친 뒤에 왕의 법령과 경계가 밝아진다. 옛 풍속에는 순후함과 경박함이 있고, 가사(歌詞)에는 정악[正]과 변주[變]가 있으니, 처음 창작할 때를 궁구해보면 마음의 감동을 표현하고 잘못을 징계하는[感發懲創] 고심(苦心) 끝에

---

72 『논어』「자로」: 공자가 말했다. "『시경』 3백 편을 외우더라도 정치를 맡겼을 때에 제대로 해내지 못하고, 사방에 사신으로 나가 혼자서 대처하지 못한다면, 비록 많이 외운다 한들 뒷에 쓰겠는가?"[子曰: "誦『詩』三百, 授之以政, 不達, 使於四方, 不能專對, 雖多, 亦奚以爲?"]

73 『논어』「위영공」: 진항(陳亢)이 백어(伯魚)에게 물었다. "그대는 또한 남달리 특별하게 들은 것이 있는가?" 백어가 대답했다. "아직은 없습니다. 일찍이 혼자 서 계실 때, 제가 종종걸음을 걸어 뜰을 지나는데, '시를 배웠느냐' 하고 물으시기에 '아직 안 배웠습니다.'라고 대답하였더니, '시를 배우지 않으면 말을 할 수 없다.'라고 하시기에 제가 물러 나와 시를 배웠습니다."[陳亢問於伯魚曰: "子亦有異聞乎?" 對曰: "未也. 嘗獨立, 鯉趨而過庭, 曰: '學詩乎?' 對曰: '未也.' '不學詩, 無以言.' 鯉退而學詩."]

74 『논어』 본문에 "위시(爲詩)"라는 직접적인 표현은 보이지 않고, 다만 「양화(陽貨)」에 "공자가 백어에게 일러 말하였다. '너는 「주남(周南)」과 「소남(召南)」을 배웠느냐? 사람으로서 「주남」과 「소남」을 배우지 않으면 바로 담장을 맞닥뜨린 채 서 있는 것과 같을 것이다.'[子謂伯魚曰: '女爲「周南」·「召南」矣乎? 人而不爲「周南」·「召南」, 其猶正牆面而立也與.']"라는 표현이 보이는데, 여기서 「주남」·「소남」은 『시경』을 대신하는 말이다.

75 『우동학시』「사무사설」.

76 고몽(瞽矇): 주(周)나라시대에 소사(小師) 밑의 악사로 직접 악기를 다루는 악장이다. 『주례(周禮)』「춘관종백하(春官宗伯下)·고몽(瞽矇)」에 "고몽은 도(鼗)와 축(柷)과 어(敔)와 훈(塤)과 소(簫)와 관(管)과 현(弦)의 노래를 연주하는 일을 관장한다.[瞽矇, 掌播鼗·柷·敔·塤·簫·管·弦歌.]"라고 했다.

나오기 때문에 "생각에 간사함이 없다"라고 한 것이다.

- 「注」, "篇之大數".
- 正義曰: 今『詩』存三百五篇. 合笙詩六爲三百十一篇, 此言"三百", 是擧大數.
- ○ 「주」의 "편의 큰 수이다."
- ○ 정의에서 말한다.

  지금의 『시경』에는 305편이 있다. 「생(笙)」시 6편까지 합하면 311편이 되는데, 여기에서 "3백"이라고 말한 것은 큰 수를 거론한 것이다.

- 「注」, "蔽, 猶當也."
- 正義曰: 鄭「注」云: "蔽, 塞也." 塞, 當, 義同. 『廣雅』「釋詁」, "蔽, 障也."
- ○ 「주」의 "폐(蔽)는 가린다[當]는 뜻과 같다."
- ○ 정의에서 말한다.

  정현의 주에 "폐(蔽)는 가린다[塞]는 뜻이다."라고 했는데, 색(塞)과 당(當)은 같은 뜻이다. 『광아』「석고」에는 "폐(蔽)는 가린다[障]는 뜻이다."라고 했다.

- 「注」, "歸於正."
- 正義曰: 賈子「道術」, "方直不曲謂之正, 反正爲邪." 『毛詩』「序」云: "詩者, 志之所之也. 在心爲志, 發言爲詩." 又云: "故正得失, 動天地, 感鬼神, 莫近於詩." 又云: "故變風發乎情, 止乎禮義. 發乎情, 民之性也; 止乎禮義, 先王之澤也." 『禮』「樂記」, "師乙曰: '寬而靜, 柔而正者, 宜歌頌; 廣大而靜, 疏達而信者, 宜歌大雅; 恭儉而好禮者, 宜歌小雅; 正直淸廉而讓者, 宜歌風; 肆直而慈愛者, 宜歌商; 溫良而能斷者, 宜歌齊.'" 『荀子』「大略篇」, "國風之好色也, 傳曰: '盈其欲而不愆其止. 其誠可比於金石, 其聲可內於宗廟.' 「小雅」不以於汚上, 自引而居下, 疾今之政, 以思往者. 其言有文焉, 其聲有哀焉." 『史記』「屈賈列傳」, "'國風」好色而不淫, 「小雅」怨誹而不亂." 皆言『詩』歸於正也.
- ○ 「주」의 "바른 곳으로 돌아간다는 뜻이다."

○ 정의에서 말한다.

가의(賈誼)의 「도술(道術)」에 "방정하고 곧으며 굽지 않은 것을 바름[正]이라 하고, 바름을 반대로 함을 간사함[邪]이라 한다."[77]라고 했다. 『모시(毛詩)』「서」에 "시(詩)는 뜻이 가는 것을 나타낸 것이니, 마음에 있는 것은 뜻[志]이 되고, 말로 나타내면 시가 된다."라고 했고 또, "그러므로 득실(得失)을 바르게 하고 천지(天地)를 움직이고 귀신(鬼神)을 감동시킴은 시보다 더 가까운 것이 없다."라고 했으며, 또 "변풍(變風)은 정(情)에서 나와 예의(禮義)에서 그친다. 정(情)에서 나옴은 백성의 성(性)이고, 예의(禮義)에서 그침은 선왕의 은택이다."라고 했다. 『예기』「악기(樂記)」에 "사을(師乙)이 말했다. '너그럽고 조용하며 부드럽고 바른 사람은 「송(頌)」을 노래하기에 알맞고, 광대하고 조용하며 대범하고 조급하지 않으며 진실한 사람은 「대아(大雅)」를 노래하기에 알맞고, 공손하고 검소하며 예를 좋아하는 사람은 「소아(小雅)」를 노래하기에 알맞고, 정직하고 청렴하며 겸손한 사람은 「풍(風)」을 노래하기에 알맞고, 활달하면서도 곧고 자애로운 사람은 「상(商)」을 노래하기에 알맞고, 온순하고 어질며 결단력이 있는 자는 「제(齊)」를 노래하기에 알맞다.'"라고 했다. 『순자(荀子)』「대략편(大略篇)」에는 "「국풍(國風)」의 여색을 좋아하는 점에 대해 「전(傳)」에서 말했다. '그 욕망을 채우더라도 예에 어긋나지 않는다. 그 성실함은 쇠나 돌에 견줄 만하고, 그 노래는 종묘에 들일 만하다.'라고 했다. 「소아」는 더러운 군주에게 쓰이지 않고, 스스로 물러나 낮은 자리를 자처하면서 지금의 정치를 비판하면서 지난 시대의 정치를 사모하는 시이다. 그 노랫말에는 꾸밈이 있지만 그 소리엔 슬픔이 있다." 했고, 『사기』「굴가열전(屈賈列傳)」에 "「국풍」은 여색을 좋아하지만 음란하지 않고, 「소아」는 원망하고 비난하지만 문란하지 않다."[78]라고 했는데, 모두 『시경』이 바른 곳으로 돌아감을 말한 것이다.

---

77 『신서(新書)』권8, 「도술(道術)」.
78 『사기』권84, 「열전(列傳)·굴원가생열전제24(屈原賈生列傳第二十四)」.

2-3

子曰: "道之以政, 【注】 孔曰: "政謂法教." 齊之以刑, 【注】 馬曰: "齊整之以刑罰." 民免而無恥; 【注】 孔曰: "免, 苟免." 道之以德, 【注】 包曰: "德謂道德." 齊之以禮, 有恥且格." 【注】 格, 正也.

공자가 말했다. "정치로써 인도하고, 【주】 공안국이 말했다. "정(政)은 법제(法制)와 교령(敎令)을 이른다." 형벌로써 가지런하게 하면, 【주】 마융 (馬融)이 말했다. "형벌로써 가지런하게 하는 것이다." 백성들은 죄에서 벗어나고 피할 생각만 하고 부끄러워함이 없다. 【주】 공안국이 말했다. "면 (免)은 구차하게 벗어남이다." 덕으로써 인도하고, 【주】 포함이 말했다. "덕 (德)은 도덕(道德)을 이른다." 예로써 가지런하게 하면, 부끄러워함이 있고 또한 와서 선(善)에 귀의한다." 【주】 격(格)은 바르다[正]는 뜻이다.

원문 正義曰: "道"如"道國"之道, 謂敎之也. 『禮』「緇衣」云: "敎之以德, 敎之以政." 文與此同. 漢「祝睦碑」, "導濟以禮." 皇本兩"道"字竝作"導". 『釋文』, "道, 音導, 下同." 『說文』, "𨗉, 導, 引也." 此義亦通. 「祝睦碑」作"導",

역문 정의에서 말한다.

"도(道)"는 "도국(道國)"의 도(道)와 같으니 가르친다는 말이다. 『예기』 「치의(緇衣)」에 "덕으로써 가르치고 정치로써 가르친다."[79]라고 했는데,

---

79 『예기』「치의(緇衣)」에는 "공자가 말했다. '백성은 덕으로써 가르치며, 예로써 가지런하게 하면, 백성이 오려는 마음을 갖게 되고, 정치로써 가르치며, 형벌로써 가지런하게 하면, 백성이 달아나려는 마음을 갖게 된다.'[子曰: '夫民敎之以德, 齊之以禮, 則民有格心; 敎之以政,

글이 이것과 같다. 「한축목비(漢祝睦碑)」에 "예로써 인도하고 구제한다."[80] 했고, 황간본에는 두 개의 "도(道)" 자가 모두 "도(導)"로 되어 있다. 『경전석문(經典釋文)』에는 "도(道)는 음이 도(導)이고 아래도 이와 같다."[81]라고 했다. 『설문해자』에 "도(𨘋)는 도(導)이니 인도한다[引]는 뜻이다."[82]라고 했는데, 이 뜻 역시 통한다. 「한축목비」에는 "도(導)"로 되어 있고, "제(濟)"로 되어 있다.

원문 作"濟". 又云: "有恥且恪", 諸異文當出『齊』・『古』. 『爾雅』「釋言」, "濟, 益也."「釋詁」, "恪, 敬也." 於義竝合. 『漢書』「貨殖傳」, "於是在民上者, 道之以德, 齊之以禮, 故民有恥而且敬." 卽本此文, 言民知所尊敬, 而莫敢不從令也. 鄭注此云: "格, 來也." 本『爾雅』「釋言」. 又「釋詁」, "格, 至也." "來", "至"義同, 謂來歸於善也. 「漢費汎碑」, "有恥且佫." 『方言』, "佫, 至也." 『說文』, "假, 至也." "佫"・"假"一字. 『爾雅』・『釋文』"格"字或作"佫". 『書』"格于上下", 『說文』引作"假". "假"與"假"同, 則"格"・"假"字通. 『說文』, "格, 木長貌." 於訓"敬"訓"來"之義, 皆不相應, 蓋叚借也. 「緇衣」云: "夫民敎之以德, 齊之以禮, 則民有格心; 敎之以政, 齊之以刑, 則民有遯心."「注云」, "格, 來也: 遯, 逃也." 彼言遯, 此言免, 義同. 『廣雅』「釋詁」, "免, 脫也." 謂民思脫避於罪也.

역문 또 "부끄러워함이 있고 또한 삼가게 된다[有恥且恪]"[83]라고 했는데, 여

齊之以刑, 則民有遯心.']라고 되어 있다.

80 『예석(隷釋)』 권7, 「산양태수축목비(山陽太守祝睦碑)」. 「산양태수축목비」에는 "導濟以禮"가 "導濟㕥禮"로 되어 있다. 「산양태수축목비」를 근거로 수정했다.

81 『경전석문(經典釋文)』 권24, 「논어음의(論語音義)・학이제2(學而第二)」.

82 『설문해자』 권3: 도(𨘋)는 도(導)이니 인도한다[引]는 뜻이다. 촌(寸)으로 구성되었고, 도(道)가 발음을 나타낸다. 도(徒)와 호(晧)의 반절음이다.[𨘋, 導, 引也. 從寸道聲. 徒晧切.]

러 다른 글자들은 당연히 『제논어(齊論語)』 또는 『고논어(古論語)』에서 나온 것이다. 『이아』 「석언(釋言)」에 "제(濟)는 더한다[益]는 뜻이다."라고 했고, 「석고(釋詁)」에 "각(恪)은 존경한다[敬]는 뜻이다."라고 했는데, 의미상 모두 부합된다. 『전한서』 「화식전(貨殖傳)」에 "이에 백성의 위에 있는 자가 덕으로써 인도하고 예로써 가지런하게 했기 때문에 백성들이 부끄러워함이 있고 또한 공경한 것이다."[84]라고 했는데, 바로 이 문장에 근원을 둔 것이니, 백성들이 존경할 줄 알아 아무도 감히 명령을 따르지 않음이 없다는 말이다. 정현은 이 글자를 주석하면서 "격(格)은 온다[來]는 뜻이다."라고 했는데, 『이아』 「석언」을 근본으로 한 말이다. 또 「석고」에는 "격(格)은 이른다[至]는 뜻이다."라고 했는데, "내(來)" 자와 "지(至)" 자는 뜻이 같으니, 와서 선(善)에 귀의한다는 말이다. 「한비범비(漢費汎碑)」에 "유치차격(有恥且佫)"[85]이라고 되어 있는데, 『방언(方言)』에 "격(佫)은 이른다[至]는 뜻이다."라고 했고, 『설문해자』에 "가(徦)는 이른다[至]라는 뜻이다."[86]라고 했으니, "격(佫)"과 "가(徦)"는 같은 글자이다. 『이아』와 『경전석문』에 "격(格)" 자는 혹 "격(佫)"으로 되어 있다. 『서경(書經)』에 "온 천하에 이르셨다[格于上下]"[87]라고 했는데, 『설문해자』에는 "가(假)" 자로 인용되어 있다.[88] "가(假)" 자는 가(徦) 자와 같으니, "격(格)"

---

83 『예석』 권7, 「산양태수축목비」.

84 『전한서』 권91, 「화식전제61(貨殖傳第六十一)」.

85 『육예지일록(六藝之一錄)』 권46, 「석각문자22(石刻文字二十二)·당읍령비봉비(堂邑令費鳳碑)」. 「비범비(費汎碑)」에는 "有恥且佫"이라는 표현이 보이지 않는다. 비봉(費鳳, ?~177)은 비범(費汎)의 아들인데, 아마도 유보남이 착각한 듯하다.

86 『설문해자』 권2: 가(徦)는 이른다[至]는 뜻이다. 척(彳)으로 구성되었고, 가(叚)가 발음을 나타낸다. 고(古)와 아(雅)의 반절음이다.[徦, 至也. 從彳叚聲. 古雅切.]

87 『서경』 「우서·요전(堯典)」.

88 『설문해자』 권8: 가(假)는 참이 아니다[非眞]라는 뜻이다. 인(人)으로 구성되었고, 가(叚)가

자와 "가(假)" 자는 의미가 서로 통한다. 『설문해자』에 "격(格)은 나무가 큰 모양[木長貌]이다."[89]라고 했는데, "공경[敬]"으로 해석하거나 "오다[來]" 로 해석한 뜻과는 모두 상응하지 않으니, 가차자이다. 「치의」에 "백성은 덕으로써 가르치며 예로써 가지런하게 하면 백성이 오려는 마음을 갖게 되고, 정치로써 가르치며 형벌로써 가지런하게 하면 백성이 달아나려는 마음을 갖게 된다."[90]라고 했는데, 「주」에 "격(格)은 온다[來]는 뜻이고, 둔(遯)은 달아난다[逃]는 뜻이다."[91]라고 했는데, 「치의」에서 말한 둔(遯) 이나, 「위정」에서 말한 면(免)은 의미가 같다. 『광아』「석고」에 "면(免)은 벗어난다는 뜻이다."라고 했는데, 백성들이 죄에서 벗어나고 피할 생각 을 한다는 말이다.

원문 『大戴禮』「禮察篇」, "爲人主計者, 莫如安審取舍. 取舍之極定於內, 安 危之萌應於外也. 以禮義治之者積禮義, 以刑罰治之者積刑罰, 刑罰積而 民怨倍, 禮義積而民和親. 故世主欲民之善同, 而所以使民之善者異也. 或 導之以德敎, 或毆之以法令, 導之以德敎者, 德敎行而民康樂, 毆之以法令 者, 法令極而民哀戚. 哀樂之感, 禍福之應也."

역문 『대대례(大戴禮)』「예찰(禮察)」[92]편에 "군주를 위해 계획을 수립하는 것

발음을 나타낸다. 일설에는 이른다[至]는 뜻이라고도 한다. 「우서」에 "온 천하에 이르렀다. [假于上下]"라고 했다. 고(古)와 필(疋)의 반절음이다. 또 고(古)와 액(額)의 반절음이기도 하 다.[假, 非眞也. 從人段聲. 一曰至也. 『虞書』曰: "假于上下." 古疋切. 又, 古額切.] 『논어정의』 에는 "假於上下"로 되어 있다. 『서경』을 근거로 "於"를 "于"로 고쳤다.

89 『설문해자』 권6: 격(格)은 나무가 큰 모양[木長貌]이다. 목(木)으로 구성되었고, 각(各)이 발 음을 나타낸다. 고(古)과 백(百)의 반절음이다.[格, 木長貌. 從木各聲. 古百切.]

90 『예기』「치의」.

91 『예기주소(禮記注疏)』 권55, 「치의(緇衣)」「주」.

92 『논어정의』에 "察"로 되어 있다. 『대대례(大戴禮)』를 근거로 "禮" 자를 보충하였다.

에는 취하고 버릴 것을 자세하게 살피는 것만 같은 것이 없다. 취하고 버릴 것의 기준이 안에서 정해지면 편안함과 위태로움의 싹이 밖에서 응한다. 예의로써 다스리는 사람은 예의를 쌓고, 형벌로써 다스리는 사람은 형벌을 쌓으니, 형벌이 쌓이면 백성들의 원망이 곱절이 되고, 예의가 쌓이면 백성들이 화친해진다. 그러므로 세상의 군주들이 백성들이 선해지기를 바라는 것은 같지만, 백성들을 선하게 하는 방법은 다르다. 혹 덕교(德敎)로써 인도하기도 하고 혹 법령으로써 몰기도 하는데, 덕교로써 인도하면 덕교가 행해져서 백성들이 편안하고 즐거워지며, 법령으로써 몰면 법령이 극에 달하여 백성이 슬퍼하고 애절해지니, 슬퍼하는 감정이 일면 화(禍)가 응하고 즐거워하는 감정이 일면 복이 응한다.”라고 했다.

원문 『家語』「刑政篇」, “仲弓問於孔子曰: ‘雍聞至刑無所用政, 桀·紂之世是也; 至政無所用刑, 成·康之世是也. 信乎?’ 孔子曰: ‘聖人治化, 必刑政相參焉. 太上以德敎民, 而以禮齊之, 其次以政導民, 而以刑禁之. 化之弗變, 導之弗從, 傷義以敗俗, 於是乎用刑矣.’”

역문 『공자가어(孔子家語)』「형정(刑政)」에 “중궁(仲弓)이 공자에게 물었다. ‘제가 듣기에 지극한 형벌은 정치를 쓸 것이 없으니 걸·주의 시대가 그러했고, 지극한 정치는 형벌을 쓸 것이 없으니, 성왕과 강왕의 시대가 그러했다고 하는데 맞습니까?’ 공자가 말했다. ‘성인의 다스림과 교화는 반드시 형벌과 정치를 서로 참고하였다. 가장 높은 단계는 덕으로써 백성을 가르치면서 예로써 가지런하게 하고, 그다음은 정치로써 백성들을 인도하면서 형벌로써 금지시킨다. 교화시켜도 변하지 않고 인도해도 따르지 않으며, 의(義)를 해쳐 풍속을 무너뜨리면 이때 형벌을 쓰는 것이다.’”[93]

원문 『孔叢子』「刑論篇」, "仲弓問古之刑敎與今之刑敎, 孔子曰: '古之刑省,
今之刑繁. 其爲敎, 古有禮然後有刑, 是以刑省; 今無禮以敎, 而齊之以刑,
刑是以繁.' 書曰: '伯夷降典, 折民惟刑.' 謂先禮以敎之, 然後繼以刑折之
也. 夫無禮則民無恥, 而正之以刑, 故苟免."

역문 『공총자(孔叢子)』「형론(刑論)」에 "중궁이 옛날의 형벌과 교화와 지금
의 형벌과 교화에 대해 묻자, 공자가 말했다. '옛날의 형벌은 생략했는
데, 지금의 형벌은 너무 많다. 그 가르치는 방법은 옛날에는 예가 있은
뒤에 형벌이 있었기 때문에 형벌이 생략된 것이고, 지금은 예로써 가르
침이 없고 형벌로써 가지런하게 하니, 형벌이 이 때문에 많아진 것이
다.' 『서경』에 '백이(伯夷)가 예를 내려 형벌로써 백성들이 죄에 들어가
는 것을 끊었다.'94라고 했는데, 먼저 예로써 가르치고 그런 뒤에 이어서
형벌로 억누른다는 말이다. 예가 없으면 백성들은 부끄러워함이 없어
서, 형벌로써 바르게 하니, 그러므로 구차하게 면하려고 하는 것이다."
라고 했다.

원문 又, "孔子答衛將軍文子曰: '齊之以禮, 則民恥矣; 刑以止刑, 則民懼矣.'
文子曰: '今齊之以刑, 刑猶弗勝, 何禮之有?' 孔子曰: '以禮齊民, 譬之於
御則轡也; 以刑齊民, 譬之於御則鞭也. 執轡於此而動於彼, 御之良也; 無
轡而用策, 則馬失道也.' 文子曰: '以御言之, 左手執轡, 右手運策, 不亦速
乎? 若徒轡無策, 馬何懼哉?' 孔子曰: '吾聞古之善御者, 執轡如組, 兩驂
如舞, 非策之助也. 是以先王盛於禮而薄於刑, 故民從命. 今也廢禮而尙
刑, 故民彌暴.'" 諸文竝足發明此章之義.

---

93 『공자가어(孔子家語)』 권7, 「형정제31(刑政第三十一)」.

94 『서경』「주서(周書)·여형(呂刑)」.

역문 또 "공자가 위나라 장군 문자에게 대답하여 말했다. '예로써 가지런하게 하면 백성들은 부끄러워합니다. 형벌로써 형벌을 그치게 하면 백성들은 두려워합니다.' 문자가 말했다. '지금 형벌로써 가지런하게 하지만, 형벌도 오히려 이루 감당할 수 없는데 무슨 예가 있단 말입니까?' 공자가 말했다. '예로써 백성들을 가지런하게 함을 말을 모는 것에 비유하면 고삐를 잡는 것과 같고, 형벌로써 백성들을 가지런하게 함을 말을 모는 것에 비유하면 채찍질을 가하는 것과 같습니다. 이쪽에서 고삐를 잡고 저쪽으로 옮겨 감은 말을 잘 모는 것이지만, 고삐 없이 채찍질만 해대면 말이 길을 잃습니다.' 문자가 말했다. '말 모는 것으로 말씀하시는데, 왼손으로 고삐를 잡고, 오른손으로 채찍을 휘두른다면 또한 빠르지 않겠습니까? 만약 단지 고삐만 잡고 채찍이 없다면 말이 무엇을 두려워하겠습니까?' 공자가 말했다. '내 들으니 옛날에 말을 잘 모는 사람은 고삐 잡기를 부드러운 실끈같이 해서 두 참마(驂馬)[95]는 춤추는 것 같다[96]고 하는데, 이는 채찍의 도움이 아닙니다. 이런 까닭에 선왕은 예를 성대하게 하고 형벌을 박하게 했으므로 백성들이 명령을 따랐던 것입니다. 지금은 예를 폐하고 형벌을 높이기 때문에 백성들이 더욱 사나워진 것입니다.'"[97]라고 했는데, 여러 글이 다 이 장의 뜻을 충분히 드러내 밝혀 주고 있다.

● 「注」, "齊整之以刑罰".

---

95 참마(驂馬): 수레의 양쪽 멍에 밖에 있는 두 마리의 말.
96 『시경』「국풍·정(鄭)·대숙우전(大叔于田)」.
97 『공총자(孔叢子)』권상, 「형론제4(刑論第四)」.

● 正義曰:『廣雅』「釋言」, "齊, 整也." 此常訓.『說文』, "刑, 剄也. 荆, 罰辠也." 二字義別, 今經典多混用. "罰"者,『說文』云: "辠之小者也." 罰本小辠, 制之以法, 故亦曰"罰".『周官』「司救」云: "凡民之有衺惡者, 三讓而罰."「注」, "罰, 謂撻擊之也." 是也.『白虎通』「五刑篇」, "聖人治天下, 必有刑罰何? 所以佐德助治, 順天之度也. 故懸爵賞者, 示有所勸也; 明刑罰者, 明有所懼也."

○「주」의 "형벌로써 가지런하게 하는 것이다."

○ 정의에서 말한다.

『광아』「석언(釋言)」에 "제(齊)는 가지런하다[整]는 뜻이다."라 했는데, 이것이 일반적인 해석이다.『설문해자』에 "형(刑)은 목을 벤다[剄]는 뜻이다."[98]라 했고, 또 "형(荆)은 잘못을 벌한다[罰辠]는 뜻이다."[99]라 했는데, 두 글자가 뜻이 구별되지만 지금의 경전에서는 대체로 혼용된다. "벌(罰)"이란『설문해자』에 "잘못이 작은 것[辠之小]이다."[100]라 했는데, 벌이란 본래 작은 잘못으로 이는 법으로써 제어하는 것이기 때문에 또한 "벌(罰)"이라고 한 것이다.『주관』「사구(司救)」에 "백성이 사특한 악행이 있으면 세 번 타이르고 나서 벌을 준다."[101] 했고,「주」에 "벌(罰)은 매질함[撻擊]을 이른다."[102] 했는데, 옳다.『백호통의(白虎通義)』「오형(五刑)」에 "성인이 천하를 다스림에 반드시 형벌이 있는 것은 어째서인가? 덕을 보좌하고 다스림을 도와 하늘의 법도를 따르기 위함이다. 그러므로 작위와 포상을 내거는 것은 보고서 권면됨이 있게 하기 위한 것이고, 형벌을 밝히는 것은 두려워할 것이 있음을 분명히 하기 위함이다."[103]라고 했다.

---

98 『설문해자』권4: 형(㓝)은 목을 벤다[剄]는 뜻이다. 도(刀)로 구성되었고, 견(幵)이 발음을 나타낸다. 호(戶)와 경(經)의 반절음이다.[㓝, 剄也. 從刀幵聲. 戶經切.]

99 『설문해자』권5: 형(荆)은 잘못을 벌한다[罰辠]는 뜻이다. 정(井)으로 구성되었고, 도(刀)로 구성되었다.『역(易)』에 "정(井)은 법(法)이다."라고 했다. 정(井)이 또한 발음을 나타낸다. 호(戶)와 경(經)의 반절음이다.[荆, 罰辠也. 從井從刀.『易』曰: "井, 法也." 井亦聲. 戶經切.]

100 『설문해자』권4: 벌(罰)은 잘못이 작은 것[辠之小]이다. 도(刀)로 구성되었고 이(詈)로 구성되었다. 아직 칼로 해치지는 않고 다만 칼을 가지고 꾸짖으면, 응벌인 것이다. 방(房)과 월(越)의 반절음이다.[罰, 辠之小者. 從刀從詈. 未以刀有所賊, 但持刀罵詈, 則應罰. 房越切.]

101 『주례』「지관사도하(地官司徒下) · 사구(司救)」.

102 『주례주소(周禮注疏)』권14,「지관사도하(地官司徒下) · 사구(司救)」의「주」.

- 「注」, "德謂道德."

- 正義曰: 「注」意德屬人君, 卽上章"爲政以德"之意. 鄭「注」云: "德謂智·仁·聖·義·中·和." 此本『周官』「大司徒」所謂"以鄕三物敎萬民, 而賓興之"者也. 鄭彼「注」云: "知, 明于事; 仁, 愛人以及物; 聖, 通爲先識; 義, 能斷時宜; 忠, 言以中心; 和, 不剛不柔." 此六德也. 鄭義與此「注」均通.

○ 「주」의 "덕은 도덕을 이른다."

○ 정의에서 말한다.

「주」에서는 덕은 임금에게 속하는 것이니 바로 앞 장의 "덕으로써 정치한다[爲政以德]"라는 뜻으로 여긴 것이다. 정현의 주에 "덕은 지(智)·인(仁)·성(聖)·의(義)·중(中)·화(和)를 이른다."라고 했는데, 이것은 『주관』「대사도(大司徒)」의 이른바 "향(鄕)의 세 가지 일로써 백성을 가르쳐 인재를 추천한다."[104]라는 말에 근거한 것이다. 정현은 『주관』「대사도」에 대한 「주」에서 "지(知)는 일에 밝은 것이고, 인(仁)은 사람을 사랑해서 사물에까지 미치는 것이며, 성(聖)은 통달해서 먼저 아는 것이고, 의(義)는 시의(時宜)를 결단할 수 있음이며, 충(忠)은 말을 함에 마음에 적중하는 것이고, 화(和)는 강하지도 않고 유약하지도 않은 것이다."[105]라고 했다.[106] 이것이 여섯 가지 덕[六德]인데, 정현의 뜻과 이 「주」는 똑같이 통한다.

- 「注」, "格, 正也."

- 正義曰: 『漢書』「刑法志」顏師古「注」同. 『孟子』「離婁」云: "惟大人爲能格君心之非."

○ 「주」의 "격(格)은 바르다[正]는 뜻이다."

○ 정의에서 말한다.

『전한서』「형법지(刑法志)」안사고(顏師古)의 「주」에도 똑같이 되어 있다.[107] 『맹자

---

103 『백호통의(白虎通義)』권하, 「덕론하(德論下)·오형(五刑)」.

104 『주례』「지관사도상(地官司徒上)·대사도(大司徒)」.

105 『주례주소』권10, 「지관사도상(地官司徒上)·대사도(大司徒)」정현의 「주」.

106 『주례』「지관사도상·대사도」에서 향에서 백성을 가르쳐 인재를 추천하는 세 가지 일에 대해 "첫째는 육덕이라 하는데, '지·인·성·의·중·화'이다.[以鄕三物敎萬民, 而賓興之, 一曰: '六德' 知·仁·聖·義·忠·和.]"라고 했다. 정현의 「주」는 이것에 대한 주석을 말한다.

(孟子)』「이루(離婁)」에 "오직 대인이어야 임금 마음의 잘못을 바르게 할 수 있다."[108]라고 했다.

2-4

子曰: "吾十有五而志于學, 三十而立, 【注】有所成也. 四十而不惑, 【注】孔曰: "不疑惑." 五十而知天命, 【注】孔曰: "知天命之終始." 六十而耳順, 【注】鄭曰: "耳聞其言, 而知其微旨." 七十而從心所欲不逾矩." 【注】馬曰: "矩, 法也. 從心所欲, 無非法."

공자가 말했다. "나는 열다섯 살에 배움에 뜻을 두었고, 서른 살에 학문이 확립되었고, 【주】 이룬 것이 있다는 뜻이다. 마흔 살에 미혹되지 않았고, 【주】 공안국이 말했다. "의혹하지 않음이다." 쉰 살에 하늘의 명(命)을 알았고, 【주】 공안국이 말했다. "천명의 처음과 끝을 안 것이다." 예순 살에 귀에 듣는 대로 순조롭게 이해했고, 【주】 정현이 말했다. "귀로 그 말을 들으면 그 은미한 뜻을 안 것이다." 일흔 살에 마음이 하고자 하는 대로 따라도 법도를 넘지 않았다." 【주】 마융이 말했다. "구(矩)는 법(法)이다. 마음이 하고자 하는 대로 따라도 법이 아님이 없었다."

---

107 『전한서』 권23, 「형법지제3(刑法志第三)」 안사고(顏師古)의 「주」: 안사고가 말했다. "『논어』에 공자의 말이 실려 있다. 격(格)은 바르다[正]는 뜻이니, 덕과 예를 쓰면 사람들이 부끄러워함이 있게 되어 스스로 바르게 된다는 말이다."[師古曰: "『論語』載孔子之言也. 格, 正也, 言用德禮, 則人有恥而自正."]

108 『맹자(孟子)』 「이루상(離婁上)」.

원문 正義曰: "十五"·"三十"云云者, 夫子七十時追敍所歷年數也. "有"之言 "又"也.

역문 정의에서 말한다.

"열다섯"·"서른" 운운한 것은 공자가 일흔 살 때 살아온 햇수를 좇아서 서술한 것이다. "유(有)"라는 말은 "또[又]"라는 뜻이다.

원문 "志于學", 『漢石經』及高麗本"于"作"乎". 翟氏灝『考異』以『論語』自引『詩』·『書』外, 例作"於", 此變體爲"于", 必"乎"之誤. 『尚書大傳』, "古之帝王者, 必立大學小學, 使王太子·王子·群後之子, 以至於公·卿·大夫·元士之嫡子, 十有三年始入小學, 見小節焉, 踐小義焉; 年二十入大學, 見大節焉, 踐大義焉." 『大戴禮』「保傅」云: "古者年八歲而出就外傳, 束發而就大學." 盧「注」, "束發謂成童." 古以年十六謂成人, 則成童是十五. 『戴禮』與『大傳』傳聞各異.

역문 "배움에 뜻을 두었고[志于學]"

『한석경(漢石經)』및 고려본에는 "우(于)"가 "호(乎)"로 되어 있다. 적호(翟灝)의 『사서고이(四書考異)』에는 『논어』에서 『시경』과 『서경』을 인용한 것 외에는 의례적으로 "어(於)" 자로 썼는데, 이는 글자체를 변화시켜서 "우(于)"로 한 것이니, 필시 "호(乎)" 자의 잘못이다. 『상서대전』에 "옛날의 제왕은 반드시 대학과 세워 왕태자와 왕자·그 밑으로 여러 자식 및 공·경·대부·원사의 자식에 이르기까지 13세가 되면 비로소 소학에 들어가 작은 예절을 견습(見習)하고 작은 의리를 실천하도록 하고, 나이 20세가 되면 대학에 들어가 큰 예절을 견습하고 큰 의리를 실천하도록 하였다."[109]라고 했다. 『대대례』「보부(保傅)」에 "옛날에 8세가 되면

---

109 『상서대전』 권3, 「금등전(金縢傳)」. 『상서대전』에는 "帝王"의 "帝" 자가 없다.

밖의 사부에게 나아가서 배우고, 속발(束髮)[110]이 되면 대학에 간다.” 했는데, 노변(盧辯)의 「주」에 “속발은 성동(成童)을 이른다.”라고 했다. 옛날에는 16세를 성인(成人)이라 했으니, 성동은 15세이다. 『대대례』와 『상서대전』은 전해 들은 것이 각각 다르다.

『白虎通』「辟雍篇」, “古者所以年十五入太學何? 以爲八歲毀齒, 始有識知, 入學學書計. 七八十五陰陽備, 故十五成童志明, 入太學, 學經術, 故「曲禮」曰: ‘十年曰幼學.’ 『論語』曰: ‘吾十有五而志于學, 三十而立.’” 則十五者, 入大學之年. 『尙書大傳』言“入大學, 知君臣之儀, 上下之位.” 『禮小戴』有「大學篇」. 始“致知格物”, 終“治國平天下.” 皆所謂大節大義也. 夫子生知之聖, 而以學知自居. 故云: “志于學.” “志”如“志於道”之 “志”, 『毛詩』「序」云: “志者, 心之所之也.” 先兄五河君『經義說略』謂 “志”·“識”同, 卽“默而識之”也, 亦通.

『백호통의』「벽옹(辟雍)」에 “옛날에 15세에 태학에 들어간 까닭은 어째서인가? 8세가 되면 이갈이를 하는데, 처음으로 지식이 있게 되어 학교에 들어가 글쓰기와 셈을 배운다. 7 · 8의 수인 15세가 되면 음양이 갖추어지기 때문에[111] 15세인 성동이 되면 뜻이 분명해지니, 태학(太學)[112]에 들어가 경술(經術)을 배운다. 그러므로 「곡례(曲禮)」에 ‘10세를 유학(幼學)이라 한다.’[113]라고 했고, 『논어』에서는 ‘나는 15세에 배움에

---

110 속발(束髮): 성동(成童)의 나이. 15~20세.

111 역리(易理)에 1~5까지를 생수(生數)라 하고, 6~10까지를 성수(成數)라 하는데, 성수 중에서 7은 양(陽)이 생장(生長)하는 시초이므로 소양(少陽)이 되고, 8은 음(陰)의 수렴작용(收斂作用)의 시초(始初)로서 소음(少陰)이 된다. 그러므로 15세를 7 · 8의 숫자로 표현하고 음양이 갖추어진다고 한 것이다.

112 『논어정의』에는 “大學”으로 되어 있다. 『백호통의』를 근거로 수정하였다.

뜻을 두었고, 30세에 확립한 것이 있었다.'라고 한 것이다."[114]라 했으니, 15세는 대학에 들어가는 나이이다. 『상서대전』에 "대학에 들어가 임금과 신하의 법도와 위아래의 지위를 안다."[115]라고 했고, 『예소대(禮小戴)』[116]에 「대학」이 있는데, "치지격물(致知格物)"로 시작해서 "치국평천하(治國平天下)"로 끝나니, 모두가 이른바 대절(大節)과 대의(大義)이다. 공자는 태어나면서부터 아는 성인이면서도 배워서 알았다고 스스로 자처한다. 그러므로 "배움에 뜻을 두었다."라고 한 것이다. "지(志)"는 "도에 뜻을 둔다[志於道]"[117]라고 할 때의 "지(志)" 자와 같은데, 『모시』「서」에 "뜻[志]이란 마음이 가는 것이다." 했고, 작고하신 형[先兄] 오하군(五河君)[118]은 『경의설략』에서 "지(志)"와 "지(識)"를 일러 같다고 했는데, 바로 "묵묵히 기억한다."[119]라는 것이니, 역시 통한다.

원문 "三十", 『漢石經』作"卅". 『白虎通』引"三十而立", 連上句則"立"謂學也.

---

113 『예기』「곡례상」.

114 『백호통의』권상, 「덕론상(德論上)·벽옹(辟雍)」.

115 『상서대전』권3, 「금등전」.

116 지금의 『예기』. 한(漢)나라에 이르러, 예학(禮學)을 연구하는 학자 중, 대덕(戴德, ?~?)과 대성(戴聖, ?~?)이 흩어져 있는 예설들을 수집, 편찬했는데, 한나라의 정현은 그의 『육예론(六藝論)』에서 "지금 세상에서 행하는 예는 대덕과 대성의 학(學)이다. 대덕은 기(記) 85편을 전하였는데, 곧 『대대례』이고, 대성은 『예』 49편을 전하였으니 곧 이 『예기』이다."라고 하였다. 대덕의 85편은 『대대례』, 대성의 49편은 『소대례기(小戴禮記)』로 일컬어진다. 『대대례』는 흩어져서 일부가 없어지고 지금 알 수 있는 것은 40편에 지나지 않는다. 『대대례』 85편에서 49편을 정리, 편찬한 것이 『소대례기』인지, 아니면 이 두 『예기』가 각각 별개로 편찬되어 전승되었는지는 분명하지 않지만, 학자들은 대개 후자로 파악한다.

117 『논어』「이인(里仁)」·「술이(述而)」.

118 오하군(五河君, ?~?): 유보남의 형 유보수(劉寶樹)이다.

119 『논어』「술이」.

『漢書』「藝文志」, "古之學者, 且耕且養, 三年而通一經, 用日少而畜德多, 三十而五經立." 又『吳志』吳主與孫皎「書」, "孔子言'三十而立', 非但謂五經也." 足知"立"謂學立, 乃漢人舊義. 故皇「疏」同之. 周時成均之敎, 春秋禮·樂, 冬夏『詩』·『書』, 無"五經"之目. 班氏假"五經"以說所學之業, 其謂"三年通一經", 亦是大略言之, 不得過拘年數也. 諸解"立"爲"立於道", "立於禮", 皆統於學. 學不外道與禮也. 至三十後, 則學立而德成之事. 張栻『論語解』, "聖人之所以爲聖人者, 以其有始有卒, 常久日新, 必積十年而一進者, 成章而後達也."

역문 "서른[三十]

『한석경』에는 "서른[卅]"으로 되어 있다. 『백호통의』에 "서른 살에 학문이 확립되었다[三十而立]"[120]라는 구절을 인용했는데, 앞의 구절과 연결하면 "확립됨[立]"은 배움[學]을 이른다. 『전한서』「예문지」에 "옛날의 학자들은 농사도 지으면서 덕을 함양해서, 3년 만에 한 가지 경서를 통(通)했고, 날은 적게 쓰면서도 덕을 많이 쌓아 서른 살이면 오경이 확립되었다."라고 했다. 또 『오지(吳志)』에서 오(吳)의 군주가 손교(孫皎)[121]에게 준 편지에 "공자는 '서른 살에 학문이 확립되었다'라고 했는데, 단지 오경을 이르는 것만은 아니다."[122]라고 했으니, "확립됨[立]"이란 학문이 확립되었음을 의미한다는 것이 바로 한나라시대 사람들의 오래된 뜻임을 충분히 알 수 있다. 그러므로 황간의 「소」에서도 똑같이 본 것이다. 주나라

---

120 『백호통의』 권상, 「덕론상 · 벽옹」.

121 손교(孫皎, ?~219): 삼국시대 오나라 오군(吳郡) 부춘(富春) 사람. 손권(孫權)의 숙부 손정(孫靜)의 셋째 아들이다. 자는 숙랑(叔朗)이고, 손유(孫瑜)의 동생이다. 여몽(呂蒙)을 따라 강릉(江陵)을 공격해 관우(關羽)를 사로잡아 죽였다.

122 『오지(吳志)』 권6, 「손정(孫靜) · 손분(孫賁) · 손보(孫輔) · 손익(孫翊) · 손광(孫匡) · 손소(孫韶) · 손환(孫桓)」.

시대 성균(成均)[123]의 가르침은 봄과 가을에는 예와 음악, 겨울과 여름에는 『시경』과 『서경』이었고, "오경" 과목은 없었다. 반(班)씨는 "오경"을 빌려 배웠던 수업을 설명했는데, 그가 "3년 만에 한 가지 경서를 통(通)했다." 한 것도, 역시 대략적으로 말한 것이므로 연수에 지나치게 구애될 필요는 없다. 대부분은 "확립됨[立]"을 "도를 확립하다." 내지는 "예를 확립하다."라고 해석하는데, 모두 배움을 총괄한 것이다.[124] 배움은 도와 예 이외의 것이 아니다. 서른 살에 이른 뒤에는 배움이 확립되매 덕의 완성을 일삼을 때이다. 장식(張栻)[125]의 『논어해(論語解)』에 "성인이 성인이 된 까닭은 처음과 끝이 있기 때문이니,[126] 항상되고 오래 하며 날마다 새로워져서, 반드시 10년 내내 공부해서 한 번에 진작된 자라야, 문장을 이룬 뒤에 도달할 수 있다."라고 했다.

---

123 성균(成均): 아직 성숙하지 못한 인재를 성취시키고, 고르지 못한 풍속을 가지런하게 하는[成人材之未就, 均風俗之不齊] 가르침.

124 立於道, 立於禮, 統於學:『논어』「태백(泰伯)」에서 "立於禮"를 해석할 때는 전통적으로 "예에 서다"로 해석하는데, 이 글에서는 "於"를 목적격 조사로 보아 "도를 확립하다", "예를 확립하다", "배움을 총괄하다"로 해석하는 것이 적당할 듯하다.

125 장식(張栻, 1133~1180): 송(宋)의 학자. 사천성(四川省) 한주(漢州) 면죽[綿竹, 지금의 사천성 덕양(德陽)시] 출신으로, 자는 경부(敬夫), 흠부(欽夫), 낙재(樂齋)이고 호는 남헌(南軒)이다. 주희, 여조겸과 더불어 '동남삼현(東南三賢)'으로 불리고, 뒤에 이관(李寬), 한유, 이사진(李士眞), 주돈이, 주희, 황간동(黃干同)과 더불어 '석고서원칠현사(石鼓書院七賢祠)'에 모셔져 '석고칠현(石鼓七賢)'으로 일컬어진다. 저서에는 인(仁)에 관한 논설인 『희안록(希顔錄)』, 『남헌역설(南軒易說)』, 『논어설(論語說)』, 『맹자설(孟子說)』 등이 있다. 주희가 장식의 유고집인 문집 『남헌집(南軒集)』을 편찬하였다.

126 『논어』「자장(子張)」에 "군자의 도를 누가 먼저라 하여 전하겠으며, 누가 뒤라 하여 고달파하며 그만두겠는가? 초목에 비유해 보면 종류별로 구별하는 것이다. 군자의 도가 어찌 이와 같을 수 있겠는가? 처음이 있고 끝이 있는 것은 오직 성인일 것이다.[君子之道, 孰先傳焉, 孰後倦焉? 譬諸草木, 區以別矣, 君子之道焉可誣也? 有始有卒者, 其惟聖人乎.]"라고 하였다.

원문 "四十不惑"者, 子曰: "知者不惑." 『禮』「中庸」云: "子曰: '素隱行怪, 後世有述焉, 吾弗爲之矣.'" 此卽不惑之事. 若孟子言"四十不動心", 則勇者之事, 能養氣也.

역문 "마흔 살에 미혹되지 않았고[四十不惑]"

　　공자가 말했다. "지혜로운 사람은 미혹되지 않는다."[127] 『예기』「중용」에 "공자가 말했다. '은벽(隱僻)한 이치를 찾고 지나치게 괴이한 짓을 행하는 것을 후세에 칭찬하는 이가 있는데, 나는 이러한 짓을 하지 않는다.'"[128]라고 했는데, 이것이 바로 미혹되지 않는 일이다. 맹자(孟子)가 "마흔 살에 마음이 동요되지 않았다[四十不動心]."라고 말한 것과 같은 것은 용자(勇者)의 일로서, 호연지기[氣]를 기를 수 있는 것이다.

원문 "天命"者, 『說文』云: "命, 使也." 言天使己如此也. 『書』「召誥」云: "今天其命哲, 命吉凶, 命曆年." 哲與愚對, 是生質之異, 而皆可以爲善, 則德命也, 吉凶・曆年, 則祿命也. 君子修其德命, 自能安處祿命. 『韓詩外傳』, "子曰: '不知命, 無以爲君子.' 言天之所生, 皆有仁・義・禮・智・順善之心, 不知天之所以命生, 則無仁・義・禮・智・順善之心, 謂之小人." 『漢書』「董仲舒傳」, "對策曰: '天令之謂命. 人受命於天, 固超然異於群生, 貴於物也. 故曰: "天地之性, 人爲貴." 明於天性, 知自貴於物, 然後知仁・義・禮・智, 安處善, 樂循理, 謂之君子. 故孔子曰: "不知命, 無以爲君子." 此之謂也.'"

역문 "천명(天命)"

　　『설문해자』에 "명(命)은 시킨다[使]는 뜻이다."[129]라고 했으니, 하늘이

---

127 『논어』「자한(子罕)」.

128 『예기』「중용」. 또는 『중용』 제11장.

자기로 하여금 이와 같도록 시켰다는 말이다. 『서경』「소고(召誥)」에 "지금 하늘이 총명함[哲]을 명할지, 길흉을 명할지, 오랜 국운을 명할지"[130]라고 했는데, 총명함[哲]과 어리석음[愚]은 상대적인 것으로, 이것은 타고난 자질의 차이지만, 모두 선(善)이 될 수 있는 것은 덕명(德命)이고,[131] 길흉과 오랜 국운[曆年]은 녹명(祿命)이다.[132] 군자는 그 덕명을 닦기 때문에 스스로 녹명에 처함을 편히 여길 수 있다.[133] 『한시외전(韓詩外傳)』에 "공자가 말하길, '천명을 알지 못하면 군자가 될 수 없다.'[134] 했는데, 하늘이 낳은 것은 모두 인(仁)·의(義)·예(禮)·지(智)와 선(善)을 따르는 마음이 있는데, 하늘이 태어나도록 명(命)한 까닭을 모르면 인·의·예·지와 선을 따르는 마음이 없으니, 이를 일러 소인이라 한다."[135]라고 했다. 『전한서』「동중서전(董仲舒傳)」에 "대책(對策)에 말하길, '하늘이 명령한[令] 것을 명(命)이라 한다. 사람은 하늘로부터 명(命)을 받기 때문에 진실로 군생(群生)들과는 뛰어나게 차이 나고 만물 중에서 가장 존귀하다. 그러

---

129 『설문해자』 권2: 명(命)은 시킨다[使]는 뜻이다. 구(口)로 구성되었고, 영(令)으로 구성되었다. 미(眉)와 병(病)의 반절음이다.[命, 使也. 從口從令. 眉病切.]

130 『서경』「주서·소고(召誥)」.

131 덕(德)이 선(善)이 될 수 있도록 시켰다는 뜻이다.

132 녹명(祿命), 즉 팔자(八字)나 운(運)이 길하거나 흉하거나 또는 국운이 오래되도록 시켰다는 뜻이다.

133 유학에서 천명(天命)은 다시 "덕명(德命)"과 "녹명(祿命)"으로 구분하기도 하는데, 덕명은 선을 행하고 덕을 쌓는 일[修善行德]이고, 녹명은 빈부·귀천·길흉·역년·요절과 장수·궁핍과 영달 같은 팔자에 타고난 복록을 가리킨다. 공자가 덕명을 중시한 것은 인간의 타고난 운명까지 완전히 부정할 수는 없기 때문이었다. 타고난 복이야 당사자가 결정할 수 없지만, 그렇더라도 덕을 쌓고 선행을 베풀면 군자가 되어 그 녹명에 편안하고 의연하게 대처할 수 있다고 본 것이다.

134 『논어』「요왈(堯曰)」.

135 『한시외전(韓詩外傳)』 권6.

므로 "천지의 성(性) 중에서 사람이 가장 귀하다."[136]라고 한 것이다. 천성(天性)을 분명히 알고, 스스로 만물 중에서 가장 귀함을 안 뒤에 인·의·예·지를 알아 선에 처함을 편히 여기고 이치를 따름을 즐거워하니, 이를 일러 군자라 한다. 따라서 공자가 "명(命)을 모르면 군자가 될 수 없다." 한 것은 바로 이것을 이르는 것이다.'"[137]라고 했다.

원문 二文皆主德命, 意以知德命, 必能知祿命矣. 是故君子知命之原於天, 必亦則天而行. 故盛德之至, 期於同天. 『中庸』云: "仲尼上律天時, 下襲水土. 辟如天地之無不持載, 無不覆幬. 辟如四時之錯行, 如日月之代明." 言聖人之德能合天也. 能合天, 斯爲不負天命; 不負天命, 斯可以云知天命. 知天命者, 知己爲天所命, 非虛生也. 蓋夫子當衰周之時, 賢聖不作久矣, 及年至五十, 得『易』學之, 知其有得, 而自謙言"無大過". 則知天之所以生己, 所以命己, 與己之不負乎天, 故以知天命自任. "命"者, 立之於己而受之於天, 聖人所不敢辭也. 他日桓魋之難, 夫子言"天生德於予", 天之所生, 是爲天命矣. 惟知天命, 故又言"知我者其天", 明天心與己心得相通也. 孟子言"天欲平治天下, 舍我其誰", 亦孟子知天命生德當在我也. 是故知有仁·義·禮·智之道, 奉而行之, 此君子之知天命也; 知己有得於仁·義·禮·智之道, 而因推而行之, 此聖人之知天命也.

역문 두 개의 글은 모두 덕명을 주장한 것인데, 덕명을 알아야 반드시 녹명을 알 수 있음을 의미하는 것이다. 이런 까닭에 군자는 명의 근원이 하늘

---

136 "天地之性"의 "性"에 대해 안사고는 「주」에서 "生"이라고 했다. "안사고가 말했다. '『효경(孝經)』에 실려 있다. 공자의 말이다. 성(性)은 생(生)이다.[師古曰: '『孝經』載. 孔子之言也. 性, 生也.']" 『전한서』 권56, 「동중서전제26(董仲舒傳第二十六)」 안사고의 「주」.

137 『전한서』 권56, 「동중서전제26」.

에 있음을 알아 또한 반드시 하늘을 본받아 실천한다. 그러므로 성대한 덕이 지극해져서 하늘과 같아지기를 기약하는 것이다. 『중용(中庸)』에 "공자는 위로는 천시(天時)를 따르시고, 아래로는 수토(水土)의 이치를 좇았다. 비유하면 하늘과 땅이 잡아 주고 실어 주지 않음이 없고, 덮어서 감싸 주지 않음이 없는 것과 같으며, 비유하면 사시(四時)가 번갈아 운행함과 같고, 해와 달이 교대로 밝아지는 것과 같다."[138] 했는데, 성인의 덕이 하늘과 부합될 수 있음을 말한 것이다. 하늘과 부합될 수 있기 때문에 천명을 등지지 않게 되고, 천명을 등지지 않기 때문에 이에 천명을 안다고 말할 수 있다. 천명을 아는 사람은 자기가 하늘이 명한 존재이지 헛되이 생겨난 존재가 아님을 안다. 공자는 주나라가 쇠락하는 시기를 당하여, 현자와 성인이 나오지 않은 지 오래되었지만, 나이 쉰 살에 이르러 『역』을 공부해서 스스로 터득함이 있음을 알았으면서도, 스스로 겸손하게 "큰 허물이 없을 수 있었다."[139]라고 했다. 그렇다면 하늘이 자기를 낳은 까닭과 자기에게 명한 것, 그리고 자기가 하늘을 등지지 않았음을 알았기 때문에 "천명을 알았다"는 것으로 자임했던 것이다. "명(命)"이란 자기에게 확립된 것이고 하늘로부터 받은 것이어서, 성인이라 하더라도 감히 사양할 수 없다. 지난날 송(宋)나라 사마(司馬) 환퇴(桓魋)가 공자를 해치려 했을 때, 공자는 "하늘이 나에게 덕을 주셨다"[140]라고 했는데, 하늘이 준 것이 천명이 된다는 말이다. 오직 천명을 알기 때문에 또 "나를 알아주는 것은 하늘일 것이다."[141]라고 했으니, 하늘의 마음

---

138 『중용』 제30장.

139 『논어』 「술이」: 공자가 말했다. "내 나이에 몇 해를 더해 주어 50세에 『주역(周易)』을 배웠으므로 큰 허물이 없을 수 있었다."[子曰: "加我數年, 五十以學 『易』, 可以無大過矣."]

140 『논어』 「술이」.

141 『논어』 「헌문(憲問)」.

과 자기의 마음이 서로 통할 수 있음을 분명히 알았던 것이다. 맹자는 "하늘이 천하를 화평하게 다스리려고 한다면, 나 말고 그 누구이겠는 가?"[142]라고 했는데, 맹자 역시 하늘이 명하여 준 덕이 자기에게 있음을 알았던 것이다. 따라서 인·의·예·지의 도가 있음을 알아 받들어 행하면 이는 천명을 아는 군자이고, 자기가 인·의·예·지의 도를 터득해서 가지고 있음을 알고, 이에 따라 미루어 행하면 이는 천명을 아는 성인이다.

원문 "從心所欲不踰距"者, 『說文』云: "从, 相聽也." "從"與"从"同. 『禮』「樂記」「注」云: "從, 順也." 『中庸』云: "誠者, 天之道也: 誠之者, 人之道也. 誠者, 不勉而中, 不思而得, 從容中道, 聖人也. 誠之者, 擇善而固執之者也." 夫子至誠, 合乎天道, 而言"不踰距", 若爲思誠者之事. 皇「疏」引<u>李充</u>曰: "自'志學'迄於'從心', 善始令終, 貴不踰法, 示之易行, 而約之以禮, 爲敎之例, 其在玆矣."

역문 "마음이 하고자 하는 대로 따라도 법도를 넘지 않았다[從心所欲不踰距]"

『설문해자』에 "종(从)은 서로 듣는다[相聽]는 뜻이다."[143]라고 했는데, "종(從)"과 "종(从)"은 같은 글자이다. 『예기』「악기」의 「주」에 "종(從)은 따른다[順]는 뜻이다."[144]라고 했고, 『중용』에서는 "성실함[誠] 자체는 하늘의 도(道)이고, 성실해지려고 하는 것은 사람의 도이다. 성실한 사람은 힘쓰지 않아도 도에 적중하며, 생각하지 않아도 알아서 저절로 도에

---

142 『맹자』「공손추하(公孫丑下)」.

143 『설문해자』권8: 종(从)은 서로 듣는다[相聽]는 뜻이다. 이(二)와 인(人)으로 구성되었다. 모든 종(從)부에 속하는 한자는 다 종(從)의 뜻을 따른다. 질(疾)과 용(容)의 반절음이다.[从, 相聽也. 從二人. 凡從之屬皆從從. 疾容切.]

144 『예기주소』권37, 「악기(樂記)」의 「주」.

적중하니 성인이다. 성실해지려고 하는 자는 선을 택하여 굳게 지키는 자이다."[145]라고 했는데, 공자는 지극히 성실해서 천도(天道)와 부합되는데도 "법도를 넘지 않았다"라고 했으니, 이는 마치 성실할 것을 생각하는 사람의 일처럼 한 것이다. 황간의 「소」에는 이충(李充)의 말을 인용해서 다음과 같이 말했다. "'배움에 뜻을 둠[志學]'에서 시작해서 '마음을 따름[從心]'에 이르렀으니, 잘 시작해서 훌륭하게 마친 것이고, 법도를 넘지 않음을 귀하게 여긴 것은 행하기 쉬움을 보여 주면서도 예로써 단속한 것이니,[146] 가르침의 본보기가 됨이 여기에 있다."[147]

- 「注」, "不疑惑".
- 正義曰: 『說文』, "'疑'作'𣿳', 惑也." "惑, 亂也."
- 「주」의 "의혹하지 않음"
- 정의에서 말한다.

  『설문해자』에 "의(疑)'는 "의(𣿳)는 의혹[惑]이다."[148]라고 했고, "혹(惑)은 어지러움[亂]이다."[149]라고 했다.

---

145 『중용』 제20장.
146 『논어』「옹야(雍也)」: 공자가 말했다. "군자가 옛 성현이 남긴 전적을 널리 배우고, 예로써 그것을 단속하면 또한 도(道)에 위배되지 않을 것이다.[子曰: "君子博學於文, 約之以禮, 亦可以弗畔矣夫."]
147 『논어집해의소(論語集解義疏)』 권1, 「논어위정제2(論語爲政第二)」 황간의 「소(疏)」.
148 『설문해자』 권14: 의(𣿳)는 의혹[惑]이다. 자(子)와 지(止)와 비(匕)로 구성되었다. 시(矢)가 발음을 나타낸다. 어(語)와 기(其)의 반절음이다.[𣿳, 惑也. 從子止匕, 矢聲. 語其切.]
149 『설문해자』 권10: 혹(𢤱)은 어지러움[亂]이다. 심(心)으로 구성되었고, 혹(或)이 발음을 나타낸다. 호(胡)와 국(國)의 반절음이다.[𢤱, 亂也. 從心或聲. 胡國切.] 『설문해자주(說文解字注)』는 "혹(𢤱)은 어지러움[亂]이다. 어지러운 것은 다스려야 한다. 의혹이 들면 마땅히 그것을 다스려야 한다.[𢤱, 亂也. 亂者, 治也. 疑則當治之.]"라고 되어 있다.

● 「注」, "知天命之始終."

● 正義曰: 「注」意難曉. 皇「疏」引"王弼云: '天命廢興有期, 知道終不行也.' 孫綽云: '大『易』之
數五十, 天地萬物之理究矣. 以知命之年, 通致命之道, 窮學盡數, 可以得之, 不必皆生而知
之也. 此勉學之至言也.'" 案, 「疏」列二說, 不知與「注」意合否.

○ 「주」의 "천명의 처음과 끝을 안 것이다."

○ 정의에서 말한다.

　　「주」의 뜻을 알기 어렵다. 황간의 「소」에 다음과 같은 글이 인용되었다. "왕필(王弼)[150]은
'천명이 폐하고 일어남에는 주기가 있기 때문에 도가 끝내 행해지지 않을 것을 알았던 것이
다.'라고 했고, 손작(孫綽)[151]은 '『주역』의 수 50으로 천지 만물의 이치를 궁구한다. 천명을
아는 나이로 천명을 이루는 도에 통달하고, 학문을 궁구하고 수(數)를 다 알아 터득할 수 있
으니, 반드시 모두 태어나면서부터 안 것은 아니다. 이것이 면학(勉學)의 지극한 말이다.'라
고 했다."[152] 살펴보니, 「소」에서 나열한 두 설이 「주」의 뜻과 합하는지 아닌지 모르겠다.

---

150 왕필(王弼, 226~249): 중국 삼국시대 위(魏)나라 산음(山陰, 산동성) 사람. 자는 보사(輔嗣)
　　이다. 풍부한 재능을 타고난 데에다 유복한 학문적 환경에서 자랐기 때문에 일찍 학계에서
　　두각을 나타냈다. 하안과 함께 위진(魏晉) 현학[玄學, 노장학(老莊學)]의 시조로 일컬어진
　　다. 유도(儒道)에 대해 논하기 좋아했고, 하안, 하후현(夏侯玄) 등과 함께 현학청담(玄學淸
　　談)의 풍조를 열었다. 한나라의 상수(象數)나 참위설을 물리치고 의(義)와 이(理)의 분석적
　　이고 사변적인 학풍을 창설하여 중세의 관념론 체계에 영향을 끼쳤다. 노자의 무위자연(無
　　爲自然)에 귀일함으로써 현실의 모순을 해결하려고 했다. 저서로는 『노자주(老子注)』와 『주
　　역주(周易注)』가 있는데, 육조시대와 수당시대 때 성행했다.
151 손작(孫綽, ?~?): 중국 동진(東晉) 태원(太原) 중도(中都, 산서성) 사람. 자는 흥공(興公)이
　　다. 어릴 때부터 높은 뜻을 품었고, 박학(博學)했으며, 시문(詩文)에 뛰어났다. 고승(高僧)들
　　과 교유하기를 즐겼고, 불법(佛法)을 독실하게 믿었다. 유불도(儒佛道)의 합일을 주장했다.
　　노장(老莊)의 학문을 좋아했고, 유불(儒佛)에도 정통했다. 문장은 당시 으뜸으로 인정받았
　　다. 저작에 『논어집해(論語集解)』와 『노자찬(老子贊)』, 『유도론(喩道論)』, 『도현론(道賢
　　論)』, 「수초부(遂初賦)」, 「유천태산부(遊天台山賦)」 등이 있다.
152 『논어집해의소』 권1, 「논어위정제2」 황간의 「소」.

- 「注」, "耳聞其言, 而知其微旨".

- 正義曰: 『說文』, "恉, 意也." "旨"·"恉"同. 聞人之言, 而知其微意, 則知言之學, 可知人也. 皇「疏」引李充云: "耳順者, 聽先王之法言, 則知先王之德行. 從帝之則, 莫逆於心, 心與耳相從. 故曰'耳順'也." 李以"耳順"爲聞先王之言, 亦鄭義所包也. 焦氏循『補疏』, "耳順卽舜之察邇言, 所謂善與人同, 樂取於人以爲善也. 順者, 不違. 舍己從人, 故言入於耳, 隱其惡, 揚其善, 無所違也. 學者自是其學, 聞他人之言, 多違於耳. 聖人之道, 一以貫之, 故耳順也." 案, 焦此義與鄭異, 亦通.

o 「주」의 "귀로 그 말을 들으면 그 은미한 뜻을 안 것이다."

o 정의에서 말한다.

『설문해자』에 "지(恉)는 뜻[意]을 의미한다."[153]라고 했는데, "지(旨)"와 "지(恉)"는 같은 글자이다. 남의 말을 듣고 그 은미한 뜻을 아는 것은 지언(知言)의 학문이니, 사람을 알 수 있다.[154] 황간의 「소」에 이충의 말을 인용하면서 "이순(耳順)이란 선왕의 법언(法言)을 들으면 선왕의 덕행을 아는 것이다. 상제의 법칙을 따르고 마음에 거스름이 없이 마음과 귀가 서로 따른다. 그러므로 '이순'이라 한 것이다."[155]라고 했다. 이충은 "이순"을 선왕의 말을 듣는 것이라 여겼는데, 역시 정현의 뜻에 포함된 것이다. 초순(焦循)의 『논어보소(論語補疏)』에 "이순은 바로 순임금이 평범한 말을 살핀 것이니,[156] 이른바 남과 잘 동화되고, 남에게서 취하여 선을 행하기를 좋아했다[157]는 것이다. 순(順)이란 어기지 않음[不違]이다. 자기를 버리고 남

---

153 『설문해자』 권10: 지(恉)는 뜻[意]을 의미한다. 심(心)으로 구성되었고, 지(旨)가 발음을 나타낸다. 직(職)과 치(雉)의 반절음이다.[恉, 意也. 從心旨聲. 職雉切.]

154 『논어』 「요왈」에 "말을 모르면 사람을 알 수 없다.[不知言, 無以知人也.]"라고 했다.

155 『논어집해의소』 권1, 「논어위정제2」 황간의 「소」.

156 『중용』 제6장: 순임금은 묻기를 좋아하고, 평범한 말을 살피기 좋아하되, 악(惡)을 숨겨 주고 선(善)을 드러내었으며, 두 끝을 잡은 다음 가운데[中]를 헤아려 백성에게 적용했다.[舜好問而好察邇言, 隱惡而揚善, 執其兩端, 用其中於民.]

157 『맹자』 「공손추상」: 순은 위대한 점이 있었으니, 남과 잘 동화되어, 자기를 버리고 남을 따랐으며, 남에게서 취하여 선을 행하기를 좋아했다.[大舜, 有大焉, 善與人同, 舍己從人, 樂取於人, 以爲善.] 주희가 "善與人同"을 "선을 공적(公的)으로 해서 사사롭게 여기지 않은 것이다.[公天下之善, 而不爲私也.]"라고 설명함에 따라, 이 문장은 주로 "선을 남들과 함께한다."

을 따르기 때문에 말이 귀에 들어오고, 악(惡)을 숨겨 주고 선(善)을 드러냄에 어김이 없는 것
이다. 배우는 자들은 스스로 그들의 학문이 옳다고 여기기 때문에 남의 말을 들으면 귀에 거
슬림이 많다. 성인의 도는 하나로 관통하기 때문에 귀에 듣는 대로 순조롭게 이해된다[耳順]
는 것이다."라고 했다. 살펴보니, 초순의 이 뜻은 정현과 차이가 있지만, 그래도 통한다.

- 「注」, "矩, 法也."
- 正義曰:『荀子』「不苟篇」, "五寸之矩, 盡天下之方也." 楊倞「注」, "矩, 正方之器也."『說文』
  作"巨", 云: "規巨也. 從工, 象手持之. 榘或從木矢."『爾雅』「釋詁」, "矩, 常也, 法也." 皆引申
  之義.

○ 「주」의 "구(矩)는 법(法)이다."

○ 정의에서 말한다.
  『순자』「불구편(不苟篇)」에 "5치의 곱자[矩]를 가지고 천하의 네모난 물건을 모두 잴 수 있
  다."라고 했는데, 양경(楊倞)의 「주」에 "구(矩)는 정사각형을 재는 기구이다."[158]라고 했다.
  『설문해자』에는 "거(巨)"로 되어 있는데, "컴퍼스와 자[規巨]이다. 공(工)으로 구성되었고,
  손으로 그것을 잡고 있는 모습을 형상화했다. 구(榘)의 혹체자(或體字)인데 목(木)과 시(矢)
  로 구성되었다."[159]라고 했다. 『이아』「석고」에는 "구(矩)는 항상 쓰는 예법[常]이며 떳떳한

라고 해석하는데, 본문에서 볼 때 "자기를 버리고 남을 따른다[舍己從人]"라는 말 자체가 남
과 동화됨을 의미하고, 또『논어』「공야장(公冶長)」의 "晏平仲善與人交"를 "안평중은 남과
사귀기를 잘한다."라고 해석하면서 "善"을 "잘"이라는 뜻의 부사로 쓰는 것을 보면, 이 문장
에서도 "善"을 "잘"이라는 뜻의 부사로 보아 "남과 잘 동화된다"라고 해석하는 것이 옳을 듯
하다. 순이 남과 잘 동화되는 모습은『맹자』의 여러 곳에서 보인다.

158 『순자(荀子)』권2, 「불구편제3(不苟篇第三)」양경의 「주」.

159 『설문해자』권5. 그런데『설문해자』권5에는 "거(巨)는 컴퍼스와 자[規巨]이다. 공(工)으로
   구성되었고, 손으로 그것을 잡고 있는 모습을 형상화했다. 구(榘)는 거(巨)의 혹체자(或體
   字)인데 목(木)과 시(矢)로 구성되었다. 시(矢)는 중정(中正)하다는 뜻이다. 거(巨)는 거(巨)
   의 고문이다. 기(其)와 여(呂)의 반절음이다.[巨, 規巨也. 從工, 象手持之. 榘, 巨或從木矢.
   矢者, 其中正也. 巨, 古文巨. 其呂切.]"와 "구(榘)는 거(巨)의 혹체자인데 목(木)과 시(矢)로
   구성되었다. 시(矢)는 중정(中正)하다는 뜻이다.[榘, 巨或從木矢. 矢者, 其中正也.]"라고 해

법[法]이다."라고 했는데, 모두 의미를 확장시킨 것이다.

2-5

孟懿子問孝, 子曰: "無違."【注】孔曰: "魯大夫仲孫何忌. 懿, 諡也."
樊遲御, 子告之曰: "孟孫問孝於我, 我對曰: '無違.'"【注】鄭曰:
"恐孟孫不曉無違之意, 將問於樊遲, 故告之. 樊遲, 弟子樊須." 樊遲曰: "何
謂也?" 子曰: "生, 事之以禮. 死, 葬之以禮, 祭之以禮."

맹의자(孟懿子)가 효를 묻자, 공자가 말했다. "어기지 말아야 한
다[無違]."【주】공안국이 말했다. "노(魯)나라 대부 중손하기(仲孫何忌)이다. 의
(懿)는 시호이다." 번지(樊遲)가 수레를 몰고 있었는데, 공자가 번지
에게 말했다. "맹손이 나에게 효를 묻기에 내가 '어김이 없는 것
이다.'라고 대답해 주었다."【주】정현이 말했다. "아마도 맹손이 어김이 없
는 것의 의미를 깨닫지 못해서 장차 번지에게 질문할 것이라고 여겼기 때문에 일러
준 것인 듯싶다. 번지는 제자인 번수(樊須)이다." 번지가 말했다. "무슨 말씀
입니까?" 공자가 말했다. "살아 계실 때는 예(禮)로써 섬기고, 돌
아가시면 예로써 장사 지내고, 예로써 제사 지내는 것이다."

원문 正義曰: 漢石經作"毋違". 『論衡』「問孔篇」亦作"毋違". 「士昏禮」「注」,
"古文毋爲無." 意此亦『古』·『魯』之異. 『說文』, "違, 離也." 引申爲背棄之

서 "거(巨)"와 "구(矩)"를 따로 설명하고 있다.

義. 又, "敕, 戾也." 義亦近. 『毛詩』「車攻」「傳」, "御, 御馬也." 『說文』, "御, 使馬也." 御者居車中, 惟兵車居左. <u>樊遲弟子, 當爲御者.</u> <u>武氏億</u>『群經義證』, "『呂氏春秋』「尊師篇」, '視輿馬, 愼駕御.' 弟子事師, 古禮如是."

역문 정의에서 말한다.

『한석경』에는 "무위(毋違)"로 되어 있다. 『논형(論衡)』「문공편(問孔篇)」에도 "무위(毋違)"로 되어 있다. 「사혼례(士昏禮)」의 「주」에 "고문의 무(毋)는 무(無)로 되어 있다."[160]라고 했는데, 이것 역시 『고논어』와 『노논어(魯論語)』의 차이인 것 같다. 『설문해자』에 "위(違)는 떠난다[離는 뜻이다."[161]라고 했는데, 의미가 확장되어 배반하고 저버린다는 뜻이 되었다. 또 "위(敕)는 어그러짐[戾]이다."[162]라고 했는데, 뜻이 역시 근사하다. 『모시』「거공(車攻)」의 「전」에 "어(御)는 말을 모는 것[御馬]이다."[163]라고 했고, 『설문해자』에는 "어(御)는 말을 부린다[使馬]는 뜻이다."[164]라고 했다. 수레를 모는 사람은 수레 안에 있는데, 오직 병거(兵車)에서만 왼쪽에 있는다. 번지는 제자이니 마땅히 수레를 모는 사람이 된다. 무억(武億)[165]의

---

160 『의례주소(儀禮注疏)』권2, 「사혼례(士昏禮)」. 『논어정의』에는 "古文毋作無"로 되어 있다. 『의례주소』「사혼례」를 근거로 고쳤다. "古文作爲無."라는 표현은 『의례주소』권3, 「사상견례(士相見禮)」에 보인다.

161 『설문해자』권2: 위(違)는 떠난다[離는 뜻이다. 착(辵)으로 구성되었고, 위(韋)가 발음을 나타낸다. 우(羽)와 비(非)의 반절음이다.[違, 離也. 從辵韋聲. 羽非切.]

162 『설문해자』권3: 위(敕)는 어그러짐[戾]이다. 복(攴)으로 구성되었고, 위(韋)가 발음을 나타낸다. 우(羽)와 비(非)의 반절음이다.[敕, 戾也. 從攴韋聲. 羽非切.]

163 『모시주소』권17, 「소아(小雅)・남유가어지십(南有嘉魚之什)・거공(車攻)」의 「전」.

164 『설문해자』권2: 어(御)는 말을 부린다[使馬]는 뜻이다. 척(彳)으로 구성되었고, 사(卸)로 구성되었다. 어(馭)는 어(御)의 고문인데 우(又)로 구성되었고, 마(馬)로 구성되었다. 우(牛)와 거(據)의 반절음이다.[御, 使馬也. 從彳從卸. 馭, 古文御從又從馬. 牛據切.]

165 무억(武億, 1745~1799): 중국 청나라 하남(河南) 언사(偃師) 사람. 자는 허곡(虛谷) 또는 소석(小石)이고, 호는 수당(授堂) 또는 반석산인(半石山人)이다. 경사(經史)에 정통했고, 고증

『군경의증(群經義證)』에 "『여씨춘추』「존사(尊師)」에 '수레와 말을 잘 살펴보고 멍에 하고 말 몰기를 조심스럽게 한다.'[166]라고 했는데, 제자가 스승을 섬김에 옛날의 예는 이와 같았다."라고 했다.

원문 "孟孫"者, 『白虎通』「姓名篇」, "諸侯之子稱公子, 公子之子稱公孫, 公孫之子, 各以其王父字爲氏." 此孟孫本出公子慶父之後, 當稱孟公孫, 不言公者, 省詞.

역문 "맹손(孟孫)"

『백호통의』「성명(姓名)」에 "제후(諸侯)의 아들을 공자(公子)라 하고, 공자의 아들을 공손(公孫)이라 하며, 공손의 아들은 각각 그 할아버지[王父]의 자(字)를 씨(氏)로 삼는다."[167] 했으니, 여기서 맹손은 본래 공자 경보(公子慶父)의 후손에서 나온 것으로 마땅히 맹공손(孟公孫)이라고 칭했어야 하는데, 공(公)을 말하지 않은 것은 말을 생략한 것이다.

원문 『說文』云: "我, 施身自謂也. 對, 膺無方也. 對, 對或從土." 夫子述所告孟孫之言, 故言"我對"也. 『說文』, "夶, 澌也. 人所離也. 葬, 臧也. 從死在茻中, 一其中, 所以薦之." 今隸變作"死"作"葬".

역문 『설문해자』에 "아(我)는 부모로부터 베풂을 받은 몸을 스스로 일컫는

에 뛰어났다. 경전(經傳)의 자의(字義)와 구두(句讀)에 조예가 깊었고, 특히 고증학(考證學)과 금석학에 뛰어났다. 저서에 『경독고이(經讀考異)』와 『군경의증(群經義證)』, 『삼례의증(三禮義證)』, 『금석삼발(金石三跋)』, 『죽서기년보주(竹書紀年補注)』, 『구두서술(句讀序述)』, 『언사금석기(偃師金石記)』, 『안양금석록(安陽金石錄)』, 『독사금석집목(讀史金石集目)』, 『수경당시문집(授經堂詩文集)』 등이 있다.

166 『여씨춘추』 권4, 「맹하기제4(孟夏紀第四)・존사(尊師)」.
167 『백호통의』 권하, 「덕론하・성명(姓名)」.

것이다."¹⁶⁸라 했고 또 "대(對)는 응함에 일정한 방소가 없다[譍無方]는 뜻이다. 대(對)는 대(對)의 혹체자이며 사(士)로 구성되었다."¹⁶⁹라고 했다. 공자가 맹손에게 일러 준 말을 전술하였으므로, "내가 대답해 주었다[我對]라고 말한 것이다. 『설문해자』에 "사(𣨛)는 없어진다[澌]는 뜻이니, 사람이 떠난 것이다."¹⁷⁰라고 했고, 또 "장(𦩆)은 감춘다[臧]는 뜻이다. 사(死)로 구성되었는데, 사(死)가 망(茻) 가운데 끼어 있다. 또 그 사이에 있는 일(一)은 받치기 위한 것이다."¹⁷¹라고 했다. 지금의 예서에서는 "사(死)" 자로 되어 있는 것을 바꾸어 "장(葬)" 자로 하였다.

원문 夫子告樊遲言事親當以禮, 則告懿子以"無違"者, 是據禮言. 故『論衡』

---

168 『설문해자』 권12: 아(𢦒)는 부모부터 베풂을 받은 몸을 스스로 일컫는 것이다. 혹설에 아(我)는 옆으로 기울어졌다는 뜻이라고도 한다. 과(戈)로 구성되었고 수(𠂔)로 구성되었다. 수(𠂔)는 혹설에 수(垂)의 옛 글자라고 한다. 일설에는 "살(殺)의 옛 글자이다."라고도 한다. 모든 아(我)부에 속하는 글자는 다 아(我)의 뜻을 따른다. 아(𢦒)는 아(我)의 고문이다. 오(五)와 가(可)의 반절음이다.[𢦒, 施身自謂也. 或說我, 頃頓也. 從戈從𠂔. 𠂔, 或說古垂字. 一曰: "古殺字." 凡我之屬皆從我. 𢦒, 古文我. 五可切.]

169 『설문해자』 권3: 대(對)는 응함에 일정한 방소가 없다[譍無方]는 뜻이다. 착(丵)으로 구성되었고, 구(口)로 구성되었으며 촌(寸)으로 구성되었다. 대(對)는 대(對)의 혹체자이며 사(士)로 구성되었다. 도(都)와 대(隊)의 반절음이다.[對, 譍無方也. 從丵從口從寸. 對, 對對從士. 都隊切.]

170 『설문해자』 권4: 사(𣨛)는 없어진다[澌]는 뜻이니, 사람이 떠난 것이다. 알(歺)로 구성되었고, 인(人)으로 구성되었다. 모든 사(死)부에 속하는 글자는 다 사(死)의 뜻을 따른다. 사(𣨛)는 사(死)의 고문인데 이와 같다. 식(息)과 자(姊)의 반절음이다.[𣨛, 澌也, 人所離也. 從歺從人. 凡死之屬皆從死. 𣨛, 古文死如此. 息姊切.]

171 『설문해자』 권1: 장(𦩆)은 감춘다[臧]는 뜻이다. 사(死)로 구성되었는데, 사(死)가 망(茻) 가운데 끼어 있다. 또 그 사이에 있는 일(一)은 떠받치기 위한 것이다. 『주역』 「계사하(繫辭下)」에 "옛날의 장사 지내는 사람은 섶을 두텁게 입혔다."라고 했다. 칙(則)과 낭(浪)의 반절음이다.[𦩆, 臧也. 從死在茻中, 一其中, 所以薦之. 『易』曰: "古之葬者, 厚衣之以薪." 則浪切.]

引此文, 說之云: "'毋違'者, 禮也." 考懿子爲僖子之子, 嘗學禮於孔子, 故孔子卽以禮訓之. "無違"者, 無違乎禮以事親也. 凌氏鳴喈『論語解義』, "大夫以上能備禮, 生事葬祭不違乎禮, 卽順乎親矣."

역문 공자가 번지에게 일러 주면서 마땅히 예로써 어버이를 섬겨야 한다고 말했다면, 맹의자에게 "어김이 없는 것"으로 일러 준 것은 예에 근거한 말이다. 그러므로 『논형』에서는 이 문장을 인용해서 설명하기를, "'어기지 말아야 한다'라는 것은 예이다."[172]라고 했다. 의자가 맹희자(孟僖子)의 아들인 점을 고려해 보면 일찍이 공자에게서 예를 배웠기 때문에 공자가 즉시 예로써 가르친 것이다. 따라서 "어기지 말아야 한다[無違]"라는 것은 예로써 어버이 섬기는 것을 어기지 말아야 한다는 것이다. 능명개(凌鳴喈)[173]의 『논어해의(論語解義)』에 "대부 이상은 예를 갖출 수 있으니, 살아 계실 때 섬기고, 장사 지내며 제사 지낼 때 예를 어기지 않는 것이 바로 어버이에게 순종하는 것이다."라고 했다.

원문 案, 『禮記』「禮運」云: "大順者, 所以養生送死, 事鬼神之常也." 孔「疏」, "順, 卽順禮." 『左』「文」二年「傳」, "禮無不順. 祀, 國之大事也, 而逆之, 可謂禮乎?" "逆"與"順"相反. 逆者, 逆禮也, 卽違禮也. 「祭統」云: "是故賢者之祭也, 致其誠信與其忠敬, 參之以時, 明薦之而已矣, 不求其爲, 此孝子之心也. 孝者, 畜也, 順於道, 不逆於倫, 是之謂畜." 順道卽順禮, 順禮故無違禮也.

역문 살펴보니, 『예기』「예운(禮運)」에 "크게 순종하는 것은 산 사람을 봉양

---

172 『논형(論衡)』 권9, 「문공편(問孔篇)」.

173 능명개(凌鳴喈, ?~?): 중국 청나라 건륭에서 도광 시기 오정[烏程: 지금의 절강(浙江) 호주(湖州)] 사람이다. 자는 체원(體元), 호는 박재(泊齋)이다.

하고 죽은 사람을 장사 지내며, 귀신을 섬기는 상도(常道)이다." 했는데,
공영달(孔穎達)의 「소」에 "순(順)은 예를 따르는 것[順禮]이다."[174]라고 했
다. 『춘추좌씨전』「문공(文公)」 2년의 「전」에 "예에 순종하지 않음이 없
다. 제사는 나라의 대사인데 거스른다면, 예라고 할 수 있는가?" 했는데,
"거스름[逆]"과 "순종[順]"은 서로 반대이다. 거스른다는 것은 예를 거스름
이니, 곧 예를 어기는 것이다. 「제통(祭統)」에 "이런 까닭에 현자(賢者)가
제사를 지낼 때는 정성과 공경을 극진히 하고, 때에 맞게 참제(參祭)하며
깨끗한 제물을 바칠 뿐, 자신을 위한 복을 구하지 않으니, 이것이 효자
의 마음이다. 효(孝)란 따른다[畜]는 뜻이니,[175] 도를 따르고 윤리를 거스
르지 않음을 일러 휵(畜)이라 한다."[176]라고 했다. 도를 따르는 것이 곧
예를 따르는 것이고, 예를 따르기 때문에 예를 어김이 없는 것이다.

원문 『荀子』「禮論」云: "禮者, 謹於治生死者也. 生, 人之始也; 死, 人之終
也, 終始俱善, 人道畢矣. 故君子敬始而愼終, 終始如一, 是君子之道, 禮
義之文也. 臣之所以致重其君, 子之所以致重其親, 於是盡矣." 皇「疏」引
衛瓘曰: "三家僭侈, 皆不以禮也, 故以禮答之也." 方氏觀旭『論語偶記』,
"「檀弓」云: '三家視桓楹.' 葬僭禮也;「八佾篇」, '三家者以「雍」徹.' 祭僭
禮也. 惟是懿子之父仲孫貜, 『春秋』書其卒, 在「昭」二十四年. 樊遲少孔
子三十六歲, 是貜卒時, 樊遲尚未生. 今懿子問孝時, 有樊遲御, 而夫子備
告以生事葬祭者, 懿子或尚有母在與."

---

174 『예기주소』권22, 「예운(禮運)」의 공영달의 「소」에는 "順, 卽順禮."라는 직접적인 표현은
없다.
175 『예기주소』권49, 「제통(祭統)」의 「주」에 "휵(畜)은 덕의 교화에 순종함을 이른다.[畜, 謂順
於德敎.]"라고 했다.
176 『예기』「제통」.

역문 『순자』「예론(禮論)」에 "예란 생사(生死)를 다스리는 데 신중함이다. 태어남[生]은 인간의 시작이고, 죽음[死]은 인간의 끝이니, 끝과 시작을 모두 잘하는 것이 사람의 도리를 마치는 것이다. 그러므로 군자는 시작을 경건하게 하고 끝을 신중히 해서 끝과 시작을 한결같이 하니, 이것이 군자의 도리이며 예의의 형식이다. 신하가 임금을 소중히 섬김에 정성을 다하고, 자식이 어버이를 모심에 정성을 다하는¹⁷⁷ 까닭은 이렇게 해야 예가 극진해지기 때문이다." 황간의 「소」에서는 위관(衛瓘)¹⁷⁸을 인용해 "세 대부집[三家]이 참람되고 방탕해서 모두 예를 쓰지 않았기 때문에 예로써 답한 것이다."¹⁷⁹라고 했다. 방관욱(方觀旭)¹⁸⁰의 『논어우기(論語偶記)』에 "「단궁(檀弓)」에 '세 대부집[三家]은 환영(桓楹)¹⁸¹에 준하는 것을 사용했다'¹⁸² 하니, 장례에서 예를 참람한 것이고, 「팔일(八佾)」에서 '세 대부집

---

177 이 문장의 두 "致" 자에 대한 해석은 『논어』「자장」에 "사람이 스스로 정성을 극진히 하는 것이 없지만 반드시 부모상에는 정성을 다해야 한다.[人未有自致者也, 必也親喪乎.]"라고 했고, 또 『맹자』「등문공상(滕文公上)」에 "부모상에는 진실로 스스로 정성을 다해야 한다.[親喪, 固所自盡也.]"라고 해석한 것에 따라 여기서도 "정성을 다하다"라는 뜻으로 해석하였다.

178 위관(衛瓘, 220~291): 중국 서진(西晉) 하동(河東) 안읍(安邑) 사람. 자는 백옥(伯玉)이다. 성격이 엄정하고 법으로 아랫사람을 다스렸으며, 정치가 간략하고 청렴해 칭송을 받았다. 젊어서부터 벼슬에 나아가 위(魏)나라 말에 상서랑(尙書郎)을 지냈다. 송나라 때의 법첩인 『순화각첩(淳化閣帖)』에 편지글 「둔주첩(屯州帖)」이 그의 글씨로 전하지만 확실하지 않다. 상서랑(尙書郎) 색정(索靖)과 함께 초서를 잘 써 '일대이묘(一臺二妙)'라 불렸다. 난릉군공(蘭陵郡公)에 추봉되었고, 시호는 성(成)이다. 저서로는 『상복의(喪服儀)』 1권과 『논어주(論語注)』 8권이 있다.

179 『논어집해의소』 권1, 「논어위정제2」 황간의 「소」.

180 방관욱(方觀旭, ?~?): 중국 청나라시대 학자. 저서에 『논어우기(論語偶記)』가 있다.

181 환영(桓楹): 제후를 장사 지낼 적에 나무를 깎아 돌비석과 같이 네 개를 만들어 하관(下棺)하는 데 쓰는 도구로, 전하여 비석을 뜻하는 말로 쓰인다.

182 『예기』「단궁하(檀弓下)」.

사람이 「옹(雍)」을 노래하면서 제사상을 거두었다.'[183] 하니, 제사에서 예를 참람한 것이다. 오직 맹의자의 아버지 중손확(仲孫玃)만 『춘추(春秋)』에서 그의 죽음을 기록했는데, 「소공(昭公)」 24년의 기사에 있다.[184] 번지는 공자보다 36세가 적으니, 중손확이 죽었을 때는 번지가 아직 태어나지 않았을 때이다. 이제, 맹의자가 효를 물었을 때, 번지가 수레를 몰고 있었는데, 공자가 살아 계실 때 예로써 섬기고, 예로써 장사 지내고, 예로써 제사 지내는 것을 갖추어 일러 줌이 있었던 것은 맹의자에게 혹시라도 아직은 어머니가 살아 계셨기 때문인 듯싶다."라고 했다.

- 「注」, "魯大夫仲孫何忌. 懿, 諡也."

- 正義曰: 『禮』「檀弓」云: "幼名, 冠字, 五十乃稱伯仲." 『白虎通』「姓名篇」, "稱號所以有四何? 法四時用事先後, 長幼・兄弟之象也. 故以時長幼, 號曰'伯・仲・叔・季'也. 嫡長稱伯, 伯禽是也, 庶長稱孟, 魯大夫孟氏是也." 案, 『說文』, "孟, 長也." 魯 孟氏爲桓公子. 公子慶父之後又稱仲孫者, 慶父本居孟, 其仲無人, 得兼之也.

○ 「주」의 "노나라 대부 중손하기이다. 의는 시호이다."

○ 정의에서 말한다.
  『예기』「단궁」에 "어릴 때에는 이름을 부르고, 관례(冠禮)를 하면 자를 부르며, 50세가 되면 백씨・중씨라 부른다."[185]라고 했다. 『백호통의』「성명」에 "호칭을 부를 때 네 가지 방법이 있는 것은 어째서인가? 사시(四時)의 일의 선후와 장유(長幼)・형제의 형상을 본받은 것이다. 그러므로 사시(四時)로 장유를 구분할 때는 부르기를 '백(伯)'이니, '중(仲)'이니, '숙(叔)'

---

183 『논어』「팔일(八佾)」.
184 『춘추(春秋)』「소공(昭公)」 24년: 24년 봄 주왕(周王) 2월 병술일(丙戌日)에 중손확(仲孫玃)이 죽었다.[二十四年, 春, 王二月, 丙戌, 仲孫玃卒.]
185 『예기』「단궁상(檀弓上)」.

이니, '계(季)'니 하는 것이다. 적장자일 경우 '백(伯)'이라 칭하는데, 백금(伯禽)[186]이 이 경우이고, 서장자일 경우 '맹(孟)'이라 칭하니, 노나라 대부인 맹씨(孟氏)가 이 경우이다."[187]라고 했다. 살펴보니,『설문해자』에 "맹(孟)은 맏이[長]라는 뜻이다."[188]라고 했다. 노나라의 맹씨(孟氏)는 환공(桓公)의 아들이다. 공자경보의 후손을 또 중손(仲孫)이라 칭한 것은 경보가 본래 서장자[孟]를 자처하다 보니, 중씨(仲氏)에 해당되는 사람이 없기 때문에 겸해서 칭할 수 있었던 것이다.

원문 懿子受學聖門, 及夫子仕魯, 墮三都, 懿子梗命, 致聖人之政化不行, 是實魯之賊臣,「弟子傳」不列其名, 及此「注」但云: "魯大夫", 亦不云: "弟子", 當爲此也.『周書』「諡法解」, "柔克爲'懿', 溫和聖善曰'懿'." 是"懿"爲諡也.『說文』云: "諡, 行之迹也."「諡法解」, "終葬乃制諡. 敍法, 大行受大名, 細行受細名." 若人有惡行, 則亦爲之惡諡, 幽·厲之屬是也. 天子崩, 稱天以諡, 諸侯諡於天子, 大夫諡於諸侯. 春秋時, 諡不如法, 咸用美諡, 故此孟孫得諡"懿".

---

186 백금(伯禽, ?~?): 중국 서주(西周) 노(魯)나라의 국군(國君). 성은 희(姬)이고, 자가 백금인데, 금보(禽父)라고도 부른다. 주공(周公) 희단(姬旦)의 맏아들이다. 성왕(成王)이 상엄(商奄)의 땅과 은민(殷民) 6족(族)으로 백금에 봉했는데, 나라 이름은 노라 하고, 도읍은 곡부(曲阜)로 정했다. 봉해진 지 3년 뒤부터 치적에 대해 보고했다. 주공이 왜 이리 늦었냐고 묻자 "세속을 바꾸고 예의를 고치는데 3년이 지나고서야 없앨 수 있었습니다.[變世俗, 革其禮, 喪三年然後除之.]"라고 대답했다. 나중에 왕정을 보필하면서 군사를 이끌고 가 회이서융(淮夷西戎)을 정벌하고 비(費)에서 맹세하여 서융을 평정한 뒤 노나라가 안정을 찾았다. 46년 동안 재위했다.

187 『백호통의』 권하, 「덕론하·성명」.

188 『설문해자』 권14: 맹(孟)은 맏이[長]라는 뜻이다. 자(子)로 구성되었고, 명(皿)이 발음을 나타낸다. 맹(丞)은 맹(孟)의 고문이다. 막(莫)과 갱(更)의 반절음이다.[孟, 長也. 從子皿聲. 丞, 古文孟. 莫更切.]

역문 맹의자는 성인의 문하에서 수학했는데, 공자가 노나라에서 벼슬함에 미쳐 세 도읍의 성을 허물게 하였으나, 맹의자는 항명을 하고 성인의 정치와 교화를 내버리고 행하지 않았으니, 이는 실로 노나라의 적신(賊臣)이므로 「중니제자열전(仲尼弟子列傳)」에 그의 이름을 나열하지 않았고, 여기의 "주"에 이르러 다만 "노나라 대부"라 하면서도 "제자"라고 하지 않은 것도 당연히 이 때문이다. 『주서(周書)』「시법해(諡法解)」에 "유순함으로 이겨 냄[柔克]을 '의(懿)'라 하고, 온화하면서 성스럽고 선한 것을 '의(懿)'라 한다."[189]라고 했으니, "의(懿)"는 시호(諡號)가 된다. 『설문해자』에 "시(諡)는 (살았을 때의) 행실의 자취[行之迹]이다."[190]라고 했다. 「시법해」에 "장례를 마치고 바로 시호를 제정한다. 시호를 시행하는 법은 큰 행적을 남기면 큰 이름을 받고, 작은 행적을 남기면 작은 이름을 받는다."[191]라고 했다. 만약 어떤 사람이 악행이 있으면 역시 악한 시호를 주는데, 유(幽)·여(厲)의 등속이 이것이다. 천자가 죽으면 천(天)이라 일컬으며 시호를 짓고, 제후는 천자에게서 시호를 받고, 대부는 제후에게서 시호를 받는다. 춘추시대엔 시호를 제정함이 여법하지 않아 모두 훌륭한 시호를 사용했기 때문에 맹손(孟孫)이 "의(懿)"라는 호를 받을 수 있었던 것이다.

---

189 『일주서(逸周書)』권6,「시법해제54(諡法解第五十四)」. "溫和聖善曰懿"는 『후한서(後漢書)』권10하,「후기제10하(后紀第十下)·양황후기(梁皇后紀)」의 「주」에 보인다.

190 『설문해자』권3: 시(諡)는 (살았을 때의) 행실의 자취[行之迹]이다. 언(言)·혜(兮)·명(皿)·궐(闕)로 구성되었다. 서개(徐鍇)는 "혜(兮)가 발음을 나타낸다."라고 했다. 신(神)과 지(至)의 반절음이다.[諡, 行之迹也. 從言·兮·皿·闕. 徐鍇曰: "兮, 聲也." 神至切.] 『설문해자주』에 "각각의 판본을 살펴보니, 언(言)·혜(兮)·명(皿)·궐(闕)로 구성되었는데, 이것을 후세 사람들이 멋대로 고쳤다.[按各本作從言兮皿闕. 此後人妄改也.]"라고 되어 있다.

191 『일주서』권6,「시법해제54」.

- 「注」, "恐孟"至"樊須".

- 正義曰: 樊遲與懿子同門. 故恐懿子復問樊遲也. 『史記』「仲尼弟子列傳」, "樊須, 字子遲, 少
  孔子三十六歲." "須"與"𩓣"同, 𩓣, 待也, 與"遲"義合. 『白水碑』謂須字子達, 遲字子緩, 析一
  人爲二, 不足據. 鄭『目錄』云: "齊人", 『家語』「弟子解」及『左傳』杜「注」竝云: "魯人".

○ 「주」의 "공맹(恐孟)"부터 "번수(樊須)"까지.

○ 정의에서 말한다.

번지와 의자는 동문(同門)이다. 그러므로 의자가 번지에게 다시 질문할 것이라고 여겼던 것
이다. 『사기』「중니제자열전」에 "번수(樊須)는 자가 자지(子遲)이며 공자보다 36세 어리다."
라고 했다. "수(須)"는 "수(𩓣)"와 같은 글자인데, 수(𩓣)는 기다린다[待]는 뜻이니 "지(遲)"와
의미가 합한다. 『백수비(白水碑)』에 수(須)는 자가 자달(子達)이고, 지(遲)는 자가 자완(子
緩)이라고 해서 한 사람을 둘로 갈라놓았는데 근거가 부족하다. 정현의 『논어공자제자목록
(論語孔子弟子目錄)』에는 "제나라 사람"이라 하고, 『공자가어』「칠십이제자해(七十二弟子
解)」[192] 및 『춘추좌씨전』두예(杜預)의 「주」에는 모두 "노나라 사람"[193]이라 한다.

2-6

孟武伯問孝, 子曰: "父母唯其疾之憂." 【注】馬曰: "武伯, 懿子之子
仲孫彘. 武, 諡也. 言孝子不妄爲非, 唯疾病然後使父母憂."

맹무백(孟武伯)이 효에 대해 묻자, 공자가 말했다. "부모는 오직

---

[192] 『공자가어』권9, 「칠십이제자해제38(七十二弟子解第三十八)」.

[193] 『공자가어』권9, 「칠십이제자해제38」, 『춘추좌전주소(春秋左傳注疏)』권58, 「애공(哀公)」
11년.

자식의 질병만 근심할 뿐이다."【주】마융이 말했다. "맹무백은 맹의자의 아들 중손체(仲孫彘)이다. 무(武)는 시호이다. 효자는 함부로 그릇된 행동을 저지르지 않으니, 오직 병에 걸린 뒤에만 부모로 하여금 근심하게 한다는 말이다."

- 正義曰: 『爾雅』「釋詁」, "伯, 長也." 武伯於兄弟次爲長, 故稱伯也. 『呂覽』「義賞篇」「注」, "惟, 獨也." "唯"與"惟"同. 『說文』, "息, 愁也. 憂, 和之行也." 二字義別. 經典多段"憂"爲"息", 又隷變作"憂". 臧氏琳『經義雜記』, "『論衡』「問孔」云: '武伯善憂父母, 故曰"唯其疾之憂."'" 又『淮南子』「說林」, '憂父之疾者子, 治之者醫.' 高「注」云: "『論語』曰"父母唯其疾之憂". 故曰"憂之者子."'" 則王充 · 高誘皆以人子憂父母之疾爲孝." "父母"字當略讀.

○ 정의에서 말한다.

『이아』「석고」에 "백(伯)은 맏이[長]라는 뜻이다."라고 했는데, 무백(武伯)이 형제의 서열상 맏이가 되기 때문에 백(伯)이라 일컫는 것이다. 『여람』「의상(義賞)」의 '주'에 "유(惟)는 오직[獨]이라는 뜻이다."[194] 했으니, "유(唯)"와 "유(惟)"는 같은 글자이다. 『설문해자』에 "우(息)는 근심한다[愁]는 뜻이다."[195]라고 했고, 또 "우(憂)는 조화로움을 행한다[和之行]는 뜻이다."[196]라고 했으니, 두 글자의 뜻이 다르다. 경전에서는 "우(憂)" 자를 가차해서 "근심[息]"의 뜻으로 삼는 경우가 많고, 또 예서에서는 변해서 "우(憂)"로 되어 있다. 장림(臧琳)의 『경의잡기(經義雜記)』에 "『논형』「문공편」에 '무백은 부모를 잘 걱정했기 때문에 "오직 부모의 병을 걱정해야 한다."라고 한 것이다.'[197]라고 했다. 또 『회남자(淮南子)』「설림훈(說林訓)」

---

194 『여씨춘추』 권14, 「효행람제2(孝行覽第二) · 의상(義賞)」. 「주」에는 "也" 자가 없다.

195 『설문해자』 권10: 우(息)는 근심한다[愁]는 뜻이다. 심(心)으로 구성되었고, 혈(頁)로 구성되었다. 어(於)와 구(求)의 반절음이다.[息, 愁也. 從心從頁. 於求切.]

196 『설문해자』 권5: 우(憂)는 조화로움을 행한다[和之行]는 뜻이다. 쇠(夊)로 구성되었고, 우(息)가 발음을 나타낸다. 『시경』「상송(商頌) · 나지십(那之什) · 장발(長發)」에 "정치를 베풂이 조화롭고 조화롭다."라고 했다. 어(於)와 구(求)의 반절음이다.[憂, 和之行也. 從夊息聲. 『詩』曰: "布政憂憂." 於求切.] 그러나 『시경』「상송 · 나지십 · 장발」에는 "敷政優優"로 되어 있다.

에 '부모의 병을 걱정하는 자는 자식이고, 그 병을 다스리는 사람은 의사이다.'라고 했는데, 고유(高誘)의 「주」에 '『논어』에 "부모는 오직 그 질병을 근심할 뿐이다."라고 했다. 그러므로 "부모의 질병을 근심하는 사람은 자식이다."'라고 했으니, 왕충(王充)[198]과 고유 모두 자식이 부모의 질병을 근심하는 것을 효라고 여긴 것이다."라고 했다. "부모(父母)" 자는 당연히 글자를 생략해서 읽는다.

원문 案, 『孝經』「紀孝行章」, "子曰: '孝子之事親也, 病則致其憂.'"『禮記』「曲禮」云: "父母有疾, 冠者不櫛, 行不翔, 言不惰, 琴瑟不御, 食肉不至變味, 飮酒不至變貌, 笑不至矧, 怒不至詈. 疾止復故." 皆以人子憂父母疾爲孝.

역문 살펴보니, 『효경(孝經)』「기효행장(紀孝行章)」에 "공자가 말했다. '효자는 어버이를 섬길 때 어버이께서 병이 드시면 그 근심을 다한다.'"라고 했고, 『예기』「곡례」에 "부모가 병이 들면 관례를 한 자는 머리를 빗지 않고, 다닐 때에는 활갯짓을 하고 걷지 않으며, 말할 때는 태만하게 하지 않으며, 거문고와 같은 악기를 다루지 않으며, 고기를 먹되 입맛이 변할 만큼 많이 먹지 않으며, 술을 마시되 용모가 흐트러질 정도에까지 이르지

---

197 『논형』 권9, 「문공편」.
198 왕충(王充, 27~104): 중국 후한 회계(會稽) 상우(上虞) 사람. 자는 중임(仲任)이다. 한미한 집안 출신으로 관료로서는 불우하여 지방의 말단에 머물렀지만, 낙양(洛陽)에 유학하여 태학(太學)에서 공부하면서 반표(班彪)에게 배웠다. 가난하여 늘 낙양의 책방에서 책을 훔쳐 읽고 기억했다고 한다. 장구(章句)에 관심을 두지 않았다. 자사(刺史)가 불러 종사(從事)로 삼았고, 치중(治中)으로 옮겼다. 장제(章帝)가 특별히 공거(公車)를 보내 불렀지만 병으로 나가지 못했다. 생활은 곤궁했지만 저술에 잠심했다. 세속의 속유(俗儒)들이 경의(經義)에 얽매일 때 문을 닫고 깊이 생각하여 저술에 힘썼다. 사상적 전환기에 선 선구자로서 사상사에서 차지하는 지위는 크다. 대표적 저서로 전통적인 당시의 정치나 학문을 비판한 『논형(論衡)』 85편이 있다. 그 밖의 저서에 『양생서(養生書)』와 『정무서(政務書)』 등이 있다고 하지만 전하지 않는다.

않으며, 웃더라도 잇몸을 드러내는 데까지 이르지 않고, 노하더라도 욕을 하는 지경에까지 이르지 않는다. 병환이 나으면 다시 그전대로 돌아간다."[199] 했으니, 모두 자식이 부모를 근심하는 것을 효로 여긴 것이다.

- 「注」, "武伯"至"母憂".
- 正義曰: 『左』「哀」十一年「傳」, "孟孺子洩." 杜「注」, "孺子, 孟懿子之子武伯彘." 疑彘是名, 洩是字也. 『周書』「謚法解」, "剛强直理 · 威强睿德 · 克定禍亂 · 刑民克服 · 大志多窮, 皆曰武", 是"武"爲謚也. 「注」謂父母憂子之疾, 此馬用『古論』義也. 『孟子』云: "守孰爲大? 守身爲大." "守身"所以事親. 故人子當知父母之所憂, 自能謹疾, 不妄爲非, 而不失其身矣. 不失其身, 斯爲孝也.
- 「주」의 "무백(武伯)"부터 "모우(母憂)"까지.
- 정의에서 말한다.

  『춘추좌씨전』「애공(哀公)」 11년 「전」에 "맹유자설(孟孺子洩)"이라는 글이 보이는데, 이에 대해 두예의 「주」에 "유자(孺子) 맹의자(孟懿子)의 아들 무백(武伯)인 체(彘)이다."[200]라고 했는데, 아마도 체(彘)가 이름이고 설(洩)은 자인 듯하다. 『주서』「시법해」에 의하면 "굳세고 강하며 이치가 곧은 경우[剛强直理], 위엄 있고 굳세며 슬기롭고 덕이 있는 경우[威彊睿德], 화란(禍亂)을 극복하여 바로잡은 경우[克定禍亂], 백성에게 형법을 시행하여 복종시킨 경우[刑民克服], 뜻을 크게 가져 곤궁해짐이 많은 경우[大志多窮]를 모두 무(武)라 한다."[201] 하니, 여기서의 "무(武)"는 시호이다. 「주」에서는 부모가 자식의 질병을 근심한다고 했는데, 이는 마융이 『고논어』의 뜻을 차용한 것이다. 『맹자』에 "무엇을 지키는 것이 가장 큰일인가? 자신을 지키는 것이 가장 큰일이다."[202] 했으니, "자신을 지키는 것[守身]"이 어버이를 섬기는

---

199 『예기』「곡례상」.
200 『춘추좌전주소』권58,「애공」11년 두예의 「주」.
201 『일주서』권6,「시법해제54」.
202 『맹자』「이루상」.

것이다. 따라서 자식은 마땅히 부모가 무엇을 근심하는지를 알아서 스스로 병을 삼가고 함부로 비행을 저지르지 않을 수 있어야 하고, 또한 자신을 잃지 않아야 한다. 자신을 잃지 않음, 이것이 효가 된다.[203]

2-7

子游問孝, 【注】 孔曰: "子游, 弟子, 姓言, 名偃." 子曰: "今之孝者, 是謂能養. 至於犬馬, 皆能有養. 不敬, 何以別乎?" 【注】 包曰: "犬以守禦, 馬以代勞, 皆養人者. 一曰: '人之所養, 乃至於犬馬, 不敬則無以別.' 孟子曰: '食而不愛, 豕畜之. 愛而不敬, 獸畜之.'"

자유(子游)가 효를 묻자, 【주】 공안국이 말했다. "자유는 제자이니, 성은 언(言)이고, 이름은 언(偃)이다." 공자가 말했다. "오늘날 효도라는 것은 단지 봉양을 잘하는 것만을 이른다. 심지어 개나 말까지도 모두 사람을 잘 봉양함이 있으니 자식이 부모를 봉양하기만 하고 공경

---

203 "不失其身"의 "身"은 단순하게 몸을 의미하는 말이 아니다. 『맹자』의 내용을 자세히 살펴보면 "무엇을 지키는 것이 가장 큰 일인가? 자신[자기의 지조나 절개]를 지키는 것이 가장 큰일이다. 자신[자기의 지조나 절개]를 잃지 않고서 그 어버이를 잘 섬긴 자는 내가 들었고, 자신[자기의 지조나 절개]를 잃고서 그 어버이를 잘 섬긴 자는 들어 보지 못하였다. 무엇인들 섬김이 되지 않겠는가마는 어버이를 섬김이 섬김의 근본이요, 무엇인들 지킴이 되지 않겠는가는 자신[자기의 지조나 절개]를 지킴이 지킴의 근본이다.[孰爲大? 守身爲大. 不失其身而能事其親者, 吾聞之矣; 失其身而能事其親者, 吾未之聞也. 孰不爲事, 事親事之本也; 孰不爲守, 守身, 守之本也.]"라고 했는데, 주희는 『논어집주』에서 "수신(守身)은 그 몸을 잘 지켜 불의에 빠지지 않게 하는 것이다.[守身, 持守其身, 使不陷於不義也.]"라 했으니, 여기서의 "수신(守身)"이란 "자신의 지조나 절개를 잘 지켜 불의에 빠지지 않게 하는 것"이란 의미로 쓰였음을 알 수 있다.

하지 않는다면 개나 말이 사람을 봉양하는 것과 무엇이 다르겠는가?"【주】 포함이 말했다. "개가 밤을 지키거나 도둑을 막고, 말이 노고를 대신하는 것이 모두 사람을 봉양하는 것이다. 일설에는 '사람이 부양하는 것이 결국은 개나 말까지 이르니, 부모를 공경하지 않는다면 개나 말을 기르는 것과 다를 게 없다.'라고 했다. 맹자가 말했다. '먹이기만 하고 사랑하지 않으면 돼지로 기르는 것이고, 사랑하기만 하고 공경하지 않으면 짐승으로 기르는 것이다.'[204]"

원문 正義曰: 王氏引之『經傳釋詞』, "'是謂能養', 是與'祇'同義. 故薛綜注「東京賦」曰: '祇, 是也.'"『說文』, "養, 供養也."『孝經』云: "用天之道, 分地之利, 謹身節用, 以養父母, 此庶人之孝也."『大戴禮』「曾子本孝」云: "庶人之孝也, 以力惡食." 盧辯「注」, "分地任力致甘美." 蓋庶人能養不能敬, 若語於士, 則養未足爲孝. 故「坊記」言, "小人皆能養其親, 君子不敬, 何以辨?" "小人"卽庶人, "君子"則士以上通稱. 又「曾子立孝」云: "君子之孝也, 忠愛以敬." 又云: "盡力無禮, 則小人也." 盡力, 卽以力致養之事; 無禮, 卽不敬也.『孝經』又云: "故母取其愛, 而君取其敬, 兼之者父也. 蓋士之孝也." 與「曾子立孝」所言"君子之孝"同, 明能敬爲士之孝.

역문 정의에서 말한다.

　　왕인지(王引之)[205]의 『경전석사(經傳釋詞)』에 "단지 봉양을 잘하는 것만

---

204 "豕畜之"는 『맹자』 「진심상(盡心上)」에는 "豕交之也"로 되어 있다.

205 왕인지(王引之, 1766~1834): 중국 청나라 강소 고우(高郵) 사람. 자는 백신(伯申)이고, 호는 만경(曼卿)이며, 시호는 문간(文簡)이다. 어려서부터 부친의 학업을 계승하여 문자음운의 학문, 즉 소학(小學)에 통달하는 한편 9경3전(九經三傳)과 진한(秦漢)의 문헌을 널리 섭렵, 연구하여 의의를 밝혔는데, 방법이 과학적이어서 부친의 학문과 함께 실사구시(實事求是)의 학문이라 일컬었다. 저서로는 『경전석사(經傳釋詞)』10권과 『경의술문(經義述聞)』이 있

을 이른다[是謂能養]'라고 할 때의 '시(是)'자는 '기(祇: 다만)'자와 뜻이 같다. 그러므로 설종(薛綜)[206]은 「동경부(東京賦)」를 주석하면서 '기(祇)는 다만[是]이라는 뜻이다.' 했다."라고 하였다. 『설문해자』에 "양(養)은 공양(供養)이다."[207]라고 했다. 『효경』에 "하늘의 도(道)를 이용하고 땅의 이(利)를 분별하며, 몸가짐을 조심하고 씀씀이를 절약[節用]해서 그것으로 부모를 봉양하는 것, 이것이 서인(庶人)의 효이다."[208]라고 했다. 『대대례』「증자본효(曾子本孝)」에 "서인의 효는 보잘것없는 음식이라도 공양하는 데 힘쓴다."라고 했는데, 노변의 「주」에 "땅의 이(利)를 분별하고 힘을 다해 맛있는 음식을 모두 장만한다."라고 했다. 대체로 서인은 봉양은 잘하지만 공경은 잘하지 못하니, 만약 하급 관리[士]에게 말하듯 한다면 봉양은 하더라도 족히 효가 되지는 못한다. 그러므로 「방기(坊記)」에 "소인(小人)도 모두 그 어버이를 잘 봉양하니, 군자로서 공경하지 않으면 무엇으로 분별하겠는가?"[209]라고 했는데, 여기서 "소인"은 곧 서인이고, "군자(君子)"는 사(士) 이상의 신분에 대한 공통된 칭호이다. 또 「증자입효(曾子立孝)」에 "군자의 사랑은 공경하는 마음을 가지고 충성하고 사랑하는 것이다."[210] 했고, 또 "힘을 다하더라도 예가 없으면 소인이다."[211]라

는데, 『경전석사』는 고전에 나타나는 허자(虛字)에 새로운 해석을 내린 것이고, 『경의술문』은 경서에 관한 이전의 주해를 비교해서 단정한 것이다.

206 설종(薛綜, ?~243): 중국 삼국시대 오나라 패현(沛縣) 죽읍(竹邑) 사람. 자는 경문(敬文)이다. 문장이 뛰어나 저술이 많았다. 일찍이 장형(張衡)의 『이경부(二京賦)』에 주를 달았다. 저서에 『사재(私載)』와 『오종도술(五宗圖述)』이 있다.

207 『설문해자』 권5: 양(養)은 공양(供養)이다. 식(食)으로 구성되었고, 양(羊)이 발음을 나타낸다. 양(羑)은 양(養)의 고문이다. 여(余)와 양(兩)의 반절음이다.[養, 供養也. 從食羊聲. 羑, 古文養. 余兩切.]

208 『효경』「서인장(庶人章)」.

209 『예기』「방기(坊記)」.

고 했는데, 힘을 다함[盡力]이란 곧 힘써 봉양을 다하는 일이고, 예가 없다[無禮]는 것은 곧 공경하지 않는다는 것이다. 『효경』에서는 또 "그러므로 어머니는 그 사랑을 취하고 임금은 그 공경을 취하지만, 그 두 가지를 겸하는 것은 아버지이다. 이러한 것이 대체로 사의 효이다."[212]라고 했는데, 「증자입효」에서 말한 "군자의 효"와 같으니, 잘 공경함이 사의 효가 됨을 분명히 한 것이다.

원문 夫子告子游, 正以爲士之道責之矣. 『孝經』又云: "孝子之事親也, 居則致其敬, 養則致其樂." 『禮』「內則」, "曾子云: '孝子之養老也, 樂其心, 不違其志, 樂其耳目, 安其寢處, 以其飮食忠養之.'" 二文所言"養", 皆養志之道, 其不廢敬可知. 「祭義」云: "衆之本敎曰孝, 其行曰養. 養可能也, 敬爲難; 敬可能也, 安爲難; 安可能也, 卒爲難." 是敬猶非至孝, 特視祇能養者爲難耳. "犬馬", 皆獸名. "別"者, 分也. 見『廣雅』「釋詁」, 此常訓. 『漢石經』無"乎"字.

역문 공자가 자유에게 일러 준 것은 진실로 사를 위한 도리를 가지고 질책한 것이다. 『효경』은 또 "효자가 부모를 섬기는 일은 그 부모가 살아 계실 때는 공경을 다하고, 봉양할 때에는 즐거운 마음을 다해야 한다."[213]라고 했고, 『예기』「내칙(內則)」에서는 "증자(曾子)가 말했다. '효자가 노부모를 봉양할 때에는, 그 마음을 즐겁게 해 드리고 그 뜻을 어기지 아니하며, 귀와 눈을 즐겁게 해 드리고 그 잠자리를 편하게 해 드리며, 음

---

210 『대대례』 권4, 「증자입효(曾子立孝)」.
211 『대대례』 권4, 「증자입효」
212 『효경』 「사장(士章)」.
213 『효경』 「기효행장(紀孝行章)」.

식을 가지고 정성을 다하여 부모를 봉양해야 한다.'"라고 했는데, 두 글에서 말하는 "봉양"이란 모두 뜻을 봉양하는 것으로, 그것은 공경을 폐하지 않는다는 것을 알 수 있다. 「제의(祭義)」에 "민중에게 기본적으로 가르치는 것을 효도라고 하고, 그 효를 실행하는 것을 봉양[養]이라고 한다. 봉양은 잘할 수 있으나 부모를 공경하기는 쉽지 않고, 공경은 잘할 수 있으나 마음을 편안하게 해드리기는 쉽지 않으며, 마음을 편안하게 해 드릴 수는 있으나 돌아가실 때까지 변하지 않기는 쉽지 않다."[214]라고 했는데, 이는 공경만 하는 것이 오히려 지극한 효가 아니고, 단지 공양을 잘하는 것만으로도 어려운 일이 된다는 것을 특별히 보여 준 것일 뿐이다. "개와 말"은 모두 짐승의 이름이다. "별(別)"은 구분[分]이다. 『광아』「석고」를 보면 이것은 자세하게 해석되어 있다. 『한석경』에는 "호(乎)" 자가 없다.

- 「注」, "子游, 弟子, 姓言, 名偃."
- 正義曰: 「仲尼弟子列傳」, "言偃, 吳人, 字子游, 少孔子四十五歲." 『家語』「弟子解」作"魯人, 少孔子三十五歲." 與『史』違異, 非也. 下篇子夏稱"言游", 又子游答夫子稱"偃之室", 是姓言名偃也. 『說文』, "游, 旌旗之流. 從放汙聲." 『漢石經』於「子張篇」作"子斿", "斿"卽"游"省, "游"從放. 『說文』, "放, 旌旗之游放蹇之皃. 從屮, 曲而垂下, 斿相出入也. 讀若偃." 是"放"·"偃"聲同. 古人名放字子游, 若晉 籍偃·荀偃·鄭 駟偃及此言偃, 皆字遊, 本皆作"放", 叚"偃"字爲之.
- ○ 「주」의 "자유는 제자이니, 성은 언(言)이고, 이름은 언(偃)이다."
- ○ 정의에서 말한다.
  「중니제자열전」에 "언언(言偃)은 오(吳)나라 사람이고, 자(字)는 자유인데, 공자보다 45세

---

214 『예기』「제의(祭義)」.

어리다."라고 했고, 『공자가어』「칠십이제자해」에는 "노나라 사람인데, 공자보다 35세 어리다."라고 했는데, 『사기』와 차이가 있으니 잘못이다. 아래 편에서 자하(子夏)는 "언유(言游)"[215]라 불렸고, 또 자유도 공자에게 답하면서 "저의 집[偃之室]"[216]이라 일컬었으니, 성이 언(言)이고 이름이 언(偃)이다. 『설문해자』에 "유(游)는 깃발이 나부끼는 모양이다. 언(㫃)으로 구성되었고, 수(汓)가 발음을 나타낸다."[217]라고 했다. 『한석경』의 「자장(子張)」에는 "자유(子斿)"로 되어 있는데, "유(斿)"는 "유(游)"의 생략된 자형이고, "유(游)"는 언(㫃)으로 구성되었다. 『설문해자』에 "언(㫃)은 깃발이 나부끼며 춤추는 모양이다. 철(屮)로 구성되었는데, 구부러져 아래로 드리워져 깃발이 나부끼며 서로 들락거리는 모양이다. 언(偃)과 같이 발음한다."[218]라고 했는데, 이때 "언(㫃)"과 "언(偃)"은 발음이 같다. 옛날 사람들은 이름이 언(㫃)이면 자(字)를 유(游)라고 했으니, 예를 들면 진(晉)나라의 적언(籍偃)[219]과 순언(荀偃),[220] 정(鄭)나라의 사언(駟偃)[221] 및 여기에서 말한 언언(言偃)이 모두 자(字)가 유(遊)이

---

215 『논어』「자장」: 자하(子夏)가 듣고서 말했다. "아! 언유(言游: 자유)의 말이 지나치다."[子夏聞之, 曰: "噫! 言游過矣."]

216 『논어』「옹야」: 공자가 말했다. "너는 인재를 얻었느냐?" 자유가 대답했다. "담대멸명(澹臺滅明)이란 사람이 있는데, 길을 다닐 때는 지름길로 다니지 않으며, 공적인 사무[公事]가 아니면 일찍이 저의 집에 온 적이 없습니다."[子曰: "女得人焉耳乎?" 曰: "有澹臺滅明者, 行不由徑, 非公事, 未嘗至於偃之室也.]

217 『설문해자』 권7: 유(游)는 깃발이 나부끼는 모양이다. 언(㫃)으로 구성되었고, 수(汓)가 발음을 나타낸다. 유(遊)는 유(游)의 고문이다. 이(以)와 주(周)의 반절음이다.[游, 旌旗之流也. 從㫃汓聲. 遊, 古文游. 以周切.]

218 『설문해자』 권7: 언(㫃)은 깃발이 나부끼며 춤추는 모양이다. 철(屮)로 구성되었는데, 구부러져 아래로 드리워져 깃발이 나부끼며 서로 들락거리는 모양이다. 언(偃)과 같이 발음한다. 옛날 사람들은 이름이 언(㫃)이면 자를 자유(子游)라 했다. 모든 언(㫃)부에 속하는 한자는 다 언(㫃)의 뜻을 따른다. 언(㫃)은 언(㫃)의 고문이다. 상형문자인데, 깃발이 나부끼는 모습을 따라 형상화했다. 어(於)와 헌(幰)의 반절음이다.[㫃, 旌旗之游㫃蹇之皃. 從屮, 曲而下垂, 㫃相出入也. 讀若偃. 古人名㫃, 字子游. 凡㫃人之屬皆從㫃. 㫃, 古文字㫃. 象形, 及象旌旗之游. 於幰切.]

219 적언(籍偃, ?~?): 중국 춘추시대 진(晉)나라의 대부. 적계(籍季)의 아들이고, 적담지자(籍談之子)의 아버지이다.

니, 본래는 모두 "언(訏)"으로 되어 있었는데, 지금은 "언(偃)" 자를 가차해서 사용한다.

- 「注」, "犬以"至"畜之".
- 正義曰: 「注」前後兩說, 前說以犬馬皆能養人. 養則服事之義, 若人子事親, 但能養而不敬, 則無以異於犬馬之服養人也. 毛氏奇齡『論語稽求篇』引, "唐 李嶠「表」云: '犬馬含識, 烏鳥有情, 寧懷反哺, 豈曰能養?' 馬周「疏」云: '臣少失父母, 犬馬之養, 已無所施.' 宋 王豊甫「表」云: '犬馬之養未伸, 風木之悲累至.'" 皆用包義. 以"犬馬"喩人子, "養"爲服養也. 後說以犬馬喩父母, 於義難通, 自昔儒者多譏之. 引孟子者, 「盡心篇」文.

○ 「주」의 "견이(犬以)"부터 "휵지(畜之)"까지.

○ 정의에서 말한다.

「주」 앞뒤의 두 가지 설.[「注」前後兩說].

앞의 설은 개와 말이 모두 사람을 봉양할 수 있다는 것으로 말한 것이다. 봉양한다는 것은 복종하여 섬긴다는 뜻이니, 만약 자식이 어버이를 섬길 때 다만 봉양만 잘하고 공경하지 않는다면 개나 말이 사람을 봉양하는 것과 다를 것이 없다. 모기령(毛奇齡)[222]의 『논어계구편(論

---

220 순언(荀偃, ?~기원전 554): 중행언(中行偃) 또는 중행헌자(中行獻子)라고도 한다. 중국 춘추시대 진(晉)나라 사람. 자는 백유(伯游)이고, 순림보(荀林父)의 손자다. 대부(大夫)를 지냈다. 시호는 헌(獻)이다.

221 사언(駟偃, ?~기원전 523): 중국 춘추시대 정(鄭)나라의 정경(正卿).

222 모기령(毛奇齡, 1623~1716): 중국 명말청초 때 절강(浙江) 소산(蕭山) 사람. 자는 대가(大可) 또는 제우(齊于), 우일(于一)이고, 호는 초청(初晴) 또는 추청(秋晴)이다. 본명은 신(甡)이다. 학자들은 서하선생(西河先生)이라 불렀다. 청나라 초에는 일찍이 항청(抗淸) 운동에 참여했다. 일이 실패한 뒤 이곳저곳을 떠돌다가 다시 세상에 나타났다. 강희(康熙) 18년 (1679) 박학홍사과(博學鴻詞科)에 천거되고, 한림원검토(翰林院檢討)에 임명되어 『명사(明史)』 편찬에 참여했다. 얼마 뒤 휴가를 내어 귀향한 뒤 다시는 나가지 않았다. 경사(經史)와 음운학(音韻學)을 공부했고, 박문강기(博聞强記)하여 다방면에 걸쳐 많은 저술을 냈다. 양명학(陽明學) 영향을 받았지만 고증학(考證學)을 좋아했다. 그러나 인용은 방대했지만 상세하게 확인하지 않아 오류가 다수 눈에 띈다. 주자(朱子)를 비판한 『사서개착(四書改錯)』, 염약거(閻若璩)의 『고문상서소증(古文尙書疏證)』을 반박한 『고문상서원사(古文尙書冤詞)』 등이 있다. 저술을 모두 모은 『서하합집(西河合集)』은 4백여 권으로 구성되어 있다.

語稽求篇)』에 "당나라 이교(李嶠)[223]의 「표」에 '개와 말도 앎을 가지고 있고, 까마귀와 새도 정(情)이 있어 오히려 반포의 정을 품었지만 어찌 잘 봉양한다 할 수 있겠는가?'[224]라고 했고, 마주(馬周)[225]의 「상소(上疏)」에 '신은 어려서 부모를 잃어 견마(犬馬)의 봉양을 이미 펼 곳이 없습니다.'라고 했으며, 송(宋)나라 왕풍보(王豐甫)[226]의 「표」에 '견마의 봉양 아직 펴지도 못했는데, 풍목의 슬픔[風木之悲][227] 자꾸만 찾아드네.'[228]라고 했다."[229]라는 이야기들을 인용했는데, 모두 포함의 뜻을 수용한 것이다. "개와 말"을 자식에 비유한 것이니, "양(養)"은 봉양[服養]이 된다.

뒤의 설은 개와 말을 부모에게 비유한 것이니, 의미상 통하기 어렵고, 예로부터 유학자들이 대부분 비판했다. 맹자의 말을 인용한 것은 『맹자』「진심상(盡心上)」의 문장이다.

원문 「注」二說外, 又有三說. <u>包氏愼言『論語溫故錄』</u>, "'犬馬'二句, 蓋極言養

---

223 이교(李嶠, 646~715): 중국 당나라 조주(趙州, 하북성) 찬황(贊皇) 사람. 자는 거산(巨山)이다. 시문(詩文)에 뛰어났고, 소미도(蘇味道)와 이름을 나란히 해 소리(蘇李)로 불렸다. 또 소미도, 최융(崔融), 두심언(杜審言)과 함께 '문장사우(文章四友)'로도 불렸다. 당시 궁정시인의 거두로, 저서에 『이교잡영(李嶠雜詠)』이 전해진다.

224 「위독고씨청배소릉합장모표(爲獨孤氏請陪昭陵合葬母表)」.

225 마주(馬周, 601~648): 중국 당나라 박주(博州) 치평(茌平) 사람. 자는 빈왕(賓王)이다. 어릴 때 고아가 되고 가난했지만 배우기를 좋아했고, 『시경』과 『춘추』에 밝았다. 감찰어사(監察御史)와 급사중(給事中), 중서시랑(中書侍郎), 중서령(中書令) 등을 지냈으며, 명쾌하고 주도면밀한 변설로 간언(諫言)하여 당 태종의 총애를 받았다.

226 왕풍보(王豐甫, ?~?): 미상.

227 풍목지비(風木之悲): 풍수지탄(風樹之嘆)과 같은 말. 어버이가 세상을 떠나 모시지 못함을 탄식하는 말이다. 주(周)나라 때의 고어(皐魚)라는 자가 어머니의 죽음에 탄식하며 "나무는 고요히 있으려 하나 바람이 그치지 않고, 아들은 어버이를 봉양하려 하나 어버이가 기다려 주지 않는다.[樹欲靜而風不止, 子欲養而親不待.]"라고 한 말에서 유래하였다.

228 「사면기복태재표(辭免起復太宰表)」.

229 『논어계구편(論語稽求篇)』 권1.

之事. 雖父母之犬馬, 今亦能養之也.「內則」, '父母之所愛亦愛之, 父母之所敬亦敬之, 至於犬馬盡然, 而況於人乎?' 此敬養兼至, 故爲貴也. 若今之孝者, 不過能養, 雖至於父母所愛敬之犬馬, 亦能養之, 然祇能養父母, 不能敬也. '何以別', 謂'何以別乎今?'也.『鹽鐵論』「孝養篇」, '善養者, 不必錫芻也. 以己之所有, 盡事其親, 孝之至也. 故匹夫勤勞, 猶足以順禮, 歠菽飮水, 足以致敬. 孔子曰: "今之孝者, 是謂能養, 不敬, 何以別乎?"故上孝養志, 其次養色, 其次養體. 貴其禮, 不貪其養, 禮順心和, 養雖不備, 可也.'" 此引『論語』以"不敬"句與"能養"句聯文, 則"別"謂別乎今之孝者. 此一說也.

역문 「주」의 두 가지 설 외에도 세 가지 설이 더 있다.

포신언(包愼言)의 『논어온고록(論語溫故錄)』에 "'견마(犬馬)' 두 구절은 대체로 봉양의 일을 극단적으로 말한 것이다. 비록 부모의 개와 말이라 할지라도 이제 또한 잘 봉양해야 한다.『예기』「내칙」에 '부모가 사랑하는 것을 또한 사랑하고, 부모가 공경하는 바를 또한 공경해야 하니, 심지어 개나 말이라 할지라도 모두 그렇게 해야 하는 것이니 하물며 사람에 있어서이겠는가?' 했으니, 이는 공경과 봉양을 모두 지극히 하는 것이므로 귀함이 된다. 지금의 효로 말할 것 같으면 잘 봉양하는 것에 불과하니, 비록 심지어 부모가 사랑하고 공경하는 개나 말일지라도 또한 잘 봉양하지만, 그러나 단지 부모를 잘 봉양하는 것일 뿐이지, 공경을 잘하는 것이 아니다. '무엇이 다르겠는가?'란 '무엇이 지금과 다르겠는가?'라는 말이다.『염철론(鹽鐵論)』「효양(孝養)」에 '잘 봉양한다는 것은 굳이 고기일 필요는 없다. 자기가 가지고 있는 것으로 그 어버이를 극진히 섬김이 효의 지극함이다. 그러므로 필부의 부지런함과 노력이 오히려 충분히 예를 따르는 것이 될 수 있고, 콩죽을 드시고 물을 마시게 하는 것이 충분히 공경을 다함이 될 수 있다. 공자가 말하길, "오늘날 효도라는 것은 단지 봉양을 잘하는 것만을 이르니, 공경하지 않으면 무엇이다르겠는가?"라고 했으니, 따라서 최상의 효는 뜻을 봉양하는 것이고,그다음은 안색(顏色)을 봉양하는 것이며, 그다음은 몸을 봉양하는 것이다. 예를 귀하게 여기고 봉양을 탐하지 않으면 예가 순(順)하고 마음이화합하니, 봉양은 비록 갖춰지지 않아도 괜찮다.'[230]라고 했다."라고 하였다. 여기서는 『논어』를 인용하면서 "불경(不敬)" 구절과 "능양(能養)"구절을 연결된 문장으로 보았으니, 그렇다면 "다름[別]"은 지금의 효라는것과는 다르다는 말이다. 이것이 한 가지 설이다.

원문 翟氏灝『考異』引「坊記」之文, 謂「坊記」唯變犬馬爲小人, 餘悉合此章義. 『荀子』云: "乳彘觸虎, 乳狗不遠遊." 雖獸畜, 知愛讓其所生也. 束晳「補亡詩」, "養隆敬薄, 惟禽之似." 爲人子者, 毋但似禽鳥知反哺已也. 皆與「坊記」言通, 此又一說也.

역문 적호는 『사서고이』에 『예기』「방기」의 글을 인용했는데, 「방기」에서는 오직 견마를 소인으로 바꾸었고, 나머지는 모두 이 장(章)의 뜻과 합한다고 했다.[231] 『순자』에는 "새끼 돼지도 호랑이를 건드리지 않고, 강아지도 멀리 가서 놀지 않는다."[232]라고 했는데, 비록 짐승을 기르더라도자기를 낳아 준 바를 사랑으로 봉양할 줄 안다. 속석(束晳)[233]의 「보망시

---

230 『염철론(鹽鐵論)』 권6, 「효양제25(孝養第二十五)」.

231 『예기』「방기」에 "소인도 모두 그 어비이를 잘 봉양하니, 군자로서 공경하지 않으면 무엇으로 분별하겠는가[小人皆能養其親, 君子不敬, 何以辨?]"라고 했는데, 이 문장에서 "犬馬"를 "小人"으로 바꾸었다는 말이다.

232 『순자』 권3, 「영욕편제4(榮辱篇第四)」

233 속석(束晳, 261?~300?): 중국 서진(西晉) 양평(陽平) 원성[元城, 하북성 대명(大名)] 사람. 자

(補亡詩)」에 "봉양이 융성하고 공경이 박하니 오직 날짐승과 비슷하다."
라고 했는데, 사람의 자식이 된 자는 단지 날짐승이 반포(反哺)할 줄만
알 뿐인 것과 같지 말아야 한다는 것이다. 모두 「방기」에서 말한 것과
통하니, 이것이 또 한 가지 설이다.

원문 先兄五河君『經義略說』謂「坊記」"小人", 卽此章"犬馬". 『公羊』何休
「注」言, "大夫有疾稱犬馬, 士稱負薪." 皆賤者之稱, 而大夫・士謙言之. 『孟
子』, "子思曰: '今而後知君之犬馬畜伋也.'" 然則犬馬謂卑賤之人, 若臧獲之
類. 此又一說也. 諸說當與「注」前義竝存.

역문 작고하신 형[先兄]인 오하군은 『경의약설(經義略說)』에서 「방기」의 "소
인"은 바로 이 장의 "견마"라고 했다. 『춘추공양전(春秋公羊傳)』하휴의
「주」에 "대부(大夫)는 병이 들면 견마(犬馬)라 칭하고, 사(士)는 부신(負
薪)이라 칭한다."[234]라고 했으니, 모두 천한 사람을 일컫는 것인데, 대부
와 사가 자신을 겸손하게 말한 것이다. 『맹자』에 "자사(子思)가 말했다.
'이제서야 임금이 나를 개나 말처럼 길렀다는 것을 알았다.'"[235]라고 했는
데, 그렇다면 견마는 비천한 사람이라는 말이니, 노비[臧獲][236]와 같은 부

는 광미(廣微)이다. 다문박학(多聞博學)했다고 한다. 저작으로 있으면서 고정(考訂)에 참여
하여 15편으로 정리했는데, 안에는 『죽서기년(竹書紀年)』과 『목천자전(穆天子傳)』도 있었
다. 『시경』「소아(小雅)」에 「남해(南陔)」, 「백화(白華)」, 「화서(華黍)」, 「유경(由庚)」등 생
시(笙詩) 6편이 있는데, 소리만 있고 가사가 없어 이를 보작(補作)하고 「보망시(補亡詩)」라
했다. 저서에 『오경통론(五經通論)』과 『발몽기(發蒙記)』등이 있었지만 다 없어지고, 지금
은 『속광미집(束廣微集)』만 전한다.

234 『춘추공양전주소』권5, 「환공(桓公)」16년 기사에 대한 하휴의 「주」.
235 『맹자』「만장하(萬章下)」.
236 장획(臧獲): 장(臧)은 사내종, 획(獲)은 계집종을 뜻하는 것으로 종(從), 하인(下人)을 이르
는 말이다.

류이다. 이것이 또 하나의 설이다. 모든 설들은 당연히 「주」의 앞에 있는 설의 뜻과 병존(竝存)한다.

2-8

子夏問孝, 子曰: "色難.【注】包曰: "色難者, 謂承順父母色乃爲難."
有事, 弟子服其勞; 有酒食, 先生饌,【注】馬曰: "先生, 謂父兄. 饌,
飲食也." 曾是以爲孝乎?"【注】馬曰: "孔子喩子夏, 服勞·先食, 汝謂此爲
孝乎? 未孝也. 承順父母顏色, 乃爲孝也."

자하가 효를 묻자 공자가 말했다. "어버이의 안색을 받들어 따르기가 어렵다.【주】포함이 말했다. "색난(色難)은 부모의 안색을 받들어 따르는 일이 곧 어려움이 된다는 말이다." 일이 있으면 나이 어린 사람들이 아주 부지런히 그 일에 종사하고, 술이나 밥이 있으면 연장자가 장만하는 것을【주】마융이 말했다. "선생(先生)은 부모와 형을 이른다. 찬(饌)은 마시고 먹게 함[飲食]이다." 곧 효라고 여기느냐?"【주】마융이 말했다. "공자가 자하를 깨우쳐 '부지런히 그 일에 종사하는 것과 부모와 형[先生]이 드시게 하는 것, 너는 이것이 효가 된다고 여기는가? 이것은 효가 아니다. 부모의 안색을 받들어 따라야 효가 된다.'라고 한 것이다."

원문 正義曰: 『爾雅』「釋詁」, "服, 事也." 說文作"服", 云: "用也". 「釋詁」又
云: "勞, 勤也."『說文』, "勞, 劇也. 從力熒省." 劇者, 甚也, 言甚勤也.

역문 정의에서 말한다.

『이아』「석고」에 "복(服)은 종사한다[事]는 뜻이다."라고 했고, 『설문해자』에는 "복(服)"으로 되어 있는데, "쓴다[用]는 뜻이다."[237]라고 했다. 「석고」에 또 "노(勞)는 부지런히 일한다[勤]는 뜻이다."라고 했고, 『설문해자』에 "노(勞)는 심하다[劇]는 뜻이다. 역(力)으로 구성되었고, 형(熒)의 생략된 자형이다."[238]라고 했다. 극(劇)은 심하다[甚]는 뜻이니, 매우 부지런히 일한다는 말이다.

원문 先從叔丹徒君『駢枝』曰: "年幼者爲弟子, 年長者爲先生, 皆謂人子也. 饌, 具也. 有事, 幼者服其勞; 有酒食, 長者共其之. 是皆子職之常, 何足爲孝? 「內則」曰: '男女未冠笄者, 味爽而朝, 問"何食飲矣". 若已食, 則退; 若未食, 則佐長者視具.' 長者, 卽先生也; '其', 卽'饌'也. 『論語』中言'弟子'者七, 其二皆年幼者, 其五謂門人. 言先生者二, 皆謂年長者. 「憲問篇」, '見其與先生竝行也.' 包氏曰: '先生, 成人也.' 皇「疏」云: '先生者, 謂先己之生也.'"

역문 작고하신 종숙(從叔) 단도군(丹徒君)의 『논어변지(論語駢枝)』에 "나이가 어린 사람이 제자가 되고 나이가 많은 사람이 선생이 되니 모두 사람의 자식을 이른다. 찬(饌)은 갖춘다[具]는 뜻이다. 일이 있으면 어린 사람들이 그 일에 종사하고, 술과 밥이 있으면 나이 많은 사람들이 함께 장만

---

237 『설문해자』 권8: 복(服)은 쓴다[用]는 뜻이다. 일설에는 수레의 오른쪽 곁마인데 배를 돌리기 위한 것이라고 한다. 주(舟)로 구성되었고, 복(㕔)이 발음을 나타낸다. 복(舩)은 복(服)의 고문인데 인(人)으로 구성되었다. 방(房)과 육(六)의 반절음이다.[服, 用也. 一曰車右騑, 所以舟旋. 從舟㕔聲. 舩, 古文服從人. 房六切.]

238 『설문해자』 권3: 노(勞)는 심하다[劇]는 뜻이다. 역(力)으로 구성되었고, 형(熒)의 생략된 자형이다. 형(熒)은 불이 먼 곳까지 번진다는 뜻이니, (불을 끄려) 힘쓰는 것이 수고롭다. 노(勞)는 노(勞)의 고문인데 실(悉)로 구성되었다. 노(魯)와 도(刀)의 반절음이다.[勞, 劇也. 從力, 熒省. 熒, 火燒冂, 用力者勞. 勞, 古文勞從悉. 魯刀切.]

한다. 이것은 모두 자식들의 평범한 직분이니, 어찌 충분히 효가 되겠는 가? 『예기』「내칙」에 '아직 관례(冠禮)나 계례(笄禮)를 올리지 않은 남녀 는 날이 샐 무렵에 부모에게 문안을 드리고, "무엇을 잡수시겠습니까?" 라고 물어서 만약 이미 잡수셨다고 하면 물러나오고 잡수시지 않았다고 하면 연장자를 도와서 부모의 식사 장만을 보살핀다.'라고 했는데, 이때 '연장자[長者]'가 바로 '선생(先生)'이고, 구(具)가 바로 '장만한다[饌]'는 뜻 이다. 『논어』가운데 '제자(弟子)'라고 언급한 것이 일곱 번인데, 그중 두 번은 모두 나이가 어린 사람이고, 나머지 다섯 번은 문인(門人)을 이른 다. 선생을 언급한 것은 두 번인데, 모두 연장자를 이른다. 「헌문(憲問)」 에 '그가 선생과 나란히 걷는 것을 보았다.'라고 했는데, 포함은 여기에 서 '선생은 성인(成人)이다.'[239]라고 했고, 황간의 「소」에는 '선생이란 자 기보다 먼저 태어난 사람을 이른다.'[240]라고 했다.

원문 謹案, 『駢枝』說是也. 『說文』, "籑, 具食也. 從食, 算聲. 饌, 籑或從巽." 『禮經』凡言"饌", 注皆曰"陳也", 陳卽具食之義. 竊謂服勞視饌, 竝言庶人 之孝, 視饌卽能養.

역문 삼가 살펴보니, 『논어변지』의 설이 옳다. 『설문해자』에 "찬(籑)은 음 식을 장만한다[具食]는 뜻이다. 식(食)으로 구성되었고, 산(算)이 발음을 나타낸다. 찬(饌)은 찬(籑)의 혹체자인데 손(巽)으로 구성되었다."[241]라고 했다. 『예경(禮經)』에서 "찬(饌)"이라고 말한 모든 것은 「주」에서 다 "진

---

239 『논어집해의소』 권7, 「논어헌문제14(論語憲問第十四)」 포함의 「주」.

240 『논어집해의소』 권7, 「논어헌문제14」 황간의 「소」.

241 『설문해자』 권5: 찬(籑)은 음식을 장만한다[具食]는 뜻이다. 식(食)으로 구성되었고, 산(算) 이 발음을 나타낸다. 찬(饌)은 찬(籑)의 혹체자인데 손(巽)으로 구성되었다. 사(士)와 연(戀) 의 반절음이다.[籑, 具食也. 從食算聲. 饌, 籑或從巽. 士戀切.]

설한다[陳]는 뜻이다."라고 했는데, 진설한다는 것은 곧 음식을 장만한다
는 뜻이다. 가만히 힘든 일에 종사하고 음식 장만을 살핀다고 하면서 아
울러 서인의 효를 말한 것인데, 음식 장만을 살피는 것이 바로 봉양을
잘하는 것이다.

원문 "服勞"者, 『尚書大傳』言, "入小學, 知有父子之道, 長幼之敍." 又言,
"歲事既畢, 餘子入學, 所謂小學之敎, 則輕任竝, 重任分, 班白不提挈." 皆
是服勞之道. 「曾子大孝」云: "小孝用力, 慈愛忘勞, 可謂用力矣." <u>孔氏廣
森</u>『補注』, "庶人之孝, 夫子以士之孝告<u>子夏</u>. 故示以'色難', 明非士之達於
學術者, 未能幾此也."

역문 "복로(服勞)"

　　『상서대전』에 "소학에 들어가 부자(父子)의 도리와 장유(長幼)의 순서
를 안다."[242]라고 했고, 또 "한 해의 일[農事]이 이미 끝나고 나면 어린아이
들은 학교에 들어가는데, 이른바 소학의 가르침은 가벼운 짐은 혼자서
지고 무거운 짐은 나누어 져서 반백이 된 자가 짐을 들지 않게 하는 것
이다."[243]라고 했으니, 모두 부지런히 일에 종사하는 도리이다. 「증자대
효(曾子大孝)」에 "작은 효는 힘을 쓰는 것이니, 부모님의 사랑을 생각해
서 수고로움을 잊는다면 힘을 쓴다고 할 만하다."[244]라고 했다. 공광삼

---

242 『상서대전』 권3, 「금등전」. 『상서대전』에는 "父子之道"가 아니라 "父母之道"로 되어 있다.

243 『상서대전보유(尚書大傳補遺)』. 그런데, "所謂小學之敎則" 7글자는 『상서대전보유』에는
없다.

244 『대대례』 권4, 「증자대효(曾子大孝)」. 이 부분은 『예기』 「제의」에 "효에는 세 가지가 있다.
작은 효는 힘을 쓰고 중간 정도의 효는 수고로움을 극진히 하며, 큰 효는 효를 자기에게만 감
추어 두지 않고 남에게 물려준다. 부모님의 사랑을 생각하여 힘든 것을 잊는 것은 힘을 쓴다
고 할 만하고, 어진 사람을 존중하고 올바른 도리를 편안히 여기는 것은 수고로움을 극진히

(孔廣森)의 『대대례기보주(大戴禮記補注)』에 "서인의 효에 대해 공자는 사(士)의 효로써 자하에게 일러 주었다. 그러므로 '안색을 받들어 따르기가 어렵다'라는 것으로 가르쳐 주었으니, 학술에 통달한 사가 아니라면 거의 이 정도 수준에 미칠 수 없음을 분명히 한 것이다."라고 했다.

원문 『釋文』, "饌, 鄭作餕." 『初學記』「孝部」引鄭此「注」云: "食餘曰餕", 與馬「注」本作"饌"不同.　陳氏鱣『論語古訓』·段氏玉裁『說文』「注」並以馬作"饌"爲『古論』, 鄭作"餕"爲『魯論』, 是也.「特牲饋食禮」及「有司徹」「注」並云: "古文'籑', 皆作'餕'." 段氏玉裁謂『禮經』饌·籑當是各字, "饌"皆訓陳, 不言作"餕". 食餘之字皆作"籑", 未有作"饌"者. 又謂『禮記』之字, 於『禮經』皆從今文, 而皆作'餕', 疑「儀禮」「注」當云'今文籑作餕.'" 其說並是.

역문 『경전석문』에 "찬(饌)을 정현은 준(餕)이라고 했다."[245] 『초학기(初學記)』「효부(孝部)」에 정현의 이 「주」를 인용하면서 "먹다 남은 밥을 준(餕)이라 한다."[246]라고 했는데, 마융의 주석본에 "찬(饌)"으로 되어 있는 것과는 다르다. 진전(陳鱣)의 『논어고훈(論語古訓)』과 단옥재(段玉裁)의 『설문해자』「주」에서는 모두 마융의 판본에 "찬(饌)"으로 되어 있는 것을 『고논어』라 하고, 정현의 판본에 "준(餕)"으로 되어 있는 것을 『노논어』라고 하는데, 옳다. 「특생궤사례(特牲饋食禮)」 및 「유사철(有司徹)」주에는 모두 "고문의 '찬(籑)'은 모두 '준(餕)'으로 되어 있다."[247]라고 했다. 단옥

한다고 일컬을 만하고, 백성들에게 널리 베풀고 온갖 재화를 갖추는 것은 효를 자기에게만 감추어 두지 않았다고 일컬을 만하다.[孝有三. 小孝用力, 中孝用勞, 大孝不匱. 思慈愛忘勞, 可謂用力矣; 尊仁安義, 可謂用勞矣; 博施備物, 可謂不匱矣.]라고 했으므로 여기에 근거해서 해석하였다.

245 『경전석문』 권24,「논어음의·위정제2(爲政第二)」.

246 『초학기(初學記)』 권17,「인부(人部)·효(孝)」.

재는 『예경』의 찬(饌)과 찬(篹)은 마땅히 각각의 글자라 여기고 "찬(饌)"은 모두 진설한다[陳]는 뜻으로 해석하고, "준(餕)"으로 되어 있는 것에 대해서는 언급하지 않았다. 먹다 남은 밥이라는 글자는 모두 "찬(篹)"으로 되어 있지, "찬(饌)"으로 되어 있는 것은 아직 있지 않다. 또 "『예기』의 글자들은 『예경』에서는 모두 금문을 따르는데, 모두 '준(餕)'으로 되어 있으니, 아마도 『의례』의 「주」에 마땅히 '금문에는 찬(篹)이 준(餕)으로 되어 있다.'라고 해야 할 듯싶다."라고 했는데, 두 설이 모두 옳다.

원문 陳氏『古訓』解『論語』云: "「內則」曰: '父母在, 朝夕恒食, 子婦佐餕, 旣食恒餕.'「注」, '每食餕而盡之, 末有原也.'『正義』, '每食無所有餘而再設也.' 是餕有食餘勿復進之意, 故或者亦以爲孝." 段氏『說文』「注」與陳略同. 又云: "『論語』『魯』'餕'『古』'饌', 此則古文叚'饌'爲'餕'." 孔氏廣森『經學卮言』, "讀當以'食先生饌'爲句, 言有燕飲酒, 則食長者之餘也. '有酒'·'有事'文相偶. 有事, 弟子服其勞, 勤也; 有酒, 食先生饌, 恭也. 勤且恭, 可以爲弟矣, 孝則未備也." 二義皆從鄭爲說, 於義甚曲.

역문 진전의 『논어고훈』에서는 『논어』를 해석하면서 "『예기』「내칙」에 '부모가 살아 계시면 아침저녁의 평소 식사는 아들과 며느리가 시중을 들어 많이 드시게 하고, 이미 식사가 끝난 후에는 먹다 남은 밥을 아들과 며느리가 모두 먹는다.'라고 했는데, 「주」에 '식사 때마다 남은 밥을 다 먹어서 남은 음식을 다시 올리지 말아야 한다.'[248]라고 했고, 『정의』에는 '식사 때마다 남은 것이 있어서 다시 진설함이 없어야 한다.'[249]라고 했으

---

247 『의례주소』 권15, 「특생궤사례(特牲饋食禮)」와 『의례주소』 권17, 「유사철(有司徹)」의 「주」.
248 『예기주소』 권27, 「내칙(內則)」의 「주」.
249 『예기정의(禮記正義)』 권제27, 「내칙(內則)」의 정의(正義). 『예기정의』의 정의에는 "無使

니, 이때의 준(餕)에는 먹다 남은 밥을 자식이 다 먹고 다시 올리지 말라는 뜻이 있으므로 혹자들은 또한 효라고 여긴다."라고 했다. 단씨『설문해자』의 「주」와 진전의 설이 대략 같다. 또 "『논어』중에서『노논어』의 '준(餕)'은『고논어』의 '찬(饌)'이니, 여기서는 고문의 '찬(饌)'을 가차해서 '준(餕)'의 뜻으로 삼았다."라고 했다. 공광삼의 『경학치언(經學卮言)』에 "읽을 때 '식선생찬(食先生饌)'을 한 구절로 보아야 하니, 잔치에서 술을 마실 때 어른이 남긴 것을 먹는다는 말이다. '유주(有酒)'와 '유사(有事)'는 글이 서로 짝을 이룬다. 일이 있으면 제자가 그 일에 종사함은 부지런함이고, 술이 있으면 선생이 먹다 남은 음식을 먹는 것은 공손함이다. 부지런하고 또 공손하니 공손함[弟]이 될 수는 있어도, 효는 아직 갖추어지지 않은 것이다."라고 했다. 두 사람의 뜻이 모두 정현을 좇아서 한 말이지만, 의미상 지나치게 왜곡되었다.

원문 『說文』, "曾, 詞之舒也." 段氏「注」云: "曾之言乃也. 『詩』'曾是不意'·'曾是在位'·'曾是在服'·'曾是莫聽', 『論語』'曾是以爲孝乎?', '曾謂泰山', 『孟子』'爾何曾比予於管仲', 皆訓爲乃. 趙注『孟子』曰'何曾, 猶何乃也.' 是也."

역문 『설문해자』에 "증(曾)은 말을 펼침[詞之舒]이다."[250]라고 했는데, 단옥재의 「주」에 "증(曾)이라는 말은 내(乃)이다. 『시경』에 '이에 뜻밖에 수월하다.[曾是不意.]'[251]·'바로 자리에 있으며, 바로 부지런히 일하는 자리에

有餘而再設也."로 되어 있다.

250 『설문해자』 권2: 증(曾)은 말을 펼침[詞之舒]이다. 팔(八)로 구성되었고 왈(曰)로 구성되었다. 창(囧)이 발음을 나타낸다. 작(昨)과 능(稜)의 반절음이다.[曾, 詞之舒也. 從八從曰, 囧聲. 昨稜切.]

251 『시경』「소아(小雅)·절남산지십(節南山之什)·정월(正月)」.

있다.[曾是在位, 曾是在服.]'²⁵² · '마침내 들어주지 않는다.[曾是莫聽.]'²⁵³ 하고, 『논어』에는 '곧 효라고 여겼느냐?'라고 하거나, '곧 태산이[曾謂泰山]'²⁵⁴라고 하며, 『맹자』에서는 '너는 어찌 나를 바로 관중(管仲)에다 견주느냐?'²⁵⁵라고 했는데, 모두 내(乃)의 뜻으로 해석한다. 조기(趙岐)는 『맹자』를 주석하면서 '하증(何曾)은 하내(何乃)와 같다.' 했는데 옳다."라고 했다.

- 「注」, "色難者, 謂承順父母顏色乃爲難."

- 正義曰: 司馬光『家範』說此文云: "色難者, 觀父母之志趣, 不待發言而後順之者也." 卽此「注」 意. 「曲禮」云: "視於無形, 聽於無聲." 此惟承順顏色者能之. 故『鹽鐵論』以養色爲次孝也. 鄭注此云: "言和顏說色爲難也." 以色爲人子之色, 與包異義, 亦通.

○ 「주」의 "색난(色難)은 부모의 안색을 받들어 따르는 일이 곧 어려움이 된다는 말이다."

○ 정의에서 말한다.

사마광(司馬光)²⁵⁶은 『가범(家範)』에서 이 문장을 설명하면서 "색난(色難)이란 부모의 뜻

---

252 『시경』「대아(大雅) · 탕지십(蕩之什) · 탕(蕩)」.

253 『시경』「대아 · 탕지십 · 탕」.

254 『논어』「팔일」: 곧 태산이 임방만도 못하다고 여긴 것이냐?[曾謂泰山不如林放乎?]

255 『맹자』「공손추상」.

256 사마광(司馬光, 1019~1086): 송나라 때 섬주(陝州) 하현(夏縣, 지금의 산서성) 사람. 자는 군실(君實)이다. 죽은 뒤 온국공(溫國公)에 봉해져 사마온공(司馬溫公)이라고도 한다. 탁월한 정치가로 왕안석(王安石)이 신법(新法)을 실행하자 끝까지 반대했다. 신종(神宗)은 그런 그를 추밀부사에 임명했으나 사퇴하고 낙양으로 돌아가 15년 동안 머무르면서 『자치통감』을 편찬하는 데 주력했다. 『자치통감』은 모두 494권으로 위로는 주(周) 위열왕 23년(기원전 403)부터 후주(後周) 세종 현덕(顯德) 6년(959)에 이르기까지의 역사를 17사(史) 외에 야사 · 문집 등 20여 종의 전적을 참조하여 완성한 방대한 저술이다. 또 그는 학식이 깊고 넓어 사학 외에도 음악, 율력, 천문 등 통달하지 않은 분야가 없을 정도였다. 그러나 불교나 도교는 황당무계하다 하여 그다지 좋아하지 않았다. 평생에 많은 저술을 남겼는데, 대표적인 저술인 사학서 『자치통감』 외에도 『온국문정사마공문집(溫國文正司馬公文集)』, 『계고록(稽

과 취향을 살펴 말하기를 기다린 뒤에 따르는 것이 아니다."²⁵⁷라고 했는데, 이것이 바로 이 「주」의 뜻이다. 「곡례」에 "형체 없는 데서 듣고 소리 없는 데서 듣는다."²⁵⁸라고 했는데, 이 는 오직 안색을 받들어 따르는 자만이 능할 수 있다. 그러므로 『염철론』에서도 안색을 봉양 하는 것을 최상의 다음가는 효로 삼은 것이다. 정현은 여기에 주석하면서 "안색을 화열(和 說)하게 함이 어렵다는 말이다."라고 해서 안색을 자식의 안색으로 보았는데, 포함의 뜻과는 다르지만 그래도 역시 통한다.

원문 「內則」云: "柔色以溫之." 「祭義」云: "孝子之有深愛者, 必有和氣; 有和 氣者, 必有愉色; 有愉色者, 必有婉容." 又云: "嚴恭儼恪, 非事親之道." 『呂 氏春秋』 「孝行覽」, "龢顏色, 養志之道也." 是以色事親, 爲人子所難. 皇「疏」 引顔延之曰: "夫氣色和, 則情志通. 善養親之志者, 必先和其色. 故曰難 也." 卽鄭義也.

역문 『예기』 「내칙」에 "부드러운 안색으로 받든다." 하고, 『예기』 「제의」에 "어버이에 대한 깊은 사랑이 있는 효자는 반드시 온화한 기운이 있기 마 련이고, 온화한 기운이 있는 사람은 반드시 즐거운 안색이 있기 마련이 며, 즐거운 안색이 있는 사람은 반드시 유순한 용모가 있기 마련이다."²⁵⁹ 라고 했다. 또 "엄숙한 공손과 엄격한 삼감은 어버이를 섬기는 도리가 아니다."²⁶⁰라고 했고, 『여씨춘추』 「효행람(孝行覽)」에는 "안색을 온화하

古錄)』, 『속수기문(涑水記聞)』, 『잠허(潛虛)』 등이 있다.

257 『가범(家範)』 권5, 「자하(子下)」.

258 『예기』 「곡례상」.

259 『논어정의』에 "제법(祭法)"으로 되어 있다. 『예기』 「제의」를 근거로 고쳤다.

260 『예기』 「제의」. 「제의」에는 "엄숙한 위엄과 엄격한 삼감은 어버이를 섬기는 도리가 아니 다.[嚴威儼恪, 非所以事親也.]"라고 되어 있다.

게 하는 것은 뜻을 봉양하는 도리이다."[261]라고 했으니, 안색을 가지고 어버이를 섬긴다는 것은 자식에게는 어려운 일이 된다. 황간의 「소」에는 안연지(顔延之)[262]를 인용하면서 "기운과 안색이 온화하면 정과 뜻이 통한다. 어버이의 뜻을 잘 봉양하는 자는 반드시 먼저 그 안색을 온화하게 해야 한다. 그러므로 어렵다고 한 것이다."[263]라고 했는데, 이것이 바로 정현의 뜻이다.

● 「注」, "饌, 飮食也."
● 正義曰: 『廣雅』「釋詁」, "籑, 食也." "饌"與"籑"同, 此又一義.
○ 「주」의 "찬(饌)은 마시고 먹게 함[飮食]이다."
○ 정의에서 말한다.
　『광아』「석고」에 "찬(籑)은 먹는다[食]는 뜻이다."라고 했다. "찬(饌)"은 "찬(籑)"과 같은 글자이니, 여기서도 같은 뜻으로 쓰였다.

● 「注」, "孔子"至"孝也".
● 正義曰: "先食"謂先生食, 不言"生"者, 省文. 『釋文』引「注」云: "曾, 則也." 蓋『集解』所刪脫.

---

261 『여씨춘추』권14, 「효행람제2・효행(孝行)」: 안색을 온화하게 하고, 말을 화열하게 하며, 나아가고 물러남을 경건하게 하는 것은 뜻을 봉양하는 도리이다.[龢顔色, 說言語, 敬進退, 養志之道也.]

262 안연지(顔延之, 384~456): 남조 송나라 낭야(琅邪) 임기(臨沂) 사람. 자는 연년(延年)이고, 시호는 헌자(憲子)이다. 문장도 당대 으뜸이었는데, 자제를 훈계하기 위해 쓴 글 「정고(庭誥)」는 가정교육사의 좋은 자료이다. 사령운(謝靈運)과 함께 안사(顔謝)라 불렸다. 『문선』에 실린 「자백마부(裏白馬賦)」와 「오군영(五君詠)」, 「추호시(秋湖詩)」 등이 대표작이다. 『안광록집(顔光祿集)』 30권을 남겼지만 대부분 없어졌고, 일부가 『한위육조백삼명가집(漢魏六朝百三名家集)』에 실려 있다.

263 『논어집해의소』권1, 「논어위정제2」.

○ 「주」의 "공자(孔子)"부터 "효야(孝也)"까지.

○ 정의에서 말한다.

"선식(先食)"은 선생식(先生食)을 이르는데, "생(生)" 자를 쓰지 않은 것은 글자를 생략한 것이다. 『경전석문』에 「주」를 인용해서 "증(曾)은 곧[則]이라는 뜻이다."[264]라고 했는데, 『논어집해(論語集解)』에는 삭제되었다.

2-9

子曰: "吾與回言終日, 不違, 如愚. 退而省其私, 亦足以發, 回也不愚." 【注】孔曰: "回, 弟子, 姓顔名回, 字子淵, 魯人也. 不違者, 無所怪問, 於孔子之言, 默而識之, 如愚. 察其退還, 與二三子說繹道義, 發明大體, 知其不愚."

공자가 말했다. "내가 안회(顔回)와 함께 종일토록 이야기를 나누어도, 반문(反問)을 제기하지 않아 마치 어리석은 사람 같았다. 물러간 뒤에 그가 평소 사생활에서 여러 제자들과 함께 거처하고 학문하면서 도의(道義)를 이해하고 풀어내며, 대의(大義)를 드러내 밝히는 것을 살펴보니, 역시 충분히 드러내 밝히니, 안회는 어리석지 않다." 【주】공안국이 말했다. "회(回)는 제자이다. 성은 안(顔)이고 이름은 회(回)이며 자는 자연(子淵)인데, 노(魯)나라 사람이다. 불위(不違)는 공자의 말을 이상하게 여겨 반문함이 없이, 그것을 묵묵히 기억함이 마치 어리석은 사람 같았다는 말이다. 그가 물러나 돌아가서 몇몇 사람들과 도의를 이해하고 풀이해서 대의

---

[264] 『경전석문』 권24, 「논어음의・위정제2」의 「주」: 曾은 음이 증(增)이다. 마융은 "곧[則]"이라 했고, 황간은 "일찍이[嘗]라는 뜻이다."라고 했다.[曾, 音增. 馬, "則也", 皇侃云: "嘗也."]

를 드러내 밝히는 것을 살펴보고 그가 어리석지 않음을 알았다."

원문 正義曰: "終日"者, 竟日也. "終日"屬上爲句. "違"者, 有所違難也. "不
違", 則似不解夫子之言, 故曰"如愚".『說文』, "愚, 戇也." 顔子於夫子之
言, 鑽仰旣久, 欲罷不能, 而自竭其才以學之, 又且聞一之十, 故能亦足以
發也. 皇「疏」引熊埋云: "旣以美顔, 又曉衆人未達者也." 皇本"不愚"下有
"也"字.

역문 정의에서 말한다.

"종일(終日)"이란 하루를 마친다[竟日]는 뜻이다. "종일"은 앞 문장에 이
어서 구두를 해야 한다. "위(違)"란 어려움을 피함[違難]이 있는 것이다.
"불위(不違)"는 마치 공자의 말을 이해하지 못한 것 같은 것이니, 그러므
로 "어리석은 사람 같다"라고 말한 것이다.『설문해자』에 "우(愚)는 어리
석음[戇]이다."[265]라고 했다. 안자(顔子)는 공자의 말에 대해 이미 오랫동
안 흠모하며 본받으려고 깊이 연구했기 때문에, 그만두고 싶어도 그만
둘 수가 없어서 스스로 자기의 능력을 다해서 배웠고, 또 하나를 들으면
열을 알았기 때문에 또한 충분히 발휘할 수 있었다. 황간의 「소」에는
웅매(熊埋)[266]의 말을 인용해서 "이미 안연을 칭송하고 또 아직 통달하지
못한 많은 사람들을 깨우쳐 준 것이다."[267]라고 했다. 황간본에는 "불우

---

265 『설문해자』 권10: 우(愚)는 어리석음[戇]이다. 심(心)으로 구성되었고, 우(禺)로 구성되었다.
우(禺)는 원숭이[猴] 등속인데 어리석은 짐승이다. 우(麌)와 구(俱)의 반절음이다.[愚, 戇也.
從心從禺. 禺, 猴屬, 獸之愚者. 麌俱切.]

266 웅매(熊埋, ?~?): 미상.

267 『논어집해의소』 권1, 「논어위정제2」.

(不愚)" 아래 "야(也)" 자가 있다.

- 「注」, "回弟子"至"不愚".
- 正義曰: 「仲尼弟子列傳」, "顏回者, 魯人也, 字子淵." 『說文』"霣"下云: "囘, 古文回. 回, 淵水也." "淵"下云: "囘水也. 從水, 象形, 左右岸也, 中象水貌." 此顏子名 · 字所取義.

○ 「주」의 "회제자(回弟子)"부터 "불우(不愚)"까지.

○ 정의에서 말한다.

『사기』「중니제자열전」에 "안회는 노나라 사람인데, 자는 자연이다."라고 했다. 『설문해자』에는 "말(霣)" 아래 "회(囘)는 회(回)의 고문이다. 회(回)는 깊은 물[淵水]이다."[268]라고 했고, "연(淵)" 아래 "도는 물[回水]이라는 뜻이다. 수(水)로 구성되었고, 상형문자이다. 좌우에 언덕이 있고, 가운데 물의 모양을 형상화했다."[269]라고 했는데, 이것이 안자의 이름과 자가 가지고 있는 뜻이다.

원문 "退還"者, 『禮』「檀弓」「注」, "退, 去也." 『說文』作"復, 卻也." 義皆略同. 「注」謂"退與二三子說繹道義", 則"私"謂燕私, 與群弟子同居學中時也. 『禮』「學記」, "大學之敎, 退息必有居學." "居學"非受業之所, 故言"私"也.

---

[268] 『설문해자』 권3: 말(霣)은 물에 들어가 모인 바가 있다는 뜻이다. 우(又)로 구성되었고, 회(囘) 아래 있다. 회(囘)는 회(回)의 고문이다. 회(回)는 깊은 물[淵水]이다. 말(沫)과 같이 발음한다. 막(莫)과 발(勃)의 반절음이다.[霣, 入水有所取也. 從又在囘下. 囘, 古文回. 回, 淵水也. 讀若沫. 莫勃切.]

[269] 『설문해자』 권11: 연(鼹)은 도는 물[回水]이라는 뜻이다. 수(水)로 구성되었고, 상형문자이다. 좌우에 언덕이 있고, 가운데 물의 모양을 형상화했다. 연(鼎)은 연(淵)의 혹체자인데 수(水)를 생략한 것이다. 연(困)은 고문인데 구(口)와 수(水)로 구성되었다. 오(烏)와 현(玄)의 반절음이다.[鼹, 回水也. 從水, 象形. 左右, 岸也. 中象水皃. 鼎, 淵或省水. 困, 古文從口水. 烏玄切.]

<u>朱子</u>『集注』以“私”爲“燕居獨處”, 亦通.『周書』「官人解」, “省其居處, 觀其 義方.” 則省私亦觀人之法. “說繹”猶“說釋”. 下篇云: “回也非助我者也, 於 吾言無所不說.” <u>孔</u>彼「注」云: “言<u>回</u>聞言卽解.” “解”·“說”義同.『荀子』「 大略」所云“善學者盡其理”是也.

<u>역문</u> “물러나 돌아가서[退還]”

『예기』「단궁」의 「주」에 “퇴(退)는 물러간다[去]는 뜻이다.”[270]라고 했 고, 『설문해자』에는 “퇴(復)는 물러남[卻]이다.”[271]라고 했으니, 뜻이 모두 대략 같다. 「주」에 “물러나 몇몇 사람들과 도의를 설명하고 해석했다” 라고 했는데, “사(私)”는 평소의 사생활에서 여러 제자들과 함께 거처하 면서 학문하던 당시라는 말이다. 『예기』「학기」에 “대학의 교육은 물러 나 쉴 때도 반드시 한가롭게 거처할 때[燕居]의 배움[居學][272]이 있다.”라고 했는데, “거처할 때의 배움[居學]”이란 수업하는 장소에서 하는 학문이 아니므로 “사생활[私]”이라고 한 것이다. 주자의 『논어집주(論語集注)』에 는 “사(私)”를 “한가로이 홀로 거처함”[273]이라고 했는데, 역시 통한다. 『일 주서(逸周書)』「관인해(官人解)」에 “그 거처를 살피고, 그 의로써 외모를 방정하게 함[義方][274]을 살핀다.”[275]라고 했으니, 사생활을 살피는 것도 사

---

270 『예기주소』권9, 「단궁하(檀弓下)」의 「주」.

271 『설문해자』권2: 퇴(䨱)는 물러남[卻]이다. 일설에는 “더디게 가는 모습이다.”라고 한다. 척 (彳)으로 구성되었고, 일(日)로 구성되었고, 쇠(夊)로 구성되었다. 퇴(彶)는 퇴(復)의 혹체자 인데 내(內)로 구성되었다. 퇴(退)는 고문인데 착(辵)으로 구성되었다. 타(他)와 내(內)의 반 절음이다.[䨱, 卻也. 一曰: “行遲也”. 從彳從日從夊. 彶, 復或從內. 退, 古文從辵. 他內切.]

272 거학(居學): 평소 거처할 때의 학문, 가정학습, 방과 후 과제 등의 의미로 쓰였다. 학교나 향 교, 또는 서원에서 기숙하며 공부할 때에도 거학(居學)이라 표현하기도 한다.

273 『논어집주』「위정」.

274 의방(義方): 의이방외(義以方外). “군자는 경(敬)으로써 내면을 곧게 하고 의(義)로써 외모 를 방정하게 한다. 경과 의가 확립되면 덕이 외롭지 않게 된다.[君子敬以直內 義以方外 敬義

람을 관찰하는 방법이다. "설역(說繹)"은 "이해하고 풀어냄[說釋]"과 같다. 아래 편에서 "안회는 나를 돕는 자가 아니로다. 나의 말에 대해 이해[276]하지 못하는 것이 없다."[277]라고 했는데, 이 문장에 대한 공안국의 「주」에 "안회(顏回)[278]는 공자의 말을 들으면 즉시 이해했다는 말이다."[279]라고 했으니, 이때의 "해(解)"와 "설(說)"은 뜻이 같다. 『순자』「대략편」의 이른바 "잘 배우는 사람은 그 이치를 다 이해한다."라는 것이 이것이다.

원문 『釋名』「釋言語」, "發, 撥也, 撥, 使開也." 開有明義. 故此「注」"發明"連文. "大體"猶言大義, 凡所發明, 於所言所行見之. 『荀子』「勸學篇」, "君子之學也, 入乎耳, 著乎心, 布乎四體, 形乎動靜; 端而言, 蝡而動, 一可以爲法則."

역문 『석명』「석언어(釋言語)」에 "발(發)은 발(撥)인데, 발(撥)은 열게 한다[使開]는 뜻이다."라고 했다. 개(開) 자에는 밝힌다[明]는 뜻이 있다. 그러므로 여기의 「주」에서 "발명(發明)"이라고 글자를 이어서 표현한 것이다. "대체(大體)"는 대의(大義)라는 말과 같으니, 드러내 밝히는 모든 것을 말하고 실천하는 것에서 보았다는 말이다. 『순자』「권학편(勸學篇)」에 "군자의 학문은 귀로 들어와 마음에 드러나고 사지에 퍼지며 움직이고 정지

立而德不孤.」『주역』「곤(坤) · 문언전(文言傳)」.

275 『일주서』 권7, 「관인해제58(官人解第五十八)」. 『일주서』에는 "義" 자가 빠져 있다. 『대대례』 권10, 「문왕관인(文王官人)」을 보고 참조하였다.

276 유보남은 "無所不說"의 "說"을 "설석(說釋)"의 "설(說)"로 보고, "해(解)"의 뜻으로 해석한다. 『논어정의』 권14, 「선진제11(先進第十一)」 참조.

277 『논어』「선진」.

278 이하 안회(顏回)의 "回"는 『논어』 경문(經文) 이외의 문장에서는 모두 "回"로 표기한다.

279 『논어주소』 권11, 「선진제11(先進第十一)」 공안국의 「주」.

하는 데서 나타난다. 소곤거리면서 말하고 꿈틀거리며 움직이는 것이라
도 하나같이 모두 법칙이 될 수 있다."라고 했다.

2-10

子曰: "視其所以, 觀其所由, 察其所安. 【注】以, 用也, 言視其所行
用; 由, 經也, 言觀其所經從. 人焉廋哉? 人焉廋哉?"【注】孔曰: "廋, 匿
也, 言觀人終始, 安所匿其情."

공자가 말했다. "그 사람이 행동하는 것을 보고, 그 사람이 경유
하는 것을 관찰하며, 그 사람이 편안히 여기는 것을 살피면, 【주】
이(以)는 쓴다[用]는 뜻이니, 그 사람이 행동하는 것을 본다는 말이다. 유(由)는 경유
(經由)한다는 뜻이니, 그가 경유하는 것을 살핀다는 말이다. 그 사람이 어디에
그 실정(實情)을 숨길 수 있겠는가? 그 사람이 어디에 그 실정을
숨길 수 있겠는가?"【주】공안국이 말했다. "수(廋)는 숨는다[匿]는 뜻이니, 사
람의 처음과 끝을 관찰하면 어디에 그 실정을 숨길 수 있겠느냐는 말이다.

원문 正義曰:『說文』, "視, 瞻也."『穀梁』「隱」五年「傳」, "常視曰視; 非常曰
觀."『爾雅』「釋詁」, "察, 審也."『說文』, "察, 覆審也." 視·觀·察, 以淺
深次第爲義. "安"者, 意之所止也. 高誘『呂氏春秋』「樂成」「注」, "安, 習也."

역문 정의에서 말한다.

『설문해자』에 "시(視)는 본다[瞻]는 뜻이다."[280]라고 했고, 『춘추곡량전
(春秋穀梁傳)』「은공(隱公)」 5년의 「전」에 "예사로 보는 것을 시(視)라 하

고, 예사롭지 않게 보는 것을 관(觀)이라 한다.”라고 했다. 『이아』「석고」
에 “찰(察)은 살핀다[審]는 뜻이다.”라고 했고, 『설문해자』에는 “찰(察)은
재조사[재심사]한다[覆審]는 뜻이다.”[281]라고 했으니, 시(視)·관(觀)·찰(察)
은 깊고 얕은 순서에 따라 뜻을 삼은 것이다. “안(安)”은 뜻이 머무는 곳
이다. 고유의 『여씨춘추』「낙성(樂成)」의 「주」에 “안(安)은 익숙하다[習]
는 뜻이다.”라고 했다.

원문 『大戴禮』「文王官人」云: “內觀民務, 察度情僞, 變官民能, 曆其才藝.”
又曰: “用有六徵: 一曰觀誠, 二曰考志, 三曰視中, 四曰觀色, 五曰觀隱,
六曰揆德.” 又云: “考其所爲, 觀其所由, 察其所安, 此之謂視中也. 視中
者, 誠在其中, 此見於外, 以其前占其後, 以其見占其隱, 以其小占其大.”
則此“所以”·“所由”·“所安”, 皆是視中, 夫子取爲知人之法. 蓋此三語,
實該六徵之用, 故人無所匿情也. 『漢石經』, “人焉廋哉”下句無“哉”字. 當
是連上爲句, 與“禮乎禮”·“微乎微”同一句法.

역문 『대대례』「문왕관인(文王官人)」에 “안으로 백성의 임무를 관찰하고, 진
정과 거짓을 살펴 헤아리며, 관직을 조절해서 백성의 능력을 관리하고,
그들의 재주와 기예를 낱낱이 살펴라.”라고 했고, 또 “쓰는 데는 여섯 가
지 살피는 것이 있다. 첫째는 진실되게 관찰하는 것이라 하고, 둘째는
의지를 고찰하는 것이라 하며, 셋째는 중심을 본다 하고, 넷째는 안색을
관찰하는 것이라 하고, 다섯째는 은밀한 것을 관찰하는 것이라 하고, 여

---

280 『설문해자』 권8: 시(視)는 본다[瞻]는 뜻이다. 견(見)과 시(示)로 구성되었다. 시(眂)는 시
(視)의 고문이다. 시(眎)역시 시(視)의 고문이다. 신(神)과 지(至)의 반절음이다.[視, 瞻也.
從見示. 眂, 古文視. 眎, 亦古文視. 神至切.]

281 『설문해자』 권7: 찰(察)은 재심사[재조사]한다[覆審]는 뜻이다. 면(宀)과 제(祭)로 구성되었
다. 초(初)와 팔(八)의 반절음이다.[察, 覆審也. 從宀祭. 初八切.]

섯째는 덕을 헤아리는 것이라 한다."²⁸²라고 했다. 또 "그가 행하는 것을 고찰하고, 그가 경유하는 것을 관찰하며, 그가 편안히 여기는 것을 살피는 것, 이것을 일러 중심을 보는 것이라 한다. 중심을 본다는 것은 진실함이 그 가운데 있으면 이것이 밖으로 나타나는데, 그 앞의 행실을 가지고 그 뒤의 행실을 헤아리고, 그 드러난 것을 가지고 그 은밀한 것을 헤아리며, 그 작은 것을 가지고 그 큰 것을 헤아린다."²⁸³라고 했으니, 여기서의 "행하는 것[所以]" · "경유하는 것[所由]" · "편안히 여기는 것[所安]"은 모두 중심을 본다[視中]는 것으로, 공자가 사람을 알아보는 방법이 되는 것을 취한 것이다. 대체로 이 세 마디 말은 실로 여섯 가지 살피는 것[六徵]을 갖추고 있기 때문에 사람들이 실정을 숨길 곳이 없다. 『한석경』에는 "인언수재(人焉廋哉)" 아래 구절에 "재(哉)" 자가 없다.

- 「注」, "以用"至"經從".
- 正義曰: "以用"· "由經", 竝常訓. 皇「疏」申「注」謂"卽日所行用之事". 故『大戴』此文以作爲也. "經從", 據皇「疏」以爲"從來所經歷之事", 則『大戴』所云: "以其前占其後"者也.
- ○ 「주」의 "이용(以用)"부터 "경종(經從)"까지.
- ○ 정의에서 말한다.

"이(以)는 쓴다[用]는 뜻이다."라고 한 것과 "유(由)는 경유함[經]이다."라고 한 것은 모두 일반적인 해석이다. 황간의 「소」에는 「주」의 의미를 확대해서 "그날그날 행하는 일이다"라고 했다. 그러므로 『대대례』에는 이 글자가 "위(爲)"로 되어 있다.²⁸⁴ "경종(經從)"은 황간의 「소」에 의거해 보면 "지금까지 겪고 지나온 일"이라고 했으니, 그렇다면 『대대례』에서 말한 "앞의

---

282 『대대례』 권10, 「문왕관인(文王官人)」.
283 『대대례』 권10, 「문왕관인」.
284 앞에서 인용한 "考其所爲"의 "爲"를 두고 하는 말이다.

행실을 가지고 그 뒤의 행실을 헤아린다."라는 것이다.

- 「注」, "廋匿"至"其情".
- 正義曰: 云: "廋匿"者, 趙岐『孟子』「離婁」「注」同. 『方言』, "廋, 隱也." "隱"卽"匿". 『爾雅』「釋詁」, "匿, 微也." 微亦有隱義. "終始"者, "所以", 是卽日所行事, 終也. "所由", 是前日所行事; "所安", 是意之所處, 亦在平時, 皆爲始也. 云: "安所匿其情"者, 孔以"焉"爲安也. 焉·安一聲之轉, 安, 猶何也.

○ 「주」의 "수닉(廋匿)"에서 "기정(其情)"까지.

○ 정의에서 말한다.

"수(廋)는 숨는다[匿]는 뜻이다."

조기의 『맹자』「이루」의 「주」에도 똑같다. 『방언』에는 "수(廋)는 숨는다[隱]는 뜻이다."라고 했으니, "은(隱)"이 곧 "닉(匿)"이다. 『이아』「석고」에 "닉(匿)은 은미함[微]이다."라고 했는데, 은미함 역시 숨는다는 뜻이 있다.

"처음과 끝[終始]"

"행하는 것[所以]"은 그날그날 행하는 일이니 끝[終]이다. "경유하는 것[所由]"은 전날 행한 일이고, "편안히 여기는 것[所安]"은 뜻이 처한 바는 또한 평시에 있으니 모두 처음[始]이 된다.

"어디에 그 실정을 숨기겠는가?"라고 한 것[云: "安所匿其情"者]

공안국은 "언(焉)" 자를 어찌[安]라는 뜻으로 보았다. 언(焉)과 안(安)은 같은 발음이었다가 바뀌어 달라진 것이니, 안(安)은 하(何)와 같다.

2-11

子曰: "溫故而知新, 可以爲師矣." 【注】 溫, 尋也. 尋釋故者, 又知新者, 可以爲人師矣.

공자가 말했다. "예전에 배워서 터득한 것을 거듭 익히고 새로운

것을 알면 남의 스승이 될 수 있다.”【주】온(溫)은 찾아냄[尋]이니, 예전
에 배운 것을 찾아서 해석하고, 또 새로운 것을 알면 남의 스승이 될 수 있다.

원문 正義曰: 『禮』「中庸」云: “溫故而知新.” 鄭「注」, “溫讀如‘燖溫’之溫. 謂故
學之孰矣, 後時習之, 謂之溫.” “燖”或省作“尋”. 案, “尋”正字當作“燅”. 『說
文』, “燅, 於湯中瀹肉也.” 『儀禮』「有司徹」, “乃燅尸俎.” 鄭「注」, “燅, 溫
也. 古文‘燅’皆作‘尋’, 『記』或作‘燖’. 『春秋傳』曰: ‘若可尋也, 亦可寒也.’”

역문 정의에서 말한다.

『예기』「중용」에 “예전에 배워서 터득한 것을 거듭 익히고 새로운 것
을 안다.”[285]라고 했는데, 정현의 「주」에 “온(溫)은 ‘심온(燖溫)’[286]이라고
할 때의 온과 같은 뜻으로 읽는다. 예전에 배운 것을 익히고 뒤에 때에
맞게 익히는 것을 온이라 한다는 말이다.”[287] “심(燖)”은 혹제자로서 생략
된 자형이 “심(尋)”이 되었다. 살펴보니, “심(尋)”의 정자(正字)는 당연히
“섬(燅)”이 되어야 한다. 『설문해자』에 “섬(燅)은 끓는 물에 데친 고기라
는 뜻이다.”[288]라고 했고, 『의례』「유사철」에는 “이에 시동이 도마를 따
뜻하게 한다.[乃燅尸俎.]”라고 했는데, 정현의 「주」에 “섬(燅)은 따뜻하게
한다[溫]는 뜻이다. 고문에 ‘섬(燅)’은 모두 ‘심(尋)’으로 되어 있다. 『예기』

---

285 『예기』「중용」 또는 『중용』 제27장.

286 심온(燖溫): 싸늘하게 식은 것을 다시 따뜻하게 데움.

287 『예기주소』 권53, 「중용(中庸)」 정현의 「주」.

288 『설문해자』 권10: 섬(燅)은 끓는 물에 데친 고기라는 뜻이다. 염(炎)으로 수성되었고, 숙
(熟)과 성(省)으로 구성되었다. 심(燅)은 혹체자로서 자(炙)로 구성되었다. 서(徐)와 염(鹽)
의 반절음이다.[燅, 於湯中瀹肉. 從炎, 從熟省. 燅, 或從炙. 徐鹽切.]

에는 혹 '심(燅)'으로 되어 있다. 『춘추좌씨전』에 '만약 따뜻하게 데울 수 있다면, 또한 싸늘하게 식게 할 수도 있다.'[289]라고 했다.[290]

원문 賈「疏」云: "『論語』及『左傳』與此古文皆作尋. 『論語』不破, 至此疊古文不從彼尋者, 『論語』古文通用, 至此見有人作'燅', 有火義, 故從今文也. 「郊特牲」云: '血‧腥‧爓祭'. 「注」云: '爓或爲燅.' 今此義指彼『記』或讀之. 故云: '「記」或作燅'也. 「哀」十二年「傳」, '若可尋也.' 服「注」云: '尋之言重也, 溫也.' 鄭引之者, 證燅尸俎是重溫之義." 案, 據賈「疏」是『古論』 "溫故"作"尋", 故鄭不破從"燅", 則亦依尋釋之, 其義當與服虔『解誼』同.

역문 가공언의 「소」에 "『논어』 및 『춘추좌씨전』과 이 고문에는 모두 심(尋)으로 되어 있다는 말이다.[291] 『논어』에서 이 글자를 파기하지 않고, 이때까지 고문과 중첩되는데도 심(尋)을 따르지 않은 것은,[292] 『논어』와 고문이 통용되었기 때문이고, 이때 이르러 사람들이 '섬(燅)'으로 쓴 것이 보이는데, 불로 덥힌다는 뜻이 있기 때문에 금문(今文)을 따른 것이다. 「교특생(郊特牲)」에 '피[血]‧날고기[腥]‧데친 고기[爓]로 지내는 제사'[293]라 했는데, 「주」에 '섬(爓)은 혹 심(燅)으로 되어 있다.'[294]라고 했으

---

289 『춘추좌씨전』「애공(哀公)」 12년.

290 『의례주소』 권17, 「유사철」 정현의 「주」.

291 이 말은 앞에서 정현 「주」의 "고문에 '섬(燅)'은 모두 '심(尋)'으로 되어 있다."에 대한 가공언의 「소」에서의 설명이다.

292 가공언의 「소」에는 "이때에 이르기까지 고문과 중첩되는데도 따르지 않은 것은 저 심(尋)자가 『논어』와 고문에서 통용되었기 때문이다.[至此疊古文不從者, 彼尋者, 『論語』古文通用.]"로 되어 있다.

293 『예기』「교특생(郊特牲)」: 교제(郊祭)에서는 희생의 피를 쓰고, 대향(大饗: 종묘의 큰 제사)에서는 날고기를 쓰며, 삼헌(三獻: 사직의 제사)에서는 데친 고기를 쓰며, 일헌(一獻: 소제와 소례)에서는 익힌 고기를 쓴다.[郊血, 大饗腥, 三獻爓, 一獻孰, 至敬不饗味, 而貴氣臭也.]

니, 지금 이 뜻은 『예기』에서는 혹 그런 의미로 읽는다는 것을 가리키는 것이다. 그러므로 '『예기』에는 혹 심(燖)으로 되어 있다.'라고 한 것이다. 『춘추좌씨전』「애공」 12년의 「전」에 '만약 따뜻하게 데울 수 있다면'이라고 한 것에 대해 복건(服虔)[295]의 주에 '심(尋)은 거듭[重]이라는 말이며, 따뜻하게 한다[溫]는 말이다.'라고 했는데, 정현이 그것을 인용한 것은 시동이 도마를 따뜻하게 한다는 것은 거듭 따뜻하게 한다[重溫]는 뜻임을 증명한 것이다."[296] 살펴보니, 가공언의 「소」에 근거하면 『고논어』의 "온고(溫故)"는 "심(尋)"으로 되어 있다. 따라서 정현이 "섬(燅)"의 뜻을 따르는 것을 파기하지 않았다면, 역시 심(尋)의 뜻[거듭 따뜻하게 함]을 근거로 해석한 것이니, 그 뜻이 당연히 복건의 『춘추좌씨전해의(春秋左氏傳解誼)』와 같다.

원문 臧氏庸『拜經日記』以『論語』作"溫故", 古文作"尋", 乃鄭「注」文與賈「疏」

---

294 『예기』「교특생」의 「주」에는 "섬(爓)은 혹 얇게 썬 고기[腸]로 되어 있다.[爓或爲腸.]"라고 되어 있고, "爓或爲燖"이란 표현은 『의례주소』 권17, 「유사철」 가공언의 「소」에 보이는 내용이다. 『논어정의』에는 「閻或爲燖」로 되어 있는 것을 『의례주소』를 근거로 수정했다.

295 복건(服虔, ?~?): 후한 하남(河南) 형양(滎陽) 사람. 초명은 중(重) 또는 기(祇)이고, 자는 자신(子愼)이다. 태학(太學)에 들어가 수업했다. 효렴(孝廉)으로 천거되어 구강태수(九江太守)를 지냈다. 고문 경학을 숭상하여 금문 경학자인 하휴(何休)의 설을 비판했다. 저서에 『춘추좌씨전해(春秋左氏傳解)』가 있는데, 동진(東晉) 때 그의 춘추좌씨학(春秋左氏學)이 학관(學官)에 세워졌으며, 남북조시대에는 그의 주석(注釋)이 북방에 성행했다. 그러나 공영달(孔穎達)이 『춘추정의(春秋正義)』를 저술할 때 『춘추좌씨전』은 두예(杜預)의 「주(注)」만 채용함으로써 그의 주석은 없어지고 말았다. 『옥함산방집일서』에 『춘추좌씨전해의(春秋左氏傳解誼)』와 『춘추성장설(春秋成長說)』, 『춘추좌씨고맹석아(春秋左氏膏盲釋痾)』 등의 저술이 수록되어 있으며, 『황청경해속편(皇淸經解續編)』에도 이이덕(李眙德)이 찬한 『춘추좌전가복주집술(春秋左傳賈服注輯述)』이 들어 있다.

296 『의례주소』 권17, 「유사철」 가공언의 「소」.

不合, 非也.『廣雅』「釋詁」, "溫, 煖也."『山海經』「大荒東經」, "有谷曰'溫源谷'." 郭「注」, "卽湯谷也". 鄭注「中庸」"溫讀如燖溫"者, "燖"有重義, 言重用火煴之, 卽爲溫也. 人於所學, 能時習之, 故曰"溫故". 鄭君此章「注」文已佚, 故就「中庸」「注」爲引申之. "故"之爲言古也, 謂舊所學也.『廣雅』「釋言」, "新, 初也."『穀梁』「莊」廿九年「傳」, "其言新, 有故也." 皇「疏」, "所學已得者, 則溫燖之, 不使忘失, 是'月無忘其所能'也. '知新', 則'日知其所亡'也." 皇「疏」此言, 亦同鄭義.

역문 장용(臧庸)의 『배경일기(拜經日記)』에는 『논어』에는 "온고(溫故)"로 되어 있고, 고문에는 "심(尋)"으로 되어 있으니, 결국 정현 「주」의 글과 가공언의 「소」는 합하지 않는다고 여겼는데, 잘못이다. 『광아』「석고」에 "온(溫)은 따뜻하다[煖]는 뜻이다."라고 했고, 『산해경(山海經)』「대황동경(大荒東經)」에 "골짜기가 있는 곳을 '온원곡(溫源谷)'이라 한다."라고 했는데, 곽박의 「주」에 "온원곡은 바로 탕곡(湯谷)이다."[297]라고 했다. 정현은 「중용」을 주석하면서 "온(溫)은 심온(燖溫)이라고 할 때의 온과 같은 뜻으로 읽는다."라고 했는데, "심(燖)"에는 거듭[重]이라는 뜻이 있으니, 거듭 불을 사용해서 사름이 곧 온(溫)이 된다는 말이다. 사람이 배운 것을 때에 맞게 익힐 수 있기 때문에 "온고(溫故)"라고 한 것이다. 정군(鄭君)[298]의 이 장(章)에 대한 「주」의 글은 이미 일실되었기 때문에 「중용」의 「주」를 따라서 의미를 확장했다. "고(故)"라는 말은 옛날[古]이라는 뜻이니, 옛날에 배운 것을 이른다. 『광아』「석언」에 "신(新)은 처음[初]이라는 뜻이다."라고 했고, 『춘추곡량전』「장공(莊公)」29년의 「전」에 "새로 지음[新]을 말한 것은 까닭이 있어서이다."[299]라고 했다. 황간의 「소」에 "배워

---

297 곽박의 「주」에 "온원(溫源)은 바로 탕곡(湯谷)이다.[溫源, 卽湯谷也.]"로 되어 있다.
298 정군(鄭君): 정현(鄭玄)을 가리킨다.

서 이미 터득한 것이라면 거듭 익혀서 잊지 않도록 해야 하니, 이것이 바로 '달마다 자기가 할 수 있는 것을 잊지 않는다'[300]라는 것이다. '새것을 안다'라는 것은[301] '날마다 자기에게 없는 것을 안다'[302]라는 것이다."[303]라고 했다. 황간 「소」의 이 말 역시 정현의 뜻과 같다.

원문 『禮』「王制」云: "師者, 亦使人法效之者也." 「文王世子」云: "師也者, 教之以事, 而喩諸德者也." 古者家塾·黨庠, 師無定立. 伏生『書傳』謂大夫·士年七十致事, 大夫爲父師, 士爲少師, 以其爵爲之差, 卽是以其德爲之差也. 孔子時, 大夫·士不必有德, 故致事後, 有不爲師, 或有不學而妄居師位者.

역문 『예기』「왕제(王制)」에 "스승[師]이란 역시 남들로 하여금 본받게 하는 사람이다."라고 했고, 『예기』「문왕세자(文王世子)」에는 "스승이란 일을 가르치고 덕을 깨닫게 하는 사람이다."라고 했다. 옛날 가숙(家塾)[304]이나 당상(黨庠)[305]에는 일정한 스승이 정립되지 않았다. 복생(伏生)은 『서전

---

299 『춘추』「장공(莊公)」 29년 경문(經文)의 "29년 봄에 연구(延廐)를 새로 지었다.[二十九年春, 新延廐.]"라고 한 것에 대한 『춘추곡량전』의 글이다.

300 『논어』「자장」.

301 황간의 「소」에는 "'신(新)'은 즉시 배워서 새롭게 터득한 것을 이르니, '새것을 안다'라는 것은 날마다 자기에게 없는 것을 안다는 말이다.['新', 謂卽時所學新得者也, '知新', 謂日知其所亡也.]"라고 되어 있으므로, 여기에 맞춰 해석했다.

302 『춘추곡량전주소』「장공」 29년 황간의 「소」.

303 『논어집해의소』권1, 「논어위정제2」.

304 가숙(家塾): ① 주(周)나라의 교육(敎育) 제도(制度). 25가(家)를 여(閭·里)라 하고 그 한 동네의 문(門·閭門)의 양쪽에 집을 지어 숙(塾)이라고 하여 이중(里重)의 자제(子弟)를 교육(敎育)하던 곳. ② 한 가정(家庭)이나 일가(一家)끼리 경영(經營)하던 개인(個人)이 세운 글방. 사숙(私塾).

305 당상(黨庠): 당에 세우는 학교. 당은 5백 호(戶)를 단위로 하는 행정 구역.

『書傳)』에서 대부(大夫)와 사(士)는 나이가 70세가 되면 벼슬을 그만두는데,[306] 대부는 부사(父師)가 되고, 사는 소사(少師)가 된다고 했으니,[307] 작위를 가지고 차등을 두었다는 것은 바로 덕을 가지고 차등을 두었다는 것이다. 공자 당시 대부나 사가 반드시 덕이 있었던 것은 아니었으므로 벼슬을 그만둔 후 스승이 되지 않았으나, 간혹 배우지도 않고 함부로 스승의 지위를 자처하는 자가 있었다.

원문 今此言"溫故"者, 謂舊時所學, 致事時猶能溫尋, 不使忘失. 且能日知所亡, 足見其進德修業, 耄而好學, 故可以爲人師也. 劉氏逢祿『論語述何篇』, "故, 古也.『六經』皆述古昔·稱先王者也. 知新, 謂通其大義, 以斟酌後世之制作, 漢初經師皆是也." 案, 劉說亦是.

역문 지금 여기에서 "온고(溫古)"라고 한 것은 예전에 배운 것을 벼슬을 그만둔 때에도 오히려 거듭 익혀서 잊지 않도록 할 수 있어야 한다는 말이다. 또 날마다 자기에게 없는 것을 알 수 있다면, 덕을 진작시키고 학업을 닦아 늙을수록 학문을 좋아하므로 남의 스승이 될 수 있다는 것을 충분히 알 수 있다. 유봉록(劉逢祿)의 『논어술하편(論語述何篇)』에 "고(故)는 옛날[古]이라는 뜻이다. 6경(六經)은 모두 옛것을 전술하고 선왕(先王)을 칭송한 것이다. 새것을 안다[知新]는 것은 그 대의(大義)를 통달해서 후세의 제작(制作)을 짐작한다는 말이니, 한(漢)나라 초기의 경사(經師)들이 모두 이들이다."라고 했는데, 살펴보니, 유봉록의 설 역시 옳다.

---

306 『예기』「곡례상」: 대부는 나이가 70세가 되면 벼슬을 그만둔다.[大夫七十而致事.]
307 『상서대전』권2, 「상서(商書)」: 대부는 나이 70세가 되면 벼슬을 그만두고 향리에서 노년을 보낸다. 대부를 지냈으면 부사라 하고, 사를 지냈으면 소사라 하여, 글방[門塾] 터에서 향인의 자제를 가르친다.[大夫七十而致仕, 老于鄕里. 大夫名曰父師, 士曰少師, 以敎鄕人子弟於門塾之基.]

원문 黃氏式三『論語後案』引『漢書』「成帝紀」「詔」云: "儒林之官, 宜皆明於古今, 溫故知新, 通達國體." 「百官表」, "以通古今備溫故知新之義." 『論衡』「謝短篇」, "知古不知今, 謂之陸沈; 知今不知古, 謂之盲瞽. 溫故知新, 可以爲師. 古今不知, 稱師如何?" 孔穎達『禮記』「敍」, "博物通人, 知今溫古, 考前代之憲章, 參當時之得失." 是漢·唐人解"知新"多如劉說.

역문 황식삼(黃式三)[308]은 『논어후안(論語後案)』에서 『전한서』「성제기(成帝紀)」의 「조(詔)」를 인용해서 "유림(儒林)이라는 관직은 마땅히 모두 옛날과 지금을 분명히 알고, 옛것을 거듭 익혀 새것을 알며, 국가의 정체성[國體]에 통달해야 한다."[309]라고 했고, 「백관표(百官表)」에는 "옛날과 지금에 통달함으로써 옛날에 배워서 터득한 것을 거듭 익혀 새것을 안다는 뜻을 갖추어야 한다."[310]라고 했으며, 『논형』「사단편」에는 "옛날의 일은 알면서 지금의 일을 알지 못하는 것을 육침(陸沈)이라 하고, 지금의 일은 알면서 옛날의 일을 모르는 것을 맹고(盲瞽)라 한다. 옛날에 배워서 터득한 것을 거듭 익혀 새것을 알면 스승이 될 수 있다. 옛날의 일도, 지금의 일도 알지 못하면서 어찌 스승이라 불릴 수 있겠는가?"라고 했다. 공영달의 『예기』「서」에 "만물을 두루 많이 알고 사람의 일에 통달하며, 지금의 일을 알고 옛날의 일을 거듭 익히며, 앞 시대의 헌장(憲章)을 고

---

308 황식삼(黃式三, 1789~1862): 청나라 절강(浙江) 정해(定海) 사람으로 자는 미향(薇香)이다. 『주역』과 『춘추』를 공부했고, 삼례(三禮)에 해박했다. 정현의 학문을 위주로 하면서도 주자학을 아울러 존숭했고, 육왕학(陸王學)의 심즉리설(心卽理說)은 반대했다. 『춘추』를 연구해 두예의 잘못된 석례(釋例)를 정정한 『춘추석(春秋釋)』을 지었다. 그 밖의 저서에 『논어후안(論語後案)』과 『시서통설(詩序通說)』, 『시전전고(詩傳箋考)』, 『시총설(詩叢說)』, 『역석(易釋)』, 『상서계몽(尙書啓蒙)』, 『경거집경설(儆居集經說)』, 『음운부략(音韻部略)』, 『주계편략(周季編略)』, 『경거집(儆居集)』, 『독자집(讀子集)』, 『잡저(雜著)』 등이 있다.

309 『전한서』 권10, 「성제기제10(成帝紀第十)」의 「조」.

310 『전한서』 권19상, 「백관공경표(百官公卿表)」.

찰하고 당시의 잘잘못을 참고한다."[311]라고 했는데, 한대(漢代)와 당대(唐代) 사람들의 "새것을 안다[知新]"라는 것에 대한 해석이 대체로 유봉록의 설과 같다.

- 「注」, "溫尋"至"師矣".
- 正義曰: 『說文』, "𢒫, 繹理也." 謂紬繹治之也. 此"尋"讀本字. 故「注」以"尋繹"連文, 然溫無繹理之訓. "溫"爲"尋"者, "溫"與"燖"同, 卽與"燅"同, 不謂繹理也. 此「注」蓋誤.

○ 「주」의 "온심(溫尋)"부터 "사의(師矣)"까지.

○ 정의에서 말한다.

『설문해자』에 "심(𢒫)은 찾아서 다스린다[繹理]는 뜻이다."[312]라고 했는데, 실마리를 찾아서 끌어내어 다스린다는 것이다. 여기서의 "심(尋)" 자는 본래 글자대로 읽어야 한다. 그러므로 「주」에서 "심역(尋繹)"이라고 글자를 이어서 쓴 것이니, 그렇다면 온(溫)에는 실마리를 찾아내어 다스린다는 뜻은 없다. "온(溫)"을 "심(燖: 익히다)"으로 여긴 까닭은 "심(尋)"과 "심(燖)"이 같고, 곧 섬(燅: 익히다)과도 같다고 보았기 때문이니, 실마리를 풀어내어 다스린다는 말은 아니다. 이 「주」는 대체적으로 잘못되었다.

---

311 『예기주소』「예기정의서(禮記正義敍)」.
312 『설문해자』 권3: 심(𢒫)은 찾아서 다스린다[繹理]는 뜻이다. 공(工)으로 구성되었고, 구(口)로 구성되었으며, 우(又)로 구성되었고, 촌(寸)으로 구성되었다. 공(工)과 구(口)는 어지러움을 다스리는 것이고, 우(又)와 촌(寸)은 나누어 이치를 찾는 것이다. 삼(彡)이 발음을 나타낸다. 이 글자는 양(𤔔)과 같은 뜻이다. 사람이 두 팔을 벌려서 잰 길이가 심(尋)이니, 여덟 자[八尺]이다. 서(徐)와 임(林)의 반절음이다.[𢒫, 繹理也. 從工從口從又從寸. 工‧口, 亂也. 又‧寸, 分理之. 彡聲. 此與𤔔同意. 度人之兩臂爲尋, 八尺也. 徐林切.]

子曰: "君子不器." 【注】 包曰: "器者, 各周其用, 至於君子, 無所不施."

공자가 말했다. "군자는 그릇이 아니다." 【주】 포함이 말했다. "그릇은 각각 그 용도에 두루 적용되지만, 군자의 도로 말할 것 같으면 시행되지 않는 곳이 없다."

- 「注」, "器者"至"不施".

- 正義曰: 『說文』, "器, 皿也." 『周書』「寶典」, "物周爲器." 孔晁「注」, "周用之爲器", 言器能周人之用也. "施", 猶行也. 君子道無所不行, 故『禮』「學記」言"大道不器". 鄭「注」, "謂聖人之道, 不如器施於一物." "如"者, 似也. 孔「疏」以孔子"博學而無所成名"解之, 卽包此「注」義也. 「學記」又云: "察於此者, 可以有志於本矣." 「注」云: "言以學爲本, 則其德於民無不化, 於俗無不成."

○ 「주」의 "기자(器者)"부터 "불시(不施)"까지.

○ 정의에서 말한다.
『설문해자』에 "기(器)는 그릇[皿]이다."[313]라고 했다. 『주서』「보전(寶典)」에는 "물건이 두루 적용되는 것이 기구[器]가 된다."[314]라고 했고, 공조(孔晁)[315]의 「주」에 "두루 적용되는 것이 그릇[器]이 된다."라고 했는데, 기구란 사람의 용도에 두루 적용할 수 있는 것이라는 말이다.

---

313 『설문해자』 권3: 기(器)는 그릇[皿]이다. 그릇의 주둥이와 개가 그것을 지키고 있는 모습을 형상화했다. 거(去)와 기(冀)의 반절음이다.[器, 皿也. 象器之口, 犬所以守之. 去冀切.]

314 『일주서』 권3,「보전해제29(寶典解第二十九)」.

315 공조(孔晁, ?~?): 진(晉)나라의 오경박사(五經博士). 일본의 다케우치 요시오[武內義雄]는 왕숙의 제자인 공조의 자가 안국(安國)인 것을 확인했다고 한다.

"시(施)"는 시행[行]과 같다. 군자의 도는 시행되지 않는 곳이 없으므로 『예기』「학기」에서도 "큰 도는 그릇이 아니다.[하나의 쓰임에만 국한되지 않는다.]"라고 한 것이다. 정현의 「주」에는 "성인의 도(道)는, 기구가 한 가지 사물에만 시행되는 것과는 같지 않다는 말이다."[316]라고 했는데, "여(如)"는 같다[似]는 뜻이다. 공영달의 「소」에서는 공자가 "널리 배웠으나 이름을 이룬 것이 없다."[317]라는 것을 가지고 해석했는데,[318] 바로 포함의 이 「주」의 뜻과 같다. 「학기」에는 또 "이것을 살피면 근본에 뜻을 둘 수 있다."[319]라고 했는데, 「주」에 "학문을 근본으로 삼으면 그 덕이 백성들에게 있어서는 교화되지 않음이 없고, 풍속에 있어서는 이루어지지 않음이 없다는 말이다."[320]라고 했다.

원문 案, 此則學爲修德之本. 君子"德成而上, 藝成而下, 行成而先, 事成而後." 故知所本, 則由明明德以及親民, 由誠意・正心・修身以及治國・平天下, "措則正, 施則行", 復奚役役於一才一藝爲哉?

역문 살펴보니, 이렇다면 학문이 덕을 닦는 근본이 된다. 군자는 "덕을 이루어 윗자리에 거하고 기예를 이루어 아랫자리에 거하며, 품행을 이루어 앞에 거하고 사업을 이루어 뒤에 거한다."[321] 그러므로 근본이 되는 것을 알면 밝은 덕을 밝히는 것[明明德]에서부터 백성을 친하게 함[親民]에 이르기까지 뜻을 성실하게 하고[誠意], 마음을 바루며[正心], 몸을 닦는[修身] 데부터 나라를 다스리고[治國], 천하를 화평하게 하는[平天下] 데 이르기까지, "지니고 있으면 항상 바르고, 예를 일에 베풀면 어떤 일이라도

---

316 『예기주소』 권36, 「학기(學記)」.

317 『논어』 「자한」.

318 『예기주소』 권36, 「학기」.

319 『예기』 「학기(學記)」. 「학기」에는 "이 네 가지를 살피면[察於此四者]"이라고 되어 있다.

320 『예기주소』 권36, 「학기」.

321 『예기주소』 권38, 「악기」.

행해지니",322 어찌 다시 한 가지 재주나 한 가지 기예에 목매는 일을 하겠는가?

2-13

子貢問君子, 子曰: "先行其言而後從之."【注】孔曰: "疾小人多言而行之不周."

자공이 군자에 대해서 묻자, 공자가 말했다. "자기가 말할 것을 먼저 실행하고서 뒤에 말로 행동을 따른다."【주】공안국이 말했다. "소인들이 말만 많고 행동이 합치하지 않음을 미워한 것이다."

원문 正義曰: 『漢石經』 "貢" 作 "贛". 下篇云: "古者言之不出, 恥躬之不逮也. 君子欲訥於言." 『禮』 「緇衣」, "子曰: '言從而行之, 則言不可飾也. 行從而言之, 則行不可飾也. 故君子寡言而行, 以成其信.'" 『大戴禮』 「曾子制言篇」, "君子先行後言." 又 「立事篇」, "君子微言而篤行之, 行必先人, 言必後人." 均與此章義相發.

역문 정의에서 말한다.

『한석경』에는 "공(貢)"이 "공(贛)"으로 되어 있다. 아래 편에 "옛사람들이 말을 함부로 내지 않은 것은 자신의 행동이 미치지 못할 것을 부끄러워해서이다. 군자는 말은 굼뜨게 하려고 한다."323라고 했고, 『예기』 「치의」

---

322 『예기』 「예기」.
323 『논어』 「이인」.

에 "공자가 말했다. '말이 뒤따르고 먼저 행동을 하면 말은 꾸밀 필요가 없고, 행동이 뒤따르고 먼저 말을 하면 행동을 꾸밀 필요가 없다. 그러 므로 군자는 말을 적게 하면서 행동해서 그 신의를 이룬다.'"라고 했다. 『대대례』「증자제언(曾子制言)」에 "군자는 행동을 먼저 하고 말을 뒤에 한다."라고 했고, 또 「증자입사(曾子立事)」에 "군자는 말을 적게 하면서 행동은 돈독하게 하니, 행동은 반드시 남보다 먼저 하고, 말은 반드시 남보다 뒤에 한다."라고 했는데, 모두 이 장과 더불어 뜻이 서로 발명 된다.

- 「注」, "疾小人多言而行之不周."
- 正義曰: "疾", 惡也. "周", 合也, 備也. 小人言不顧行, 行不顧言, 故易致多言. 『韓詩外傳』, "學而慢其身, 雖學不尊矣; 不以誠立, 雖立不久矣. 誠未著而好言, 雖言不信矣." 然則小人雖 多言, 奚貴乎?
- 「주」의 "소인들이 말만 많고 행동이 합치하지 않음을 미워한 것.[疾小人多言而行之不周.]"
- 정의에서 말한다.

  "질(疾)"은 미워함[惡]이다. "주(周)"는 합치함[合]이며 갖추어짐[備]이다. 소인은 말은 행동을 돌아보지 않으며 행동은 말을 돌아보지 않기 때문에[324] 쉽게 말을 많이 한다. 『한시외전』에 "배우더라도 자신을 게을리하면 비록 배웠다 하더라도 존귀해지지 못하고, 성실함으로써 서 지 않으면 비록 섰다 하더라도 오래가지 못한다. 성실함이 아직 드러나지도 않았는데 말하 기를 좋아하면 비록 말했다 하더라도 믿지 않는다."[325]라고 했으니, 그렇다면 소인이 비록 말 을 많이 한들 어찌 귀하겠는가?

---

324 『맹자』「진심하(盡心下)」.
325 『한시외전』 권6.

2-14

子曰: "君子周而不比; 小人比而不周." 【注】孔曰: "忠信爲周, 阿黨
爲比."

공자가 말했다. "군자는 성실하고 진실하며, 아첨하고 무리 짓지
않으며, 소인은 아첨하고 무리 지으며, 성실하거나 진실하지 못
하다." 【주】 공안국이 말했다. "성실하고 진실함[忠信]이 주(周)이고, 아첨하고 당
파를 결성함[阿黨]³²⁶이 비(比)가 된다."

원문 正義曰: 經傳言"小人"有二義. 一謂微賤之人, 一謂無德之人. 此文"小
人", 則無德者也. 夫子惡似是而非, 故於周比·和同·泰驕·及巧言令色足恭·
鄕原, 皆必辨之, 所以正人心. 而凡知人之術, 官人之方, 皆必辨乎此矣.

역문 정의에서 말한다.

경전에서 말하는 "소인(小人)"에는 두 가지 뜻이 있다. 하나는 미천한
사람이라는 뜻이고, 다른 하나는 덕이 없는 사람이라는 뜻이다. 이 글에
서의 "소인(小人)"은 덕이 없는 사람이다. 공자는 옳은 것 같으면서도 그
른 것을 미워하기 때문에, 성실하고 진실함[忠信]과 아첨하고 무리 지음
[阿黨]·조화와 부화뇌동[和同]³²⁷·태연함과 교만함[泰驕]³²⁸ 및 말을 교묘

---

326 아당(阿黨): 윗사람의 뜻에 영합하여 사욕을 채우기 위해 법을 왜곡하고 아랫사람에게 빌붙어
당파를 결성하여 사욕을 챙김. 『예기』「월령(月令)」에, "맹동(孟冬)의 달에 아당을 살피면 죄
를 엄폐한 경우가 없다.[是察阿黨, 則罪無有掩蔽.]"라고 했는데, 손희단(孫希旦)의 『예기집해
(禮記集解)』에, "아(阿)는 윗사람의 뜻을 곡진히 따르는 것을 말한 것이고, 당(黨)은 사사로이
아랫사람에게 빌붙는 것을 말한다.[阿, 謂有所曲徇於上, 黨, 謂有所私附於下.]"라고 했다.

하게 꾸미고 얼굴빛을 보기 좋게 꾸미며 지나치게 공손함[巧言令色足恭][329]·향원(鄕原)[330]에 대해 모두 반드시 변별하였는데, 사람의 마음을 바르게 하기 위해서였다. 따라서 사람을 알아보는 모든 방법과 인재를 가려서 관직에 임용하는 방법이 모두 반드시 여기에서 변별되는 것이다.

- 「注」, "忠信爲周, 阿黨爲比."
- 正義曰: 鄭亦有此「注」, 孔所襲也. 案, 「魯語」"忠信爲周", 『毛詩』「皇華」·「都人士」「傳」, "用之忠信, 則能親愛人." 故"周"又訓爲親·爲密·爲合. 『左』「哀」十六年「傳」, "周仁之謂信." 杜「注」, "周, 親也." 「文」十八年"是與比周", 杜「注」, "周, 密也." 『離騷』"雖不周於今之人兮", 王逸『章句』, "周, 合也." 是也.
- 「주」의 "성실하고 진실함[忠信]이 주(周)이고, 아첨하고 당파를 결성함[阿黨]이 비(比)가 된다."
- 정의에서 말한다.
  정현도 이 주석이 있으니, 위공(僞孔)이 그대로 따른 것이다.[331] 「노어(魯語)」에 "성실하고 진실함[忠信]이 주(周)이다."[332]라고 했고, 『모시』「황화(皇華)」와 「도인사(都人士)」의 「전」

---

327 『논어』「자로」: 군자는 조화를 이루지만 부화뇌동하지 않고, 소인은 부화뇌동하지만 조화를 이루지 않는다.[君子, 和而不同; 小人, 同而不和.]
328 『논어』「자로」: 군자는 느긋하고 교만하지 않으며, 소인은 교만하고 느긋하지 못하다.[君子, 泰而不驕; 小人, 驕而不泰.]
329 『논어』「공야장(公冶長)」: 말을 교묘하게 꾸미고 얼굴빛을 보기 좋게 꾸미며 지나치게 공손한 것을 좌구명(左丘明)이 수치로 여겼는데, 나 역시 그런 것을 수치로 여긴다.[巧言·令色·足恭, 左丘明恥之, 丘亦恥之.]
330 『논어』「양화」: 향원은 덕을 해친다.[鄕原, 德之賊也.]
331 "孔所襲也"는 글자 그대로 해석하면 "공(孔)이 인습한 바이다."가 되는데, 정현과 공안국의 생존 시기를 볼 때 시대적으로 맞지 않는다. 따라서 이하 "孔所襲也"의 "孔"은 "僞孔"으로 해석하기로 한다.

에 "성실하고 진실하면 사람을 친애할 수 있다."라고 했다. 따라서 "주(周)"는 또 친하다[親]·친밀하다[密]·합하다[合]로 해석하기도 한다. 『춘추좌씨전』「애공」16년의 「전」에 "인(仁)을 친히 함[周仁]을 신(信)이라 한다."라고 했는데, 두예의 「주」에 "주(周)는 친함[親]이다."라고 했고, 「문공」18년에 "친밀하게 대한다.[是與比周.]"라고 했는데, 두예의 「주」에 "주(周)는 친밀함[密]이다."라고 했으며, 『이소(離騷)』에 "비록 요즘 사람들과 합하지 않아도[雖不周於今之人兮]"라고 했는데, 왕일(王逸)[333]의 『초사장구(楚辭章句)』에 "주(周)는 합(合)이다."[334]라고 한 것이 바로 이것[친하다·친밀하다·합하다로 해석한 것]이다.

원문 "阿黨爲比"者, 『爾雅』「釋詁」, "比, 俌也." 「齊語」"謂之下比", 韋「注」, "比, 阿黨也." 『呂覽』「達鬱」「注」, "阿, 曲媚也." "阿黨"與"忠信"相反, 正君子·小人性情之異. 「晉語」, "叔向曰: '吾聞事君者, 比而不黨. 夫周以擧義比也, 擧以其私黨也.' 籍偃曰: '君子有比乎?' 叔向曰: '君子比而不別. 比德以贊事, 比也. 引黨以封己, 利己而忘君, 別也.'" 彼文之"比", 卽此所謂"周", 彼文之"黨", 卽此所謂"比", 文各相因耳. 君子敬而無失, 與人恭而有禮, 四海之內, 皆如兄弟, 故能周也. "周"則忠信之謂, 若非忠信, 而但引黨以封己, 是卽阿黨爲比矣. 王氏引之『經義述聞』謂"周比皆訓爲親, 爲密, 爲合, 是也", 而譏此「注」爲失.

---

332 『국어(國語)』 권5, 「노어하(魯語下)」.

333 왕일(王逸, 89?~158): 후한 남군(南郡) 의성[宜城, 지금의 호북(湖北)에 속함] 사람. 자는 숙사(叔師)이다. 저서에 부(賦), 뇌(誄), 서(書), 논(論) 등 모두 21편이 있으며, 또 한시(漢詩) 123수를 지었지만 대부분 없어졌다. 원래 문집 2권이 있었지만 이미 망실되었고, 명나라 사람이 편집한 『왕숙사집(王叔師集)』이 있다. 그가 지은 『초사장구(楚辭章句)』는 가장 완정한 『초사』의 주본(注本)으로, 비록 견강부회한 곳이나 정밀치 못한 곳이 있기는 하지만, 문자를 훈석(訓析)하고 근거를 밝히고 있어 고대의 이론을 잘 보존하고 있다.

334 『초사장구』 권1, 「이소경장구제1(離騷經章句第一)」.

역문 "아첨하고 당파를 결성함[阿黨]이 비(比)가 된다."

『이아』「석고」에 "비(比)는 돕는다[俌는 뜻이다."라고 했고, 「제어(齊語)」에 "아랫사람들과 아첨하고 당파를 결성함을 이른다."[335]라고 했는데, 위소(韋昭)의 「주」에 "비(比)는 아첨하고 당파를 결성함이다."라고 했다. 『여람』「달울(達鬱)」의 「주」에 "아(阿)는 아첨[曲媚]이다."[336]라고 했다. "아당(阿黨)"과 "충신(忠信)"은 서로 반대가 되니, 바로 군자와 소인의 성정(性情)의 차이이다. 「진어(晉語)」에 "숙향이 말했다. '내 듣자 하니, 임금을 섬기는 자는 성실하고 진실하되, 당파를 결성하지 않는다고 한다. 성실함과 진실한 마음으로 의로운 사람을 등용함이 비(比)이고, 사사로운 마음으로 등용함이 당(黨)이다.' 적언(籍偃)이 말했다. '군자가 편당 지음이 있다는 것인가?' 숙향이 말했다. '군자는 친하게 지내기는 하되 구별하지 않는다. 덕이 있는 사람을 친히 해서 일을 도움이 비(比)이다. 당파를 끌어들여 자기에게 후하게 하고 자기를 이롭게 하느라 임금을 잊는 것이 별(別)이다.'"[337]라고 했는데, 저 글[『국어(國語)』]에서의 "비(比)"는 바로 이 글[『논어』]에서의 이른바 "주(周)"이고, 저 글에서의 "당(黨)"은 바로 이 글에서의 이른바 "비(比)"이니, 글자가 각각 서로 기인(起因)된 것일 뿐이다.[338] 군자는 경건하고 과실이 없으며, 남과 사귈 때 공손하고 예가 있어서 사해 안의 사람이 모두 형제와 같기[339] 때문에 성실

---

335 『국어』 권6, 「제어(齊語)」.

336 『여씨춘추』 권20, 「시군람제8(恃君覽第八) · 달울(達鬱)」의 「주」.

337 『국어』 권14, 「진어(晉語)」.

338 한 글자의 뜻이 다른 한 글자의 원인이 된다는 말이다.

339 『논어』「안연(顏淵)」: 자하가 말했다. "내가 듣자 하니, '죽음과 삶은 명(命)에 달려 있고, 부유함과 귀함은 하늘에 달려 있다.'라고 합니다. 군자가 경건한 마음을 가지고 과실이 없으며, 남과 더불어 있을 때 공손하면서도 예가 있으면, 사해 안의 사람이 다 형제인데 군자가

하고 진실할[周] 수 있다. "주(周)"란 성실하고 진실하다는 말이니, 만약
성실함과 진실함이 아니고, 단지 당파를 끌어들여 자기에게 후하게 한
다면 이것이 바로 아첨하고 당파를 결성하는 것으로, 비(比)가 된다는
것이다. 왕인지의 『경의술문(經義述聞)』에 "주(周)와 비(比)는 모두 친함
[親]으로도 해석하고, 친밀함[密]으로도 해석하며, 합하다[合]로도 해석하
는데 옳다."라고 했는데, 이 주석이 잘못임을 비판한 것이다.

원문 案, 王氏云: "以義合者, 周也, 以利合者, 比也." 旣以義合, 得非忠信耶?
此「注」未失, 無所可譏也.

역문 살펴보니, 왕인지는 "의(義)를 위주로 모인 것이 주(周)이고 이익[利]을
위주로 모인 것이 비(比)이다."라고 했는데, 이미 의를 위주로 모였다면
성실함과 진실함이 아닐 수 있겠는가? 이 「주」는 실수를 저지르지 않았
으니, 비판할 만한 것이 없다.

2-15

子曰: "學而不思則罔, 【注】 包曰: "學不尋思其義, 則罔然無所得." 思
而不學則殆." 【注】 不學而思, 終卒不得, 徒使人精神疲殆.

공자가 말했다. "배우기만 하고 생각하지 않으면 멍한 듯 무지해
지고, 【주】 포함이 말했다. "배우고서 그 뜻을 찾아 생각하지 않으면 멍해져서[罔
然] 얻는 것이 없다." 생각만 하고 배우지 않으면 정신만 피로할 뿐이

어찌 형제가 없음을 걱정하겠습니까?"[子夏曰: "商聞之矣, '死生有命, 富貴在天.' 君子敬而無
失, 與人恭而有禮, 四海之內皆兄弟也, 君子何患乎無兄弟也?"]

다."【주】 배우지는 않고 생각만 하면 끝내 얻는 것 없이 다만 사람의 정신만 피로하게 할 뿐이다.

원문 正義曰: 子夏言"博學近思", 『中庸』言"博學愼思", 是學・思不可偏廢, 故此章兩言其失. 『釋文』, "罔, 本又作冈."

역문 정의에서 말한다.

자하는 "배우기를 널리 하고, 생각을 가까운 곳으로부터 한다."[340]라고 했고, 『중용』에 "널리 배우고 신중히 생각한다."[341]라고 했는데, 배움과 생각은 어느 한쪽도 그만두어서는 안 되기 때문에 이 장에서 그 잘못을 양쪽으로 말했다. 『경전석문』에 "망(罔)은 어떤 판본에는 또 강(冈)으로도 쓴다."[342]라고 했다.

- 「注」, "學不尋思其義, 則罔然無所得."
- 正義曰: 賈子「道德說」, "義者, 德之理也." 爲學之道, 明於古人所言之義, 而因以驗之身心, 故思足貴也. 孟子曰: "心之官則思, 思則得之, 不思則不得也." "不得"卽此「注」"無所得"之義. 『荀子』「勸學篇」, "小人之學也, 入乎耳, 出乎口. 口耳之間, 則四寸耳, 曷足以美七尺之軀哉?" "入耳"・"出口", 卽所謂學而不思也.

---

340 『논어』「자장」: 자하가 말했다. "배우기를 널리 하고 기억하기를 돈독히 하며, 묻기를 절실하게 하고 생각을 가까운 곳으로부터 하면 인(仁)이 그 가운데 있다."[子夏曰: "博學而篤志, 切問而近思, 仁在其中矣."]
341 『중용』 제20장: 널리 배우고 자세히 물으며 신중히 생각하고 밝게 분별하며 독실히 행해야 한다.[博學之, 審問之, 愼思之, 明辨之, 篤行之.]
342 『경전석문』 권24, 「논어음의・위정제2」.

○ 「주」의 "배우고서 그 뜻을 찾아 생각하지 않으면 멍해져서[罔然] 얻는 것이 없다."

○ 정의에서 말한다.

가의의 「도덕설(道德說)」에 "의(義)는 덕의 이치이다."[343]라고 했다. 학문을 하는 도리는 옛
사람이 말한 의(義)를 밝히고 그것을 따라 몸과 마음에 증험하는 것이므로 생각은 충분히 귀
한 것이다. 맹자는 "마음의 기능은 생각하는 것이니, 생각하면 얻고 생각하지 않으면 얻지 못
한다."[344]라고 했는데, "얻지 못함[不得]"은 곧 이 「주」의 "얻는 것이 없다[無所得]"라는 뜻이
다. 『순자』 「권학편」에 "소인이 배우는 것을 보면, 귀로 들어왔다가 금방 입으로 나가 버리고
만다. 입과 귀의 사이는 네 치밖에는 안 되니, 어떻게 일곱 자의 몸뚱이를 아름답게 할 수 있
겠는가?"라고 했는데, "귀로 들어옴[入耳]"과 "입으로 나감[出口]"이 바로 이른바 배우기만 하
고 생각하지 않음이다.

원문 「注」言"罔然"者, 凡稱"然", 皆形容之辭. 「少儀」云: "衣服在躬而不知其
名爲罔." 鄭「注」, "罔猶罔罔, 無知貌." 『列子』 「周穆王篇」, "秦人逢氏有
子, 壯而有迷罔之疾." 『文選』 「東京賦」, "罔然若醒." 「注」云: "罔然, 猶惘
惘然也." 義皆可證.

역문 「주」에서 "망연(罔然)"이라고 한 것.

모든 "연(然)"이라 일컬은 것은 다 형용사(形容詞)이다. 「소의(少儀)」에
"의복을 몸에 걸치고도 그 이름을 알지 못한다면 무지한 사람이다."[345]라
고 했는데, 정현의 「주」에 "망(罔)은 망망(罔罔)과 같으니, 무지(無知)한
모양이다."[346]라고 했고, 『열자(列子)』 「주목왕(周穆王)」에 "진(秦)나라 사

---

343 『신서』 권8, 「도덕설(道德說)」.

344 『맹자』 「고자상(告子上)」.

345 『예기』 「소의(少儀)」.

346 『예기주소』 권35, 「소의(少儀)」 정현의 「주」.

람 중에 봉씨(逢氏)라는 사람에게 아들이 있었는데, 장성해서 마음이 복잡해서 멍해지는 질병에 걸렸다."[347]라고 했다. 『문선(文選)』「동경부(東京賦)」에 "술취한 듯 멍하다."라고 했는데, 「주」에 "망연(罔然)은 멍청한 것과 같다."[348]라고 했으니, 뜻이 모두 증거가 될 만하다.

- 「注」, "不學而思, 終卒不得, 徒使人精神疲殆."
- 正義曰: 夫子言"吾嘗終日不食, 終夜不寢, 以思, 無益, 不如學也." 又『韓詩外傳』引, "子曰: '不學而好思, 雖知不廣矣.'" 是言徒思無益也. 趙注『孟子』"心之官"云: "官, 精神所在, 是思屬心. 心之能思, 卽精神也. 然思過則損脾, 故精神易致疲殆." "殆"與"怠"同. 『釋文』云: "依義當作怠." 卽本此「注」. 王氏引之『經義述聞』謂此經"殆"字, 及"多見闕殆", "殆"皆訓疑, 引何休『公羊』「襄」五年「注」"殆, 疑也"爲據. "思而不學, 則事無徵驗, 疑而不能定也." 其說亦通.
- 「주」의 "배우지는 않고 생각만 하면 끝내 얻는 것 없이 다만 사람의 정신만 피로하게 할 뿐이다."
- 정의에서 말한다.

  공자는 "내 일찍이 종일토록 먹지도 않고 밤새도록 잠을 자지 않고서 생각했지만, 유익함이 없었으니, 배우는 것만 못하다."[349]라고 했고, 또 『한시외전』에 인용하기를, "공자가 말했다. '배우지는 않고 생각하기만 좋아하면 비록 안다 하더라도 넓지 못하다.'"[350]라고 했는데, 단지 생각만 하면 유익함이 없다는 말이다. 조기는 『맹자』의 "마음의 기능[心之官]"을 주석하면서 "관(官)은 정신이 있는 곳이고, 생각은 마음에 속한다. 마음이 생각할 수 있는 것이 바로 정신이다. 그러나 생각이 지나치면 지라[脾臟]를 손상시키므로 정신이 쉽게 피로를 느끼게 된다."[351]라고 했다. "태(殆)"는 "피곤함[怠]"과 같다. 『경전석문』에 "뜻에 의거해 보면 마

---

347 『열자(列子)』 권3, 「주목왕제3(周穆王第三)」.
348 『문선』 권3, 「경도중(京都中)·동경부(東京賦)」.
349 『논어』「위영공」.
350 『한시외전』 권6.

땅히 태(怠)가 되어야 한다."³⁵²라고 했는데, 바로 이「주」를 근거로 한 것이다. 왕인지의
『경의술문』에는 이 경전의 "태(殆)" 자와 "다견궐태(多見闕殆)"³⁵³의 "태(殆)"는 모두 의
심[疑]의 뜻으로 해석해야 한다고 했는데, 이는 하휴가『춘추공양전』「양공(襄公)」 5년의
「주」에서 "태(殆)는 의심함[疑]이다."³⁵⁴라고 한 것을 가져다 근거로 삼은 것이다. "생각하기
만 하고 배우지 않으면 일에 징험(徵驗)이 없고 의심스러워 확정할 수 없다."라고 했으니, 그
의 설 역시 통한다.

2-16

子曰: "攻乎異端, 斯害也已." 【注】攻, 治也. 善道有統. 故殊塗而同
歸; 異端不同歸也.

공자가 말했다. "이단(異端)을 전공하면 해로울 뿐이다." 【주】공
(攻)은 연구함[治]이다. 바른 도[善道]는 근본[統]이 있다. 그러므로 가는 길이 달라도
귀결점이 같지만 이단은 귀결점이 같지 않다.

원문 正義曰: 『說文』云: "耑, 物初生之題也. 端, 直也." 二字義別, 今經傳多
叚 "端" 爲 "耑". 『禮記』「禮器」「注」, "端, 本也." 『孟子』「公孫丑」「注」, "端

---

351 『맹자주소(孟子注疏)』권11하, 「고자장구상(告子章句上)」조기의「주」.
352 『경전석문』권24, 「논어음의 · 위정제2」.
353 『논어』「위정」.
354 『춘추공양전주소』권19, 「양공(襄公)」 5년. 『논어정의』에 "四年"으로 되어 있다. 『춘추공
양전』을 근거로 고쳤다.

者, 首也."『說文』, "害, 傷也." 皇本"已"下有"矣"字.

역문 정의에서 말한다.

『설문해자』에 "단(耑)은 만물이 처음 생겨나는 첫머리이다."[355]라고 했
고, 또 "단(端)은 곧음[直]이다."[356]라고 했으니, 두 글자는 뜻이 다른데, 지
금의 경전에서는 대체로 "단(端)" 자를 가차해서 "단(耑)" 자의 뜻으로 쓴
다. 『예기』「예기(禮器)」의 「주」에 "단(端)은 근본[本]이다."[357]라고 했으
며, 『맹자』「공손추(公孫丑)」의 「주」에 "단(端)은 머리[首]이다."[358]라고 했
다. 『설문해자』에 "해(害)는 해친다[傷]는 뜻이다."[359]라고 했다. 황간의
본에는 "이(已)" 자 밑에 "의(矣)" 자가 있다.

- 「注」, "攻治"至"歸也".
- 正義曰: 「考工記」, "凡攻木之工七, 攻金之工六, 攻皮之工五."「注」, "攻, 猶治也." "善道"謂

---

[355] 『설문해자』 권7: 단(耑)은 만물이 처음 생겨나는 첫머리이다. 위는 생겨나는 모습을 형상화
했고, 아래는 그 뿌리를 형상화했다. 모든 단(耑)부에 속하는 한자는 다 단(耑)의 뜻을 따른
다. 다(多)와 관(官)의 반절음이다.[耑, 物初生之題也. 上象生形, 下象其根也. 凡耑之屬皆從
耑. 多官切.]

[356] 『설문해자』 권10: 단(端)은 곧음[直]이다. 입(立)으로 구성되었고, 단(耑)이 발음을 나타낸
다. 다(多)와 관(官)의 반절음이다.[端, 直也. 從立. 耑聲. 多官切.]

[357] 『예기주소』「예기(禮器)」: 예(禮)가 사람에게 있음은 마치 대나무에 균(筠)이 있고 소나무와
잣나무에 심(心)이 있는 것과 같으니, 두 가지는 천하의 큰 근본이다.[其在人也, 如竹箭之有
筠; 如松栢之有心也, 二者居天下之大端矣.]라고 한 곳의 단(端)에 대한 「주」.

[358] 『맹자주소』 권3「공손추장구하(公孫丑章句下)」의 「주」.

[359] 『설문해자』 권7: 해(害)는 해친다[傷]는 뜻이다. 면(宀)으로 구성되었고 구(口)로 구성되었
다. 면(宀)과 구(口)로 구성되었다는 것은 가(家)로 구성되어 생겨났다는 말이다. 개(丯)가
발음을 나타낸다. 호(胡)와 개(蓋)의 반절음이다.[害, 傷也. 從宀從口. 宀·口, 言從家起也.
丯聲. 胡蓋切.]

正道. "統"者, 統於一也. 『說文』, "統, 紀也." 「大宰」「注」, "統, 猶合也." 『易』「繫辭傳」, "同歸而殊塗." 此「注」本之, 而倒其辭曰"殊塗同歸", 謂善道雖殊塗, 而皆歸於善, 是爲有統. 『孟子』言, "聖人之行不同, 或遠或近, 或去或不去, 歸潔其身而已." 潔身, 卽是善道; 歸, 卽謂同歸也.

○「주」의 "공치(攻治)"부터 "귀야(歸也)"까지.

○ 정의에서 말한다.

「고공기」에 "나무를 다스리는 기술자에는 7가지 직업이 있고, 쇠붙이를 다스리는 기술자에는 6가지 직업이 있으며, 가죽을 다스리는 기술자에는 5가지 직업이 있다."[360]라고 했는데, 「주」에 "공(攻)은 다스림[治]과 같다."[361]라고 했다. "선도(善道)"는 바른 도[正道]라는 말이다. "통(統)"이란 한곳으로 통합됨이다. 『설문해자』에 "통(統)은 벼리[紀]이다."[362]라고 했고, 「태재(大宰)」의 「주」에 "통(統)은 합(合)과 같다."[363]라고 했다. 『주역』「계사하(繫辭下)」에 "귀결점은 같은데 가는 길이 다르다."라고 했는데, 여기의 「주」는 이것을 근거하면서 말을 도치시켜 "가는 길이 달라도 귀결점이 같다."라고 했으니, 바른 도[善道]는 비록 가는 길은 다르지만 모두 선(善)으로 귀결되니, 이것이 한곳으로 통합됨이 있는 것이 된다. 『맹자』에 "성인(聖人)[364]의 행동은 똑같지 않아서, 혹은 멀리 떠나 은둔하기도 하고, 혹은 벼슬하여 군주 가까이 있기도 하며, 혹은 떠나기도 하고, 혹은 떠나지 않기도 하지만, 귀결되는 점은 자신을 깨끗이 하는 것일 뿐이다."[365]라고 했는데, 몸을 깨끗이 함이 바로 도(道)를 선(善)하게 한다는 것이고, 귀(歸)는 바로 귀결점이 같다는 말이다.

---

360 『주례』「동관고공기상(冬官考工記上)」.

361 『주례주소』권39, 「동관고공기상제6(冬官考工記上第六)」.

362 『설문해자』권13: 통(統)은 벼리[紀]이다. 사(糸)로 구성되었고, 충(充)이 발음을 나타낸다. 타(他)와 종(綜)의 반절음이다.[統, 紀也. 從糸充聲. 他綜切.]

363 『주례주소』권2, 「천관총재상(天官冢宰上)·태재(大宰)」.

364 『논어정의』에는 "君子"로 되어 있다. 『맹자』를 근거로 고쳤다.

365 『맹자』「만장상(萬章上)」.

원문 『後漢』「范升傳」, “天下之事所以異者, 以不一本也. 『易』曰: ‘天下之動, 貞夫一也.’ 又曰: ‘正其本, 萬事理.’” “一本”, 則善道之有統者也. “異端”者, 其始旣異, 其終又異, 不能同歸於善道也. 下篇“子夏曰: ‘雖小道, 必有可觀者焉, 致遠恐泥, 是以君子不爲也.’” 『集解』以小道爲異端. 泥者, 不通也. 不通, 則非善道, 故言“君子不爲”, 則不攻治之也. 皇「疏」中此「注」云: “善道, 卽『五經』正典也. 殊塗, 謂詩・書・禮・樂, 爲敎之途不一也.” 又云: “異端, 謂雜書也. 言人若不學六籍正典, 而雜學於諸子百家, 此則爲害之深.” 邢「疏」云: “異端之書, 則或粃糠堯・舜, 戕毁仁義, 是不同歸也.”

역문 『후한서(後漢書)』「범승[366]전(范升傳)」에 “천하의 일이 다른 까닭은 근본을 하나로 하지 않기 때문이다. 『주역』에 ‘천하의 움직임은 항상 하나로 귀결된다.’[367]라고 했고, 또 ‘그 근본을 바르게 하면 만사가 다스려진다.’[368][369]라고 했는데, “하나의 근본[一本]”은 통합됨이 있는 바른 도[善道]이다. “이단(異端)”은 그 시작이 이미 다르고 그 끝 또한 다르니, 바른 도

---

[366] 범승(范升, ?~66?): 후한 대군(代郡) 사람. 자는 변경(辯卿)이다. 9세 때 『논어』와 『효경』을 읽었고, 장성하자 『양구역(梁丘易)』과 『노자(老子)』을 익혔다. 왕망(王莽) 때 의조사(議曹史)가 되었는데, 번다한 부역(賦役)에 반대했다. 광무제(光武帝) 건무(建武) 2년(26) 의랑(議郞)이 된 뒤 경학박사(經學博士)로 옮겼는데, 글을 올려 양공(梁恭)과 여강(呂羌)에게 양보했다. 황제가 중시하여 여러 차례 불러 조정 대사에 참가시켰다. 명제(明帝) 영평(永平) 중에 요성령(聊城令)에 올랐지만 일에 연좌되어 면직되었다. 양구역학(梁丘易學)과 맹씨역학(孟氏易學)을 전공했으며, 이름난 제자로 양정(楊政)이 있다. 금문경학(今文經學)을 위주로 하여 일찍이 고문경학가 한흠(韓歆)과 논쟁하면서 고문경학인 비씨역학(費氏易學)과 『춘추좌씨전』의 학관(學官)을 세우는 것에 반대했다.
[367] 『주역』「계사하」.
[368] 지금의 『주역』에는 이 글이 없다.
[369] 『후한서』 권66, 「정범진가장열전제26(鄭范陳賈張列傳第二十六)・범승전(范升傳)」.

[善道]로 같이 귀결될 수가 없다. 아래 편에 "자하가 말했다. '비록 작은 도라 할지라도 반드시 볼 만한 것이 있으나, 원대함에 이르는 데[370] 구애됨이 있을까 두렵다.[371] 이 때문에 군자는 하지 않는 것이다.'"[372]라고 했는데, 『논어집해』에는 소도(小道)를 이단이라고 했다. 이(泥)란 통하지 않음[不通]이다. 통하지 않으면 바른 도가 아니므로 "군자는 하지 않는다."라고 했으니, 전공하지 않는다는 말이다. 황간의 「소」에 이 「주」를 거듭 언급하면서 "선도(善道)란 곧 오경(五經)[373]과 정전(正典)[374]이다. 가는 길이 다르다[殊塗]는 것은 『시경』·『서경』·예(禮)·악(樂)이 가르치는 길이 같지 않음을 이른다."[375] 했고, 또 "이단이란 잡서(雜書)를 이른다. 사람들이 만약 육적(六籍)[376]과 정전을 배우지 않고 제자백가(諸子百家)를 잡스럽게 배우면 해로움이 깊어진다는 말이다."[377]라고 했다. 형병의 「소」에 "이단의 서적들은 혹 요순(堯舜)을 쭉정이로 여기고 인의(人意)를 해치니 귀결점이 같지 않다."[378]라고 했다.

원문　案, 「范升傳」, "時尙書令韓歆上疏, 欲爲『費氏易』·『左氏春秋』立博士, 升曰: '今『費』·『左』二學, 無有本師, 而多反異. 孔子曰: "攻乎異端,

---

370　"致遠"에 대해 형병은 『논어정의』에서 "먼 데까지 이르고 오래 경과됨[致遠經久]"이라고 했다.
371　"泥"에 대해 포함은 "泥難不通"이라 했는데, 유보남은 "泥難 두 글자는 이어서 읽어야 한다. [泥難二字連讀.]"라고 했다.
372　『논어』 「자장」.
373　오경(五經): 『시경』, 『서경』, 『예기』, 『주역』, 『춘추』.
374　유가(儒家)의 경전(經典).
375　『논어집해의소』 권1, 「논어위정제2」.
376　육경(六經)이다. 오경에 악(樂)을 추가해서 육경이라 한다.
377　『논어집해의소』 권1, 「논어위정제2」.
378　『논어집해의소』 권1, 「논어위정제2」.

斯害也已".'" 是以"異端"爲雜書, 乃漢人舊義. 故鄭「注」, "子夏之言小道,
亦以爲如今諸子書也."

역문 살펴보니, 「범승전」에 "당시 상서령 한흠(韓歆)[379]이 상소를 올려 『비
씨역(費氏易)』과 『좌씨춘추(左氏春秋)』에 박사(博士)를 세우려 하자, 범승
이 말했다. '지금 『비씨역』과 『좌씨춘추』 두 학설은 근본이 되는 스승
도 없고, 대부분은 반대로 이단의 학설입니다. 공자께서는 "이단을 전
공하면 해로울 뿐이다."라고 했습니다.'"[380]라고 되어 있다. 따라서 "이
단"을 잡서로 보는 것은 바로 한대 사람들의 구의(舊義)이다. 그러므로
정현은 「주」에서 "자하가 말한 소도는 역시 지금의 제자서(諸子書)와 같
은 것으로 생각된다."라고 했던 것이다.

원문 「中庸記」云: "子曰: '素隱行怪, 後世有述焉, 吾弗爲之矣.'" "素隱行怪",
正是小道異端者之所爲, 至後世有述, 而其害何可勝言? 夫子故弗爲以絶
之也. 此「注」"善道"云云言其理, 皇·邢「疏」則以諸子百家實之, 蓋異端
非僅空言也.

역문 「중용」에 "공자가 말했다. '은밀하고 편벽된[隱僻] 이치를 찾고 지나치
게 괴이한 짓을 행하는 것을 후세에 칭찬하는 이가 있는데, 나는 이러한
짓을 하지 않는다.'"[381]라고 했는데, "은밀하고 편벽된[隱僻] 이치를 찾고
지나치게 괴이한 짓을 행하는 것[素隱行怪]"이 바로 소도인 이단자(異端者)
들이 하는 짓이니, 후세에 칭찬하는 지경에 이르면 그 해를 어찌 다 이

---

379 한흠(韓歆, ?~39?): 후한 하남(河南) 남양(南陽) 사람. 자는 옹군(翁君)이다. 건무(建武) 연
　　간에 상서령(尙書令)이 되어 비직(費直)의 역학(易學)과 춘추좌씨학에 박사(博士)를 둘 것
　　을 건의했다.
380 『후한서』 권66, 「정범진가장열전제26(鄭范陳賈張列傳第二十六)·범승전(范升傳)」.
381 『예기』 「중용」, 또는 『중용』 제11장.

루 말할 수 있겠는가? 공자는 그 때문에 이러한 짓을 행하지 않고 끊은 것이다. 이 장의 「주」에 "선도"를 운운하면서 그 이치를 말했고, 황간과 형병의 「소」에서는 제자백가를 가지고 실증했으니, 대체로 이단이 한 갓 말만 할 뿐만은 아니다.

원문 宋氏翔鳳『發微』云: "『公羊』「文」十二年「傳」, '惟一介斷斷焉無他技.' 何休「注」, '斷斷, 猶專一也. 他技, 奇巧異端也. 孔子曰: "攻乎異端, 斯害 也已."'「疏」云: '鄭注「大學」云: "斷斷, 誠一之貌也, 他技, 異端之技也." 是與此合.' 按, 斷斷, 專一, 卽『中庸』之用中, 『大學』之誠意. 誠意而能天 下平, 用中而能經綸天下之大經, 立天下之大本, 知天地之化育, 夫焉有所 倚? 無所倚, 則平也. 此釋兩端而用中之謂也. 「中庸記」云: '執其兩端, 用 其中於民.' 鄭「注」云: '兩端, 過與不及. 用其中於民, 賢與不肖皆能行之.' 按, 所謂執者, 度之也. 執其兩端而度之, 斯無過不及而能用中. 中則一, 兩則異, 異端卽兩端. 民受天地之中以生, 所謂命也. 是以有動作禮義威儀 之則, 以定命也. 有所治而或過或不及, 卽謂之異端. '攻乎異端', 卽不能用 中於民, 而有害於定命. 如後世楊·墨之言治國, 皆有過與不及, 有害於用 中之道. 然其爲過不及之說, 其奇足以動人之聽聞, 其巧則有一時之近效, 自聖人之道不明不行, 則一世君臣上下易惑其說. 是以異端之技至戰國而 益熾." 又云: "『孟子』言, '子莫執中, 執中無權, 猶執一也.' 權者, 能用之 之謂也. 過與不及, 則有輕重, 必有兩端, 而後立其中. 權兩端之輕重, 而 後中可用. 不知有兩端而權之, 則執中者無可用, 而異端之說轉勝. 故異端 之熾, 由執中無權者致之. 是以可與立者, 尤貴乎可與權也."

역문 송상봉의 『논어발미』에 "『춘추공양전』「문공(文公)」12년의 「전」에 '오직 한 사람일지라도 전일해서[斷斷] 다른 재주[他技]가 없을지라도'라고 했는데, 하휴의 「주」에 '단단(斷斷)은 전일(專一)함과 같다. 다른 재주[他技]

란 기교(奇巧)와 이단이다. 공자는 "이단을 전공하면 해로울 뿐이다."382라고 했고, 「소」에 '정현은 「대학(大學)」을 주석하면서 "단단(斷斷)은 성실하고 한결같은 모양이다. 다른 재주[他技]란 이단의 재주이다."383라고 했는데, 이 내용과 합치된다.'384라고 했다. 살펴보니, 단단(斷斷)은 전일(專一)함이니 바로 『중용』의 중(中)을 쓴다는 것이고, 『대학(大學)』의 뜻을 성실히 함[誠意]이다. 뜻을 성실히 하매 천하를 화평하게 할 수 있고, 중을 쓰매 천하의 큰 법을 다스릴 수 있으며, 천하의 큰 근본을 세우고, 천지의 화육(化育)을 알게 되니 어찌 치우침이 있겠는가? 치우침이 없음이 바로 화평함이다. 이것이 양단(兩端)을 풀어 중을 쓴다는 말이다. 「중용」에 '두 끝을 잡고 헤아려 백성에게 그 중을 썼다.'385라고 했는데, 정현의 「주」에 '두 끝[兩端]은 지나침과 미치지 못함이다. 그 중(中)을 취한 뒤에 백성에게 쓰기 때문에 현명한 사람이나 불초한 사람이나 모두 행할 수 있다.'386라고 했다. 살펴보니, 이른바 잡는다[執]는 것은 헤아림[度]이다. 두 끝을 잡고 헤아리기 때문에 지나치거나 미치지 못함이 없이 가운데를 쓸 수 있는 것이다. 중(中)은 같음[一]이고 양(兩)은 다름(異)이니, 이단은 곧 양단이다. 백성들은 천지의 중화(中和)된 기운을 받아 태어나니, 이것이 이른바 '명(命)'이다. 그러므로 동작, 예의, 법도에 맞는 몸가짐[威儀] 등의 법칙이 있어 명을 안정시키는 것이다.387 다스리되 혹 지나치거나 혹 미치지 못함이 있는 것을 바로 이단이라 한다. '이단을 전공[攻乎異

---

382 『춘추공양전주소』 권14, 「문공(文公)」 12년 하휴의 「주」.

383 『예기주소』 권61, 「대학(大學)」 정현의 「주」.

384 『춘추공양전주소』 권14, 「문공」 12년 하휴의 「소」.

385 『예기』 「중용」 또는 『중용』 제6장.

386 『예기주소』 권53, 「중용」 정현의 「주」.

387 『춘추좌씨전』 「성공하(成公下)」 13년.

端]'하면, 백성들에게 중을 쓰지 못해 명을 안정시킴에 해가 있게 된다. 예를 들면 후세에 양주(楊朱)와 묵적(墨翟)이 나라 다스림을 말했지만 모두 지나치거나 미치지 못함이 있어 중을 쓰는 도리에 해가 있는 것과 같은 것이다.[388] 그러나 그 지나치거나 미치지 못하는 말은 그 기괴함은 충분히 듣는 사람을 동요시킬 수 있고, 그 교묘함은 한때의 가까운 효과는 있지만, 성인의 도가 밝아지지 않고 행해지지 않게 됨으로부터는 온 세상의 임금과 신하, 윗사람 아랫사람 할 것 없이 그 말에 쉽게 미혹된다. 그러므로 이단의 재주는 전국시대에 이르러 더욱 거세지게 되었다."라고 했다. 또 "『맹자』에 '자막(子莫)은 그 중을 잡았으되, 중을 잡기만 하고 권도(權道)로 헤아림이 없으면[執中無權] 한쪽을 고집하는 것과 같다.'[389]라고 했는데, 권(權)이란 잘 쓴다는[能用] 말이다. 지나침과 미치지 못함은 경중(輕重)이 있고, 반드시 두 끝이 있게 된 뒤에 그 중이 성립된다. 두 끝의 경중을 권도로 헤아린 뒤에 중을 쓸 수 있다. 두 끝이 있는데도 권도로 헤아릴 줄 모르면 중을 잡았어도 쓸 수가 없어서 이단의 설이 더욱 기승을 부리게 된다. 따라서 이단이 거세지는 현상은 중을 잡았지만 권도로 헤아림이 없는 사람으로 말미암아 초래되는 것이다. 이런 까닭에 설수 있는 것보다는 권도를 행할 수 있음을 더욱 귀하게 여긴 것이다."[390]라

---

[388] 『맹자』「진심상」: 맹자가 말했다. "양자[楊子: 양주(楊朱)]는 자신만을 위하는 위아(爲我)를 주장하였는데, 자기의 털 하나를 뽑아서 천하를 이롭게 할 수 있다 하더라도 하지 않았다. 묵자[墨子: 묵적(墨翟)]는 차등 없이 똑같이 사랑하는 겸애(兼愛)를 주장하였는데, 자기의 정수리를 갈아 발꿈치까지 이르더라도 천하를 이롭게 할 수 있다면 그렇게 했다.[孟子曰: "楊子, 取爲我, 拔一毛而利天下, 不爲也. 墨子, 兼愛, 摩頂放踵, 利天下, 爲之."]

[389] 『맹자』「진심상」.

[390] 『논어』「자한」: 공자가 말했다. "함께 배울 수는 있어도 아직 도(道)에 나아갈 수는 없으며, 도에 나아갈 수는 있어도 아직 확립할 수는 없으며, 확립할 수는 있어도 아직 권도(權道)를 행할 수는 없다."[子曰: "可與共學 未可與適道; 可與適道, 未可與立; 可與立, 未可與權."] 유

고 했다.

원문 案, 宋說權兩端當用其中, 用中是專一, 與此「注」"善道有統, 殊途同歸"
之旨略合. "殊塗", 猶言兩端也; "專一", 猶言有統也.

역문 살펴보니, 송상봉의 설은 두 끝을 권도로 헤아려 마땅히 그 중을 써야
하고, 중을 쓴다는 것은 전일함이라는 것인데, 이 장의 「주」에서 "바른
도[善道]는 근본[統]이 있고, 가는 길이 달라도 귀결점이 같다."라고 한 것
과 뜻이 대략 합한다. "가는 길이 다르다[殊塗]"라는 것은 두 끝[兩端]이라
는 말과 같고, "전일(專一)함"은 근본이 있다[有統]는 말과 같다.

원문 自此「注」及宋氏外, 又有二說: 孫奕『示兒編』, "攻, 如攻人惡之攻, 已,
止也, 謂攻其異端, 使吾道明, 則異端之害人者自止. 孟子距楊·墨, 則欲
楊·墨之害止, 韓子辟佛·老, 則欲佛·老之害止." 此解異端與『集解』不
殊, 惟"攻"字, "已"字訓釋有異.

역문 이 장의 「주」 및 송상봉의 설 외에 또 두 가지 설이 더 있다.

손혁(孫奕)[391]의 『시아편(示兒編)』에 "공(攻)은 남의 악을 공격한다[攻]고
할 때의 공(攻)과 같고, 이(已)는 그침[止]이니, 그 이단을 공격해서 우리
도가 밝아지게 하면 이단이 사람을 해치는 것이 저절로 그친다는 말이
다. 맹자가 양주와 묵적을 물리친 것은 양주와 묵적의 해가 그치기를 바
라서였고, 한유(韓愈)[392]가 불교와 노장을 물리친 것은 불교와 노장의 해

보남은 "與"를 "以"로 보고, "立"을 "立德"이라고 했으므로, 유보남의 해석에 따라 번역했다.

391 손혁(孫奕, ?~?): 중국 남송(南宋) 인물. 대략 광종(光宗) 소희(紹熙) 초, 1189년을 전후한 인
물로 알려져 있다. 저서로 『시아편(示兒編)』 22권이 있다.

392 한유(韓愈, 768~824): 중국 당나라 때의 정치가이며 사상가, 시인이자 문장가. 자는 퇴지(退
之)이며, 하양[河陽, 하내군(河內郡) 남양(南陽)] 출신이다. 그의 선조가 창려(昌黎)에 살았

가 그치기를 바라서였다."라고 했는데, 여기서 이단을 해석한 것은 『논어집해』와 다르지 않고, 오직 "공(攻)" 자와 "이(已)" 자만 뜻과 해석에 차이가 있을 뿐이다.

원문 焦氏循『補疏』, "『韓詩外傳』云: '別殊類, 使不相害, 序異端, 使不相悖.' 蓋異端者, 各爲一端, 彼此互異, 惟執持不能通則悖, 悖則害矣. 有以攻治之, 卽所謂序異端也. '斯害也已', 所謂使不相悖也. 攻之訓治, 見「考工記」「注」.「小雅」, '可以攻玉.'「傳」云: '攻, 錯也.'「繫辭傳」'愛惡相攻.' 虞翻云: '攻, 摩也.' 彼此切磋攻錯, 使紊亂而害於道者悉歸於義, 故爲序. 韓詩'序'字, 足以發明'攻'字之意. 已, 止也. 不相悖, 故害止也. 楊氏爲我, 墨氏兼愛, 端之異者也. 楊氏若不執於爲我, 墨子若不執於兼愛, 互相切磋, 自不至無父無君, 是爲攻而害止也.『大學』, '斷斷兮無他技.' 鄭「注」云: '他技, 異端之技也.' 經文自發明之云: '其心休休焉, 其如有容焉. 人之有技, 若己有之; 人之彦聖, 其心好之, 不啻若自其口出.' 有容而若己有, 則善與人同. 故能保我子孫黎民而爲利. 媢疾不通, 則執己之一端, 不能容人. 故不能保我子孫黎民而至於殆. 殆卽害也, 害止則利也. 有兩端則異, 執其兩端, 用其中於民, 則有以摩之而不異. 剛柔相摩, 則相觀而善. 孟子言楊子爲我, 墨子兼愛, 又特擧一子莫執中, 然則凡執一, 皆爲賊道, 不必

으므로 세인들은 그를 한창려고 부르기도 한다. 시호(諡號)는 문공(文公)이다. 사상적으로는 도가와 불가를 배척하고 유가의 정통성을 적극 옹호·선양했다. 그의 시는 3백여 수가 남아 있는데 독특한 표현을 추구하여 일가를 이루었으며 문장에 있어서는 유종원(柳宗元)과 함께 고문운동을 주도, 산문의 새로운 경지를 개척하여 당송팔대가(唐宋八大家)의 머리를 차지하였다. 산문으로 「제십이랑문(祭十二郎文)」, 「사설(師說)」, 「장중승전후서(張中丞傳後序)」 등이 있다. 시문집으로 그가 남긴 글을 문인 이한(李韓)이 편집하여 만든 『한창려선생집(韓昌黎先生集)』이 있다.

楊·墨也.”

역문 초순의 『논어보소』에 “『한시외전』에 ‘다른 유(類)를 구별해서 서로 해치지 않게 하고, 이단을 질서 잡아 서로 어그러지지 않게 한다.’라고 했는데, 대체로 이단이란 각각이 한끝이 되어서 피차간에 서로 달라 오로지 자신의 주장만 붙잡고 있어 통하지 못하면 어그러지고, 어그러지면 해로움[害]이 되는 것이다. 그것을 다스림이 있는 것이, 바로 이른바 이단을 질서 잡는다는 것이다. ‘사해야이(斯害也已)’는 이른바 서로 어그러지지 않게 한다는 것이다.[393] 공(攻)의 뜻은 다스림[治]인데, 『주례』「고공기」의 「주」에 보인다. 「소아」에 ‘옥을 갈 수 있다.’[394]라고 했는데, 「전」에 ‘공(攻)은 숫돌로 가는 것[錯]이다.’[395]라고 했다. 「계사전(繫辭傳)」에 ‘사랑과 증오가 서로 부딪친다.’[396]라고 했는데, 우번(虞翻)은 ‘공(攻)은 부딪친다[摩]는 뜻이다.’[397]라고 했으니, 피차간에 자르고 갈고 치고 부딪쳐 문란해져서 도를 해치는 자로 하여금 의(義)로 귀결되게 하므로 질서를 잡은 것이 된다. 『한시외전』의 ‘서(序)’ 자가 ‘공(攻)’ 자의 뜻을 충분히 드러내 밝혔다. 이(已)는 그침[止]이다. 서로 어그러지지 않기 때문에 해로움[害]이 그친다. 양주의 위아설(爲我說)과 묵적의 겸애설(兼愛說)은 끝이 다른 것이다. 양주가 만약 위아설을 고집하지 않고, 묵적이 만약 겸애설을 고집하지 않고 서로 절차탁마(切磋琢磨)했다면 저절로 부모도 없고 임금도 없는 지경에 이르지 않았을 것이니, 이것이 다스려서 해로움[害]이

---

393 초순의 견해에 따르면 “斯害也已”는 “이에 해로움이 그친다.”가 된다.

394 『시경』「소아 · 홍안지십(鴻鴈之什) · 학명(鶴鳴)」.

395 『모시주소』 권18, 「소아 · 홍안지십(鴻鴈之什) · 학명(鶴鳴)」의 「전」.

396 『주역』「계사하」.

397 『주역집해(周易集解)』 권16의 「주」.

그친다는 것이다. 『대학』에 '전일해서 다른 재주[他技]가 없다.'398라고 했는데, 정현의 「주」에 '다른 재주[他技]란 이단의 재주이다.'라고 했다. 『대학』 경문에서는 스스로 그 뜻을 드러내 밝히면서 '그 마음이 곱고 고와 용납함이 있는 듯하다. 남이 가지고 있는 재주를 자신이 가지고 있는 것처럼 여기며, 남의 훌륭하고 성스러움을 마음에 좋아함이 마치 자기 입에서 나온 것보다도 더하다.'399라고 했다. 용납함이 있으면서 자신이 가지고 있는 것처럼 여긴다면 남과 잘 동화된다.400 그러므로 나의 자손과 백성을 보존할 수 있어서 이롭게 된다. 모질고 고집불통이라면 자기의 한 극단을 고집해서 남을 용납하지 않는다. 그러므로 나의 자손과 백성을 보존하지 못해서 위태로운 지경에 이른다. 위태로운 지경[殆]이 바로 해로움[害]이다. 해로움[害]이 그치면 이롭다. 두 끝이 있으면 달라지니, 그 두 끝을 잡고 헤아려 백성들에게 그 중을 쓰면 연마됨이 있어 달라지지 않는다. 강함과 부드러움이 서로 연마되면 서로 장점을 보고 배워 선해지게 된다.401 맹자는 양주가 위아설을 주장하고 묵자가 겸애

---

398 『대학(大學)』 전10장.

399 『대학』 전10장.

400 『맹자』「공손추상」: 순은 위대한 점이 있었으니, 남과 잘 동화되어, 자기를 버리고 남을 따랐으며, 남에게서 취하여 선(善)을 행하기를 좋아했다.[大舜, 有大焉, 善與人同, 舍己從人, 樂取於人, 以爲善.] 주희가 "善與人同"을 "선(善)을 공적(公的)으로 해서 사사롭게 여기지 않은 것이다.[公天下之善, 而不爲私也.]"라고 설명함에 따라, 이 문장은 주로 "선을 남들과 함께한다."라고 해석하는데, 본문에서 볼 때 "자기를 버리고 남을 따른다[舍己從人]"라는 말 자체가 남과 동화됨을 의미하고, 또 『논어』「공야장」의 "晏平仲善與人交"를 "안평중은 남과 사귀기를 잘한다."라고 해석하면서 "善"을 "잘"이라는 뜻의 부사로 해석한 것을 보면, 이 문장에서도 "善"을 "잘"이라는 뜻의 부사로 보아 "남과 잘 동화된다"라고 해석하는 것이 옳을 듯하다.

401 『예기』「학기」: 절차를 뛰어넘지 않고 가르치는 것을 손(孫)이라 하고, 학자들끼리 서로 장점을 보고 배워 선해지게 하는 것을 마(摩)라 한다.[不陵節而施之謂孫, 相觀而善之謂摩.]

설을 주장했다고 말하고, 또 특별히 자막이 중을 잡은 것을 한쪽을 고집하는 것과 같다고 거론했는데, 그렇다면 모든 한쪽을 고집함은 다 도를 해침이 되니, (도를 해치는 것이) 반드시 양주와 묵적일 뿐만은 아니다."라고 했다.

원문 又曰: "道衷於時而已. 故曰: '我則異於是, 無可無不可.' 各執一見, 此以異己者爲非, 彼亦以異己者爲非, 而害成矣." 焦氏此說, 謂攻治異端, 而不爲擧一廢百之道, 則善與人同, 而害自止. 二說與『集解』不同, 而焦說尤有至理, 故竝著之.

역문 또 "도(道)는 때에 맞게 절충(折衷)할 뿐이다. 그러므로 '나는 이들과 달라서 가(可)함도 없고 불가(不可)함도 없다.'[402]라고 한 것이다. 각각 하나의 견해를 고집하면 이쪽에서는 자기와 다른 사람을 잘못이라 여기고 저쪽에서도 자기와 다른 사람을 잘못이라 여겨 해가 되는 것이다."라고 했는데, 초순의 이 말은 이단을 다스려 하나를 들어서 쓰고 백을 폐하는 방법을 행하지 않으면 남과 잘 동화되어 해가 저절로 그치게 된다는 말이다. 두 가지 설이 『논어집해』와는 같지 않지만 초순의 설이 더욱 지극한 이치가 있기 때문에 모두 기록한다.

2-17

子曰: "由, 誨女知之乎? 知之爲知之, 不知爲不知, 是知也."
【注】孔曰: "弟子, 姓仲, 名由, 字子路."

---

402 『논어』「미자(微子)」.

공자가 말했다. "유(由)야! 너에게 가르쳐 준 것을 너는 알고 있느냐? 아는 것을 안다고 하고 모르는 것을 모른다고 하는 것, 이것이 아는 것이다." 【주】 공안국이 말했다. "제자이니, 성은 중(仲)이고 이름은 유이며, 자는 자로(子路)이다."

원문 正義曰: 『說文』云: "誨, 曉教也." "女"者, 平等之稱. 皇本"女"皆作"汝". "誨女知之"者, 言"我誨女之言, 女知之否耶?" 俞氏樾『平議』據『荀子』「子道篇」及『韓詩外傳』所述此文竝言"志之", 謂知與志通, 亦是也.

역문 정의에서 말한다.

"회(誨)는 깨우치고 가르친다[曉敎]는 뜻이다."[403] "너[女]"는 평등하게 부르는 말이다. 황간본에는 "여(女)가 "여(汝)"로 되어 있다. "회여지지(誨女知之)"란 "내가 너에게 가르쳐 준 말을 너는 아느냐? 모르느냐?"라는 말이다. 유월(俞樾)[404]의 『군경평의(群經平議)』에는 『순자』「자도편(子道篇)」

---

403 『설문해자』 권3: 회(誨)는 깨우치고 가르친다[曉敎]는 뜻이다. 언(言)으로 구성되었고, 매(每)가 발음을 나타낸다. 황(荒)과 내(內)의 반절음이다.[誨, 曉敎也. 從言每聲. 荒內切.]

404 유월(俞樾, 1821~1906): 청나라 덕청성(德淸城) 관향(關鄕) 남태촌(南埭村) 사람으로 자는 음보(蔭甫)이고, 호는 곡원거사(曲園居士)이다. 청나라 말기의 관리이자 학자, 문학가, 서법가(書法家)이다. 소주(蘇州) 자양서원(紫陽書院)과 상해(上海) 구지서원(求志書院)의 주강(主講)을 맡았고, 항주(杭州) 고경정사(詁經精舍)에서 가장 오래 주강을 지내 31년을 있었다. 도광(道光) 30년(1850)의 진사(進士) 출신으로 벼슬은 한림원편수(翰林院編修), 하남학정(河南學政) 등을 지냈으나, 벼슬을 그만두고 소주에 거주하면서 40여 년 동안 학술에 전념했다. 경학(經學), 제자학(諸子學), 사학(史學), 훈고학(訓詁學), 희곡(戱曲), 시사(詩詞), 소설(小說), 서법(書法) 등에 두루 능통하여 중국은 물론이고 한국과 일본 등지에서도 학생들이 많이 찾아왔다. 경전 연구는 왕염손과 왕인지 부자(父子)를 추종했고, 문하에서 장병린(章炳麟)이 배출되었다. 스스로 대요(大要)는 바른 구두(句讀)와 자의(字義)를 살피면서 고금의 가차(假借)에 정통한 것이라고 말했다. 저서는 『군경평의(群經平議)』와 『제자평의

및 『한시외전』에서 이 문장을 기술하면서 모두 "지지(志之)"를 언급한 것[405]을 근거로 지(知)와 지(志: 기억하다)가 통용된다고 했는데, 역시 옳다.

원문 案, 『荀』云: "子路盛服見孔子, 孔子曰云云. 子路趨而出, 改服而入, 蓋猶若也. 孔子曰: '志之! 吾語汝. 奮於言者華, 奮於行者伐, 色知而有能者, 小人也. 故君子知之曰知之, 不知曰不知, 言之要也; 能之曰能之, 不能曰不能, 行之至也. 言要則知, 行至則仁. 旣知且仁, 夫惡有不足矣哉?'" 據『荀子』, 是此章所言在子路初見夫子時. 其云: "言要則知", "知"卽"智"字. 此文"是知也", 『釋文』云: "知也, 如字, 又音智." 音智當卽本『荀子』.

역문 살펴보니 『순자』에 "자로가 의복을 갖추어 입고 공자를 뵙자, 공자가 말하기를 운운하였다. 자로가 종종걸음으로 나와서 옷을 갈아입고 들어갔는데, 대체로 편하고 온화해서 무난한 복장이었다.[406] 공자가 말했다. '잘 새겨 두어라! 내가 너에게 말해 준 것을. 말에 분발하는 자는 떠들썩하고, 행동에 분발하는 자는 자랑하며, 아는 것이 얼굴에 드러나면 능력이 있어도 소인이다. 그러므로 군자는 아는 것을 안다고 하고 모르는 것

(諸子平議)』, 『고서의의거례(古書疑義擧例)』 3권을 완성했다. 그 밖의 저서도 아주 많아 『다향실경설(茶香室經說)』과 『춘재당수필(春在堂隨筆)』, 『고경정사자과문(詁經精舍自課文)』, 『빈맹집(賓萌集)』, 『춘재당시편(春在堂詩編)』, 『소부매한화(小浮梅閑話)』, 『우태선관필기(右台仙館筆記)』, 『다향실잡초(茶香室雜鈔)』 등이 있다. 한 시대를 대표하는 학자로 명성이 멀리 한국과 일본까지 미쳤다.

405 『순자』「자도편(子道篇)」과 『한시외전』 권3에 "공자가 말했다. '유야! 내가 너에게 말해 준 것을 기억하거라.'[孔子曰: '由! 志之吾語汝.']"라고 되어 있다.

406 『순자』「자도편」의 "주"에 "유약(猶若)은 편하고 온화한 모습이다.[猶若, 舒和之貌.]"라 하고 『예기』「단궁상」에 "군자는 완급을 알맞게 한다.[君子蓋猶猶爾]"라고 했으므로 두 뜻의 의미를 살려서 해석했다.

을 모른다고 하는데, 이것이 말하는 요령이고, 능한 것을 능하다 하고 능하지 못한 것을 능하지 못하다고 하는데, 이것이 행동의 지극함이다. 말함에 요령이 있으면 지혜로운 것이고, 행동이 지극하면 인(仁)한 것이다. 이미 지혜롭고 인하니 어디에 부족함이 있겠느냐?'"[407] 『순자』에 의거해 보면 이 장에서 말한 것은 자로가 공자를 처음 만났을 때 했던 것이다. "말함에 요령이 있으면 지혜롭다[言要則知]"라고 할 때의 "지(知)"는 바로 "지(智)" 자이다. 이 문장의 "시지야(是知也)"에 대해 『경전석문』에 "지야(知也)는 글자의 본뜻대로 해석해야 하는데, 또 지(智)로 발음한다."[408]라고 했는데, 음이 지(智)라는 것은 당연히 『순자』를 근거로 한 것이다.

원문 又「非十二子篇」, "言而當, 知也; 默而當, 亦知也." 以上文言信·言仁例之. "知"當讀"智". 楊倞「注」引『論語』此文, 可見楊讀"是知"之知爲智矣. 又「儒效篇」, "知之曰知之, 不知曰不知, 內不自以誣, 外不自以欺. 以是尊賢畏法而不敢怠傲, 是雅儒者也." 此卽夫子誨子路之義. 皇本"不知之爲不知", 多一"之"字.

역문 또 「비십이자편(非十二子篇)」에 "말을 타당하게 하는 것이 지혜[知]이고, 침묵을 타당하게 하는 것도 지혜이다."[409]라고 했는데, 앞의 글에서 신(信)을 말하고 인(仁)을 말한 것으로 예를 든 것이다. "지(知)"는 당연히 "지(智)"의 뜻으로 읽어야 한다. 양경의 「주」에 『논어』의 이 문장을 인용했으니, 양경이 "시지(是知)"의 지(知)를 읽을 때 역시 지(智)로 읽었다는 것을 알 수 있다. 또 「유효편(儒效篇)」에 "아는 것을 안다고 하고 모르

---

407 『순자』「자도편」.

408 『경전석문』 권24, 「논어음의·위정제2」.

409 『순자』「비십이자편(非十二子篇)」.

는 것을 모른다고 해서 안으로 스스로 속이지 않고, 밖으로도 스스로 속이지 않는다. 이 때문에 현명한 사람을 높이고 법을 두려워하며 감히 게으르거나 오만하지 않으니, 이것이 아유(雅儒)라는 것이다."[410] 했는데, 이것이 바로 공자가 자로에게 가르쳐 준 뜻이다. 황간본에는 "부지지위부지(不知之爲不知)"라고 해서 "지(之)" 자가 하나 더 많다.

- 「注」, "弟子, 姓仲, 名由, 字子路."
- 正義曰: 「仲尼弟子列傳」, "仲由, 字子路, 卞人也, 少孔子九歲."
- ○「주」의 "제자이니, 성은 중이고 이름은 유이며, 자는 자로이다."
- ○ 정의에서 말한다.

  「중니제자열전」에 "중유(仲由)는 자가 자로이고 변읍(卞邑) 사람인데, 공자보다 아홉 살 어리다."라고 했다.

2-18

子張學干祿【注】鄭曰: "弟子, 姓顓孫, 名師, 字子張. 干, 求也., 祿, 祿位也." 子曰: "多聞闕疑, 愼言其餘, 則寡尤. 多見闕殆, 愼行其餘, 則寡悔.【注】包曰: "尤, 過也. 疑則闕之, 其餘不疑, 猶愼言之, 則少過. 殆, 危也. 所見危者, 闕而不行, 則少悔." 言寡尤, 行寡悔, 祿在其中矣."【注】鄭曰: "言行如此, 雖不得祿, 亦同得祿之道."

---

410 『순자』「유효편(儒效篇)」.

자장(子張)이 녹(祿)을 구하는 방법을 배우자,【주】정현이 말했다. "제자이다. 성은 전손(顓孫)이고, 이름은 사(師)이며, 자는 자장이다. 간(干)은 구함이다. 녹(祿)은 녹봉을 받는 자리이다." 공자가 말했다. "많이 듣고 의심스러운 것은 놓아두고 그 나머지 마음에 만족스러운 것을 조심해 말하면 허물이 적고, 많이 보고 위태로운 것은 놓아두고 그 나머지 마음에 만족스러운 것을 조심해 행하면 후회가 적다.【주】포함이 말했다. "우(尤)는 허물[過]이다. 의심스러운 것은 놓아두고, 그 나머지 마음에 만족스러운 것은 의심스럽지 않더라도 오히려 조심해 말하면 허물이 적다. 태(殆)는 위태로움[危]이다. 보기에 위태로운 것을 놓아두고 행하지 않으면 후회가 적다." 말에 허물이 적고 행동에 후회가 적으면 녹이 그 가운데 있을 것이다."【주】정현이 말했다. "말과 행동이 이와 같으면 비록 녹을 얻지 못해도 녹을 얻는 방법과 같다."

원문 正義曰:「仲尼弟子列傳」作"問干祿", 此出『古論』.『大戴記』有"子張問入官", 卽問干祿之意.『魯論』作"學", 謂學效其法也, 於義竝通. 倪氏思寬『讀書記』, "『詩』曰: '干祿豈弟.' 又曰: '干祿百福.' 自古有'干祿'之語. 子張是以請學之, 猶樊遲請學爲稼·爲圃之事也."

역문 정의에서 말한다.

「중니제자열전」에는 "녹을 구하는 방법에 대해 물었다.[問干祿]"로 되어 있는데, 이는 출처가 『고논어』이다. 『대대례』에 "자장이 관직에 들어가는 방법에 대해 물었다."[411]라는 표현이 있는데, 바로 녹을 구하는 방법을 물었다는 뜻이다. 『노논어』에 "학(學)"으로 되어 있는 것은 그 방

---

411 『대대례』 권8, 「자장문입관(子張問入官)」.

법을 배우고 본받는다는 말인데, 의미상 모두 통한다. 예사관(倪思寬)[412]의 『독서기(讀書記)』에 "『시경』에 '녹을 구함이 즐겁고 화평하다.'[413]라고 했고, 또 '녹을 구하고 온갖 복을 얻었다.'[414]라고 했으니, 예로부터 '녹을 구한다[干祿]'라는 말이 있다. 자장이 이 때문에 배우기를 청한 것이니, 이는 번지가 오곡 가꾸는 방법과 채소 가꾸는 방법을 배우기를 청한 것[415]과 같다."라고 했다.

원문 "多聞"·"多見", 謂所學有聞有見也. 『易』「象傳」, "君子以, 多識前言往行, 以畜其德." 畜者, 積也, 厚也. 以所識言行, 爲己言行之則. 故凡學者, 所以爲己也. 言屬聞·行屬見者, 錯綜之辭.

역문 "많이 들음[多聞]"과 "많이 봄[多見]"은 배우면서 들은 것이 있고 본 것이 있음을 이른다. 『주역』「단전(象傳)」에 "군자는 이 괘의 이치를 살펴 옛 성현들의 말씀과 지나간 행실을 많이 기억하여 그 덕을 쌓는다."[416]라고 했는데, 축(畜)이란 쌓는다[積는 뜻이며, 두텁다[厚]는 뜻이다. 기억하고

---

412 예사관(倪思寬, ?~?): 청대(淸代) 초기 사람. 본명은 세구(世球), 자는 존미(存未), 호는 이초(二初)이다. 화정현(華亭縣) 늠선(廩膳) 출신으로 천문, 지리, 수학 등에 고루 조예가 있었다. 저서로는 『산법(算法)』 5권, 『경적록요(經籍錄要)』 12권, 『문선음의정정(文選音義訂正)』 8권, 『이초재독서기(二初齋讀書記)』 10권, 『시고문집(詩古文集)』 10권 등이 있다.

413 『시경』「대아·문왕지십(文王之什)·한록(旱麓)」.

414 『시경』「대아·생민지십(生民之什)·가락(假樂)」.

415 『논어』「자로」: 번지가 농사짓는 법을 배우기를 청하자, 공자가 말했다. "나는 늙은 농부보다 못하다." 채소 가꾸는 법을 배우기를 청하자, 공자가 말했다. "나는 늙은 원예사보다 못하다."[樊遲請學稼, 子曰: "吾不如老農." 請學爲圃, 曰: "吾不如老圃."]

416 『주역』「대축(大畜)·상(象)」. 『논어정의』에는 "단(象)"으로 되어 있고, 또 본문의 내용 역시 "君子多識前言往行以畜其德"으로 되어 있다. 『주역』을 근거로 수정하고, 수정된 내용에 따라 해석했다.

있는 말과 행실을 자기의 말과 행실의 법칙으로 삼는다. 그러므로 배우는 모든 것은 자신을 위한 것이다. 말을 듣는 것에 해당시키고 행실을 보는 것에 해당시킨 것은 착종(錯綜)[417]해서 한 말이다.

원문 "闕疑"者, 左昭二十年「傳」「注」, "闕, 空也." 其義有未明·未安於心者, 闕空之也. "餘"者, 足也, 心足乎是也. "愼言其餘"·"愼行其餘"者, 謂於無所疑者, 猶愼言之; 無所殆者, 猶愼行之. 「中庸記」所云: "有餘, 不敢盡"也.

역문 "의심스러운 것은 놓아두고[闕疑]"

『춘추좌씨전』「소공(昭公)」 20년 「전」의 「주」에 "궐(闕)은 비었다[空]는 뜻이다."라고 했는데, 그 뜻이 마음에 분명하지 않고 편하지 않은 점이 있는 것을 비워 둔다는 뜻이다. "여(餘)"는 만족스럽다[足]는 뜻이니, 마음이 이것을 만족스럽게 여긴다는 말이다. 따라서 "신언기여(愼言其餘)"와 "신행기여(愼行其餘)"는 의심스러움이 없는 것에 대해서도 오히려 그것을 조심해서 말하고, 위태로움이 없는 것에 대해서도 오히려 그것을 조심해서 행한다는 말이니, 「중용기(中庸記)」의 이른바 "마음에 만족스러운 것이 있으면[有餘] 감히 다하지 않는다."[418]이다.

원문 "寡尤"·"寡悔", 亦互文. 皇「疏」云: "悔, 恨也." 此常訓. 『荀子』「王霸篇」, "故孔子曰: '知者之知, 固以多矣, 有以守少, 能無察乎?'" 此卽"愼言"·"愼行"之義. 劉氏逢祿『論語述何篇』, "'多聞', 如『春秋』采百二十國

---

417 착종(錯綜): 여러 가지가 뒤섞여 모임. 또는 여러 사물(事物)과 현상(現狀)이 뒤섞여 있음. 여기서는 "많이 보고 듣고 의심스럽고 위태로운 것을 놓아둔다.[多聞見闕疑殆.]"의 형태를 본문에서와 같이 문구를 "多聞闕疑, 多見闕殆."로 구성한 것을 두고 한 말이다.

418 『예기』「중용」 또는 『중용』 제13장. 유여(有餘)는 일반적으로 "남음이 있으면"으로 해석하나, 여기서는 유보남의 의도에 따라 여(餘)를 "마음에 만족함이 있는 것"으로 해석했다.

之寶書, '闕疑', 史闕文也. 信以傳信, 疑以傳疑, 愼之至也. '多見闕殆', 謂
所見世也. 『春秋』「定」·「哀」多微辭, 上以諱尊隆恩, 下以避害容身, 愼
之至也." 劉君以『春秋』釋此文, 其義亦善.

역문 "허물이 적다[寡尤]"와 "후회가 적다[寡悔]"

　　역시 호문(互文)[419]이다. 황간의 「소」에 "회(悔)는 한스러워한다[恨]는
뜻이다."[420]라고 했는데, 이것이 일반적인 해석이다. 『순자』「왕패편(王
霸篇)」에 "그러므로 공자가 말했다. '지혜로운 자의 앎은 진실로 많지만
지키는 것은 적으니 살피지 않을 수 있겠는가?'"라고 했는데, 이것이 바
로 "조심해서 말하고", "조심해서 행동한다"라는 뜻이다. 유봉록의 『논
어술하편』에 "'많이 들음[多聞]'은 『춘추』가 120국의 보서(寶書)를 채집한
것과 같은 것이고, '의심스러운 것을 놓아둠[闕疑]'은 사관이 글을 빼놓고
기록하지 않은 것[421]이다. 미더운 것은 미더운 대로 전하고, 의심스러운
것은 의심스러운 대로 전하는 것이 조심의 지극함이다. '많이 보고 위태
로운 것은 놓아둠[多見闕殆]'은 세상을 보는 것을 이른다. 『춘추』「정공(定
公)」과 「애공(哀公)」에 은미한 말들이 많은데, 위로는 높은 사람의 일을
기휘(忌諱)하고 은혜를 높이며, 아래로는 해를 피하고 몸을 보존함이 조
심의 지극함이다."라고 했는데, 유군(劉君)이 『춘추』를 가지고 이 문장
을 해석한 것은 그 뜻이 역시 훌륭하다.

---

419 호문(互文): 앞뒤의 문구에서 각기 교차 생략하고, 상호 보충하는 수사(修辭) 방식. 또는 두
　　개 이상의 문장이나 구절이 서로 뜻이 통해서 상호 보완하여 전체의 문의를 완전하게 통하
　　도록 하는 문체. 여기서는 "寡尤悔"를 "寡尤"와 "寡悔"로 나누어 쓴 것을 가리킨다.

420 『논어집해의소』 권1, 「논어위정제2」

421 『논어』「위영공」: 공자가 말했다. "나는 그래도 사관(史官)이 글을 빼놓고 기록하지 않는 것
　　과 말을 소유한 자가 남에게 빌려주어 타게 하는 것을 보았는데, 지금은 그것마저도 없어졌
　　구나!"[子曰: "吾猶及史之闕文也, 有馬者, 借人乘之, 今亡矣夫!"]

"祿在其中", 謂在寡尤 · 寡悔之中, 明祿不待外而求也.

"녹이 그 가운데 있을 것이다[祿在其中]"란 허물이 적고 후회가 적은 가운데 있으면 분명 녹은 밖에서 구하기를 기다리지 않아도 구해진다는 말이다.

● 「注」, "弟子"至"位也".
● 正義曰:「仲尼弟子列傳」, "顓孫師, 陳人, 字子張, 少孔子四十八歲." 梁氏玉繩『古今人表考』, "鄭『目錄』謂陽城人, 縣固屬陳也. 而『呂氏春秋』「尊師」云: '子張, 魯之鄙家.' 考『通志』「氏族略」, 顓孫氏出陳公子顓孫.『左』『莊』二十二年, '顓孫來奔.' 張蓋其後, 故又爲魯人."

○ 「주」의 "제자(弟子)"부터 "위야(位也)"까지.

○ 정의에서 말한다.

「중니제자열전」에 "전손사(顓孫師)는 진(陳)나라 사람이고 자는 자장인데, 공자보다 마흔네 살 적다."라고 했고, 양옥승(梁玉繩)[422]의 『한서고금인표고(漢書古今人表考)』에 "정현의 『논어공자제자목록』에는 양성(陽城) 사람이라고 했는데, 그 고을[縣]은 본래 진에 속한다. 그런데 『여씨춘추』「존사」에, '자장은 노나라의 낮은 가문 출신이다.'라고 했는데, 『통지(通志)』「씨족략(氏族略)」을 살펴보니 전손씨(顓孫氏)는 진나라의 공자(公子) 전손(顓孫)에게서 나왔다고 한다. 또 『춘추좌씨전』「장공(莊公)」 22년에 '전손(顓孫)이 와서 망명했다.'[423]

---

[422] 양옥승(梁玉繩, 1744~1819): 청나라 절강 전당(錢塘) 사람. 자는 요북(曜北), 호는 간암(諫菴) 또는 청백사(淸白士)이다. 나이 마흔 전에 거자업(擧子業)을 포기하고 저술에 전념했다. 『상서』와 춘추삼전(春秋三傳)을 깊이 연구했고, 사학(史學)에 정통했다. 저서에 『별기(瞥記)』 7권과 『사기지의(史記志疑)』, 『한서고금인표고(漢書古今人表考)』, 『여자교보(呂子校補)』 2권, 『원호략(元號略)』 4권, 『지명광례(誌銘廣例)』 2권 등이 있다. 『사기지의』는 전대흔(錢大昕)이 사마천(司馬遷)의 공신(功臣)이라며 칭찬했다.

[423] 『춘추좌씨전』「장공」 22년: 22년 봄에 진인(陳人)이 그 태자 어구(御寇)를 죽이니 진 공자 완(完)이 전손(顓孫)과 함께 제(齊)나라로 도망하였다. 전손은 또 제나라에서 노나라로 도망해 왔다.[二十二年春, 陳人殺其大子御寇, 陳公子完與顓孫奔齊. 顓孫自齊來奔.]

라고 했는데, 자장은 아마도 그의 후손이므로, 또 노(魯)나라 사람이 되기도 하는 것이다."

원문 "干求", 『爾雅』「釋言」文. 『說文』, "迁, 進也. 讀若干." 段氏玉裁說此
"干求"正字. "干, 犯也." 義別. 『爾雅』「釋詁」, "祿, 福也." 『說文』同. 福之
爲言備也. 『周官』「大宰」「注」, "祿, 若今月俸也. 位, 爵次也. 位定然後受
祿." 故「注」以"祿位"連文.

역문 "간구(干求)"

『이아』「석언」의 글이다. 『설문해자』에 "간(迁)은 나아간다[進]는 뜻이
다. 간(干)과 같이 발음한다."[424]라고 했는데, 단옥재의 설에 따르면 이것
[迁]이 "간구(干求)"의 정자(正字)이다.[425] 간(干)은 범한다[犯]는 뜻[426]이니
뜻이 다르다. 『이아』「석고」에 "녹(祿)은 복록[福]이다."라고 했는데, 『설
문해자』의 해석과 같다.[427] 복(福)은 갖춘다[備]는 말이다. 『주관』「태재」
의 「주」에 "녹(祿)은 지금의 월봉(月俸)과 같다. 위(位)는 관작의 서열이
다. 관작의 서열이 정해진 뒤에 녹을 받는다."[428]라고 했으므로 「주」에

---

[424] 『설문해자』 권2: 간(迁)은 나아간다[進]는 뜻이다. 착(辵)으로 구성되었고, 간(干)이 발음을
나타낸다. 간(干)과 같이 발음한다. 고(古)와 한(寒)의 반절음이다.[迁, 進也. 從辵干聲. 讀若
干. 古寒切.]

[425] 『설문해자주』에 "간구(干求) 자는 마땅히 간(迁)으로 되어야 한다.[干求字當作迁.]"라고 했다.

[426] 『설문해자』 권3: 간(干)은 범한다[犯]는 뜻이다. 반대[反]로 들어간다는 뜻[위에서 아래로
들어간다는 뜻]을 따른다. 일(一)로 구속되었다. 모든 간(干)부에 속하는 글자는 다 간(干)
의 뜻을 따른다. 고(古)와 한(寒)의 반절음이다.[干, 犯也. 從反入, 從一. 凡干之屬皆從干.
古寒切.]

[427] 『설문해자』 권1: 녹(祿)은 복록[福]이다. 시(示)로 구성되었고, 녹(彔)이 발음을 나타낸다.
노(盧)와 속(谷)의 반절음이다.[祿, 福也. 從示彔聲. 盧谷切.]

[428] 『주례술주(周禮述註)』 권2.

서 "녹을 받는 자리[祿位]"라고 글자를 이어서 표현한 것이다.

- 「注」, "尤過"至"少悔".
- 正義曰: 『說文』, "訧, 皋也." 引「周書」 "報以庶訧", 今「呂刑」作"尤". 『詩』 「載馳」, "許人尤之." 「傳」, "尤, 過也." "訧"・"尤" 義同. "闕而不行"句下, 當有 "其餘不危, 猶愼行之" 二句, 疑爲『集解』誤刪.

○ 「주」의 "우과(尤過)"부터 "소회(少悔)"까지.

○ 정의에서 말한다.

『설문해자』에 "우(訧)는 허물[皋]이라는 뜻이다."[429]라고 하면서 「주서(周書)」의 "온갖 허물로 보답한다[報以庶訧]"라는 구절을 인용했는데, 지금의 『서경』 「주서・여형(呂刑)」에는 "우(尤)"로 되어 있다. 『시경』 「재치(載馳)」에 "허(許)나라 사람들은 이를 허물한다."[430]라고 했는데, 「전」에 "우(尤)는 허물[過]이라는 뜻이다."[431]라고 했으니, "우(訧)"와 "우(尤)"는 뜻이 같다. "놓아두고 행하지 않는다[闕而不行]"라는 구절 아래 당연히 "그 나머지 마음에 만족스러운 것은 위태롭지 않더라도 오히려 조심해서 행한다.[其餘不危, 猶愼行之.]"라는 두 구절이 있어야 하는데, 아마도 『논어집해』에서 잘못 빠뜨린 듯하다.

- 「注」, "言行如此, 雖不得祿, 亦同得祿之道."
- 正義曰:「王制」云: "司馬辨論官材, 論進士之賢者, 以告於王, 而定其論. 論定然後官之, 任官然後爵之, 位定然後祿之." 蓋古者鄉擧里選之法, 皆擇士之有賢行學業, 而以擧而用之. 故寡尤・寡悔卽是得祿之道. 當春秋時, 廢選擧之務, 世卿持祿, 賢者隱處, 多不在位. 故鄭以

---

429 『설문해자』 권3: 우(訧)는 허물[罪]이다. 언(言)으로 구성되었고, 우(尤)가 발음을 나타낸다. 『주서(周書)』에 "온갖 허물로 보답한다."라고 했다. 우(羽)와 구(求)의 반절음이다.[訧, 罪也. 從言尤聲. 『周書』曰: "報以庶訧." 羽求切.]. 『논어정의』에는 "訧, 皋也."라고 되어 있는데, "皋"는 "罪"의 이체자이다. 『서경』 「주서・여형」에는 "報以庶尤"로 되어 있다.

430 『시경』 「국풍・용(鄘)・재치(載馳)」.

431 『모시주소』 권4, 「국풍・용・재치」의 「전」.

寡尤·寡悔有不得祿, 而與古者得祿之道相同, 明學者干祿, 當不失其道, 其得之不得, 則有
命矣.『孟子』云:"古之人修其天爵, 而人爵從之." 亦言古選擧正法.

○「주」의 "말과 행동이 이와 같으면 비록 녹을 얻지 못해도 녹을 얻는 방법과 같다."

○ 정의에서 말한다.

「왕제」에 "사마는 관청에서 쓸 만한 인재를 변론해서, 진사 중에서 어진 사람을 뽑아 왕에게
아뢴 뒤에 그 의논을 결정한다. 이 의논이 결정된 뒤에 벼슬을 맡기고, 벼슬을 맡긴 다음이라
야 작위가 제대로 정해지며, 작위가 정해진 다음이라야 녹을 준다."[432]라고 했으니, 대체로
옛날 향거리선(鄕擧里選)[433]의 법은 모두 선비 중에서 어진 행실과 학업이 있는 사람을 가려
천거해서 등용했다. 따라서 허물이 적고 후회가 적음이 바로 녹을 얻는 방법이었던 것이다.
춘추시대를 당해 인재를 가려서 등용하는 일이 폐해지고, 세경(世卿)[434]이 하는 일 없이 녹
봉만 유지하고, 현자(賢者)들은 은거하고 지내면서 대체로 지위에 있지 않았다. 그러므로 정
현은 허물이 적고 후회가 적은데도 녹을 얻지 못하는 경우가 있더라도 옛날 녹을 얻는 방법
과 서로 같다고 여겼으니, 이는 배우는 자가 녹을 구함에 마땅히 그 도를 잃지 않아야 하고,
얻고 얻지 못함은 천명에 달려 있음을 밝힌 것이다.『맹자』에 "옛사람은 하늘이 준 관작[天
爵]을 닦아서 인작(人爵)이 저절로 따라왔다."[435]라고 했는데, 역시 옛날 인재를 가려 천거해
서 등용하는 바른 법도를 말한 것이다.

2-19

哀公問曰:"何爲則民服?" 孔子對曰:"擧直錯諸枉, 則民服;
擧枉錯諸直, 則民不服."【注】包曰:"哀公, 魯君謚. 錯, 置也. 擧正直

432『예기』「왕제」.

433 향거리선(鄕擧里選): 주(周)나라의 인재 등용법. 향리에서 재덕 있는 사람을 들어 조정에 추
천하면, 조정에서 그 재주에 따라 벼슬을 시키던 일.

434 세경(世卿): 대대로 경대부(卿大夫)가 되는 것으로, 아비가 죽으면 아들이 세습하는 경대부.

435『맹자』「고자상」.

之人用之, 廢置邪枉之人, 則民服其上."

애공(哀公)이 물었다. "어떻게 하면 백성들이 복종합니까?" 공자가 대답했다. "정직한 사람을 등용해서 왜곡된 사람의 위에 두면 백성들이 복종하고, 왜곡된 사람을 등용해서 정직한 사람의 위에 두면 백성들이 복종하지 않습니다."【주】 포함이 말했다. "애공은 노나라 임금의 시호이다. 조(錯)는 둔다[置]는 뜻이니, 정직한 사람을 들어서 쓰고 사특하고 왜곡된 사람을 그냥 버려두면 백성들은 그 윗사람에게 복종한다."

원문 正義曰: 夫子魯人. 故哀公不稱魯公者, 五等之爵, 魯爵是侯. 得稱公者, 『白虎通』「號篇」謂"侯·伯·子·男, 臣子於其國中襃其君爲公, 心俱欲尊其君父." 是也. "何爲"者, 言"何所爲之?"也. 『呂覽』「先己」「注」, "服, 從也." 『淮南』「說林」「注」, "服, 畏也." 『荀子』「王制」「注」, "服, 謂爲之任使." 三訓皆相近.

역문 정의에서 말한다.

공자는 노나라 사람이다. 그러므로 애공을 노공(魯公)이라 칭하지 않은 것은, 다섯 등급의 작위 중에 노나라의 작위는 후작(侯爵)이기 때문이다. 그런데도 공(公)이라 일컬을 수 있는 근거는, 『백호통의』「호(號)」에서 "후작·백작·자작·남작에 대해 신하가 나라에 있으면서 그 임금을 높여 공(公)이라 하는데, 마음으로는 모두 그 군부(君父)를 높이고자 해서이다."[436]라고 했는데, 이것이 그 근거이다. "하위(何爲)"는 "어느 곳에 해야

---

436 『백호통의』 권상, 「덕론상·호(號)」.

하는가?"라는 말이다. 『여람』「선기(先己)」의「주」에 "복(服)은 따른다[從]
는 뜻이다."⁴³⁷라고 했고, 『회남자』「설림훈(說林訓)」의「주」에 "복(服)은
두렵다[畏]는 뜻이다."⁴³⁸라고 했으며 『순자』「왕제편(王制篇)」의「주」에
는 "복(服)은 그를 위해 일을 맡는다는 말이다."⁴³⁹라고 했는데 세 가지 해
석이 서로 비슷하다.

원문 稱"孔子"者, 凡卑者與尊者言, 當備書也. 『釋文』"錯, 鄭本作措." 漢「費
鳳碑」, "擧直措枉." 與鄭本合. 『說文』云: "措, 置也." "措"正字, "錯"叚借
字. 『廣雅』「釋器」"鉊謂之錯", 義別. 鄭「注」云: "措, 猶投也, 諸, 之也. 言
投於下位也."

역문 "공자(孔子)"라고 일컬은 것은 낮은 사람이 존귀한 사람과 말할 때는
마땅히 자세하게 갖추어서 써야 하기 때문이다. 『경전석문』에 "조(錯)는
정현본에는 조(措)로 되어 있다."⁴⁴⁰라고 했고, 한(漢)의「당읍령비봉비(堂
邑令費鳳碑)」에는 "정직한 사람을 등용하고 왜곡된 사람을 버려둔다.[擧
直措枉]"⁴⁴¹라고 했는데, 정현본과 일치한다. 『설문해자』에 "조(措)는 버려
둔다[置]는 뜻이다."⁴⁴²라고 했으니, "조(措)"가 정자이고, "조(錯)"는 가차자

---

437 『여씨춘추』권3,「계춘기제3(季春紀第三)·선기(先己)」. "현명한 자를 존중하고 능력 있
　　는 자를 등용하자 1년 만에 유호씨가 복종하였다.[尊賢使能, 期年而有扈氏服.]"라고 한 곳
　　의「주」.
438 『회남홍렬해(淮南鴻烈解)』권17,「설림훈(說林訓)」. "까마귀의 힘은 해를 이길 수 있지만,
　　비둘기를 두려워한다.[烏力勝日而服於雎.]"라고 한 곳의「주」.
439 『순자』권5,「왕제편(王制篇)」. "어진 사람들이 성왕의 제도에 복종한다.[賢良服聖王之制
　　也.]"라고 한 곳의「주」.
440 『경전석문』권24,「논어음의·위정제2」.
441 「당읍령비봉비(堂邑令費鳳碑)」.
442 『설문해자』권12: 조(措)는 버려둔다[置]는 뜻이다. 수(手)로 구성되었고 석(昔)이 발음을 나

이다. 『광아』「석기(釋器)」에 "줄[鋁]⁴⁴³을 조(錯)라 한다."라고 했으니, 뜻이 다르다. 정현의 「주」에 "조(措)는 보낸다[投는 뜻과 같고, 제(諸)는 지(之)이니, 낮은 지위로 보낸다는 말이다."라고 했다.

원문 案, 春秋時, 世卿持祿, 多不稱職, 賢者隱處, 雖有仕者, 亦在下位. 故此告<u>哀公</u>以擧錯之道, 直者居於上, 而枉者置之下位, 使賢者得盡其才, 而不肖者有所受治, 亦且畀之以位, 未甚決絶, 俾知所感奮而猶可以大用. 故下篇告<u>樊遲</u>以"擧直錯諸枉, 能使枉者直", 卽此義也.

역문 생각해 보니, 춘추시대에는 세경이 하는 일 없이 녹봉만 유지해서 대체로들 직책에 걸맞지 않았고, 현자(賢者)들은 은거하고 지냈기 때문에 비록 벼슬하는 자가 있더라도 또한 낮은 지위에 있었다. 그러므로 여기에서 애공에게 등용하고 버려두는 도리에 대해 일러 준 것인데, 정직한 사람을 높은 자리에 있게 하고, 왜곡된 사람을 낮은 자리에 두어 현명한 사람으로 하여금 그의 재능을 모두 펼칠 수 있게 하고, 불초한 사람으로 하여금 다스림을 받음이 있게 하면 또한 자리를 주는 것이어서 심하게 결별하고 끊어 버리는 것이 아니기 때문에 오히려 느끼고 분발할 줄 알게 해서 크게 쓸 수가 있다. 그러므로 아래 편에서 번지에게 "정직한 사람을 들어서 왜곡된 사람의 위에 두면 왜곡된 사람으로 하여금 정직해지게 할 수 있다."⁴⁴⁴라고 했으니, 바로 이 뜻이다.

타낸다. 창(倉)과 고(故)의 반절음이다.[措, 置也. 從手昔聲. 倉故切.]

443 여(鋁): 줄. 쇠칼. 쇠붙이를 자르고 썰거나 가는 등에 쓰는 연장.

444 『논어』「안연」.

- 「注」, "哀公"至"其上".

- 正義曰: 哀公, 名將, 見魯世家. 公出孫越, 故諡哀. 『說文』, "舉, 對擧也." 今省作"擧". 『禮記』「儒行」「注」, "擧, 擧用也." 謂擧而用之. 故此「注」亦言"用"也. 『說文』, "直, 正見也." 『易』「繫辭」韓康伯「注」, "直, 剛正也." 『左』「襄」七年「傳」, "正曲爲直." 是"直"爲"正"也. 『說文』, "桓, 邪曲也." "枉"卽"桓"省. 「投壺」, "某有枉矢哨壺." 「注」, "枉·哨, 不正貌." 是枉爲邪也. 包以邪枉之人不當復用. 故以錯爲廢置, 與上句言擧言用之相反見義. 此亦用人之一術, 自非人君剛明有才, 不克爲此. 『荀子』「王制篇」, "賢能不待次而擧, 罷不能不待須而廢." 卽包義也, 與夫子尊賢容衆之德, 似不甚合. 且哀公與三桓釁隙已深, 夫子必不爲此激論也.

○ 「주」의 "애공(哀公)"부터 "기상(其上)"까지.

○ 정의에서 말한다.

애공은 이름이 장(將)인데, 『사기』「노세가(魯世家)」에 보인다. 애공이 월(越)나라로 도망 갔기 때문에 시호를 애(哀)라고 했다. 『설문해자』에 "거(擧)는 상대해서 든다[對擧]는 뜻이다."[445]라고 했다. 지금은 획수를 생략해서 "거(擧)"로 되어 있다. 『예기』「유행(儒行)」의 「주」에 "거(擧)는 거용(擧用)이다."[446]라고 했는데, 들어서 쓴다는 말이다. 그러므로 여기 의 「주」에서도 "쓴다"라고 말한 것이다. 『설문해자』에 "직(直)은 똑바로 본다[正見]는 뜻이 다."[447]라고 했고, 『주역』「계사」한강백(韓康伯)[448]의 「주」에 "직(直)은 굳세고 바르다[剛

---

[445] 『설문해자』 권12: 거(擧)는 상대해서 든다[對擧]는 뜻이다. 수(手)로 구성되었고, 여(與)가 발음을 나타낸다. 거(居)와 허(許)의 반절음이다.[擧, 對擧也. 從手與聲. 居許切.]

[446] 『예기주소』 권57, 「유행(儒行)」의 「주」.

[447] 『설문해자』 권12: 직(直)은 똑바로 본다[正見]는 뜻이다. 은(乚)으로 구성되었고, 십(十)으로 구성되었으며, 목(目)으로 구성되었다. 직(㥀)은 직(直)의 고문이다. 제(除)와 력(力)의 반절 음이다.[直, 正見也. 從乚從十從目. 㥀, 古文直. 除力切.]

[448] 한강백(韓康伯, 332~380): 동진(東晉) 영천(潁川) 장사[長社, 하남성 장갈(長葛)] 사람. 이름 은 백(伯)이고, 강백(康伯)은 자이다. 집안이 가난했고, 성장하여 문예에 뜻을 두었다. 사마 욱(司馬昱, 簡文帝)이 번저에 있을 때 그를 불러 담객(談客)이 되었다. 사도좌서속(司徒左西 屬)과 예장태수(豫章太守), 이부상서(吏部尙書), 시중(侍中), 태상(太常) 등을 역임했다. 학 문을 좋아했고, 현리(玄理)를 잘 말했다. 49세로 죽었다. 하안(何晏), 왕필(王弼)이 주장한 이무위본설(以無爲本說)을 계승하고, 곽상(郭象)의 독화설(獨化說)도 수용하려 했다. 왕필

正는 뜻이다."[449]라고 했으며,『춘추좌씨전』「양공(襄公)」7년의 「전」에 "굽은 것을 바르게

하는 것[正曲]이 직(直)이다."[450]라고 했으니, 이때의 "직(直)"은 바르게 한다[正는 뜻이다.

『설문해자』에 "왕(枉)은 사악하다[邪曲]는 뜻이다."[451]라고 했는데, "왕(枉)"은 곧 "왕(桂)"

자의 생략된 자형이다. 「투호(投壺)」에 "나에게 구부러진 화살과 비뚤어진 병이 있다."[452]라

고 했는데,「주」에 "왕(枉)과 초(哨)는 바르지 않은 모양이다."[453]라고 했으니, 이때의 왕(枉)

자는 사악하다는 뜻이 된다. 포함은 사악한 사람은 마땅히 다시 쓰지 않아야 한다고 생각했

다. 그러므로 조(錯)를 폐하고 버려둔다는 뜻으로 보았으니, 앞 구절에서 든다고 말하고 쓴

다고 말한 것과는 견해와 뜻이 상반된다. 이것 역시 사람을 쓰는 하나의 방법이지만, 스스로

굳세고 현명하며 재주 있는 임금이 아니면 이렇게 할 수 없다. 『순자』「왕제편」에 "현명하고

능력이 뛰어나면 차례를 기다릴 필요 없이 등용하고 무능한 자를 파면할 때는 잠깐이라도

기다릴 필요 없이 바로 폐기한다."라고 했는데, 이것이 바로 포함의 뜻이긴 하지만, 공자가

현명한 사람을 높이고 민중을 포용하는 덕과는 크게 일치하지는 않는 것 같다. 또 애공은

삼환(三桓)[454]과 틈이 벌어짐이 너무 심했기 때문에 공자는 분명 이러한 격론을 하지는 않

았을 것이다.

의 『주역경주(周易經注)』를 이어 「계사전(繫辭傳)」과 「설괘전(說卦傳)」, 「서괘전(序卦傳)」,
「잡괘전(雜卦傳)」에 주를 달았는데, 이 가운데 「계사전」의 「주」만 『십삼경주소』에 전한다.
저서에 『변겸론(辯謙論)』과 『주역계사주(周易繫辭注)』가 있다.

449 『주역주소(周易注疏)』 권11, 「계사상(繫辭上) 한강백의 「주」.

450 『춘추좌씨전』「양공(襄公)」 7년의 내용은 "자기의 마음을 바르게 가지는 것이 정(正)이고,
남의 잘못을 바로잡는 것이 직(直)이다.[正直爲正, 正曲爲直.]"라고 했는데, 두예의 「주」에
"正直"에 대해 "正己心"이라 했고, "正曲"에 대해 "正人曲"이라고 했다.

451 『설문해자』 권6: 왕(桂)은 사악하다[邪曲]는 뜻이다. 목(木)으로 구성되었고, 봉(坒)이 발음
을 나타낸다. 우(迂)와 왕(往)의 반절음이다.[桂, 衺曲也. 從木聲. 迂往切.]

452 『예기』「투호(投壺)」.

453 『예기주소』 권58, 「투호(投壺)」의 「주」.

454 삼환(三桓): 춘추시대 노나라의 대부였던 중손씨(仲孫氏), 숙손씨(叔孫氏), 계손씨(季孫氏)
를 가리킨다. 모두가 노 환공(桓公)의 아들이었으므로 삼환이라 칭했다. 중손씨는 나중에
맹손씨(孟孫氏)로 불렸다. 기원전 562년 삼환이 노나라의 공실(公室)을 무너뜨리고 정권을
인수하여 분권정치를 실시했다. 그중 계손씨의 세력이 가장 강했다.

季康子問, "使民敬·忠以勸, 如之何?"【注】孔曰: "魯卿季孫肥. 康
諡." 子曰: "臨之以莊, 則敬; 孝慈, 則忠; 擧善而教不能, 則
勸."【注】包曰: "莊, 嚴也. 君臨民以嚴, 則民敬其上. 君能上孝於親, 下慈於
民, 則民忠矣. 擧用善人而教不能者, 則民勸勉."

계강자(季康子)가 물었다. "백성으로 하여금 공경하고 충성하며
서로 권면하게 하려면 어떻게 해야 합니까?"【주】 공안국이 말했다.
"노나라 경(卿) 계손비(季孫肥)이다. 강(康)은 시호이다." 공자가 말했다. "백
성을 엄숙하게 대하면 공경하고, 부모에게 효도하고 백성을 사랑
하면 충성하고, 훌륭한[善] 사람을 등용하고 능하지 못한 자를 가
르치면 백성들이 서로 권면할 것입니다."【주】 포함이 말했다. "장(莊)
은 엄숙함[嚴]이다. 임금이 백성을 엄숙하게 대하면 백성들이 그 윗사람을 공경한다.
임금이 위로 어버이께 효도하고, 아래로 백성을 자애하면 백성들이 충성한다. 훌륭
한[善] 사람을 들어 쓰고 능하지 못한 자를 가르치면 백성들이 권면한다."

원문 正義曰: 閻氏若璩『四書釋地』說, "'以勸者', '以', 與也." 王氏引之『經傳
釋詞』云: "以勸者, 而勸也." 二訓並通. 『爾雅』「釋詁」云: "臨, 視也." 此
常訓.

역문 정의에서 말한다.
염약거(閻若璩)[455]의 『사서석지(四書釋地)』에 "'이권(以勸)'이라고 할 때

---

455 염약거(閻若璩, 1636~1704): 청나라 산서(山西) 태원(太原) 사람. 자는 백시(百詩)이고, 호

의 '이(以)'는 더불어[與]이다."라 했고, 왕인지의 『경전석사』에 "'이권(以勸)은 이권(而勸)이다."라 했는데, 두 해석이 모두 통한다. 『이아』「석고」에 "임(臨)은 본다[視]는 뜻이다."라고 했는데, 이것이 일반적인 해석이다.

원문 "孝慈"者, 『荀子』「大略篇」, "禮也者, 老者孝焉, 幼者慈焉." 「祭義」云: "先王之所以治天下者五, 貴老爲其近於親也; 慈幼爲其近於子也." 貴老是孝. 故又云: "至孝近乎王, 雖天子必有父." 又「表記」曰: "威莊而安, 孝慈而敬, 使民有父之尊, 有母之親." "孝慈"與此同義. 『魏書』「甄琛傳」, "慈惠愛民曰孝." 彼是泛言愛民. <u>王氏引之</u>『經義述聞』引以說此文, 義未盡也.

역문 "부모에게 효도하고 백성을 사랑하면[孝慈]"

『순자』「대략편」에 "예(禮)란 노인에게 효도하고 어린이를 사랑하는 것이다."라고 했고, 『예기』「제의」에 "선왕(先王)이 천하를 다스리는 법칙에는 다섯 가지가 있는데, 노인을 귀하게 여기는 것은 부모에 가깝기 때문이고, 어린이를 사랑하는 것은 자식에 가깝기 때문이다."라고 했는데, 노인을 귀하게 여김이 효이다. 그러므로 또 "지극한 효는 왕도에 가까우니, 비록 천자라도 반드시 부모가 있기 때문이다."[456]라고 했고, 또

는 잠구거사(潛邱居士)이다. 20세 때 『상서』를 읽고 고문(古文) 25편(篇)에 이르렀을 때 위서(僞書)를 의심하고 30여 년을 연구해 의문점들을 모두 해결하고 『고문상서소증(古文尙書疏證)』을 완성했다. 고염무(顧炎武)의 학풍을 계승해 『상서』의 진위를 연구하여 동진 때 매색(梅賾)이 바친 『고문상서(古文尙書)』와 『공안국상서전(孔安國尙書傳)』이 위작이라고 주장했다. 또 『맹자』와 『사기』를 참고하여 『맹자생졸년월고(孟子生卒年月考)』를, 지리학에도 뛰어나 『사서석지(四書釋地)』를 저술했다. 시 또한 아려(雅麗)했다. 그 밖의 저서에 『모주시설(毛朱詩說)』과 『상복이주(喪服異注)』, 『잠구잡기(潛邱雜記)』, 『잠구찰기(潛丘札記)』, 『일지록보정(日知錄補正)』 등이 있다.

456 『예기』「제의」.

『예기』「표기(表記)」에 "위엄 있고 씩씩하면서 편안하고, 효도하고 사랑하면서 공경해서 백성들로 하여금 아버지의 존귀함이 있고 어머니의 친함이 있게 한다."라고 했는데, "효자(孝慈)"는 이것과 같은 뜻이다. 『위서(魏書)』「견침전(甄琛傳)」에 "자애로움과 은혜로움으로 백성을 아낌을 효라 한다."라고 했으니, 그것은 백성을 사랑함을 평범하게 말한 것이다. 왕인지의 『경의술문』에도 이 문장을 설명한 것을 인용했는데, 뜻이 미진하다.[457]

원문 『說文』, "敎, 上所施, 下所效也." 顔師古『漢書』「高紀」「注」, "能, 謂材也." "擧善而敎不能"爲一句. 漢·魏人引"擧善而敎", 皆是趁辭. 皇本"臨"下多"民"字, "敬"上·"勸"上亦有"民"字.

역문 『설문해자』에 "가르침[敎]이란 위에서 베푸는 것이고 아래에서 본받는 것이다."[458]라고 했고, 안사고의 『전한서』「고기(高紀)」의 「주」에 "능(能)은 재능[材]을 이른다."라고 했다. "훌륭한[善] 사람을 등용하고 무능한 사람을 가르친다[擧善而敎不能]"가 한 구절이 된다. 한대(漢代)나 위대(魏代)의 사람들이 "훌륭한[善] 사람을 등용하고 가르친다[擧善而敎]"를 인용한 것은 모두 관용어구이다. 황간본에는 "임(臨)"자 밑에 "민(民)"자

---

457 『경의술문』「경의술문제30(經義述聞第三十)」에 『일주서』「익법편(諡法篇)」을 인용하면서 "자애로움과 은혜로움으로 친족을 아낌을 효라 한다.[慈惠愛親曰孝.]"라 했는데, 『일주서』에는 "孝"가 "䚻"로 되어 있다. 또 같은 곳에 "마음가짐이 인애로움을 자효(慈孝)라 한다.[秉心仁愛, 謂之慈孝.]"라고 했고, 또 같은 곳에, 앞에서 언급한 「표기(表記)」의 내용을 인용했는데, 모두 미진하다는 말이다.

458 『설문해자』 권3: 교(敎)는 위에서 베푸는 것이고 아래에서 본받는 것이다. 문(攴)으로 구성되었고 효(孝)로 구성되었다. 교(敎)부에 속하는 한자는 모두 교(敎)의 의미를 따른다. 고(古)와 효(孝)의 반절음이다.[敎, 上所施, 下所效也. 從攴從孝. 凡敎之屬皆從敎. 古孝切.]

가 하나 더 많고, "경(敬)" 자 위와 "권(勸)" 자 위에도 역시 "민(民)" 자가
있다.

- 「注」, "魯卿, 季孫肥. 康謚."
- 正義曰: 魯季氏, 莊公母弟公子季友之後, 世爲司徒, 故曰"魯卿". "肥"者, 康子名. 「謚法解」 "溫年好樂", "安樂撫民", "令民安樂", 皆曰"康". 是"康"爲謚也.

○ 「주」의 "노나라 경 계손비이다."
○ 정의에서 말한다.

노나라 계씨(季氏)는 장공(莊公)과 같은 배에서 태어난 아우 공자(公子) 계우(季友)의 후손
인데, 대대로 사도(司徒)가 되었기 때문에 "노나라 경"이라고 한 것이다. "비(肥)"는 강자(康
子)의 이름이다. 『일주서』 「시법해」에 "백성의 한 해 일을 따뜻하고 즐겁게 한 것",[459] "편안
하고 즐겁게 백성들을 어루만지는 것", "백성들을 편안하고 즐겁게 함"을 모두 "강(康)"이라 한
다."라고 했으니, 이에 "강(康)"으로 시호를 삼았다.

- 「注」"莊嚴"至"勸勉".
- 正義曰: "莊嚴", 見聲類. "君臨民以嚴, 則民敬其上"者, 包以君臨民亦如此, 故廣言之. 『左傳』, "衛北宮文子曰: '君有君之威儀, 其臣畏而愛之, 則而象之. 臣有臣之威儀, 其下畏而愛之.'" 又曰: "故君子在位可畏, 施舍可愛, 進退可度, 周旋可則, 容止可觀, 作事可法, 德行可象, 聲 氣可樂, 動作有文, 言語有章, 以臨其下." 是言臨民當以嚴也. 『說文』, "慈, 愛也." 『釋名』 「釋言語」, "慈, 字也. 字, 愛物也." 「晉語」"甚寬惠而慈於民." 是言下慈於民也. "勸勉"義 見『說文』.

○ 「주」의 "장엄(莊嚴)"부터 "권면(勸勉)"까지.

---

[459] 溫年好樂: 『논어정의』에는 "豊年好樂"으로 되어 있다. 『일주서』 「시법해(謚法解)」를 근거로
고쳤다. 「시법해」의 「주」에 "풍년을 좋아하고 백성의 한 해 일을 부지런히 한 것이다.[好豊
年, 勤民事.]"라고 했다.

○ 정의에서 말한다.

"장엄(莊嚴)"은 『성류(聲類)』[460]에 보인다.

"임금이 백성을 엄숙하게 대하면 백성들이 그 윗사람을 공경한다."

포함은 임금이 백성 대하기를 또한 이와 같이 해야 한다고 여겼기 때문에 넓혀서 말한 것이다. 『춘추좌씨전』에 "위(衛)의 북궁문자(北宮問字)가 말했다. '임금에게 임금으로서의 위의(威儀)가 있으면 그 신하들이 경외하고 사랑하고, 본보기로 삼아 본받습니다. 신하에게 신하로서의 위의가 있으면 그 아랫사람들이 경외하고 사랑합니다.'"[461]라 했고, 또 "그러므로 군자[문왕(文王)]을 이름]는 지위에 있는 모습이 사람들이 경외할 만하고, 은덕을 베푸는 것이 사람들이 사랑할 만하며 나아가고 물러나는 것이 사람들의 법도가 될 만하며, 일이 잘 되도록 이리저리 힘을 써서 변통해 주는 것이 사람들의 준칙(準則)이 될 만하고, 용모와 행동거지가 사람들이 보고서 감동이 될 만하며, 일을 처리함이 사람들의 법도가 될 만하고, 덕행이 사람들의 본보기가 될 만하며, 음성이 사람들을 즐겁게 할 만하고, 동작에 예절[文]이 있으며, 언어에 조리[章]가 있어서, 이런 것을 가지고 아랫사람들을 대했습니다."[462]라 했는데, 이는 마땅히 백성을 엄숙하게 대해야 함을 말한 것이다. 『설문해자』에 "자(慈)는 사랑[愛]이다."[463]라고 했고, 『석명』「석언어」에 "자(慈)는 자(字)이다. 자(字)는 만물을 사랑한다[愛物]는 뜻이다."라고 했다. 「진어」에 "매우 관대하고 은혜로우면서 백성을 사랑한다."[464]라고 했는데, 이는 아래로 백성을 사랑한다는 말이다. "권면(勸勉)"은 뜻이 『설문해자』에 보인다.

원문 案, 此欲康子復選舉之舊也. 春秋時, 大夫多世爵, 其所辟僚佐, 又皆奔

---

460 삼국시대 위(魏)나라 사람인 이등(李登, ?~?)이 지은 음운서. 11,520자를 오성(五聲)으로 나누어 정리한 책으로 운서(韻書)의 시초가 되었다.

461 『춘추좌씨전』「양공」6년.

462 『춘추좌씨전』「양공」6년.

463 『설문해자』권10: 자(慈)는 사랑[愛]이다. 심(心)으로 구성되었고, 자(茲)가 발음을 나타낸다. 질(疾)과 지(之)의 반절음이다.[慈, 愛也. 從心茲聲. 疾之切.]

464 『국어』권7, 「진어1(晉語一)」.

走使令之私, 善者不見任用, 故夫子令其擧之. 下篇言"子游爲武城宰", 夫子詢以"得人", "仲弓爲季氏宰, 問政", 夫子告以"擧賢才", 皆此擧善之意也.

역문 살펴보니, 이것은 강자가 향거리선(鄕擧里選)의 옛 제도를 부활시키려고 한 것이다. 춘추시대에는 대부들이 대부분 작위를 세습하였고, 참모나 보좌관의 자리를 피한 자리도 모두 사령(使令)의 사적인 업무에 분주해서 훌륭한[善] 사람들이 임용되지 못했기 때문에 공자가 강자로 하여금 그들을 등용하게 한 것이다. 아래 편에서 말한 "자유가 무성의 읍재가 되었을 때" 공자가 "사람을 얻었느냐?"라고 묻고,[465] "중궁이 계씨의 가신이 되어 정치를 묻자", 공자가 "현명한 인재를 등용하라"라고 일러준 것[466]은 모두 이 훌륭한[善] 사람을 등용하라는 뜻이다.

원문 又案, 漢·魏人解此文, 稱字又爲"稱擧". 包氏愼言『溫故錄』據『後漢書』「卓茂傳」·『魏志』「徐邈傳」, 皆有此義, 亦通. 『尙書大傳』, "古之帝王, 必有命民, 民能敬長·憐孤·取舍·好讓·擧事力者, 命於其君, 然後得乘飾車駢馬, 衣文錦." 此卽是稱擧, 旌異之也.

역문 또 살펴보니, 한대와 위대의 사람들은 이 문장을 풀이하면서 칭(稱)자를 써서 또 "칭거(稱擧)"라고도 한다. 포신언의 『논어온고록』은 『후한서』「탁무전(卓茂傳)」과 『위지(魏志)』「서막전(徐邈傳)」을 근거로 해서 모두 이 뜻이 있는데,[467] 역시 통한다. 『상서대전』에 "옛날의 제왕은 반드시 백성들에게 명함이 있었으니, 백성 중에 능히 어른을 공경하고, 고아를 불쌍히 여기며, 취사(取舍)하고 겸양을 좋아하며 일할 능력이 있는 자

---

[465] 『논어』「옹야」.

[466] 『논어』「자로」.

[467] 두 책 모두 "擧善而敎"라는 표현이 있고, "稱擧善而敎"라는 표현은 없다.

를 등용할 수 있는 사람을 그 임금에게 명한 뒤에 장식한 쌍마차를 타고 장식한 비단을 입을 수 있게 했다."⁴⁶⁸라고 하였는데, 이것이 바로 들어서 쓴다[稱擧]⁴⁶⁹는 것으로, 표창하고 특별히 우대한 것이다.

2-21

或謂孔子曰: "子奚不爲政?"【注】包曰: "或人以爲居位乃是爲政." 子曰: "『書』云: '孝乎惟孝, 友于兄弟.' 施於有政, 是亦爲政, 奚其爲爲政?"【注】包曰: "孝乎惟孝, 美大孝之辭. 友於兄弟, 善於兄弟. 施, 行也, 所行有政道, 與爲政同."

어떤 사람이 공자에게 말했다. "선생께서는 어찌하여 정치를 하지 않으십니까?"【주】포함이 말했다. "어떤 사람[或시]이 벼슬하는 자리에 있어야 정치를 하는 것으로 여긴 것이다." 공자가 말했다. "『서경』에 '효성스럽고도 효성스러우며, 형제간에 우애한다.'라고 했으니, (효성과 우애를) 정치에 시행하면, 이 또한 정치를 하는 것이니, 어찌 벼슬하는 자리에 있어야만 정치를 하는 것이 되겠습니까?"【주】포함이 말했다. "효성스럽고도 효성스럽다[孝乎惟孝]는 것은 큰 효를 찬미한 말이다. 형제간에 우애함[友于兄弟]은 형제에게 잘하는 것이다. 시(施)는 행(行)함이니, 행하는 바에 정치의 도리가 있으면 정치를 하는 것과 같다."

---

468 "衣文錦"은 『논어정의』에 "衣文騂錦"이라고 되어 있다. 『상서대전』을 근거로 고쳤다.

469 칭거(稱擧): 『춘추좌씨전』「선공(宣公)」16년에 "우임금이 훌륭한 사람을 등용했다.[禹稱善人]"라고 한 구절에 대해 두예는 "칭(稱)은 들어 쓴다[擧]는 의미이다.[稱擧也]"라고 해석했다.

원문 正義曰: 鄭「注」云: "或之言有人, 不顯其名, 而略稱爲或." 案, 『詩』「天保」「箋」, "或之言有也." 『廣雅』「釋詁」, "或, 有也." 人無所顯名, 則從略稱之, 言有此人也. "奚"者, 『蒼頡篇』云: "何也". "孝于惟孝, 友于兄弟", 皆「逸書」文. 東晉古文采入「君陳篇」. 『漢石經』及『白虎通』「五經篇」所引皆作"孝于". 皇本亦作"于". 『釋文』云: "孝于, 一本作孝乎." 『唐·宋石經』及他傳注所引, 皆作"孝乎". 惠氏棟『九經古義』謂, "後儒據「君陳篇」改‘於’爲‘乎’." 其說良然.

역문 정의에서 말한다.

정현의 「주」에 "혹(或)이란 말은 어떤 사람이 있다[有人]는 뜻이니, 그 이름을 드러내지 않고 대략 혹(或)이라고 일컬은 것이다."라고 했다. 살펴보니, 『시경』「천보(天保)」의 「전」에 "혹(或)이란 있다[有]는 뜻이다."[470]라고 했고, 『광아』「석고」에도 "혹(或)은 있다[有]는 뜻이다."라고 했으니, 사람이 알려진 이름이 없으면 그대로 약칭해서, 이러이러한 사람이 있다고 말한다. "해(奚)"는 『창힐편(蒼頡篇)』에 "어찌[何]라는 뜻이다."라고 했다. "효성스럽고도 효성스러우며, 형제간에 우애한다.[孝于惟孝, 友于兄弟.]"는 모두 『서경』「일서(逸書)」의 글이다. 동진(東晉)의 고문에는 『서경』「군진(君陳)」을 채록해 놓았다.[471] 『한석경』 및 『백호통의』「오경(五經)」에 인용한 것은 모두 "효우(孝于)"로 되어 있다.[472] 황간본에도 "우(于)"로

---

470 『모시주소』권16, 「소아·녹명지십(鹿鳴之什)·천보(天保)」 정현의 「전(箋)」.

471 『서경』「주서(周書)·군진(君陳)」: 군진(君陳)아! 너의 훌륭한 덕은 효도와 공손함이니, 효도하고 형제에게 우애하여 능히 정치에 시행하기에 너에게 명하여 이 동교(東郊)를 다스리게 하노니, 공경하라.[君陳! 惟爾令德, 孝恭, 惟孝, 友于兄弟, 克施有政, 命汝, 尹玆東郊, 敬哉.]

472 문연각(文淵閣)『사고전서(四庫全書)』의 『백호통의』권하, 「덕론하·오경(五經)」에는 "孝乎惟孝, 友于兄弟."로 되어 있다.

되어 있다. 『경전석문』에 "효우(孝于)는 다른 판본에는 효호(孝乎)로 되어 있다."[473]라고 했다. 『당석경(唐石經)』이나 『송석경(宋石經)』 및 다른 전의 주석에서 인용한 것은 모두 "효호(孝乎)"로 되어 있다. 혜동(惠棟)[474]의 『구경고의(九經古義)』에 "후대의 유학자들이 「군진」을 근거로 '어(於)'를 '호(乎)'로 고쳤다."라고 했는데, 그 설이 참으로 옳다.

원문 案, "孝于"與下句"友於"相次, 字宜作"於". 『呂氏春秋』「審應覽」, "然則先生聖于!", 高誘「注」, "於, 乎也." 『莊子』「人間世」, "不爲社, 且幾有翦乎?" 『釋文』, "乎, 崔本作于." 『列子』「黃帝篇」, "今女之鄙至此乎?" 『釋文』, "乎, 本又作于." 『莊』·『列』二文以"于"爲"乎", 與呂覽同. 竊謂此文 "孝于", "友于"字雖是"于", 義則"乎"也. "孝于惟孝", 與『記』云: "禮乎禮", 『公羊』, "賤乎賤", 『爾雅』, "微乎微", 『素問』, "形乎形, 神乎神", 漢語, "肆乎其肆", 韓文, "醇乎其醇"相同. 『法言』尤多有此句法.

역문 살펴보니, "효우(孝于)"는 아래 구절의 "우우(友于)"와 서로 차례로 쓰였으니, 글자가 마땅히 "어(於)"가 되어야 한다. 『여씨춘추』「심응람(審應覽)」에 "그렇다면 선생은 성인이시로군요![然則先生聖于!]"라고 했는데, 고

---

473 『경전석문』권24, 「논어음의 · 위정제2」.
474 혜동(惠棟, 1697~1758): 청나라 강소 오현(吳縣) 사람. 자는 정우(定宇) 또는 송애(松崖)이고, 호는 소홍두선생(小紅豆先生)이다. 할아버지 혜주척(惠周惕)과 아버지 혜사기(惠士奇)의 가학을 계승하여 오파경학(吳派經學)을 확립했다. 경학 연구는 한유(漢儒)의 설을 중심으로 삼았다. 『주역』에 대해서는 순상(荀爽), 우번(虞翻)의 설을 위주로 하고 정현, 송함(宋咸), 간보(干寶)의 설을 참고하여 『주역술(周易述)』과 『역한학(易漢學)』, 『역례(易例)』를 저술했고, 『상서』에 대해서는 사서 및 여러 경전의 주소(注疏)를 모아 『고문상서(古文尚書)』가 위작(僞作)임을 밝힌 『고문상서고(古文尚書考)』를 지었다. 그 밖의 저서에 『구경고의(九經古義)』와 『후한서보주(後漢書補註)』, 『주역본의변증(周易本義辨證)』, 『좌전보주(左傳補注)』, 『명당대도록(明堂大道錄)』, 『체설(禘說)』, 『산해경훈찬(山海經訓纂)』 등이 있다.

유의 「주」에 "어(於)는 호(乎)이다."⁴⁷⁵라고 했다. 『장자(莊子)』「인간세(人間世)」에 "사당[社]의 신목(神木)이 되지 않았다 한들 어찌 잘림이 있었을 것이겠는가?"⁴⁷⁶라고 했고, 『장자석문(莊子釋文)』에 "호(乎)는 최선(崔譔)⁴⁷⁷의 판본에는 우(于)로 되어 있다."⁴⁷⁸라고 했으며, 『열자』「황제(黃帝)」에 "이제 그대의 비루함이 이 지경에 이르렀는가?"⁴⁷⁹라고 했고, 『열자석문(列子釋文)』에 "호(乎)는 판본에 따라 또 우(于)로 되어 있다."⁴⁸⁰라고 했다. 『장자』와 『열자』 두 글에서는 "우(于)" 자를 "호(乎)"라 했으니, 『여람』과 같다. 가만히 생각해 보니, 이 글에서 "효우(孝于)"와 "우우(友于)"라는 글자는 비록 "우(于)"이지만 뜻은 "호(乎)"이다. "효성스럽고도 효성스럽다[孝于惟孝]"는 『예기』의 "예스럽고도 예스럽다"⁴⁸¹ 한 것과 『춘추공양전』의 "천박하고도 천박하다",⁴⁸² 『이아』의 "작고도 작다",⁴⁸³ 『소문』의 "나타나고 나타나며, 신묘하고도 신묘하다",⁴⁸⁴ 중국어[漢語]의 "방자하고도 방자하다", 한유의 문장 중에 "순일하고도 순일하다"라고 한 것과 서로 같다. 『법언(法言)』에는 이러한 문장의 구성 방식[句法]이 더욱 많다.

---

475 『여씨춘추』 권18, 「심응람제6(審應覽第六)·심응(審應)」의 「주」.

476 『장자(莊子)』「인간세(人間世)」에는 "社" 다음에 "者" 자가 있다.

477 최선(崔譔, ?~?): 중국 동진시대 사람. 『장자』의 주석을 달았지만 저서는 전하지 않고, 그의 글이 『경전석문』에 남아 있다.

478 당(唐) 육덕명(陸德明, 550?~630)의 『장자석문(莊子釋文)』.

479 『열자』「황제(黃帝)」에는 "女"가 "汝"로 되어 있다.

480 당 은경순(殷敬順)의 『열자석문(列子釋文)』.

481 『예기』「중니연거(仲尼燕居)」.

482 『춘추공양전』「애공」 4년.

483 『이아』「석훈」.

484 『황제내경소문(黃帝內經素問)』 권8, 「팔정신명론(八正神明論)」.

원문 "施於有政"以下, 乃夫子語. 宋氏翔鳳『四書釋地辯證』以上文引書作 "于", 下"施於有政"作"於", 是夫子語顯有"于"·"於"字爲區別. 包氏愼言『論 語溫故錄』, "『後漢書』「郅惲傳」鄭敬曰: '雖不從政, 施之有政, 是亦爲政.' 玩鄭敬所言, 則'施於有政, 是亦爲政'皆夫子語." 其說竝是.

역문 "정치에 시행한다[施於有政]" 이하는 바로 공자의 말이다. 송상봉의 『사 서택지변증(四書釋地辯證)』에서는 앞의 문장을 인용할 때는 "우(于)"라고 쓰고, 아래의 "정치에 시행한다[施於有政]"에서는 "어(於)"로 되어 있는데, 이는 공자의 말 중에 "우(于)"와 "어(於)" 자가 현격하게 구별됨이 있기 때 문이다. 포신언의 『논어온고록』에 "『후한서』「질운전(郅惲傳)」에서 정경 (鄭敬)이 '비록 정치에 종사하지 않더라도 정치에 시행하면 이 또한 정치 를 하는 것이다.'[485]라고 했는데, 정경이 한 말을 완미해 보면 '정치에 시 행하면 이 또한 정치를 하는 것이다.[施於有政, 是亦爲政.]'라고 한 것은 모 두 공자의 말이다."라고 했는데, 그 설이 모두 옳다.

원문 東晉古文誤連"施於有政", 爲『書』語而云: "克施有政", 非也. 包氏又云: "『白虎通』云: '孔子所以定『五經』何? 孔子居周末世, 王道陵遲, 禮義廢 壞, 强凌弱, 衆暴寡, 天子不敢誅, 方伯不敢伐, 閔道德之不行. 故周流冀 行其道, 自衛反魯, 知道之不行. 故定『五經』以行其道. 故孔子曰: "『書』 云: '孝乎惟孝, 友于兄弟.' 施於有政, 是亦爲政也.'" 依『白虎通』說, 則孔 子之對或人, 蓋在哀公十一年後也. 『五經』有五常之道, 敎人使成其德行. 故曰: '施於有政, 是亦爲政'"

역문 동진의 고문에서는 "정치에 시행함[克施有政]"을 잘못 연결해서 『서경』

---

485 『후한서』 권59, 「신도포질열전제19(申屠鮑郅列傳第十九)」·질운전(郅惲傳)」.

의 말이라고 하면서 "능히 정치에 시행한다[克施有政]"라고 했는데, 잘못이다. 포신언은 또 『백호통의』에 '공자가 오경(五經)을 정한 까닭은 무엇 때문인가?[486] 공자는 주나라 말기에 살면서,[487] 왕도가 무너지고, 예의가 파괴되며, 강한 자가 약한 자를 능멸하고 다수가 소수에게 횡포를 부려도 천자가 감히 죽이지 못하고 방백(方伯)이 감히 정벌[488]도 못 해서 도덕이 행해지지 않음을 근심했다. 그러므로 주유천하하면서 그 도[489]가 시행되기를 기대했지만, 위(衛)나라에서 노나라로 돌아가서는 도가 행해지지 않을 것을 알았다.[490] 그러므로 오경을 추정(追定)[491]해서 그 도를 시행했던 것이다. 그러므로 공자는 말하길, "『서경』에서 '효성스럽고도 효성스러우며, 형제간에 우애한다.'라고 했으니, 정치에 시행하면 이 또한 정치를 하는 것이다."라고 했다.'[492]라고 하였다. 『백호통의』의 설에 따르면 공자가 어떤 사람에게 대답한 것은 아마도 애공 11년 이후에 있었던 일인 것 같다. 오경에는 오상(五常)의 도가 있으므로 사람들을 가르쳐 그들로 하여금 자기의 덕행을 이루게 한 것이다. 그러므로 '정치에 시행하면 이 또한 정치를 하는 것이다.'라 했다."라고 하였다.

원문 案, 包說是也. 夫子以司寇去魯, 故反魯猶從大夫之後, 且亦與聞國政,

---

486 『백호통의』에는 "五經" 아래 "者"가 있다.

487 『백호통의』에는 "周"와 "末" 사이에 "之"가 있다.

488 『논어정의』에는 "間"으로 되어 있으나, 『백호통의』에 "伐"로 되어 있다. 『백호통의』를 근거로 수정해서 해석했다.

489 『백호통의』에는 "道"가 "聖德"으로 되어 있다.

490 『백호통의』에는 "道之不行"이 "不用"으로 되어 있다.

491 『백호통의』에는 "定" 앞에 "追"가 있다. 『백호통의』를 근거로 "定"을 "追定"으로 해석했다.

492 『백호통의』 권하, 「덕론하·오경」.

但不出仕居位而爲之. 故或人有不爲政之問. 弟子記此章, 在哀公・季康子問孔子兩章之後, 當亦以時相次. 夫子定五經以張治本, 而首重孝・友. 孝友者, 齊家之要, 政之所莫先焉者也. 有子言"孝弟"爲"爲仁之本", "其爲人也孝弟", "不好犯上", 必不好作亂, 故孝弟之道明, 而天下後世之亂臣賊子胥受治矣. 夫子表章『五經』, 又述其義爲『孝經』. 『孝經』者, 夫子所已施之敎也. 故曰"行在『孝經』".

역문 살펴보니, 포신언의 설이 옳다. 공자는 사구(司寇)의 신분으로 노나라를 떠났으므로 노나라로 되돌아올 때도 여전히 대부의 뒤를 따르고, 또 참여해서 국정을 들었고, 다만 벼슬에 나아가 지위에 있으면서 정치를 행한 것이 아닐 뿐이다. 그러므로 어떤 사람의 '정치를 하지 않느냐'라는 질문이 있었던 것이다. 제자들이 이 장을 기록하면서 애공과 계강자가 공자에게 질문한 두 문장 다음에 두었으니, 또한 마땅히 시간상 서로 순서를 매긴 것이다. 공자는 오경을 정하여 정치의 근본을 장려하면서 효와 우애를 가장 중시했다. 효와 우애란 제가(齊家)의 요점이니, 정치를 함에 있어 이보다 우선인 것이 없다. 유자(有子)가 "효와 공손함[孝弟]"이 "인을 행하는 근본이 된다." "그 사람됨이 효성스럽고, 공손하면" "윗사람을 범하기를 좋아하지 않는다."[493]라고 했으니, 반드시 난을 일으키기를 좋아하지 않기 때문에 효와 공손함이 도가 밝아지고 천하와 후세의 난신적자(亂臣賊子)가 서로 다스림을 받게 될 것이다. 공자는 오경을 드러내 밝히고, 또 그 뜻을 『효경』에 서술했다. 『효경』은 공자가 이미 펼친 가르침이다. 그러므로 "행실은 『효경』에 있다."[494]라고 한 것이다.

---

493 『논어』「학이」.

494 『효경주소(孝經註疏)』「효경서(孝經書)」에 "공자가 말했다. '나의 뜻은 『춘추』에 담겨 있고 행실은 『효경』에 담겨 있다."라고 했는데, 형병의 「소」에 "이는 『구명결(鉤命決)』의 문장

원문 "奚其爲爲政"者, 言何其居位乃爲政也. 皇本"是亦爲政"下有"也"字. 『釋文』云: "'奚其爲爲政也', 一本無一'爲'字."

역문 "어찌 벼슬하는 자리에 있어야만 정치를 하는 것이 되겠습니까[奚其爲爲政]"

어찌 정치하는 자리에 있어야만 정치를 하는 것이 되겠느냐는 말이다. 황간본에는 포함 「주」의 "시역위정(是亦爲政)" 아래 "야(也)" 자가 있다. 『경전석문』에 "'해기위위정야(奚其爲爲政也)'는 어떤 판본에는 '위(爲)' 자 하나가 없다."[495]라고 했다.

- 「注」, "友于"至"政同."

- 正義曰: 『爾雅』「釋訓」, "善兄弟爲友." 『詩』「六月」, "張仲孝友." 『毛』「傳」本『爾雅』, 此「注」亦本之. 『說文』, "施, 旗皃. 㫃, 敱也. 讀與施同." "敱"者, 布也, 行也. 經傳皆叚"施"爲"㫃". 『淮南』「修務訓」「注」, "施, 行也." 與此「注」同. 『文選』「閑居賦」「注」引包「注」, "政所施行也." 此逸文當在"施行也"句下. 爲政之道, 不外明倫. 故但能明孝弟之義, 卽有政道, 與居位爲政無異. 故曰: "天下之無道也久矣, 天將以夫子爲木鐸."

○ 「주」의 "우우(友于)"부터 "정동(政同)"까지.

○ 정의에서 말한다.

『이아』「석훈」에 "형제에게 잘하는 것이 우애[友]가 된다."[496] 했고, 『시경』「유월(六月)」에 "효도하고 우애하는 장중(張仲)이로다."[497]라 했는데, 『모시(毛詩)』의 「전(傳)」은 『이아』를

이다. '제후의 선악을 포폄한 뜻은 『춘추』에 담겨 있고, 인간관계의 존비에 따른 행실은 『효경』에 담겨 있다.'라는 말이다."라고 했다. 『구명결』은 한대에 『효경』의 뜻을 견강부회하여 인사(人事)의 길흉, 치란, 흥망 등을 논한 9종의 위서(緯書) 중 하나이다.

495 『경전석문』 권24, 「논어음의 · 위정제2」.

496 『논어정의』에는 "善事兄弟爲友"로 되어 있으나 『이아주소』와 송(宋) 정초(鄭樵)가 지은 『이아주(爾雅注)』에는 모두 "事" 자가 없다. 『이아주소』 및 『이아주』를 근거로 수정했다.

근거로 했고, 이「주」역시『이아』를 근거로 한 것이다.『설문해자』에 "시(施)는 깃발 모양
[旗皃]이다."[498]라 했고, 또 "시(𢼳)는 편다[敊]는 뜻이다. 시(施) 자와 같이 읽는다."[499]라고
했는데, "부(敊)"는 편다는 뜻이며, 행한다는 뜻이다. 경전에서는 모두 "시(施)" 자를 가차해
서 "시(𢼳)"의 뜻으로 삼았다.『회남자』「수무훈(修務訓)」의「주」에 "시(施)는 행한다[行]는
뜻이다."라고 했는데, 여기의「주」와 같다.『문선』「한거부(閑居賦)」의「주」에 포함의「주」
를 인용하면서 "정치가 시행되는 바이다."[500]라고 했는데, 이것은 (포함의「주」에서) 빠진 글
자로, 마땅히 "시(施)는 행함이다.[施行也.]"라고 한 구절의 아래에 있어야 한다. 정치를 하는
도리는 인륜을 밝히는 것에서 벗어나지 않는다. 그러므로 단지 효제(孝弟)의 도리를 밝힐 수
만 있어도 바로 정치의 도리가 있는 것이니, 정치하는 자리에 있으면서 정치를 하는 것과 다
를 것이 없다. 그러므로 "천하가 무도(無道)한 지 오래이니, 하늘이 장차 선생을 목탁으로 삼
을 것이다."[501]라고 한 것이다.

2-22

子曰: "人而無信, 不知其可也. 【注】孔曰: "言人而無信, 其餘終無
可." 大車無輗, 小車無軏, 其何以行之哉?"【注】包曰: "大車, 牛車.
輗者, 轅端橫木以縛軛. 小車, 駟馬車. 軏者, 轅端上曲鉤衡."

497『시경』「소아 · 남유가어지십(南有嘉魚之什) · 유월(六月)」.

498『설문해자』권7: 시(㫃)는 깃발 모양[旗皃]이다. 언(㫃)으로 구성되었고, 야(也)가 발음을 나
타낸다. 제(齊)나라 난시(欒施)의 자가 자기(子旗)였으니, 시(施)가 기(旗)임을 알 수 있
다. 식(式)과 지(支)의 반절음이다.[㫃, 旗皃. 從㫃也聲. 齊欒施字子旗, 知施者旗也. 式支切.]

499『설문해자』권3: 시(𢼳)는 베푼다[敊]는 뜻이다. 복(攴)으로 구성되었고 야(也)가 발음을 나
타낸다. 시(施) 자와 같이 읽는다. 식(式)과 지(支)의 반절음이다.[𢼳, 敊也. 從攴也聲. 讀與
施同. 式支切.]

500『문선주(文選注)』권16,「한거부(閑居賦)」당 이선(李善)의「주」.

501『논어』「팔일」.

공자가 말했다. "사람으로서 신뢰가 없으면 그가 행할 수 있을지 모르겠다. 【주】공안국이 말했다. "사람으로서 신뢰가 없으면 그 나머지는 끝내 행할 수 있는 것이 없다는 말이다." 큰 수레에 끌채 끝의 가로로 댄 나무가 없고 작은 수레에 멍에 걸이가 없다면 그 수레가 어떻게 길을 갈 수 있겠는가?" 【주】포함이 말했다. "대거(大車)는 우마차[牛車]이다. 예(輗)는 끌채 끝에 나무를 가로로 대고 멍에를 묶는 것이다. 소거(小車)는 네 마리 말이 끄는 마차[駟馬車]이다. 월(軏)은 끌채 끝에 위로 고부라진 멍에 걸이[鉤衡]이다."

원문 正義曰: 『臣軌下』引鄭「注」云: "'不知其可'者, 言不可行也. 大車, 柏車; 小車, 羊車." 案, 下篇子張問"行", 夫子告以忠信·篤敬, 蠻貊可行, 忠信屬言. 『呂氏春秋』「貴信篇」, "故『周書』曰: '允哉允哉', 以言非信, 則百事不滿也." 又云: "君臣不信, 則百姓誹謗, 社稷不寧; 處官不信, 則少不畏長, 貴賤相輕; 賞罰不信, 則民易犯法, 不可使令; 交友不信, 則離散鬱怨, 不能相親; 百工不信, 則器械苦僞, 丹漆染色不貞." 皆言不信則不可行之失也.

역문 정의에서 말한다.

『신궤하(臣軌下)』에 정현의 「주」를 인용해서 "'부지기가(不知其可)'란 행할 수 없다는 말이다. 대거(大車)는 백거(柏車)[502]이고, 소거(小車)는 양거(羊車)[503]이다."[504]라고 했다. 살펴보니, 아래 편에서 자장이 "행(行)"에

---

502 『석명(釋名)』 권7, 「석거(釋車)」에 "백거(柏車)의 백(栢)은 백(伯)이니 크다는 뜻이다. 정부 [丁夫: 정역(丁役)의 일과 잡역(雜役)의 일을 하는 장정(壯丁)]가 복임(服任)하는 작은 수레이다.[柏車, 栢, 伯也, 大也. 丁夫服任之小車也.]"라고 했다.

대해 물었을 때, 공자는 성실하고 진실하며[忠信] 돈독하고 경건하면[篤敬] 오랑캐[蠻貊]의 나라라 하더라도 행할 수 있다고 말해 주었는데,[505] 충신(忠信)은 말에 속하는 것이다. 『여씨춘추』「귀신(貴信)」에 "그러므로 『주서』에 '신의롭다, 신의롭다!'라고 하여 신의가 아니면 모든 일이 이루어지지 않음을 말했다."[506] 했고, 또 "임금과 신하 간에 서로 신뢰하지 않으면 백성들이 비난하고 헐뜯어 나라[社稷]가 편하지 않게 되고, 관직에 있는 사람들이 신뢰하지 않으면 젊은이들이 어른들을 경외하지 않으며 신분이 높은 사람과 낮은 사람이 서로를 가볍게 여기게 되고, 상과 벌에 신뢰가 가지 않으면 백성들이 쉽게 법을 범해서 부리거나 명령할 수 없으며, 친구 간에 서로 신뢰하지 않으면 헤어지고 흩어져 답답하고 원망해서 서로 친해질 수 없으며, 모든 기술직 관리가[507] 신의가 없으면 기물과 연장들이 다루기 힘들거나 가짜로 만들어지고 붉은색과 검은색의 염색이 바르지 않게 된다."[508]라고 했으니, 모두 신뢰하지 않으면 행할 수 없는 잘못을 말한 것이다.

원문 "大車・小車"者, 言人所乘車有大小也. 『釋名』「釋車」云: "車, 古者曰

---

503 『석명』 권7, 「석거」에 "양거(羊車)의 양(羊)은 상(祥)이니, 상(祥)은 선(善)이라는 뜻이니, 멋지게 장식한 수레이다. 지금의 독거(犢車: 송아지가 끄는 수레)가 이것이다.[羊車, 羊, 祥也, 祥, 善也, 善飾之車. 今犢車是也.]"라고 했다.

504 『신궤하(臣軌下)』「성신장(誠信章)」.

505 『논어』「위영공」: 자장이 행실에 대해 묻자, 공자가 말했다. "말이 성실하고 진실하며 행실이 돈독하고 경건하면, 비록 오랑캐의 나라라 하더라도 행할 수 있다."[子張問行, 子曰: "言忠信, 行篤敬, 雖蠻貊之邦行矣."]

506 『여씨춘추』 권19, 「이속람(離俗覽)・귀신(貴信)」.

507 『논어정의』에는 "厚薄"으로 되어 있다. 『여씨춘추』를 근거로 고쳤다.

508 『여씨춘추』 권19, 「이속람・귀신」.

‘車’, 聲如居. 言行所以居人也.”「考工記·車人」云:“柏車轂長一柯, 其圍
二柯, 其輻一柯, 其渠二柯者三. 五分其輪崇, 以其一爲之牙圍. 羊車二柯,
有參分柯之一. 柏車二柯.” 是言柏車·羊車之制. 柯者, 斧柄, 長三尺, 工
人用以爲度. <u>鄭</u>「注」, “柏車, 山車, 輪高六尺, 牙圍尺二寸. <u>鄭司農</u>云: ‘羊
車, 謂車羊門也.’ <u>玄</u>謂羊, 善也, 善車若今定張車, 較長七尺. 柏車二柯, 較
六尺也.”

역문 “큰 수레[大車]·작은 수레[小車]”란 사람이 타는 수레 중에는 크고 작은
것이 있다는 말이다. 『석명』「석거(釋車)」에 “차(車)는 옛날에는 ‘거(車)’라
고 했는데, 발음이 거(居)와 같다. 다닐 때 사람을 머물게 하는 것이라는
말이다.”「고공기·거인(車人)」에 “백거는 바퀴통의 길이가 1가(柯)[509]이
고 둘레는 2가이며, 바큇살은 1가이고, 덧바퀴는 2가인데, 지름이 아홉
자[九尺]이다. 바퀴 높이를 5등분해서 1/5로 겉바퀴 테[牙圍]를 만든다. 양
거는 2가에 1/3가를 더한다. 백거는 2가이다.”[510]라고 했는데, 이는 백거
와 양거의 제도를 말한 것이다. 가(柯)는 도낏자루인데, 길이가 석 자[三
尺]이니, 기술자들이 사용하면서 척도로 삼는다. 정현의 「주」에 “백거는
산거(山車)[511]인데, 바퀴의 높이가 여섯 자이고, 겉바퀴 테는 둘레가 한
자 두 치[二寸]이다. 정사농(鄭司農)[512]은 ‘양거는 수레의 양문(羊門)을 이른

---

509 『주례』「동관고공기하·거인(車人)」에 따르면 “1가(柯)는 길이가 석 자이다.[柯, 長三尺.]”

510 『주례』「동관고공기하·거인」.

511 산거(山車): 제례(祭禮) 때 수레 위에 산·바위·인물 등을 꾸며서 끄는 수레.

512 정사농(鄭司農): 후한(後漢)시대의 유학자인 정중(鄭衆, ?~83)이다. 후한 하남(河南) 개봉
(開封) 사람으로 자는 중사(仲師)이다. 대사농(大司農) 벼슬을 하였으므로 정사농(鄭司農)
이라 칭한다. 아버지의 춘추좌씨학을 계승했고, 『주역』과 『시경』, 『주례』, 『국어』 및 역산
(曆算)에도 밝았다. 저서에 『춘추난기조례(春秋難記條例)』와 『춘추산(春秋刪)』 등이 있었
지만 모두 없어졌다. 현존하는 저서로 『옥함산방집일서』에 수록된 『주례정사농해고(周禮
鄭司農解詁)』와 『정중춘추첩례장구(鄭衆春秋牒例章句)』, 『정씨혼례(鄭氏婚禮)』, 『국어장

다.' 했는데, 내가 생각하기에 양(羊)은 선(善)이니 선거(善車)는 지금의
정장거(定張車)[513]와 같은 것으로 차체(車體)의 길이가 일곱 자이다. 백거
는 2가이니 차체의 길이는 여섯 자이다."[514]라고 했다.

원문 賈「疏」, "羊車'較長七尺', 下柏車'較長六尺', 則羊車大矣. 而『論語』謂
'大車爲柏車, 小車爲羊車'者, 以柏車皆說轂・輻・牙, 惟羊車不言, 惟言
較而已. 是知柏車較雖短, 轂・輻・牙則長; 羊車較雖長, 轂・輻・牙則
小, 故得小車之名也."

역문 가공언의 「소」에 "양거는 '차체의 길이가 일곱 자[較長七尺]'라 하고, 그
밑에 백거는 '차체의 길이가 여섯 자[較長六尺]'라 했으니, 양거가 크다.
그런데 『논어』에서 '큰 수레[大車]는 백거이고, 작은 수레[小車]는 양거이
다.'라고 한 까닭은, 백거는 바퀴・바퀴살・겉바퀴를 모두 말했지만 양
거에 대해서는 말하지 않고 오직 차체만을 말했을 뿐이기 때문이다. 따
라서 백거의 차체가 비록 짧지만 바퀴・바퀴살・겉바퀴는 크고, 양거는
차체가 비록 길지만 바퀴・바퀴살・겉바퀴가 작기 때문에 작은 수레[小
車]라는 명칭을 얻게 되었음을 알 수 있다."[515]라고 했다.

원문 案, 『釋名』云: "柏車, 柏, 伯也, 大也. 丁夫服任之車也." 是柏有大義.

구(國語章句)』와 『옥함산방집일서』 속편에 수록된 『주역정사농주(周易鄭司農注)』, 『모시선
정의(毛詩先鄭義)』가 있다.
513 『주례주소』 권42, 「동관고공기하(冬官考工記下)・거인(車人)」의 이 부분에 대한 가공언의
「소」에 따르면 "한나라시대는 지금과의 거리가 오래되었으므로 또한 정장거가 장차 어디에
쓰였는지 모르겠다.[漢時去今久遠, 亦未知定張車將何所用, 但知在宮內所用.]"라고 했다.
514 『주례주소』 권42, 「동관고공기하・거인」 정현의 「주」.
515 『주례주소』 권42, 「동관고공기하・거인」 가공언의 「소」.

又云: "羊車, 羊, 祥也. 祥, 善也. 善飾之車. 今犢車是也." 用犢者, 以其爲小車也. 此訓"羊"爲"善", 與後鄭義當同. 『釋名』又云: "立人, 象人立也. 或曰'陽門', 在前曰陽, 兩旁似門也." 此與前鄭"車羊門"之說合.

역문 살펴보니, 『석명』에 "백거(柏車)의 백(栢)은 백(伯)이니 크다[大]는 뜻이다. 정부(丁夫)[516]가 복임(服任)하는 수레이다."[517]라고 했으니, 백(栢)에는 크다는 뜻이 있다. 또 "양거(羊車)의 양(羊)은 상(祥)이니, 상(祥)은 선(善)이라는 뜻이니, 멋지게 장식한 수레이다. 지금의 송아지가 끄는 수레[犢車]가 이것이다."[518]라고 했는데, 송아지를 사용한 것은 그것이 작은 수레이기 때문이다. 여기에서 "양(羊)"을 "선(善)"으로 해석한 것은 정현의 뜻과 당연히 같다. 『석명』에는 또 "입인(立人)이란 사람을 형상해서 세워 놓은 것이다. 혹 '양문(陽門)'이라고도 하는데, 앞에 있는 것을 '양(陽)'이라 하고, 양옆에 서 있는 모습이 마치 문과 같다."[519]라고 했는데, 이것은 정사농의 "수레의 양문[車羊門]"에 관한 설과 일치한다.

원문 羊·陽, 古通用. 毛氏奇齡『四書改錯』, "謂小車輈較外向而鉤以駕馬, 有似鹿角, 故稱鹿車, 意車羊門." 亦是其制, 其說得之. 『釋名』又云: "贏車·羔車, 各以所駕名之也." 此謂以羊駕車, 惟晉武淫昏之君一用之, 不謂『釋名』已先有此謬說也. 又案, 「車人職」別有"大車", 鄭「注」以爲"平地載任之車". 又小車有兵車, 故『詩』稱小戎. 此「注」皆不及之者, 亦是擧柏車·羊車以該衆車矣.

---

516 정부(丁夫): 정역(丁役)의 일과 잡역(雜役)의 일을 하는 장정(壯丁).
517 『석명』 권7, 「석거」.
518 『석명』 권7, 「석거」.
519 『석명』 권7, 「석거」.

역문 양(羊)과 양(陽)은 옛날에는 통용되었다. 모기령의 『사서개착(四書改錯)』에 "작은 수레의 의각(輢較)[520]이 밖을 향해 고부라져 말에 멍에를 하는 것을 이르는데,[521] 사슴의 뿔과 같기 때문에 녹거(鹿車)라고 일컬으니, 아마도 이것이 수레의 양문[車羊門]인 듯하다."[522]라고 했는데, 역시 제도에 관한 것으로 설명이 옳다. 『석명』에는 또 "나거(贏車)와 고거(羔車)[523]는 각각 멍에를 한 것으로 이름을 붙인 것이다."[524]라고 했다. 이것은 양(羊)으로 수레에 멍에를 했다는 말인데, 오직 진(晉)나라 무제(武帝)와 같이 어지럽고 혼탁한 임금이나 한때 사용한 것으로, 『석명』에 이미 먼저 이러한 잘못된 설이 있었다는 말은 아니다. 또 살펴보니, 「거인직(車人職)」에 별도로 "대거(大車)"가 있는데, 정현의 「주」에 "평지에서 짐을 싣는 수레이다."[525]라고 했다. 또 작은 수레 중에 병거(兵車)가 있으므로 『시경』에서 소융(小戎)[526]을 일컬은 것이다. 여기의 「주」에서 전혀 언급하지 않은 것은, 역시 백거와 양거를 들어 여러 가지 수레를 갖추기 위해서이다.

---

520 의각(輢較): 의(輢)는 수레 양쪽에 있는 기대는 나무. 각(較)은 수레의 귀. 거상(車箱) 양쪽 윗부분의 가로 나무가 고부장하게 양쪽으로 내밀어 나와 있는 부분. 수레 안에 서 있을 때 손잡이가 된다. 『시경집전(詩經集傳)』 권2, 「국풍(國風) · 위(衛) · 기욱(淇奧)」 주희의 「주」에, "두 의(輢)가 식(軾) 위로 솟아나온 것이니, 수레의 양 곁을 이른다.[較, 兩輢上出軾者, 謂車兩傍也.]" 했고, 『모시주소』 권5 「국풍 · 위(衛) · 기욱(淇奧)」에는 "수레의 양쪽 옆에 식 위로 솟아나온 것[車兩傍上出軾者]"이라고 했다.

521 『논어정의』에는 "以鹿車輢較外向而鉤以駕馬"로 되어 있는데, 『사서개착』에는 "以鹿"이 "謂小"로 되어 있다. 『사서개착』을 근거로 고쳤다.

522 『사서개착』 권5, 「기용류(器用類) · 대거소거(大車小車)」.

523 『논어정의』에는 "羊車"라고 되어 있다. 『석명』을 근거로 수정했다.

524 『석명』 권7, 「석거」.

525 『주례주소』 권42, 「동관고공기하 · 거인」 정현의 「주」.

526 『시경』 「국풍 · 진(秦) · 소융(小戎)」.

- 「注」, "言人而無信, 其餘終無可."

- 正義曰: 人有五常, 仁・義・禮・智, 皆須信以成之. 若人而無信, 其餘四德, 終無可行.

○ 「주」의 "사람으로서 신뢰가 없으면 그 나머지는 끝내 행할 수 있는 것이 없다는 말이다."

○ 정의에서 말한다.

　사람에게는 오상(五常)이 있지만, 인(仁)과 의(義)와 예(禮)와 지(智)는 모두 신(信)을 기다려 완성된다. 만약 사람으로서 신뢰가 없다면 그 나머지 4덕(德)을 끝내 행할 수 없다.

- 「注」, "大車"至"鈎衡".

- 正義曰: 「考工・輈人」云: "是故大車登阤, 不伏其轅, 必縊其牛. 及其下阤也, 不援其邸, 必緒其牛." 是大車駕牛也. 『釋名』云: "小車駕馬, 輕小之車也. 駕馬宜輕, 使之局小也." 駟者, 四馬, 所謂兩服兩驂也, 則小車駕馬矣.

○ 「주」의 "대거(大車)"부터 "구형(鈎衡)"까지.

○ 정의에서 말한다.

　「고공기・주인(輈人)」에 "그러므로 큰 수레가 비탈진 곳을 오를 때는 그 끌채가 뒤집히지 않으면 반드시 그 소의 목을 조르게 된다. 비탈진 곳을 내려옴에 미쳐서는 수레의 밑을 끌어당기지 않으면 반드시 그 소의 꼬리에 건 끈을 당겨야 한다."[527]라고 했는데, 이는 큰 수레를 소에 멍에를 한 것이다. 『석명』에 "작은 수레는 말에 멍에를 하니, 가볍고 작은 수레이다. 말에 멍에를 할 땐 마땅히 가벼운 것으로 해서 작은 일에 부린다."[528] 했다. 사(駟)는 네 마리 말이니, 이른바 중앙에서 수레를 끄는 두 필의 말[兩服]과 양쪽 가에 있는 두 필의 곁말[兩驂]이니, 작은 수레로 말에 멍에를 한 것이다.

원문 "轅端"者, 轅之前端也. 『釋名』云: "轅, 援也, 車之大援也." 又謂之輈, 「輈

---

527 『주례』「동관고공기상・주인(輈人)」.

528 『석명』권7, 「석거」.

人」「注」,“輈, 車轅也.” 今謂之車杠. “輗”,『說文』作“楎”, 云: “大車枙”.『釋名』, “楎, 枙也, 所以扼牛頸也.” 轅端橫木謂之衡, 衡者, 橫也, 大車謂之鬲. “轅端橫木以縛輗”, 用以解輗之制, 則包以“輗”即鬲也.

역문 “끌채 끝[轅端]”이란 끌채의 앞쪽 끝이다.『석명』에 “원(轅)은 끌채[援]이니, 수레의 큰 끌채이다.”[529]라고 했고, 또 주(輈)라고도 하는데,「주인」의「주」에 “주(輈)는 수레의 끌채[車轅]이다.”[530]라고 했다. 지금은 그것을 거강(車杠)이라고 한다. “액(輗)”은『설문해자』에 “격(楎)”으로 되어 있는데, “큰 수레의 멍에[枙]이다.”[531]라고 했고,『석명』에는 “격(楎)은 멍에[枙]이니, 소의 목에 멍에를 하는 것이다.”[532]라고 했다. 끌채 끝에 가로로 댄 나무를 형(衡)이라 하니, 형(衡)이란 수레의 가로장[橫]이라는 뜻인데, 큰 수레에 있는 가로로 댄 나무를 격(鬲)이라 한다. “끌채 끝에 나무를 가로로 대어 멍에를 묶는다.”라고 한 것은, 끌채 끝의 쐐기[輗]의 제작법을 해석한 것이니, 그렇다면 포함은 “예(輗)”가 곧 큰 수레의 가로로 댄 나무[鬲]라고 생각한 것이다.

원문『說文』, “輗, 轅前也.” “鉤衡”, 皇本作“拘衡”.『周禮』『金路鉤”, 故書“鉤”爲“拘”. <u>杜子春</u>讀爲“鉤”, 是“鉤”·“拘”同也.『說文』, “輈, 轅下曲.” “輈”·“鉤”同. 此「注」“上曲”, 當是下曲之誤. 包以“輗”即『說文』之“輗”, 亦即謂車轅也. 皇「疏」云: “古時作牛車, 先取一橫木, 縛著兩轅頭, 又別取曲木爲枙, 縛著橫木以駕牛胆. 四馬之車, 中央一轅, 先橫一木於轅頭, 而縛枙著此橫

529 『석명』권7,「석거」.
530 『주례주소』권40.『주례』「동관고공기상 · 주인」의 “輈人爲輈”의「주」.
531 『설문해자』권6: 격(楎)은 큰 수레의 멍에[枙]이다. 목(木)으로 구성되었고 격(鬲)이 발음을 나타낸다. 고(古)와 핵(覈)의 반절음이다.[楎, 大車枙也. 從木鬲聲. 古覈切.]
532 『석명』권7,「석거」.

木.」「疏」申此「注」, 至爲明憭.

『설문해자』에 "액(軶)은 끌채의 앞부분[轅前]이다."[533]라고 했다. "구형(鉤衡)"은 황간본에는 "구형(拘衡)"으로 되어 있다. 『주례』에는 "금으로 꾸민 수레와 쇠로 꾸민 굴레[金路鉤]"[534]라고 했으니, 따라서 "구(鉤)"라고 쓴 것은 "굴레[拘]"라는 뜻이 된다. 두자춘(杜子春)[535]은 "구(鉤)"라고 읽었으니, "구(鉤)"와 "구(拘)"는 같은 글자이다. 『설문해자』에 "구(軥)는 멍에가 아래로 고부라진 것이다."[536]라고 했으니, "구(軥)"와 "구(鉤)"는 같은 글자이다. 따라서 여기에 대한 포함의 「주」에서 "위로 고부라졌다[上曲]"라는 것은 당연히 아래로 고부라졌다[下曲]의 오기(誤記)이다. 포함은 "월(軏)"이 바로 『설문해자』의 "액(軶)"이라고 생각했으니, 또한 곧 수레의 끌채라는 말이다. 황간의 「소」에 "옛날 우마차를 만들 때, 우선 하나의 가로로 댄 나무를 가져다 양 끌채의 앞 머리에 묶고 또 별도로 고부라진 나무를 가져다 멍에를 만들어 가로로 댄 나무를 묶어 소의 머리에 멍에를 한다. 네 마리 말이 끄는 수레는 중앙에 끌채를 하나 두고, 우선 끌채

---

533 『설문해자』권14: 액(軶)은 끌채의 앞부분[轅前]이다. 거(車)로 구성되었고, 액(厄)이 발음을 나타낸다. 어(於)와 혁(革)의 반절음이다.[軶, 轅前也. 從車厄聲. 於革切.]

534 『주례』「춘관종백하・건거(巾車)」.

535 두자춘(杜子春, ?~?): 후한 하남 구씨[緱氏, 하남성(河南城), 언사(偃師)] 사람. 전한 말에 유흠(劉歆)에게 『주례』를 배웠다. 세상이 어지러워져 유흠의 제자들 대부분이 죽었는데, 그만 명제(明帝) 영평(永平) 초까지 생존했다. 나이가 근 아흔 살이었다. 태중대부(太中大夫)를 지냈다. 후한 때의 유자(儒者) 정중(鄭衆)과 가규(賈逵) 등이 모두 그에게 배웠다. 초기에는 『춘추공양전』을 연구했으며, 나중에 『좌전(左傳)』과 『주례』를 연구했다. 그가 주를 단 『주례』는 정현이 채용했으며, 정중, 가규 등에게 『주례』를 전수해 주었다. 저서에 『옥함산방집일서』에 수록된 『주례두씨주(周禮杜氏注)』가 있다. 『주례』가 이때부터 처음 전해졌다.

536 『설문해자』권14: 구(軥)는 멍에가 아래로 고부라진 것이다. 거(車)로 구성되었고, 구(句)가 발음을 나타낸다. 고(古)와 후(候)의 반절음이다.[軥, 軶下曲者. 從車句聲. 古候切.]

머리에 하나의 나무를 가로로 대고 멍에를 묶어 이 가로로 댄 나무를 고정시킨다."537라고 했는데, 「소」에서 이 「주」를 거듭 인용하고 의미를 확장시킨 것으로 훨씬 더 명료하다.

원문 鄭「注」云: "輗穿轅端著之, 軏因轅端著之. 車待輗軏而行, 猶人之行不可無信也." 鄭解"輗軏", 與包異義, 鄭氏是也. 『說文』, "輗, 大車轅端持衡者. 或體作'輨', 作'枙'." "軏, 車轅端持衡者." 今『論語』作"軏". 張參『五經文字』以爲隸省, 是也. 許與鄭合, 與包異.

역문 정현의 「주」에 "예(輗)는 끌채 끝에 구멍을 뚫어 고정시키고, 월(軏)은 끌채 끝을 이어서 고정시킨다. 수레가 끌채를 갖추어야 가게 되는 것은 마치 사람의 행실에 신뢰가 없어서는 안 되는 것과 같다."538라고 했는데, 정현이 "예(輗)와 월(軏)"을 해석한 것은 포함과는 뜻이 다르니, 정현의 설이 옳다. 『설문해자』에 "예(輗)는 큰 수레의 끌채 끝에 가로로 댄 나무[衡]를 지탱하고 있는 것이다. 혹체자는 '예(輨)'로 쓰거나, '예(枙)'로 쓴다."539라고 했고, 또 "월(軏)은 수레 끌채 끝에 가로로 댄 나무[衡]를 지탱하고 있는 것이다."540라고 했는데, 지금 『논어』에는 "월(軏)"로 되어 있다. 장삼(張參)541의 『오경문자(五經文字)』에서 예서의 생략된 자형이라

---

537 『논어집해의소』 권1, 「논어위정제2」.

538 『논어집해의소』 권1, 「논어위정제2」.

539 『설문해자』 권14: 예(輗)는 큰 수레의 끌채 끝에 가로로 댄 나무를 지탱하고 있는 것이다. 거(車)로 구성되었고, 아(兒)가 발음을 나타낸다. 예(輨)는 예(輗)의 혹체자인데 의(宦)로 구성되었다. 예(枙)도 예(輗)의 혹체자인데 목(木)으로 구성되었다. 오(五)와 계(雞)의 반절음이다.[輗, 大車轅耑持衡者. 從車兒聲. 輨, 輗或從宦. 枙, 輗或從木. 五雞切.]

540 『설문해자』 권14: 월(軏)은 수레 끌채 끝에 가로로 댄 나무를 지탱하고 있는 것이다. 거(車)로 구성되었고, 원(元)이 발음을 나타낸다. 어(魚)와 궐(厥)의 반절음이다.[軏, 車轅耑持衡者. 從車元聲. 魚厥切.]

고 했는데, 옳다. 허신(許愼)⁵⁴²의 설은 정현의 설과는 일치하지만 포함의 설과는 다르다.

원문 近世儒者, 若戴氏震·阮氏元皆能言包之非, 而莫詳於凌氏煥所著『古今車制圖考』. 其略云: "據許·鄭說, 則軏非轅端橫木, 軏非轅端上曲木, 自明顯. 戴侗『六書故』曰: '轅端橫木, 卽衡也. 軏乃持衡者.' 不爲包咸說所誤, 亦是卓見. 戴氏震曰: '『韓非子』「外儲說」, "墨子曰: '吾不如爲車軏者巧也, 用咫尺之木, 不費一朝之事, 而引三十石之任.'"'" 案, 大車鬲以駕牛; 小車衡以駕馬, 其關鍵則名軏軏. 轅所以引車, 必施軏軏而後行. 信之在人, 亦交接相持之關鍵, 故以軏軏喩信. 包氏以踰丈之輈, 六尺之鬲, 而當咫尺之軏軏, 疏矣. 阮氏又引『太玄經』云: '次三: 關無鍵, 盜入門也. 拔我軏軏, 貴以信也.' 此卽子雲用『論語』之義. 其曰'拔', 則爲衡上之鍵可知. 且與上關鍵同一義.

---

541 장삼(張參, ?~?): 당나라 하간(河間) 사람. 오경을 자세히 교정하여 『오경문자(五經文字)』 3권을 편찬했는데, 3,200여 자를 수록하고 편방(偏旁)에 따라 160부(部)로 나누어 놓았다. 강론당(講論堂)에 써 넣었다. 개성(開成) 연간에 석각(石刻)했는데, 이것이 이른바 『당석경(唐石經)』이다.

542 허신(許信, 30~124): 허신에 대한 기록은 동한(東漢)시대의 정사(正史)인 『후한서』에 독립된 열전(列傳)이 없고, 「유림열전」에 간략하게 기술되어 있을 뿐이어서 그의 평생 행적을 자세히 알아보기는 어려운 형편이다. 자를 숙중(叔重)이라 하고, 동한의 광무제(光武帝) 건무(建武) 31년(55)에 태어나 안제(安帝) 연광(延光) 4년(125)경에 향년 70세 전후로 세상을 떠난 듯하다. 천자(天子)의 조서(詔書)를 받들어 동관(東觀)에서 오경과 제자서(諸子書) 등을 교정(校定)하였다. 그 후 효렴(孝廉)으로 천거받아 효(洨)의 장(長)이 되었으나, 병으로 부임하지 못했다. 허신의 저작은 『설문해자』 외에도 『오경이의(五經異義)』와 『회남자주(淮南子注)』 등이 있는데, 『오경이의』는 송(宋)나라 때에 유실되었다가, 청나라 학자들에 의해 1백여 조(條)만 다시 수집되었다. 그리고 『회남자주』는 북송(北宋) 초기까지는 고유의 주석본(注釋本)과 함께 병용되었으나, 이후 유실되고 말았다.

煥案, 衡鬲橫縛轅端, 則非兩材相合釘殺可知. 若釘殺則加墊焉, 卽可無事輗軏之持, 又不必加縛矣. 且轅端圍僅九寸餘, 衡·鬲圍亦必如之. 若兩材牝牡相穿鑿, 損當三·四寸, 加輗軏之橫空鑿, 損又二·三寸, 轅端之恃以能引重者, 所存幾何? 兩服馬稍有左右, 則轅頸與衡鬲必捩折矣. 然則其制奈何? 曰: 今之舁棺, 用獨龍杠, 杠端鑿孔, 橫木爲小杠, 鑿孔相對, 以長釘貫而縛之, 其橫木可隨舁夫左右轉折, 竊意衡鬲亦當如此. 『說文』, '䡅, 車衡三束也.' 徐鍇曰: '乘車曲轅木爲衡, 別鑽孔縛之.' 『說文』又云: '鞙, 大車縛軛靼.' 靼, 柔革也. 『釋名』, '鞙, 懸也, 所以懸縛軛也.' 徐氏此說, 實合古制. 今定轅端與橫木之中, 俱鑿圜孔相對, 以軏直貫而縛之, 是爲一束. 橫木下左右縛軛, 是爲衡三束. 是『說文』之䡅, 統指衡之束轅·束軛言之. 衡軛旣活, 服馬卽有轉折, 無傷轅端, 車亦弗左右搖, 「輈人」所謂'和則安'也.”

又云: “軏之用與轄同, 轄爲鍵, 軏亦爲鍵, 鍵從金, 則輗軏當以金爲之, 事在金工, 故「車人」不著矣.”

역문 근세의 유학자들 가운데, 대진(戴震)[543]이나 완원(阮元)[544] 같은 사람은

---

543 대진(戴震, 1723~1777): 청나라 때 저명한 학자이자 철학가, 사상가. 휴녕(休寧) 융부(隆阜) 사람으로 자는 동원(東原), 신수(愼修)이고, 호는 고계(杲溪)이다. 박학다식하고 음운(音韻), 문자(文字) 역산(曆算), 지리(地理) 등에 정통하였다. 또 의리(義理)에 대해 천명하고, 정주이학(程朱理學)의 사상을 비판했다. 고증학을 확립하고 그것을 기반으로 세계관을 정립했다. 청 초기 학문의 실증적 수법을 발전시켜 천문학이나 음운학 등의 분야를 개척하였지만 그의 학술의 비판 정신은 체제 내의 학문의 테두리를 벗어나지 못하였고 청초의 학문에 대한 체제 비판적 동기는 실패하였다. 저서로는 『성운고(聲韻考)』, 『성류표(聲類表)』, 『맹자자의소증(孟子字義疏證)』, 『방언소증(方言疏証)』, 『원서(原書)』, 『고역고(古歷考)』, 『시경이남보주(詩經二南補注)』, 『수경주(水經注)』, 『굴원부주(屈原賦注)』 등이 있다. 후인들이 『대씨유서(戴氏遺書)』를 편집하기도 했다.

544 완원(阮元, 1764~1849): 청나라 강소 의징(儀徵) 사람. 자는 백원(伯元)이고, 호는 운대(芸

모두 포함의 잘못을 말했지만, 능환(凌煥)[545]이 지은 『고금거제도고(古今車制圖考)』보다 상세한 것은 없다. 거기에 대략 "허신이나 정현의 설에 의거하면 예(輗)는 끌채 끝의 가로로 댄 나무가 아니고, 월(軏)은 끌채 끝에 위로 고부라진 나무가 아님이 자명하게 드러난다. 대동(戴侗)[546]의 『육서고(六書考)』에 '끌채 끝의 가로로 댄 나무는 바로 형(衡)이다. 예(輗)는 형(衡)을 지탱하는 것이다.'[547]라고 했는데, 포함의 설에 의해 잘못되지 않았으니, 역시 탁월한 견해이다. 대진이 말했다. '『한비자』「외저설(外儲說)」에 "묵자가 말했다. '나는 수레의 끌채 끝 쐐기를 만드는 자의 기술만 못하니, 작은 막대기를 써서 하루아침의 일거리만큼의 시간도 허비하지 않고 30섬[石]의 무게를 끌어냈다.'"[548]라고 했다.' 살펴보니, 큰 수레는 격(鬲)으로 소에 멍에를 하고, 작은 수레는 형(衡)으로 말에 멍에

臺)이며, 시호는 문달(文達)이다. 관직에 있으면서 학자를 육성하고 학술을 진흥하는 일에 힘썼다. 청나라 여러 학자의 경학에 관한 저술을 집대성하여 도광(道光) 9년(1829) 『황청경해(皇淸經解)』1,408권을 편찬했다. 또 독특한 사적 방법론을 전개한 『국사유림전(國史儒林傳)』을 지었다. 금석문 연구인 『적고재종정이기관지(積古齋鐘鼎彝器款識)』등의 뛰어난 찬술을 하여, 청나라 고증학을 집대성했다. 시문집 『연경실집(揅經室集)』에는 청나라 서풍(書風)에 큰 영향을 끼친 「북비남첩론(北碑南帖論)」과 「남북서파론(南北書派論)」, 송학(宋學)의 해석을 비판한 「성명고훈(性命古訓)」등이 수록되어 있다. 그 밖의 저서에 「주인전(疇人傳)」과 『회해영령집(淮海英靈集)』, 『양절유헌록(兩浙輶軒錄)』, 『광릉시집(廣陵詩集)』, 『증자주(曾子註)』등이 있다.

545 능환(凌煥, ?~?): 미상.

546 대동(戴侗, ?~?): 송말원초 때 온주(溫州) 용가(永嘉) 사람. 자는 중달(仲達)이고, 호는 합계(合溪)로, 대자(戴仔)의 동생이다. 이종(理宗) 순우(淳祐) 연간에 진사(進士)가 되었다. 국자부(國子簿)로 나가 태주(台州)를 다스렸고, 군기소감(軍器少監)으로 옮겼지만 병으로 나가지 못했다. 저서에 『역서사서가설(易書四書家說)』과 『육서고(六書故)』가 있다.

547 『육서고』제27, 「거지해성(車之䡾聲)」.

548 『한비자』「외저설좌상(外儲說左上)」. 『한비자』에는 "不費一朝"로, 『논어정의』에는 "不爲一朝"로 되어 있다. 『한비자』를 근거로 고쳤다.

를 하는데, 그 관건을 예(輗)라고 하거나 월(軏)이라고 하는 것이다. 끌채[輈]는 수레를 끄는 것이니, 반드시 예(輗)와 월(軏)을 시행한 뒤에 갈 수 있다. 신뢰는 사람에게 있어서는 또한 교류하고 접촉하며 서로를 유지하는 관건(關鍵)이므로 예(輗)와 월(軏)을 신뢰에 비유한 것이다. 포함은 한 길[丈]이 넘는 끌채[輈]와 여섯 자 되는 가로로 댄 나무[鬲]를 자그마한 예(輗)와 월(軏)에 해당시켰으니, 엉성하다. 완원은 또 『태현경(太玄經)』을 인용해서 '다음 세 번째, 관문에 빗장이 없어 도적이 문으로 들어왔다. 빗장은 백성의 쐐기[輗軏]이니, 신뢰를 귀하게 여긴 것이다.'[549]라고 했는데, 이것은 바로 자운(子雲)[550]이 『논어』의 의리를 적용한 것이다. 여기에서 '발(拔)'이라고 한 것은 곧 가로로 댄 나무 위의 빗장임을 알 수 있다. 또 앞의 관건과 동일한 뜻이다.

내[능환]가 살펴보니, 형(衡)과 격(鬲)을 끌채의 끝에 가로로 묶는 것은

---

549 『태현경(太玄經)』「종중지증(從中至增)」. 이 부분은 문맥의 연결이 어색하다. 『태현경』을 살펴보니, "拔我輗軏" 앞에 "次四" 두 글자가 있으니, 앞의 "次三"의 문장과는 별개의 문장이다. 『태현경』진(晉) 범망(范望)의 「주」에 "나[我]는 만민(萬民)이다. 예월(輗軏)은 신뢰를 비유한 것이다.[我, 萬民也. 輗軏, 喻信也.]"라고 했다.

550 자운(子雲): 서한(西漢: 전한)시대의 관리이자 철학자인 양웅(楊雄, 기원전 53~기원전 18)이다. 전한 촉군(蜀郡, 사천성) 성도(成都)시 피(郫)현 출신으로, 자는 자운이며, 양웅(揚雄)으로도 쓴다. 어릴 때부터 배우기를 좋아했고, 많은 책을 읽었으며, 경학(經學)은 물론 사부(辭賦)에도 뛰어났다. 청년 시절에 동향의 선배인 사마상여(司馬相如)의 작품을 통해 배운 문장력을 인정받아, 성제(成帝) 때 궁정문인의 한 사람이 되었으나, 정치에는 큰 관심을 갖지 않았다. 40여 세 때 처음으로 경사(京師)에 가서 문장으로 부름을 받아, 성제의 여행에 수행하며 쓴 「감천부(甘泉賦)」과 「하동부(河東賦)」, 「우렵부(羽獵賦)」, 「장양부(長楊賦)」 등을 썼는데, 화려한 문장이면서도 성제의 사치를 꼬집는 풍자도 잊지 않았다. 나중에 왕망(王莽) 밑에서도 일해 대부(大夫)가 되었다. 천록각(天祿閣)에서 책을 교정했다. 시대에 적응하지 못한 자신의 불우한 원인을 묘사한 「해조(解嘲)」와 「해난(解難)」도 독특한 여운을 주는 산문이다. 학자로서 각 지방의 언어를 집성한 『방언(方言)』과 『역경(易經)』에 기본을 둔 철학서 『태현경』, 『논어』의 문체를 모방한 『법언』, 『훈찬편(訓纂篇)』 등을 저술했다.

두 재목을 서로 포개서 못으로 박는 것이 아님을 알 수 있다. 만약 못으로 박는다면 말뚝[槷]551을 덧댈 수 있으니, 끌채를 지탱시킬 일이 없어도 되고, 또 굳이 더 묶을 필요도 없을 것이다. 또 끌채 끝의 둘레는 겨우 아홉 치 남짓이고, 가로로 댄 나무인 형(衡)이나 격(鬲)의 둘레 역시 반드시 끌채 끝의 둘레와 같다. 만약 두 재목의 암·수를 구멍을 뚫는다면 깎여 나가는 부분이 서너 치에 해당되고, 끌채 끝의 가로로 댄 나무를 더해서 구멍을 뚫으면 또 두세 치가 깎여 나가니, 이것을 믿고 무거운 것을 끌 수 있는 끌채 끝이, 몇 개나 남아나겠는가? 두 마리의 복마(服馬)가 조금씩 좌우로 치우치면 끌채의 목 부분이 가로로 댄 나무[衡鬲]와 반드시 비틀려 부러질 것이다. 그렇다면 그 제도는 어떻게 해야 하는가? 다음과 같다. 지금 널[棺]을 마주 들 때 독용강(獨龍杠)552을 사용하는데, 강(杠) 끝에 구멍을 파고, 가로로 댄 나무로 소강(小杠)을 만들어, 서로 상대가 되도록 구멍을 파서 긴 못을 관통시켜 묶으니, 그 가로로 댄 나무는 널을 마주 든 인부를 따라 좌우로 회전하면서 굴절될 수 있는데, 아마도 수레의 끌채 끝에 가로로 댄 나무[衡鬲] 역시 마땅히 이와 같을 것이다. 『설문해자』에 '찬(鐕은 수레의 가로로 댄 나무의 세 묶음이라는 뜻이다.'553라고 했는데, 서개(徐鍇)는 '수레를 탈 때 끌채 나무를 굽혀서 끌채 끝의 가로로 댄 나무[衡]를 만들고, 별도로 구멍을 뚫어 묶는다.'554라고 했

---

551 "槷"은 고대에 "얼(臬)" 또는 "얼(槷)"과 같은 글자였다고 한다.

552 독용강(獨龍杠): 출관(出棺)할 때 관을 나르던 도구.

553 『설문해자』 권3: 찬(鐕)은 수레의 가로로 댄 나무의 세 묶음이라는 뜻이다. 굽은 끌채는 찬(鐕)으로 묶고 곧은 끌채는 산(簒)으로 묶는다. 혁(革)으로 구성되었고 찬(爨)이 발음을 나타낸다. 『논어』의 찬수(鑽燧)라고 할 때의 찬(鑽)으로 읽는다. 찬(鐕)은 혹체자인데, 혁(革)과 찬(贊)으로 구성되었다. 차(借)와 관(官)의 반절음이다.[鐕, 車衡三束也. 曲轅鐕縛, 直轅簒縛. 從革爨聲. 讀若『論語』鑽燧之鑽. 鐕, 或從革贊. 借官切.]

다. 『설문해자』에는 또 '현(䩛)은 큰 수레에 멍에를 매는 가죽이다.'[555]라
고 했는데, 단(靻)은 부드러운 가죽[柔革]이다. 『석명』에 '현(䩛)은 달아매
는 것이니, 멍에를 달아매는 것이다.'[556]라고 했으니, 서개의 설명이 실
제 옛날의 제도와 부합된다. 이제 끌채의 끝과 가로로 댄 나무의 중간을
고정시키고 모두 서로 상대가 되게 동그랗게 구멍을 뚫어 끌채의 끝을
곧게 관통시켜서 묶으면 이것이 한 묶음이 된다. 가로로 댄 나무 아래에
좌우로 멍에를 묶는데, 이것이 가로로 댄 나무[衡]의 세 묶음이 된다. 이
것이 『설문해자』에서 말한 찬(鑽)이니, 가로로 댄 나무의 끌채 묶음과
멍에 묶음을 전체적으로 가리켜 말한 것이다. 가로로 댄 나무와 멍에가
이미 활동적이면 복마도 곧 회전과 굴절이 있게 되어 끌채 끝을 손상시
킴이 없어서 수레도 좌우로 요동치지 않게 되니, 「주인」의 이른바 '조화
를 이루면 편안하다.'[557]라는 것이다."라고 했다.

또 "쐐기[軎]의 쓰임은 활(轄)과 같은데, 활(轄)이 비녀장[558]이 되고, 쐐
기 역시 비녀장이 되는데, 비녀장은 쇠붙이로 구성되었으니, 쐐기도 당
연히 쇠붙이로 만들고, 그 일은 쇠를 다루는 기술자에게 달려 있으므로
「거인」에서는 언급하지 않은 것이다."라고 했다.

원문 案, <u>凌君博通</u>『說文』及<u>戴</u>·<u>阮</u>之說, 甚確. 其謂軎軏用金, 與『韓非子』
用木之說異, 而於情事却合. 竊疑當是木質用金爲裹, 如車輪之制. <u>宋氏翔</u>

---

554 『설문계전(說文繫傳)』 권6, 「통석(通釋)」.

555 『설문해자』 권3: 현(䩛)은 큰 수레에 멍에를 매는 가죽이다. 혁(革)으로 구성되었고 연(肙)
이 발음을 나타낸다. 광(狂)과 연(沇)의 반절음이다.[䩛, 大車縛軛靻. 從革肙聲. 狂沇切.]

556 『석명』 권7, 「석거」.

557 『주례』 「동관고공기상·주인」.

558 비녀장: 수레의 굴대 머리에서 내리질러 바퀴가 벗겨져 나가지 않게 하는 쇠.

鳳『過庭錄』云: "『尸子』云: '文軒六駃, 是無四寸之鍵, 則車不行, 小者亡大者不成也.' 此四寸謂小車之軏, 鄭『論語』「注」, '軏因轅端著之.' 因, 就也, 謂就輈衡之大小以著軏, 衡圍一尺二寸八分, 其直徑三分之一, 則中穿以受軏者不過四寸, 知軏之修亦四寸也.『韓子』言'咫尺', 爲大車之輗. 鄭「注」, '輗穿轅端著之.' 云'穿', 當是兩頭穿出.「考工」不詳鬲圍之數, 意大車任重, 其鬲圍當倍於衡圍, 輗又穿出著之, 故得有咫尺之度. 戴東原謂'輗軏同是咫尺'者誤."

역문 살펴보니, 능환은 『설문해자』 및 대진과 완원의 설에 널리 통달해서 대단히 정확하다. 쐐기[輗軏]에 쇠붙이를 사용했다는 그의 말은 『한비자』의 나무를 사용했다는 설과 다르지만 일의 실정상 오히려 합당하다. 가만히 생각해 보면 당연히 나무를 바탕으로 하고 쇠붙이를 사용해서 둘러싸니, 마치 수레바퀴의 제작법과 같다. 송상봉의 『과정록(過庭錄)』에 "『시자(尸子)』[559]에 '아름다운 수레는 여섯 준마인데, 네 치 되는 비녀장이 없으면 수레가 가지 않으니, 작은 것이 없으면 큰 것이 이루어지지 않는다.'[560]라고 했다. 여기서의 네 치는 작은 수레의 끌채 끝을 이르는데, 정현의 『논어』「주」에 '쐐기[軏]는 끌채 끝을 따라서[因] 부착시킨다.'[561]라고 했다. 인(因)은 따름[就]이니, 끌채의 가로로 댄 나무의 크고 작기에 따라 쐐기를 부착시킨다는 말인데, 가로로 댄 나무의 둘레는 한 자 두 치

---

559 『시자(尸子)』: 춘추시대의 진(晉)나라 사람 시교(尸佼)가 지은 책(冊). 시교는 전국시대 상앙(商鞅)의 스승이기도 하다. 상앙이 초(楚)나라에서 형(刑)을 받을 때 촉(蜀)으로 도망쳐서 『시자』라는 글을 지었는데, 시는 그의 성이고 자는 후인이 존칭한 것이다. 20편 중에서 2권이 전한다. 제가(諸家)의 설을 절충(折衷)하고 있으나 유가(儒家)에 가깝고, 의로운 자(者)를 요지로 하여 수신・제가・치국・평천하의 길을 설명했다.

560 『시자』 권하.

561 『논어집해의소』 권1,「논어위정제2」.

여덟 푼이고, 그 지름의 1/3은 가운데에 구멍을 뚫어 끌채 끝을 받아들이는 것이 네 치에 불과하니, 쐐기를 엮는 것도 네 치라는 것을 알 수 있다. 『한비자』에서 '작다[眇尺]'라고 말했지만, 큰 수레의 쐐기가 된다. 정현의 「주」에 '쐐기[輗]는 끌채 끝에 구멍을 뚫어 고정시킨다.'라고 했는데, '구멍을 뚫는다'라는 말은 당연히 양쪽 머리에 구멍을 꿰뚫는 것이다. 「고공기」에는 격(鬲)의 둘레가 자세하지 않지만 아마도 큰 수레는 무거운 짐을 실으니 격(鬲)의 둘레도 마땅히 형(衡)의 둘레보다 배가 될 터이고, 쐐기[輗] 또한 구멍을 꿰뚫어 부착시키므로 작은[眇尺] 척도라고 할 수 있다. 대동원(戴東原: 대진)이 '예(輗)나 월(軏)이나 똑같이 작다'라고 한 것은 잘못이다."라고 했다.

원문 鄭氏珍『輪輿私箋』亦據鄭義解之云: "因者, 蓋軏植定在轅上, 駕時但以衡中孔就而著之. 若牛車兩轅兩輗, 駕時乃旋以輗穿鬲貫轅.『太玄經』'拔我輗軏', 足明著時是自上而下也." 宋·鄭二說略同. 其分別輗軏之制, 亦得鄭意.

역문 정진(鄭珍)[562]의 『윤여사전(輪輿私箋)』에도 정현의 생각을 근거로 해석하면서 "인(因)이란 끌채의 끝을 끌채 위에 세워서 고정시킨다는 뜻인

---

562 정진(鄭珍, 1806~1864): 청나라 귀주(貴州) 준의(遵義) 사람. 자는 자윤(子尹)이고, 별호(別號)는 오척도인(五尺道人) 또는 차동정장(且同亭長), 소경소주(巢經巢主)이며, 만호(晚號)는 시옹(柴翁)이다. 학문은 허신과 정현을 종주로 삼았고, 문자훈고학과 삼례(三禮)에 정통했다. 고대의 궁실 관복 제도에 밝았다. 한학(漢學)과 송학(宋學)의 융합을 주장했고, 청나라 때 송시학파(宋詩學派)의 대표적 인물이다. 저서에『의례사전(儀禮私箋)』과『윤여사전(輪輿私箋)』,『설문일학(說文逸學)』,『설문신부고(說文新附考)』,『설문일자(說文逸字)』,『소경소경학(巢經巢經學)』,『소경소시초(巢經巢詩鈔)』,『부씨도(鳧氏圖)』,『정학록(鄭學錄)』,『신속기(新屬記)』등이 있다.

데, 멍에를 할 때 다만 가로로 댄 나무의 가운데 구멍을 따라 부착시킨다. 예컨대 우마차의 두 끝채와 두 쐐기 같은 경우, 멍에를 할 때 쐐기를 돌려 가로로 댄 나무[鬲]에 구멍을 뚫어 끝채를 꿴다. 『태현경』에 '빗장은 백성의 쐐기[輗軏]'라고 했으니, 부착시킬 때는 위에서부터 아래로 내리는 것을 분명히 알 수 있다."라고 했다. 송상봉과 정진의 설이 대략 같다. 예(輗)와 월(軏)의 제도를 나누어 분별한 것 역시 정현의 뜻을 이해한 것이다.

2-23

子張問, "十世可知也?"【注】孔曰: "文質禮變." 子曰: "殷因於夏, 禮所損益, 可知也. 周因於殷, 禮所損益, 可知也.【注】馬曰: "所因, 謂三綱五常. 所損益, 謂文質三統." 其或繼周者, 雖百世, 可知也."【注】物類相召, 世數相生, 其變有常. 故可預知.

자장이 물었다. "열 왕조 뒤의 예(禮)를 알 수 있습니까?"【주】공안국이 말했다. "문(文)·질(質)과 예의 변화이다." 공자가 말했다. "은(殷)나라는 하(夏)나라를 따랐으니, 예의 덜고 보탬을 알 수 있고, 주(周)나라는 은나라를 따랐으니, 예의 덜고 보탬을 알 수 있다.【주】마융이 말했다. "따른 것은 삼강(三綱)과 오상(五常)을 이르고, 덜고 보탠 것은 문질(文質)563과 삼통(三統)564을 이른다." 앞으로 주나라를 계승한 자가 있다면

---

563 문질(文質): 하(夏)·은(殷)·주(周), 삼대(三代)의 정사(政事)를 이름. 문질은 곧 하나라는 충(忠)을, 은나라는 질(質)을, 주나라는 문(文)을 숭상하는 것을 의미한다.
564 삼통(三統): 하·은·주, 삼대의 정삭(正朔)을 말한다. 하나라는 인월(寅月)로 세수(歲首)를

비록 백 왕조 뒤라 할지라도 이전의 예를 알 수 있을 것이다."

【주】동류(同類)의 사물은 서로 부르고, 형세(形勢)와 운수(運數)[565]는 서로를 낳으니, 그 변혁에 일정한 규칙이 있다. 그러므로 미리 알 수 있다.

원문 正義曰：『太平御覽』五百廿三引鄭「注」云："世謂易姓之世也，問其制度變易如何." 案，『說文』"世"作"𦉥"，云："三十年爲一世". 此云："易姓稱世"者，引申之義. "制度"者，制，猶作也；度，法也，卽禮也.「注」言此者，明子張是問後世禮也.『釋文』云："可知也，一本作可知乎. 鄭本作可知." 無"也"字.

역문 정의에서 말한다.

『태평어람(太平御覽)』523권에 정현의「주」를 인용해서 "세(世)는 역성(易姓)의 세(世)이니, 그 제도의 변화가 어떠할지를 물은 것이다."[566]라고 했다. 살펴보니,『설문해자』에 "세(世)"는 "세(𦉥)"로 되어 있고, "30년이 1세(世)가 된다."[567]라고 했다. 여기에서 "성을 바꾸는 것[易姓]을 세(世)

삼아 인통(人統)이 되고, 은나라는 축월(丑月)로 세수를 삼아 지통(地統)이 되고, 주나라는 자월(子月)로 세수를 삼아 천통(天統)이 되는데, 고려 때나 지금 쓰는 음력은 하력(夏曆)에 근거한 것이다.

565 유보남은 "世數"를 황간의 「소」에 의거해 "勢數"로 보았으므로, 유보남의 설명에 따라 해석하였다.

566 『태평어람(太平御覽)』권523,「예의부2(禮儀部二)·서례하(敍禮下)」에『논어』의 원문은 있으나, 정현의「주」는 없다.『흠정사고전서(欽定四庫全書)』본과『사부총간삼편(四部叢刊三編)』본『태평어람』에는 정현의 이와 같은 표현이 보이지 않는다. 유보남은『태평어람』에서 정현의「주」를 인용했다고 하나, 무엇을 근거로 한 것인지 확실하지 않다. 아래에서『태평어람』에 인용한 정현의「주」부분도 마찬가지다.

567 『설문해자』권3: 세(𦉥)는 30년이 1세(世)가 된다. 삽(卅)으로 구성되었는데, 끝 획을 길게

라고 일컫는다."라고 한 것은 인용하면서 의미를 확장시킨 것이다. "제도
(制度)"에서 제(制)는 작(作)과 같고, 도(道)는 법(法)이니 곧 예(禮)이다. 「주」
에서 이렇게 말한 것은 자장이 후세의 예를 질문한 것임을 밝힌 것이다.
『경전석문』에 "가지야(可知也)가 다른 판본에는 가지호(可知乎)로 되어
있다. 정현본에는 가지(可知)로 되어 있다."[568]라고 했는데, "야(也)" 자가
없다고 본 것이다.

원문 夏·殷·周者, 三代有天下之號. 『論衡』「正說篇」, "唐·虞·夏·殷·
周, 猶秦之爲秦, 漢之爲漢." 則以夏·殷·周皆地名.

역문 하·은·주라고 하는 것은 삼대(三代)가 소유한 천하의 칭호이다. 『논
형』「정설편(正說篇)」에 "당(唐)·우(虞)·하·은·주를 국호로 삼은 것은
마치 진(秦)나라가 진(秦) 땅을 국호로 삼고, 한(漢)나라가 한(漢) 땅을 국
호로 삼은 것과 같다."라고 했는데, 이는 하·은·주가 모두 지명(地名)
이기 때문이다.

원문 『呂氏春秋』「本味篇」, "和之美者, 大夏之鹽." 『水經』「涑水」「注」, "涑
水西南過安邑縣西. 安邑, 禹所都也." 又引『地理志』, "鹽池在安邑西南,
許愼謂之鹽." 此卽"大夏之鹽." 則夏是地名.

역문 『여씨춘추』「본미(本味)」에 "양념 중에 맛있는 것은 대하(大夏)의 소금이
다."[569] 했고, 『수경(水經)』「속수(涑水)」의 「주」에 "속수(涑水)는 서남쪽으

늘인 것이고, 또한 그 소리를 취하였다. 서(舒)와 제(制)의 반절음이다.[벽, 三十年爲一世.
從卅而曳長之. 亦取其聲也. 舒制切.]

568 『경전석문』권24, 「논어음의·위정제2」.
569 『여씨춘추』권14, 「효행람제2·본미(本味)」.

로 흘러 안읍현(安邑縣) 서쪽을 지난다. 안읍은 우임금이 도읍한 곳이다."570라고 했다. 또 『지리지(地理志)』를 인용해서 "염지(鹽池)는 안읍의 서남쪽에 있는데, 허신은 그곳을 염(鹽)이라 했다."571라고 했는데, 이것이 바로 "대하의 소금"이니, 하는 바로 지명이다.

원문 殷本稱商, 在今商州, 及盤庚遷殷, 遂亦稱殷, 或殷·商並稱, 如『詩』言 "殷·商之旅"是也. 『書』「序」以盤庚治亳·殷, 是殷亦地名.

역문 은은 본래 상(商)이라 칭했었는데, 지금의 상주(商州)에 있다가 반경(盤庚)572에 이르러 은 땅으로 천도를 하자, 이에 따라서 또한 은이라 칭하게 되었으므로, 간혹 은과 상을 병칭하기도 하는데, 예를 들면 『시경』에서 "은상의 군대"573라고 한 것과 같은 것이 이것이다. 『서경』의 「서문」에 반경이 박(亳)과 은을 다스렸다고 했는데,574 이때의 은 역시 지명이다.

원문 『詩』「江漢」, "于周受命", 鄭「箋」, "周, 岐周也." 『釋名』「釋州國」, "周地在歧山之陽, 其山四周也." 三代皆以所都地爲國號, 如唐·虞之比. 『白虎通』「號篇」謂, "夏爲大, 殷爲中, 周爲至." 皆望文爲義, 非也. 『宋石經』

---

570 『수경주(水經注)』권6, 「속수(涑水)」위(魏) 역도원(酈道元)의 「주」.

571 『수경주(水經注)』권6, 「속수」위 역도원의 「주」.

572 반경(盤庚, ?~?): 은나라의 제20대 군왕. 탕임금의 9대손으로, 조정의 아들이다. 성은 자(子)이고, 『죽서기년』에 이름이 순(旬)으로 나온다. 형 양갑이 죽자 그에 이어 왕위에 올랐다. 반경에 관한 가장 오래된 기록으로 『상서』중에 「반경(盤庚)」3편이 남아서 전하는데, 이것은 그가 은으로 천도한 뒤에 행한 연설의 기록이다.

573 『시경』「대아·문왕지십·대명(大明)」.

574 『상서주소』권8, 「상서(商書)」의 「서」.

避諱“殷”作“商”, 下放此.

역문 『시경』「강한(江漢)」에 “주(周)에서 명을 받들다.”[575]라고 했는데, 정현의 「전」에 “주(周)는 기주(岐周)이다.”[576]라고 했다. 『석명』「석주국(釋州國)」에는 “주(周) 땅은 기산(歧山) 남쪽에 있는데, 그 산의 사방 주위이다.”라고 했다. 삼대는 모두 도읍지를 가지고 국호로 삼았으니, 예를 들면 당과 우 같은 경우이다. 『백호통의』「호」에 “하(夏)는 크다[大]는 뜻이고, 은(殷)은 중화(中和)의 뜻이며, 주(周)는 지극하다[至]는 뜻이다.”[577]라고 했는데, 모두 글자만 보고 뜻을 삼은 것으로 잘못이다. 『송석경』에는 “은(殷)” 자를 피휘(避諱)해서 “상”으로 되어 있는데, 아래도 이와 같다.

원문 『漢書』「杜周傳」, “欽對策曰: ‘殷因於夏, 尙質; 周因於殷, 尙文.’” 此讀以夏 · 殷絶句. 『漢書』「董仲舒傳」有“夏因於虞”之文, 『史記集解』引「樂記」鄭「注」, “殷因於夏, 周因於殷.” 與杜讀同, 則知今人以“禮”字斷句者, 誤也.

역문 『전한서』「두주전(杜周傳)」에 “두흠(杜欽)의 대책에 다음과 같이 말했다. ‘은나라는 하나라를 따랐으니 질을 숭상한 것이고, 주나라는 은나라를 따랐으니, 문을 숭상한 것이다.’”[578]라고 했는데, 이 문장은 하와 은에

---

[575] 『시경』「대아 · 탕지십 · 강한(江漢)」.

[576] 『모시주소』권25,「대아(大雅) · 탕지십(蕩之什) · 강한(江漢)」정현의 「전(箋)」.

[577] 『백호통의』권상,「덕론상 · 호」: 하(夏)는 크다[大]는 뜻이니, 큰 도를 지키고 유지하고 있음에 해당됨을 밝힌 것이고, 은(殷)이란 중화(中和)라는 뜻이니, 중화의 도가 됨을 밝힌 것이다. … 주(周)는 지극함[至]이며, 주밀함[密]이니, 도덕이 주밀해서 지극하지 않음이 없다는 뜻이다.[夏者, 大也, 明當守持大道; 殷者, 中也, 明當爲中和之道也. … 周者, 至也, 密也, 道德周密, 無所不至也.]

[578] 『전한서』권60,「두주전제30(杜周傳第三十)」.

서 구두를 끊어서 읽어야 한다. 『전한서』「동중서전」에는 "하나라는 우나라를 따랐다."⁵⁷⁹라는 문장이 있고, 『사기집해(史記集解)』에는 『예기』「악기」의 정현 「주」를 인용하면서 "은나라는 하나라를 따랐고, 주나라는 은나라를 따랐다."라고 했는데, 「두주전」과 같이 구두를 끊어서 읽은 것이니, 그렇다면 지금 사람들이 "예(禮)" 자에서 구두를 끊은 것은 잘못임을 알 수 있다.

원문 『說文』, "損, 減也. 益, 饒也." 竝常訓. 『漢石經』, "損"作"捐", 隷體小變. "其或繼周者", "或"之言有也. 『說文』, "繼, 續也. 從系𢇍. 一曰'反𢇍爲𢇍.'" 𢇍卽斷字. 『御覽』引鄭「注」曰: "所損益可知也者, 據時篇目可校數. 自周以後, 以爲變易. 損益之極, 極於三王, 亦不是過也."

역문 『설문해자』에 "손(損)은 덜어 낸다[減]는 뜻이다."⁵⁸⁰라고 했고, 또 "익(益)은 배불리 먹는다[饒]는 뜻이다."⁵⁸¹라고 했는데, 모두 일반적인 해석이다. 『한석경』에 "손(損)"은 "손(捐)"으로 되어 있는데, 예서체에서 조금 변한 것이다. "앞으로 주(周)를 계승한 자가 있으면[其或繼周者]"에서 "혹(或)"은 있다[有]는 말이다. 『설문해자』에 "계(繼)는 잇는다[續]는 뜻이다. 계(系)와 계(𢇍)로 구성되었다. 일설에는 '계(𢇍)를 뒤집은 것이 계(𢇍)가 되었다.'"⁵⁸²라고 했는데, 계(𢇍)는 곧 계(斷) 자이다. 『태평어람』에는

---

579 『전한서』 권56, 「동중서전제26」.

580 『설문해자』 권12: 손(損)은 덜어 낸다[減]는 뜻이다. 수(手)로 구성되었고, 원(員)이 발음을 나타낸다. 소(穌)와 본(本)의 반절음이다.[損, 減也. 從手員聲. 穌本切.]

581 『설문해자』 권5: 익(益)은 배불리 먹는다[饒]는 뜻이다. 수(水)와 명(皿)으로 구성되었다. 명(皿)은 익(益)의 뜻이다. 이(伊)와 석(昔)의 반절음이다.[益, 饒也. 從水皿. 皿, 益之意也. 伊昔切.]

582 『설문해자』 권13: 계(繼)는 잇는다[續]는 뜻이다. 사(糸)와 계(𢇍)로 구성되었다. 혹은 "계

정현의 「주」를 인용해서 "덜고 보탬을 알 수 있다는 것은 당시 편목(篇目)을 근거로 수를 헤아릴 수 있다는 말이다. 주나라 이후로는 변역(變易)되었다고 여겼는데,[583] 덜고 보탬의 궁극은, 삼왕(三王)[584]시대에 극에 달했지만, 또한 이에 지나지 않는다."[585]라고 했다.

원문 案, 夫子言夏禮 · 殷禮, 皆能言之. 又『中庸』言君子"考諸三王而不謬", 是夏 · 殷禮時尚存, 當有篇目可校數也. "以爲變易"句有訛字. 禮所以有損益者, 如夏尚忠, 而其敝則蠢而愚, 喬而野, 樸而不文. 殷承夏, 而其敝則蕩而不靜, 勝而無恥. 周承殷, 而其敝則利而巧, 文而不慚, 賊而蔽. 則承周者, 又當救之以質. 故凡有所損益, 皆是變易之道.

역문 살펴보니, 공자는 하나라의 예와 은나라의 예를 모두 말할 수 있다고 했다. 또『중용』에는 군자를 말하면서 "삼왕에게 상고해 보아도 틀리지 않는다."[586] 했는데, 이는 하나라와 은나라의 예가 당시에도 여전히 존재했으므로, 당연히 편목이 있어서 수를 헤아릴 수 있다는 것이다. "변역되었다고 여기다[以爲變易]"라고 한 구절에는 잘못된 글자가 있다. 예에 덜거나 보탬이 있다는 것은 하나라에서는 충(忠)을 숭상했는데, 그 폐단은 노둔하면서 어리석고, 교만하면서 촌스러우며, 투박하고 세련[文]되지 못한 것이다. 은나라는 하나라를 계승했는데, 그 폐단은 방탕하고 고요하지 않으며, 이기기를 좋아하고 수치가 없는 것이다. 주나라는 은나

(繼)를 반대로 쓴 것이 계(𦅸)가 되었다"라고 한다. 고(古)와 예(詣)의 반절음이다.[𦅸, 續也. 從糸𦅸. 一曰"反繼爲𦅸", 古詣切.]『설문해자』에는 "爲𦅸"의 "𦅸"가 "繼"로 되어 있다.

583 유보남은 이 구절에 잘못된 글자가 있다고 했다. 아래 단락에 보인다.
584 삼왕(三王): 우왕(禹王), 탕왕(湯王), 문왕(文王) · 무왕(武王).
585 이 부분 역시『태평어람』에는 보이지 않는다.
586『중용』제29장.

라를 계승했는데, 그 폐단은 이익을 추구하고 교묘하며, 꾸미기[文]를 좋아하고 부끄러움이 없으며, 해치고 숨기는 것이다. 그러니 주나라를 계승하는 자는 또한 마땅히 질박함[質]으로써 구제해야 한다. 따라서 덜고 보탬이 있는 모든 것은 다 변역하는 도(道)인 것이다.

원문 三王爲損益之極, 極則思反. 『白虎通』「三敎篇」, "三者如順連環, 周則復始, 窮則反本, 此則天地之理, 陰陽往來之義也." 『春秋繁露』「楚莊王篇」, "謂新王必改制, 欲以順天志而明自顯." 此據天道以言人事, 明所變易亦天爲之矣. 不及夏以前者, 『漢書』「董仲舒傳」對策說此文云: "夏因於虞, 而獨不言所損益者, 其道如一而所尙同也." 又云: "是以禹繼舜, 舜繼堯, 三聖相受而守一道, 亡救敝之政也. 故不言其所損益也." 是也.

역문 삼왕은 덜고 보탬의 궁극이 되는데, 극에 달하면 되돌릴 것을 생각한다. 『백호통의』「삼교(三敎)」에 "세 나라[587]가 마치 순환하는 고리와 같으니, 주나라는 처음을 회복했는데, 궁극에 달하면 근본을 돌이키니, 이것은 천지의 이치이며 음양이 왕래하는 의리인 것이다."[588]라고 했고, 『춘추번로』「초장왕」에 "새로운 왕이 반드시 그 제도를 고친다는 말은 하늘의 뜻을 따라 밝음이 저절로 드러나게 하고자 한 것이다."[589]라고 했는

---

587 하·은·주 삼대.

588 『백호통의』 권하,「덕론하·삼교(三敎)」.

589 『춘추번로』 권1,「초장왕제1(楚莊王第一)」. 『춘추번로』에는 "지금 이른바 새로운 왕이 반드시 그 제도를 고친다는 것은 그 도를 고친다는 것이 아니고, 그 이치를 변화시킨다는 것이 아니다.[今所謂新王必改制者, 非改其道, 非變其理.]"라고 했고, 또 줄을 바꿔서 "대신한 것을 계승해서 마침내 더불어 같아지면 드러나지 않고 밝아지지 않으니, 하늘의 뜻이 아니다. 그러므로 반드시 거처를 옮기고 칭호를 고치며, 정삭을 고치고, 복색(服色)을 바꾸는 것은 다른 이유에서가 아니라, 감히 하늘의 뜻에 따라 밝음이 저절로 드러나게 하지 않을 수 없어서이다.[襲代而率與同, 則不顯不明, 非天志. 故必徙居處, 更稱號, 改正朔, 易服色者, 無他焉.

데, 이는 천도(天道)에 의거해서 인사(人事)를 말하여 변역된 것 역시 하늘이 그렇게 한 것임을 밝힌 것이다.

원문 『荀子』「天論篇」, "百王之無變, 足以爲道貫. 一廢一起, 應之以貫." 楊倞「注」, "無變, 不易也. 百王不易者, 謂禮也, 言禮可以爲道之條貫也. 雖文·質廢起, 時有不同, 然其要歸以禮爲條貫." 下引此文云云, 是言百世其禮可知之義也. 『法言』「五百篇」, "或問, '其有繼周者, 雖百世可知也?' 秦已繼周矣. 不待夏禮而治者, 其不驗乎? 曰: '聖人之言, 天也. 天妄乎?' 繼周者, 未欲泰平也. 如欲泰平也, 舍之而用他道, 亦無由至矣." 據『法言』此文, 則百世可知, 爲欲知後世有明徵矣.

역문 『순자』「천론편(天論篇)」에 "모든 왕이 변함없이 지켜 온 것이야말로 충분히 도의 조리가 관통하는 중심이 된다. 한 번 쓰러지고 한 번 일어나지만 관통하는 중심을 가지고 이에 대응한다."라고 했는데, 양경의 「주」에 "변함이 없다는 것은 바꾸지 않았다는 말이다. 모든 왕이 바꾸지 않았다고 하는 것은 예를 이르니, 예가 도의 조리가 관통하는 중심이 될 수 있다는 말이다. 비록 문과 질이 쓰러지고 일어남이 때가 같지 않음이 있지만, 그러나 그 중요한 귀결점은 예를 조리가 관통하는 중심으로 삼았다는 것이다."[590]라고 하면서, 그 아래 이 글[591]을 인용해서 운운했는데, 이는 열 왕조 뒤라도 그 예를 알 수 있다는 뜻을 말한 것이다. 『법언』「오백편(五百篇)」에 "어떤 사람이 물었다. '주나라를 계승한 자가 있다면 비

不敢不順天志而明自顯也.]"라고 되어 있다. 따라서 이 부분은 『춘추번로』의 원문에 따라 해석하였다.

[590] 『순자』 권11, 「천론편제16(天論篇第十六)」 양경의 「주」.

[591] 『순자』「천론편(天論篇)」 양경의 「주」에 "殷因於夏禮"부터 "雖百世可知也"까지 인용했다.

록 백 왕조 뒤라도 예를 알 수 있는가?' 진(秦)나라는 이미 주나라를 계승
했다. 하나라의 예를 기다리지 않고도 다스렸다는 것이 그 증거가 아니
겠는가? '성인의 말은 하늘이다. 하늘이 노망이라도 난 것인가?' 주나라
를 계승한 자이긴 하지만 아직 태평(泰平)을 바란 것이 아니다. 만일 태
평을 바랐다면 이것을 버리고 다른 도를 썼을 것이니, 또한 이런 지경에
이를 까닭이 없었을 것이다."라고 했다. 『법언』의 이 글에 의거해 보면
백 왕조 뒤라도 예를 알 수 있는 것은 후세에 명확한 증거가 있음을 알
고자 하기 때문이다.

원문 陳氏澧『東塾類稿』, "邢「疏」曰: '國家文質禮變, 設若相承, 至於十世,
世數既遠, 可得知其禮乎?' 此以爲子張問後十世欲知前十世之禮, 最爲得
解. 蓋十世者, 言其極遠也. 後世欲知前世, 近則易知, 遠則難知, 故極之
十世之遠. 觀孔子言夏・殷禮, 杞・宋不足徵, 一二世已如此, 至十世則恐
不可知, 故問之." 又曰: "'雖百世可知', 謂此後百世尙可知夏・殷以來之
禮也. 至今周禮尙存, 夏・殷禮亦有可考者, 百世可知信矣."

역문 진례(陳澧)[592]의 『동숙류고(東塾類稿)』에 "형병의 「소」에 '국가의 문・

---

592 진례(陳澧, 1810~1882): 청나라 광동(廣東) 번옹(番禺) 사람. 자는 난보(蘭甫)이고, 호는 동
숙(東塾)이다. 청나라 고증학의 근원이 주희에게 있다고 여겨 주희에 대한 비판을 반대했
다. 한학(漢學)을 위주로 했는데, 특히 정현의 주석을 종주로 삼았다. 음운과 문자, 천문, 수
학, 악률(樂律) 등에 조예가 깊었고, 경세치용의 학문을 주장했다. 순자(荀子)의 성악설(性
惡說)을 반대하고 맹자의 성선설(性善說)을 지지했다. 저서 『동숙독서기(東塾讀書記)』는
평생 독서를 통해 얻은 식견을 정리한 책으로, 일종의 학술사이다. 성명도덕(性命道德)에
관한 어의를 푼 『한유통의(漢儒通義)』 외에 『성률통고(聲律通考)』, 『절운고(切韻考)』 9권,
『동숙집(東塾集)』, 『한지수도도설(漢志水道圖說)』 등 음악과 음운(音韻), 지리, 천문, 산학
(算學)에 걸친 저술을 남겼다. 그 밖의 저서에 『경순비의(經馴比義)』와 『수경주제강(水經注
提綱)』, 『삼통술상설(三統術詳說)』, 『금율(琴律)』 등이 있다.

질과 예의 변화는 가령 왕조가 서로 계승해서 열 왕조 뒤에 이르러 왕조의 수가 이미 멀어졌어도 그 예를 알 수 있습니까?'593라고 질문한 것이라고 했는데, 이는 자장이 열 왕조가 지난 뒤에 열 왕조 앞의 예를 알고자 해서 질문한 것이라고 생각한 것이니, 가장 잘된 해석이다. 열 왕조란 극도로 멂을 말한 것이다. 후대의 왕조에서 전대의 왕조를 알려고 할 경우, 가까우면 알기 쉽지만 멀면 알기 어려우므로 궁극적으로 열 왕조 뒤의 멀리까지를 질문한 것이다. 공자가 하나라와 은나라의 예에 대해 기(杞)나라·송(宋)나라가 증거로 삼기에 부족하다고 말한 것594을 살펴보면, 한두 왕조의 뒤인데도 이미 이와 같은데, 열 왕조 뒤에 이르게 된다면 아마도 알 수 없을 듯했기 때문에 질문한 것인 듯싶다."라고 했다. 또 "'비록 열 왕조 뒤라 할지라도 이전의 예를 알 수 있다.'라는 것은 이후 열 왕조가 지나더라도 오히려 하나라·은나라 이래의 예를 알 수 있다는 말이다. 지금 주나라의 예가 여전히 존재하고 있기 때문에 하나라와 은나라의 예 또한 상고해 볼 수 있다는 것이 백 왕조 뒤라 할지라도 이전의 예를 알 수 있다는 말은 분명하다."라고 했다.

원문 案, 如陳說"百世可知", 卽損益可知, 兩"可知"繁相承「注」. 『史記』「孔子世家」言, "孔子追跡三代之禮, 編次其事, 觀殷·夏所損益, 曰: '後雖百世可知也.'" 則可知卽謂編次之事. 此當是安國舊義, 與『法言』所解不同.

---

593 『논어주소』 권2, 「위정제2」 형병의 「소」.

594 『논어』 「팔일」: 공자가 말했다. "하나라의 예를 내가 말할 수 있으나, 기(杞)나라는 증거로 삼기에 부족하고, 은나라의 예를 내가 말할 수 있으나, 송(宋)나라는 증거로 삼기에 부족하다. 전적(典籍)과 현명한 사대부가 부족하기 때문이니, 충분하다면 내가 증거로 삼을 수 있을 것이다."[子曰: "夏禮吾能言之, 杞不足徵也; 殷禮吾能言之, 宋不足徵也, 文獻不足故也. 足則吾能徵之矣."] 기나라는 하나라를 계승했고, 송나라는 은나라를 계승했다.

而<u>陳君</u>之説, 適與「世家」暗合也, 故竝著之. 皇本“雖百世”下有“亦”字.

역문 살펴보니, 만일 진례가 말한 “열 왕조 뒤라도 이전의 예를 알 수 있다”라는 것이 바로 덜고 보탠 것을 알 수 있다는 것이라면, 두 번의 “알 수 있음[可知]”은 「주」를 긴밀하게 서로 연결시킨 것이다. 『사기』「공자세가」에 “공자는 삼대의 예를 추적해서 그 사적을 순서에 따라 정리하다가, 은나라와 하나라의 예 가운데 덜고 보탠 것을 보고 말했다. ‘차후로 비록 백 왕조 뒤라 할지라도 예를 알 수 있다.’”라고 했으니, 바로 사적을 순서에 따라 정리한 일을 말한 것임을 알 수 있다. 이것은 당연히 공안국의 구태(舊態)한 생각이니 『법언』에서 해석한 것과도 같지 않다. 그리고 진군(진례)의 설은 확실히 「공자세가」의 설과 암암리에 부합되므로 모두 기록해 놓는다. 황간본에는 “수백세(雖百世)” 아래 “역(亦)” 자가 있다.

- 「注」, “文 · 質禮變”.

- 正義曰:「禮器」云: “禮有以文爲貴者, 有以素爲貴者.” 素卽質也. 『白虎通』「三正篇」, “『尙書大傳』曰: ‘王者一質一文, 據天地之道.’ 『禮』「三正記」曰: ‘質法天, 文法地也.’” 文 · 質竝是禮, 所以有變易者, 時異勢殊, 非有變易, 則無所救其敝也. 『禮』「樂記」云: “五帝殊時, 不相沿樂, 三王異世, 不相襲禮.”

- 「주」의 “문 · 질과 예의 변화”.

- 정의에서 말한다.

  『예기』「예기」에 “예에는 문채나는 것[文]을 귀하게 여기는 경우가 있고, 질박한 것[素]을 귀하게 여기는 경우가 있다.”라고 했는데, 질박한 것[素]이 바로 질(質)이다. 『백호통의』「삼정(三正)」에 “『상서대전』에 ‘한 왕조가 질을 숭상하였으면 다음 왕조는 문을 숭상하는 것은 천지의 도에 근거한 것이다.’라고 했고, 『대대례』「삼정기(三正記)」[595]에 ‘질은 하늘을 본받고, 문은 땅을 본받은 것이다.’”[596]라고 했다. 문과 질은 모두 예인데, 변역이 있는 까닭은 때가 다르고 형세가 다르기 때문이니, 변역이 있지 않으면 그 폐를 구할 도리가 없다. 『예기』「악기」에 "오제(五帝)는 시대가 다르니 음악을 서로 따라할 수 없으며, 삼왕은 세대가 다르니 예를 서로 인습할 수 없다."라고 했다.

● 「注」, "所因"至"三統".
● 正義曰: "所因"謂禮之無所損益者, 卽『荀子』所謂"百王之無變"也. 所因·所損益是三事. 故董仲舒對策引此文說之云: "此言百王之用, 以此三者矣"是也. 『白虎通』「三綱六紀」云: "三綱者何謂也? 謂君臣·父子·夫婦也. 故「含文嘉」曰: '君爲臣綱, 父爲子綱, 夫爲婦綱.' 綱者, 張也." 又云: "君·臣·父·子·夫·婦, 六人也, 所以稱三綱何? 一陰一陽謂之道, 陽得陰而成, 陰得陽而序, 剛柔相配. 故六人爲三綱." 又「情性」云: "五常者何? 謂仁·義·禮·智·信也. 仁者, 不忍也, 施生愛人也; 義者, 宜也, 斷決得中也; 禮者, 履也, 履道成文也; 智者, 知也, 獨見前聞, 不惑於事, 見微知著也. 信者, 誠也, 專一不移也. 故人生得五氣以爲常, 仁·義·禮·智·信是也." 此三綱五常之義也. 董仲舒對策解此文, 以'所因'爲'道', "道之大原出於天, 天不變, 道亦不變." 董所云"道", 卽三綱五常之道. 『禮大傳』謂"親親·尊尊·長長, 男女有別, 其不可得與民變革者也." 竝此馬「注」義也.

○ 「주」의 "소인(所因)"부터 "삼통(三統)"까지.
○ 정의에서 말한다.

"따른 것[所因]"이란 예 중에서 덜거나 보탠 것이 없는 것이라는 말이니, 바로『순자』의 이른바 "모든 왕이 변함없이 지켜 온 것"이다. 따른 것과 덜거나 보탠 것은 세 가지 일이다. 그러므로 동중서(董仲舒)의 대책에 이 문장을 인용하면서 설명하기를, "이는 모든 왕이 용사(用事)하기를 이 세 가지로써 했다는 말이다."[597]라고 했는데 옳다. 『백호통의』「삼강육기(三綱六紀)」에 "삼강(三綱)이란 무엇을 이르는가? 임금과 신하[君臣]·아비와 아들[父子]·남편과 아내[夫婦]를 이른다. 그러므로 『예위(禮緯)』「함문가(含文嘉)」에 '임금은 신하의 벼리가 되

---

595 「삼정기(三正記)」는 산실된 편명으로, 전기(傳記) 속에 섞여 나타난다.
596 『백호통의』권하,「덕론하·삼정(三正)」.
597 『전한서』권56,「동중서전제26」.

고, 아비는 아들의 벼리가 되며 남편은 아내의 벼리가 된다.'라고 했는데, 강(綱)이란 펼친다[張]는 뜻이다."[598]라고 했다.

또 "임금 · 신하 · 아비 · 아들 · 남편 · 아내 6인을 삼강이라 일컬은 까닭은 무엇인가? 한 번 음(陰)이 되고 한 번 양(陽)이 됨을 도(道)라 하니, 양은 음을 얻어서 이루어지고, 음은 양을 얻어서 펴져서 강(剛) · 유(柔)가 서로 짝이 된다. 그러므로 6인이 삼강이 된다."[599]라고 했다. 또 「정성」에 "오상(五常)이란 무엇인가?[600] 인(仁)과 의(義)와 예(禮)와 지(智)와 신(信)을 이른다. 인(仁)이란 잔인하지 않음[不忍]이니 삶을 베풀어 주고 사람을 사랑하는 것이고, 의(義)란 마땅함[宜]이니, 결단이 중용에 적중함이며, 예(禮)란 실천[履]이니, 도를 실천하여 문장을 이룸이고, 지(智)란 앎[知]이니, 전에 들은 것을 특출하게 이해하고, 일에 의혹이 없어 기미(機微)를 보고서 드러날 것을 앎이고, 신(信)은 성실(誠實)함이니 전일하여 변하지 않음이다. 그러므로 사람은 태어나면서 오행(五行)의 기운을 얻어서 '오상'으로 삼았으니, 인 · 의 · 예 · 지 · 신이 그것이다."[601]라고 했으니, 이것이 삼강오상(三綱五常)의 뜻이다.

동중서의 대책에서는 이 글을 해석하면서 '따른 것'을 '도'라고 여겨, "도의 큰 근원은 하늘에서 나오니, 하늘이 변하지 않으면 도 또한 변하지 않는다."[602]라고 했는데, 동중서가 말한 "도(道)"가 바로 삼강오상의 도이다. 『예기』「대전(大傳)」에 "친한 사람을 친하게 여기고, 높은 사람을 존경하며, 어른을 어른으로 섬기고, 남녀 간에 구별이 있는 것, 이것이 그 백성과 함께 변혁할 수 없는 것이다."라고 했는데, 모두 이 장(章)의 마융「주」의 뜻이다.

원문 皇「疏」云: "'所損益謂文質 · 三統'者, 案, 「大傳」云: '王者始起, 改正朔, 易服色.' 夫正朔有三本, 亦有三統. 明王者, 受命各統一正也. 又『禮』「三

---

598 『백호통의』권하, 「덕론하 · 삼강육기(三綱六紀)」.

599 『백호통의』권하, 「덕론하 · 삼강육기」.

600 『논어정의』에 "五性"으로 되어 있다. 『백호통의』를 근거로 "五常"으로 고쳤다.

601 『백호통의』권하, 「덕론하 · 정성(情性)」.

602 『전한서』권56, 「동중서전제26」.

正記」云: ‘正朔三而改, 文質再而復.’ 『尙書大傳』云: ‘夏以孟春爲正, 殷以季冬爲正, 周以仲冬爲正.’ 又曰: ‘夏以十三月爲正, 色尙黑, 以平旦爲朔; 殷以十二月爲正, 色尙白, 以雞鳴爲朔; 周以十一月爲正, 色尙赤, 以夜半爲朔也.’ 三統之義如此.”

역문 황간의 「소」에 “‘덜고 보탠 것은 문질과 삼통을 이른다.’라고 한 것에 대해, 살펴보니, 『예기』「대전」에 ‘왕이 처음 일어날 때, 정삭을 고치고 복색을 바꾼다.’라고 했는데, 정삭에는 삼본(三本)이 있고 또한 삼통이 있다. 명철한 임금은 천명을 받아 각각 정삭을 통일한다. 또 『대대례』「삼정기」에 ‘정삭은 세 가지[건자(建子)·건축(建丑)·건인(建寅)]를 가지고 돌려 가며 고쳐 사용하고, 문과 질은 두 가지를 가지고 반복해 사용하였다.’라고 했고 『상서대전』에는 ‘하나라는 맹춘(孟春)을 정월로 삼았고, 은나라는 계동(季冬)을 정월로 삼았으며, 주나라는 중동(仲冬)을 정월로 삼았다.’603라고 하고, 또 ‘하나라는 13월을 정월로 삼고 색은 흑색을 숭상했으니, 평단(平旦)을 삭(朔)으로 삼은 것이고, 은나라는 12월을 정월로 삼고 색은 백색을 숭상했으니, 계명(雞鳴)을 삭으로 삼은 것이며, 주나라는 11월을 정월로 삼고 붉은색을 숭상했으니, 야반(夜半)을 삭으로 삼은 것이다.’604라고 했으니, 삼통의 뜻이 이와 같다.”605라고 했다.

원문 案, 『禮』「大傳」云: “聖人南面而治天下, 必自人道始矣. 立權·度·量, 考文章, 改正朔, 易服色, 殊徽號, 異器械, 別衣服, 此其所得與民變革者

---

603 『상서대전』에는 이와 관련된 직접적 표현은 없고, 『논어집해의소』의 황간의 「소」와 『태평어람』 등에 같은 표현이 보인다.

604 『상서대전』 권2, 「주서(周書)」.

605 『논어집해의소』 권1, 「논어위정제2」 황간의 「소」.

也."“變革”卽是損益, 非祇一事, 此「注」但言三統者, 以服色等皆隨三統而改, 擧三統, 則餘可知.

역문 살펴보니 『예기』「대전」에 "성인이 남면하여 천하를 다스릴 때에는 반드시 인도(人道)로부터 시작한다. 권(權)과 도(度)와 양(量), 즉 도량형(度量衡)을 확립하고, 법전[文章]을 상고하며, 정삭(正朔)을 고치고, 복색(服色)을 바꾸며, 휘호(徽號)[606]를 분별하며, 기계를 다르게 하고, 의복을 구별되게 하니, 이는 그 백성과 변혁(變革)할 수 있는 것이다."라고 했는데, "변혁"이 바로 덜거나 보탠 것[損益]이니, 한 가지 일뿐만은 아닌데, 여기의 「주」에서 단지 삼통만을 말한 것은 복색 등이 모두 삼통을 따라 바뀌기 때문에 삼통을 거론한 것이니, 나머지도 알 만하다.

- 「注」, "物類"至"預知".

- 正義曰: 皇「疏」本此「注」作"馬曰", 又"召"作"招". 云: "物類相招"者, 謂三綱五常, 各以類相招, 因而不變者也. 又"世數"作"勢數". 云: "勢數相生"者, 謂文質・三統及五行相次, 各有勢數也, 如太昊木德, 神農火德, 黃帝土德, 少昊金德, 顓頊水德, 周而復始, 其勢運相變生也.

○ 「주」의 "물류(物類)"부터 "예지(預知)"까지.

○ 정의에서 말한다.

　황간의 「소」본에의 이 부분에 대한 「주」에는 "마왈(馬曰)"이라고 되어 있고, 또 "소(召)"도 "초(招)"로 되어 있는데, "동류의 사물이 서로 부른다.[物類相招.]"라고 한 것은 것은, 삼강과 오상이 각각 같은 것끼리 서로 부르고 인습해서 변하지 않는다는 말이다. 또 "세수(世數)"는 "세수(勢數)"로 되어 있는데, "형세(形勢)와 운수(運數)가 서로를 낳는다.[勢數相生.]"라는

---

606 휘호(徽號): 기려(旂旗) 또는 정기(旌旗)이다. "殊徽號"에 대해 『예기주소』의 「주」에서는 "기려의 이름이다.[旂旗之名也.]"라 했고, 또 『예기대전』의 「주」에서는 "정기의 등속이다.[旌旗之屬也.]"라고 했다.

말은 문질과 삼통과 오행이 서로 차례를 따라 각각 형세와 운수가 있다는 말이니, 예를 들면 태호(太昊)는 목(木)의 덕(德)이고, 신농(神農)은 화(火)의 덕(德)이며, 황제(黃帝)는 토(土)의 덕, 소호(少昊)는 금(金)의 덕, 전욱(顓頊)은 수(水)의 덕이었다가, 이것이 순환하여 한 바퀴 돈 뒤에 다시 처음으로 회복해서, 그 형세와 운수가 서로 변혁하면서 생겨나는 것과 같은 것이다.

2-24

子曰: "非其鬼而祭之, 諂也. 【注】鄭曰: "人神曰鬼. 非其祖考而祭之者, 是諂求福." 見義不爲, 無勇也." 【注】孔曰: "義, 所宜爲, 而不能爲, 是無勇."

공자가 말했다. "자기가 제사 지내야 할 귀신(鬼神)이 아닌데 제사 지내는 것은 아첨하는 것이다. 【주】정현이 말했다. "사람의 신(神)을 '귀(鬼)'라 한다. 자기의 조상이 아닌데도 제사 지내는 것은 아첨해서 복을 구하는 것이다. 의(義)를 보고도 하지 않는 것은 용기가 없는 것이다." 【주】공안국이 말했다. "의란 마땅히 해야 하는 것인데, 하지 못하는 것은 용기가 없는 것이다."

원문 正義曰: 『墨子』「經上」, "勇, 志之所以敢也." 『禮』「樂記」云: "臨事而屢斷, 勇也." 此章所斥, 似皆有所指. 邢「疏」言魯哀不能討陳恒, 以爲無勇, 亦擧似之言. 或謂季氏旅泰山, 是祭非其鬼. 凡鬼神, 得通稱也. 冉有仕季氏, 弗能救, 是見義不爲也. 說亦近理.

역문 정의에서 말한다.

『묵자』「경상(經上)」에 "용(勇)이란 의지가 과감해지게 하는 것이다." 했고, 『예기』「악기」에는 "일에 임하여 누차 결단을 내리는 것이 용기이다."라고 했다. 이 장에서 배척하는 것은 모두 가리키는 바가 있는 듯하다. 형병의 「소」에는 노나라 애공이 진항(陳恒)607을 토벌하지 못함을 용기가 없는 것으로 여겼다고 했는데, 역시 모두 같은 말이다. 혹자는 계씨(季氏)가 태산(泰山)에 여제(旅祭)를 지낸 것608이 자기가 제사 지내야 할 귀신이 아닌데 제사 지낸 것이라고 했다. 모든 귀신은 통칭(通稱)할 수 있다. 염유(冉有)는 계씨에게서 벼슬하면서 이를 막지 못했으니, 이것이 의를 보고도 행하지 않은 것이다. 이 말 역시 이치에 가깝다.

○「注」, "人神"至"求福".

○ 正義曰:「祭法」云: "人死曰'鬼'." 又祭義云: "衆生必死, 死必歸土, 此之謂鬼." 『爾雅』「釋訓」, "鬼之爲言歸也." 『說文』訓同. "鬼"本謂人死. 故鄭以祖考當之. 「周官」, "大宗伯之職, 掌建邦之天神·人鬼·地示之禮." 是鬼神義別. 此「注」云 "人神"者, 散文得通稱也. 『釋名』「釋親屬」, "祖, 祚也, 祚物先也. 又謂之王父." 父死曰'考', 考, 成也. 亦言稿也. 此祖考本訓. 其曾

---

607 진항(陳恒, ?~?): 춘추시대 제나라의 대부. 진성자(陳成子) 또는 전성자(田成子), 전상(田常)으로도 불린다. 제 간공(齊簡公) 때 감지(闞止)와 함께 좌우상(左右相)을 맡았다. 선조들의 전통을 계승하여 대두(大斗)로 재어 양식으로 대여하고, 소두(小斗)로 재어 거둬들여 민심(民心)을 얻었다. 제 간공 4년 감지와 간공을 공격해 살해하고, 간공의 동생 오(鰲)를 세워 평공(平公)으로 삼았다. 스스로 재상이 되어 제나라의 국정을 장악하고, 공족(公族) 가운데 강성한 이들은 모두 제거했다. 봉읍(封邑)을 확대하니, 이때부터 제나라의 권력은 전씨(田氏)가 독차지하게 되었다.

608 『논어』「팔일」: 계씨(季氏)가 태산(泰山)에 여제(旅祭)를 지내자, 공자가 염유(冉有)에게 말했다. "네가 멈추게 할 수 없었느냐?"[季氏旅於泰山, 子謂冉有曰: "女弗能救與?"]

祖·高祖·遠祖·王考·皇考·顯考, 俱得通稱祖考. 此「注」所言, 亦其義也.

○ 「주」의 "인신(人神)"부터 "구복(求福)"까지.

○ 정의에서 말한다.

『예기』「제법(祭法)」에 "사람이 죽은 것을 '귀(鬼)'라 한다."라고 했고, 또 「제의」에 "모든 생물은 반드시 죽고, 죽으면 반드시 흙으로 돌아가는데, 이를 귀라고 이른다."라고 했다. 『이아』「석훈」에는 "귀(鬼)라는 말은 돌아간다[歸]는 뜻이다."라고 했고, 『설문해자』의 해석도 같다.[609] "귀란 본래 사람이 죽었다는 말이다. 그러므로 정현은 조상[祖考]을 귀에 해당시켰다. 「주관」에 "대종백(大宗伯)의 직책은 국가가 천신(天神)·인귀(人鬼)·지시[地示: 지기(地祇)]에 제사를 지내는 예를 세우는 일을 관장한다."[610]라고 했는데, 이 귀신의 뜻은 다르다. 이 장의 「주」에서 말하는 "사람의 신[人神]"은 산문(散文)[611]에서는 통칭할 수 있다. 『석명』「석친속(釋親屬)」에 "조(祖)는 복을 내린다[祚는 뜻이니, 남보다 앞서 복을 내려 준다는 뜻이다. 또는 왕부(王父)라고도 한다."라고 했다. 돌아가신 아버지를 '고(考)'라고 하는데, 고(考)란 이루었다[成]는 뜻이다. 또는 "고(槁)"라고도 한다. 이것이 조고(祖考)의 본래 뜻이다. 증조(曾祖)·고조(高祖)·원조(遠祖)·왕고(王考)·황고(皇考)·현고(顯考)도 모두 조고(祖考)로 통칭할 수 있다. 이 장의 「주」에서 말한 것도 역시 그런 의미이다.

원문 祖考爲其鬼, 則非其鬼爲非祖考. 凌氏曙『四書典故覈』, "祖考之祭, 命于天子, 如任·宿·須句·顓臾司少暤之祀, 蓼·六守皐陶之祀. 若鄭伯以

---

609 『설문해자』권9: 귀(鬼)는 사람이 돌아갈 바를 귀(鬼)라 한다. 인(人)으로 구성되었고, 불(甶)은 귀신의 머리를 형상화하였다. 귀신의 음기가 해로우므로 사(厶)로 구성되었다. 모든 귀(鬼)부에 속하는 한자는 다 귀(鬼)의 뜻을 따른다. 귀(禮)는 고문(古文)으로 시(示)로 구성되었다. 거(居)와 위(偉)의 반절음이다.[鬼, 人所歸爲鬼. 從人, 甶象鬼頭. 鬼陰气賊害, 故從厶. 凡鬼之屬皆從鬼. 禮, 古文從示. 居偉切.]

610 『주례』「춘관종백상(春官宗伯上)·대종백(大宗伯)」.

611 운율이나 음절의 수 등에 얽매이지 않고 자유롭게 쓴 글. 혼언(混言)은 또 산언(散言)이라고도 한다.

壁段許田, 請祀周公, 衛成夢康叔曰‘相奪予享’, 乃命祀相, 皆非其鬼也. 又
尊卑有等, 如王制‧祭法所云: ‘廟數有定.’ 若魯之不毀桓‧僖, 季氏之以
禱而立煬宮, 皆非其鬼也.”

역문 조상[祖考]이 자기가 제사 지내야 할 귀신이 된다면, 자기가 제사 지내
야 할 귀신이 아닌 것은 조상[祖考]이 아닌 것이 된다. 능서(凌曙)[612]의 『사
서전고핵』에 “조상의 제사는 천자에게서 명을 받으니, 예를 들면 임(任)
과 숙(宿)과 수구(須句)와 전유(顓臾)가 소호(少暤)의 제사를 담당하고, 요
(蓼)와 육(六)이 고요(皋陶)의 제사를 지킨 것과 같은 것이다. 정백(鄭伯)이
팽읍(祊邑) 옥[璧]을 더 얹어 주고서 허전(許田)을 빌려 주공을 제사 지낼
것을 청한 것[613]이나 위 성공(衛成公)의 꿈에 강숙(康叔)이 나타나 “상[相:
우왕(禹王)의 아들 계(啓)]이 나의 제사를 빼앗아 먹는다.”라고 하자 이에
상(相)에게 제사 지내라고 명한 것[614] 같은 경우는 모두 자기가 제사 지내
야 할 귀신이 아니었다.

원문 案, 『公羊』「成」六年, “立武宮”, 「傳」曰: “立者何? 不宜立也.” 何休「注」,

---

612 능서(凌曙, 1775~1829): 청나라 강소 강도(江都) 사람. 자는 효루(曉樓) 또는 자승(子昇)이
다. 정현의 설을 따라 예학(禮學)을 공부하다가 유봉록(劉逢祿)이 하휴의 『춘추공양전』을
강론하는 것을 듣고 춘추공양학(春秋公羊學)에 힘을 기울였다. 춘추공양학이 한(漢)나라 동
중서(董仲舒)의 『춘추번로』에 전해졌다고 보고, 옛 학설을 수집하는 한편, 청나라 여러 학자
들의 설을 참고하여 『춘추번로주(春秋繁露注)』를 저술했다. 또한 송원(宋元) 이래 학자들이
공언(空言)을 일삼았다고 보아, 실사구시(實事求是)의 정신으로 예(禮)를 연구하여 『춘추공
양례소(春秋公羊禮疏)』와 『공양예설(公羊禮說)』, 『공양문답(公羊問答)』, 『예론략초(禮論略
鈔)』, 『예설(禮說)』, 『의례예복통석(儀禮禮服通釋)』, 『사서전고핵』 등을 저술했다. 그 밖의
저서에 『군서문답(群書問答)』이 있다.

613 『춘추좌씨전』「환공(桓公)」 원년에 보인다.

614 『춘추좌씨전』「희공하(僖公 下)」 31년에 보인다.

"時衰, 廢人事而求福於鬼神. 故重而言之." 是祭非其鬼, 皆因求福. 然旣
非禮, 亦必不能獲福. 故『左傳』云: "神不歆非類." 「曲禮」云: "非其所祭而
祭之, 名曰'淫祀', 淫祀無福."

역문 살펴보니, 『춘추공양전』「성공(成公)」 6년에 "무궁(武宮)을 세웠다"라
고 한 곳의 「전」에 "세웠다[立]는 것은 무엇인가? 마땅히 세우지 않았어
야 한다는 것이다." 했는데, 하휴의 「주」에 "시대가 쇠락해서 인사(人事)
가 폐하여지매 귀신에게 복을 구하였다. 그러므로 거듭 말한 것이다."[615]
라고 했는데, 이는 자기가 제사 지낼 귀신이 아닌 데다가 제사 지낸 것
이니, 모두 복을 구했기 때문이다. 그러나 이미 예가 아니니 또한 반드
시 복을 얻을 수는 없었다. 그러므로 『춘추좌씨전』에서는 "신은 동족
[類]이 아닌 자가 지내는 제사는 흠향하지 않는다."[616]라고 했고, 「곡례」
에서는 "제사 지낼 대상이 아닌 데에 제사하는 것을 '음사(淫祀)'라 하는
데, 음사는 복이 없다."[617]라고 했다.

---

615 『춘추공양전주소』 권17, 「성공(成公)」 6년 하휴의 「주」.
616 『춘추좌씨전』「희공상(僖公上)」 10년.
617 『예기』「곡례하(曲禮下)」.

색 인

사항 색인

418

저자 유보남(劉寶楠)

1791년 강소성 보응현에서 아버지 이순(履恂)과 어머니 교씨(喬氏) 사이에서 태어났으며, 다섯 살에 아버지를 여의고, 어머니의 가르침 속에 성장하였다. 종부 태공(台拱)의 학문이 깊고 정밀하였으므로 그에게 전수받기를 청하여 학행으로 향리에서 명성이 자자하였다. 제생(諸生)이 되었을 때 의징(儀徵)의 유문기(劉文淇)와 명성을 나란히 하여 사람들이 "양주이유(揚州二劉)"라고 칭송하였다. 도광 20년(1840) 진사가 되어 직례성 문안현의 지현(知縣)을 제수받았다. 문안현은 지형이 웅덩이에 비해 낮았는데도 둑이나 제방이 닦이지 않아 장마가 내리거나 가을 홍수가 나면 번번이 백성들의 해가 되곤 하였다. 이에 유보남은 제방을 두루 걸어 다니면서 병폐와 고통을 묻고 옛 서적들을 검토하여 일군의 주둔병과 백성이 함께 정비하도록 독촉하였다. 함풍 원년(1851) 삼하(三河)를 수비하고 있었는데, 동성(東省)의 군대가 국경을 지나는 것을 맞닥뜨리고는 병거를 모두 마을 아래로 출동시켰다. 병사가 많아 들쭉날쭉하니 백성들이 감당할 바가 아니라 생각해 수레 품삯을 백성들의 값으로 지급하자 백성들이 동요하지 않을 수 있었다. 16년 동안 관직에 있었는데, 항상 의관이 소박하여 마치 제생 때와 같았다. 송사를 처리함에 삼갔고, 문안에서 관직 생활을 하는 동안 쌓인 현안 1,400여 건을 자세하게 살펴 결론을 내렸으며, 새벽닭이 처음 울 때면 당청에 앉아, 원고와 피고가 모두 법정에 나오고 증거가 구비되면 때에 맞춰 상세히 국문하였다. 큰 사건이건 작은 사건이건 할 것 없이 균등하게 자기의 뜻대로 안건을 판결했고, 패도한 자는 법의 판례에 비추어 죄를 다스렸다. 무릇 소송에 연루된 친척이나 오랜 친족은 내외척 간의 친목[睦姻]으로 깨우쳐, 대체로 화해하고 풀도록 하였다. 송사와 옥사가 한가해지고 나면 아전들은 자리를 떠나 돌아가 농사를 짓게 하였으니, 멀고 가까이에 있는 자들이 화합하여 순량(循良)이라는 칭호를 붙여 주었다. 『논어정의』는 그가 38세에 뜻을 두고 착수하여 평생을 바친 저작으로, 청대 『논어』 연구의 결정판으로 널리 알려져 있다. 24권까지 지었으나 완성하지 못하고 아들 공면에게 이를 이을 것을 맡긴 후 함풍 5년(1855)에 죽으니, 향년 65세이다.

저자 유공면(劉恭冕)

광서 5년(1879)에 거인(擧人)이 되었다. 가학을 지켜 경훈(經訓)에 통달했고, 경학을 공부해 거처하는 당의 이름을 광경당(廣經堂)이라 했다. 안휘성의 학정(學政) 주란(朱蘭)의 막에 들어가 이이덕(李貽德)의 『춘추가복주집술(春秋賈服注輯述)』을 교정하여 백수십 가지의 일을 옮겨서 보충하였다. 후에 호북성의 경심서원(經心書院)에서 주강(主講)이 되었는데, 돈독한 품행과 신중한 행실로 질박한 학문을 숭상하였다. 어려서 『모시(毛詩)』를 익혔고, 만년에는 『공양춘추(公羊春秋)』를 연구해서, "신주(新周)"의 뜻을 발명하여, 하휴(何休)의 오류를 물리치니, 같은 시대의 모든 선비가 그것을 아름답게 여겼다. 역대 제가의 이설(異說)을 참고하고 비교하여 아버지가 완성하지 못한 『논어정의』를 완성했다. 『면양주지(沔陽州志)』와 『황주부지(黃州府志)』, 『한양부지(漢陽府志)』, 『황강현지(黃岡縣志)』를 편찬했다. 향년 60세이다.

역주자 함현찬(咸賢贊)

1963년 강원도 영월에서 태어나 고등학교까지 마쳤다. 1987년 성균관대학교 동양철학과를 졸업하고, 같은 대학교 대학원 유학과에서 석사와 박사과정을 마쳤으며, 2000년 중국 송대 철학 전공으로 박사학위를 받았다. 성균관 한림원에서 한문을 공부하였으며, 현재 성균관대학교 유학·동양학과 및 대학원 초빙교수로 재직하고 있고, 아울러 성균관 한림원 교수로 재직하고 있다. 저서로는 『장재: 송대 기철학의 완성자』(2003), 『주돈이: 성리학의 비조』(2007), 『(교수용 지도서) 사자소학』(1999), 『(교수용 지도서) 추구·계몽편』(1999), 『(교수용 지도서) 격몽요결』(2010) 등이 있고, 함께 번역한 책으로는 『논어징』 전 3권(2010), 『성리논변』(2006), 『증보 동유학안』 전 6권(2008), 『주자대전』 전 13권(2010), 『주자대전차의집보』 전 4권(2010), 『역주 예기집설대전 2』(2021), 『왕부지 중용을 논하다』(1014) 등이 있다. 이 외에 연구논문으로는 「《논어징》에 나타난 오규 소라이의 성인관」(2015), 「《논어징》에 나타난 오규 소라이의 도 인식」(2011), 「성리학의 태동과 정체성에 대한 일고찰」(2011) 등이 있다.

Lun Yu Zheng Yi
—The Corrected Meaning of the
LUN YU—